基础教育理论与实践书系

概念教学

核心素养导向下的中学地理

肖金花 ◎ 著

世界图书出版公司
广州·上海·西安·北京

图书在版编目（CIP）数据

核心素养导向下的中学地理概念教学 / 肖金花著
. —广州：世界图书出版广东有限公司，2023.11
ISBN 978-7-5232-0897-7

Ⅰ.①核… Ⅱ.①肖… Ⅲ.①中学地理课—教学研究
Ⅳ.① G633.552

中国国家版本馆 CIP 数据核字（2023）第 218220 号

核心素养导向下的中学地理概念教学
HEXIN SUYANG DAOXIANG XIA DE ZHONGXUE DILI GAINIAN JIAOXUE

著　　者：	肖金花
策划编辑：	朱　霞
责任编辑：	卢雁君　翁　晗
装帧设计：	苏　婷
出版发行：	世界图书出版有限公司　世界图书出版广东有限公司
地　　址：	广州市海珠区新港西路大江冲 25 号
邮　　编：	510300
电　　话：	(020) 84452179
网　　址：	http://www.gdst.com.cn
邮　　箱：	wpc_gdst@163.com
经　　销：	新华书店
印　　刷：	广州市迪桦彩印有限公司
开　　本：	787 mm × 1092 mm　1/16
印　　张：	21.25
字　　数：	394 千字
版　　次：	2023 年 11 月第 1 版　2023 年 11 月第 1 次印刷
国际书号：	ISBN 978-7-5232-0897-7
定　　价：	68.00 元

版权所有　翻印必究

（如有印装错误，请与出版社联系）

序 PREFACE

　　这是一本关于中学生如何学习地理概念的书。在学习过程中，学生是如何理解地理概念的，可能存在哪些偏差；教师需要提供哪些支持，需要何时做出哪些适当的干预，如何知道这些支持或干预是有效的；等等，作者都做了详细讨论，并提供了丰富的教学案例。书稿是作者二十多年一线教学经验和课题研究的结晶，其中贯穿了作者身为学生、家长和教师，在接触、认识、理解、教学地理概念时的经历和体会，在回忆、反思和实践中逐渐形成地理概念教学的有效策略。一沙一世界，由这本书可以透视作者的专业发展历程，理解作者对地理教学的热爱和执着，感悟教学过程中的不足、遗憾、收获、成就，领会师生共情对教师发展、学生成长的意义。

　　作者在书中提出了很多问题和主张，如什么知识最有价值；概念必须是词语吗；概念教学讲清楚定义就够了吗；核心概念、关键概念、基本概念等同于大概念吗；大概念就是学科思想方法和观念吗；初中地理有必要大概念教学吗。回答这些问题很难，是非常考验功力的，可能也难有定论。作者试图做了一些回答。作者主张学习那些在生活中具有奠基、主导和整合作用的知识，要区别事实和概念，关键概念不等同于核心概念，初中生除了知地，还得析理明理，地理教学需要做整体性考虑，把握好教学内容的深浅程度，做好初高中衔接和概念进阶，等等。

　　初中地理课程着重讲区域地理，高中地理课程着重讲系统地理，这种层叠式的课程配置和分工是20世纪80年代初确立的，其背景是学校地理课程得以恢复、高中地理课程重建，还有减负等社会因素的影响。在此之前，中小学地理课程是采取螺旋式的配置模式，主体都是中外区域地理，小学、初中、高中三个学段循环。从90年代起，高中课程陆续增加了一些区域地理的内容，如中国国土开发专题、中外区域环境与发展专题等。新版的初中地理课程标准也大幅度增加了系统地理的内容，在五大内容主题中，系统地理占了五分之三，分别是地球的宇宙环境、地球的运动、地球的表层。在新版的初中科学课程标准中，相当于地理课的"地球与宇宙科学领域"有 3 个大概念（宇宙中的地球、地球系统、人类活动与环境），占了科学课程的四分之一，全部是系统地理的内容。

初中区域地理学习目标是知道世界、中国和家乡的地理概况，认识中国和世界的联系，主要任务是了解不同尺度、不同类型区域的地理概况，积累丰富的地理表象，归纳区域特征，原则上不涉及较深层次的成因问题。但是，探讨地理事物和现象的成因，是非常有意义的，不能完全排斥。20 多年前，在新课程改革中，有人主张初中地理只讲现象不讲本质、只讲分布不讲成因，有人甚至提出初中地理是"不求甚解"，高中地理是"深入理解"。这就漠视学生的理解潜力，落入机械论的桎梏了。

探讨地理现象的成因，引导学生理解地理要素之间的相互联系和相互作用，抓住主导因素，对理解地理概念、发展地理思维是有益的。因此，作者也主张地理是一门"关系学"，初中地理教学要重在"地"，也不能忽视"理"。过去，初中地理教学是要帮助学生正确领会地理现象的成因的，如讲解"昆明地势高，冬季不冷"，教师需要表述"冬季，由于受到西南暖气流的影响，再加上所处的纬度偏低，因而昆明冬季不冷"[1]。遗憾的是，这样的学习内容已经从初中地理课堂上消失了。

初中地理教学也要注意加强科学本质和科学方法的教育，给学生讲讲科学史上的重大发现，讲讲科学家的故事，让学生站在"巨人"的肩膀上。在收集和整理地理信息时，要遵守规范，不违背学术伦理。特别是在使用人工智能，与 AI 合作时，要学会引用信息，注明出处，并予以说明。

这本书主要是关于地理概念教学的实践和讨论，也有相当部分涉及地理大概念教学。可以说既延续和发展了传统的地理概念教学，又关注和回应了当下的教学热点。

地理大概念教学是个热点，讨论很多，但似乎还是一个含糊不清的话语。有人评论说，很多有关大概念教学的实践只是贴了一个"大概念教学"的标签，实际运作的还是陈旧的套路。关于大概念和大概念教学，也要有一个独立的、批判的、创造的研究态度，做长期的观察和评估。

1. 大概念的英文及其译法

大概念这个词汇是一个舶来品，它对应的英文是 big ideas。这个词的中文翻

---

[1] 孙大文. 地理教育学 [M]. 杭州：浙江教育出版社，1992:123.

译非常多样，不同学科、不同作者，甚至同一本书的不同部分，译文都不同。

科学教育领域一般译成"大概念"[1]，这主要是受韦钰翻译的《以大概念理念进行科学教育》[2]一书的影响。在《人是如何学习的》一书中，提到数学学习时，译作"大概念"；谈到知识的组织时，译作"大观点"，如"专家的知识是围绕核心概念或'大观点'组织的，这些概念和观点引导他们去思考自己的领域"[3]。

在教育教学领域，比较多地受美国学者威金斯、麦克泰格[4]、艾里克森[5]等的影响，但译法不一，有的用大概念[6]，有的用大观念[7]，或者将两者等同起来。

2. 为什么要追求大概念？

大概念（big ideas）的英文由两个单词组成。先看 ideas，中文多译作理念、观念或相[8]，如柏拉图的理念论。理念是"一"，具体事物是"多"；理念是心灵或理智所"看"到的东西，凭感觉是不能认识的；理念是不变的，具体事物则是经常变化的；理念是纯粹的，具体事物是不纯粹的；理念是世界万物的根本原因或本原，属于一个永恒不变的世界，比变动不居的经验世界更为真实。科学地认识世界，必须靠普遍性的东西，即客观规律。西方文化的历史，就是追求理念，经过逻辑演绎和分析推理，寻求事物或现象背后的原因、本质、规律等，最终达到至善理念。

到了 19 世纪，德国教育家赫尔巴特提出了统觉学说，主张教学过程主要是统觉（或同化）的过程，即新知识或新观念被已经存在于意识中的旧知识或观念所同化和吸收，其条件主要是兴趣。这个心理学思想传到美国，影响很大，有人开始循此寻找那些处于支配地位的联合观念，或具有统觉功能的背景。

---

[1] 约翰·D·布兰思福特，等. 人是如何学习的：大脑、心理、经验及学校（扩展版）[M]. 程可拉，孙亚玲，王旭卿，译. 上海：华东师范大学出版社，2013:152.
[2] 温·哈伦. 以大概念理念进行科学教育[M]. 韦钰，译. 北京：科学普及出版社，2016:12.
[3] 同[1]，2013:33.
[4] 格兰特·威金斯，杰伊·麦克泰格. 追求理解的教学设计[M]. 闫寒冰，宋雪莲，赖平，译. 上海：华东师范大学出版社，2017.
[5] 艾里克森. 概念为本的课程与教学[M]. 兰英，译. 北京：中国轻工业出版社，2003.
[6] 刘徽. 大概念教学：素养导向的单元整体设计[M]. 北京：教育科学出版社，2022.
[7] 张华，任燕，廖伟. 小学大观念教学：设计与实施[M]. 北京：教育科学出版社，2023；邵朝友. 大观念导向的单元教学设计——模式与技术[M]. 上海：华东师范大学出版社，2022.
[8] 注：类似佛经中的"相"，指某一事物在我们脑中形成的认识或理想样式。

20世纪50年代末开始，美国掀起基础教育改革运动，以心理学家布鲁纳为代表，倡导学科结构的重要性，主张学科教学务必使学生理解该学科的基本结构，包括基本概念、基本原理、基本方法，把握学科的本质（idea），以解决课堂外或生活中遇到的问题，实现最一般的迁移[①]。这个基本结构，特别是基本原理，为大概念的提出做了准备。

在我国，数学学科的结构教学做得较好。例如，变式训练，数学老师们利用变式，让学生自己去"发现"、去"创造"，从认知和情感两个维度，引导学生积极参与形成概念、定理、公式的全过程，理解定理、公式和概念的联系，培养其观察、分析、概括和多向变通的能力。

3. 大概念的表述和泛化

大概念的源头众多，如奥苏贝尔的要领概念、布鲁纳的一般概念、布卢姆的基本概念、怀特海的惰性观念、菲尼克斯的特色概念等[②]。近20年来，国内有关大概念的讨论，主要来自威金斯、埃里克森等的叙述。

埃里克森给出的定义：大概念是广泛的、抽象的，用一个或两个词汇来表征，在应用中是通用的、永恒的。但他在描述知识和过程的结构时，又将概念分为五个层级：事实、主题、概念、概括和原理、理论。[③]同样，威金斯在教学实践中将大概念做泛化的处理，当作工具、锚点或观念，似乎无所不包。[④]

在实际教学中，大概念的表述多种多样。它可能是一个词或一个有用的概念；也可能是一个词组或短语，如变化观念和平衡思想；还可能是一句话，即概念的定义或某种观念、观点、结论、反论、理论、假设、问题、理解、原则、认识的表达，如诗人往往寥寥数语便能生动地表达有关人类经验的人生教训（语文）；新生事物的前途是光明的，道路是曲折的（历史）。

如此多样的表述，说明在实际表达中，大概念不仅仅是一个概念，还涉及概念与概念、命题之间的关系，是一种概括、规律、原则或者观点、观念、认识，如哈伦等提炼的包括科学知识和科学本身在内的14个大概念，其中之一是

---

① 布鲁纳.教育过程[M].邵瑞珍,译.北京：文化教育出版社,1982:31.
② 李松林.以大概念为核心的整合性教学[J].课程·教材·教法,2020(10):56-57.
③ 林恩·埃里克森,洛伊斯·兰宁.以概念为本的课程与教学：培养核心素养的绝佳实践[M].鲁效孔,译.华东师范大学出版社,2018:23.
④ 格兰特·威金斯,杰伊·麦克泰格.追求理解的教学设计[M].闫寒冰,宋雪莲,赖平,译.上海：华东师范大学出版社,2017:76.

"地球的构造和它的大气圈以及在其中发生的过程,影响着地球表面的状况和气候"[①],这样的表述更像观念,与我们通常关于概念的认识和理解大相径庭,因为概念一般用词或短语[②]来表达。因此,将大概念译作大观念可能更加妥当。

大观念(大概念)的"大"可能与"本质"或"基本"属性这些规范性无关,而只是一种选择或筛选。因为从柏拉图的理念论来说,理念(观念)就是要触摸事物背后的本质、根据、本质原因,而不是一般的道理、认识或常识,因此,还要用"大"去修饰观念的永恒性、普遍性、必然性或基本(重大、核心),就有点语义重复了。这里的大观念应该是某个领域的权威专家对于该领域或学科关键问题、规律、原理的描述,而且得到了学科共同体的认同,否则不配称为"大"[③]。概括类大观念的提炼,困难很大。20世纪70年代,小学社会课"环境的扩展(expanding communities)"课程模式提出者——美国课程学者汉纳(Paul Hanna)带着一批博士生,试图提炼社会课程的学科结构——概括(即通则 generalizations,大观念),有所收获,但未能得到认同和普及。

4. 课程方案和课程标准文本中的大概念

《普通高中课程方案(2017年版)》提出了"大概念",要求"重视以学科大概念为核心,使课程内容结构化,以主题为引领,使课程内容情境化,促进学科核心素养的落实"[④],这是在"学科"意义上提出来的,用于指导课程内容的选择和组织,是学科结构范式的当代映像、中国映像。

高中生物学课程对大概念形成了共识,并在课程标准中明确地表述出来,课程基本理念之一就是"内容聚焦大概念",内容要求基于大概念描述了具有学科逻辑、符合高中学生认知特点的重要概念,形成了课程的内容框架。其中两个必修模块含4个大概念,三个选择性必修模块含6个大概念(表1)。

---

① 温·哈伦.以大概念理念进行科学教育[M].韦钰,译.北京:科学普及出版社,2016:18.
② 李行健.现代汉语规范词典(第3版)[M].北京:外语教学与研究出版社,2014:422.
③ 吴永军.关于大观念教学的三个议题[J].课程·教材·教法,2023(5):41.
④ 中华人民共和国教育部.普通高中课程方案(2017年版)[M].北京:人民教育出版社,2018:4.

表 1　高中生物学课程大概念

必修	模块 1　分子与细胞 　概念 1　细胞是生物体结构与生命活动的基本单位 　概念 2　细胞的生存需要能量和营养物质，并通过分裂实现增殖
	模块 2　遗传与进化 　概念 3　遗传信息控制生物性状，并代代相传 　概念 4　生物的多样性和适应性是进化的结果
选择性必修	模块 1　稳态与调节 　概念 1　生命个体的结构与功能相适应，各结构协调统一共同完成复杂的生命活动，并通过一定的调节机制保持稳态
	模块 2　生物与环境 　概念 2　生态系统中的各种成分相互影响，共同实现系统的物质循环、能量流动和信息传递，生态系统通过自我调节保持相对稳定的状态
	模块 3　生物技术与工程 　概念 3　发酵工程利用微生物的特定功能规模化生产对人类有用的产品 　概念 4　细胞工程通过细胞水平上的操作，获得有用的生物体或其产品 　概念 5　基因工程赋予生物新的遗传特性 　概念 6　生物技术在造福人类社会的同时也可能会带来安全与伦理问题

　　生物学课标还提出了适合教授的一些关于自然科学的知识，即科学本质，涉及"科学知识可能随着研究的深入而改变""科学工作依赖观察和推论""科学工作采用基于实证的范式""科学是创造性的工作""科学工作中要高度关注主观因素的影响""理论和定律赋予科学解释的能力，但两者不尽相同"以及"科学会受到社会和文化的影响"等[1]。这些科学本质的内容也是大概念。

　　高中地理课标没有说明地理大概念有哪些，但指出选择教科书内容时，应该围绕"……主要概念和关键能力展开"[2]。课标解读采用了大观念的说法，提出在实施基于问题的单元教学时，首先要构建大观念系统，选择大观念作为单元主题。"大观念是一种上位的、具有统整性的思维方式""从课程标准中圈出反复出现的名词，或者参阅现有的可迁移概念列表，或者从相关且有提示的词组中确定大观念"[3]。地理大观念的表述形式是词或短语。

---

[1]　中华人民共和国教育部.普通高中生物学课程标准(2017年版2020年修订)[M].北京：人民教育出版社，2020:61.

[2]　中华人民共和国教育部.普通高中地理课程标准(2017年版2020年修订)[M].北京：人民教育出版社，2020:51.

[3]　韦志榕，朱翔.普通高中地理课程标准(2017年版2020年修订)解读[M].北京：高等教育出版社，2022:179.

《义务教育课程方案（2022年版）》提出了"重要观念"，"基于核心素养发展要求，遴选重要观念、主题内容和基础知识，设计课程内容"[①]。这似乎是为了淡化"大概念"的学科化倾向，相对比较稳妥。特别是花费10%课时操作的许多跨学科主题学习活动，学生所要掌握的观点、方法或体验，很难说是"概念"，更多的是"观念"。

2017年版小学科学课程标准选定大概念进行科学教学，在大概念理念统领下，根据小学生的年龄特点和认知规律，归纳提炼了18个主要概念（大概念），其中，物质科学领域6个，生命科学领域6个，地球与宇宙科学领域3个，技术与工程领域3个。

地球与宇宙科学领域[②]的大概念如下：

13. 在太阳系中，地球、月球和其他星球有规律地运动着。
14. 地球上有大气、水、生物、土壤和岩石，地球内部有地壳、地幔和地核。
15. 地球是人类生存的家园。

2022年版义务教育科学课程标准设置13个学科核心概念（大概念）、4个跨学科概念（大概念）。其中，物质科学领域4个，生命科学领域4个，地球与宇宙科学领域3个（宇宙中的地球、地球系统、人类活动与环境）[③]，技术与工程领域2个。跨学科概念包括物质与能量、结构与功能、系统与模型、稳定与变化。

2022年版义务教育地理课程标准没有提及大概念是什么样子，但课标解读在做学业质量任务内容解析时，将"认识世界""认识中国"部分的学科知识概括为空间位置、空间分布、空间联系、区域地理特点与差异、区域间的联系、区域协调发展6个方面，作为核心教学主题，并看作地理大概念[④]。简化起见，这6个地理大概念也可简化为地理位置、地理分布、区域地理特征、差异与联系、环境与发展。地理课标在"六、课程实施（二）评价建议"中提出的4个任务过

---

① 中华人民共和国教育部. 义务教育课程方案(2022年版)[M]. 北京：北京师范大学出版社，2022:4.

② 中华人民共和国教育部. 义务教育小学科学课程标准[M]. 北京：北京师范大学出版社，2017:44-45.

③ 中华人民共和国教育部. 义务教育科学课程标准(2022年版)[M]. 北京：北京师范大学出版社，2022:16.

④ 韦志榕，朱翔. 义务教育地理课程标准(2022年版)解读[M]. 北京：高等教育出版社，2022:245.

程——地理事物和现象识别、地理差异比较、地理综合分析、地理工具应用,也可作为地理大概念。[1]

5. 大概念教学之难

当下,大概念教学被寄予厚望,是"教学方式的变革",是"课程观的变化",是"以核心素养为导向的课程与教学改革"。我们在享受大概念和大概念教学给课堂教学带来的"福利"时,也要注意到它内在的矛盾或前提假设,以及有可能带来的教育本质的异化[2]。

第一,它强调以理解为核心,引导学生像专家一样思考,逐步形成专家解决问题的思维,形成整体性、关联性、情境性思维。但是,何为专家?就解决现实世界中的具体问题而言,这里的专家可能主要指专业技术人员,他们经验丰富,擅长运用专业知识解决实际问题,这是典型的美国实用主义的追求,也因迎合了东方文化中学以致用的基因而广受欢迎。同时,我们要注意到,还有一些专家从事基础理论研究,主要工作场所是实验室,很少以实际运用为导向,是甘于坐冷板凳的人,"为知识而知识,为学术而学术",更多的是由好奇心、求知欲驱动。这种自由探索、不计利害、纯粹求知的精神气质,也是值得涵养的。

形成专家思维的过程也不是一帆风顺的,布鲁纳发现教学法假设"学生的学习过程与科学家的认识过程具有逻辑同质性"曾被奥苏贝尔批评,奥氏评论发现法其实是一种人为的发现类型,与科学家真正自主发现活动相差甚远,一个发现、一个假设可能要经历广泛的争议、批评甚至非议,不仅耗时,甚至令科学家感到沮丧。这种情感体验往往是不能为中小学生所想象的,而且纯粹的发现方法会导致课堂混乱和时间的浪费[3];最后它可能只是一种变形的至善论,一个激动人心的口号。在现实生活中,专家或科学家只能是少数人,希望所有学生像专家一样思考,是一种"人人皆可为尧舜"的妄想。因此,考虑到学生的成长环境、个性等方面的差异,我们在给予学生像专家那样思考的学习机会时,还要保持一颗平常心。

第二,大概念教学强调真实情境的问题解决,让学生参与到类似学科专家那样的日常活动中,即所谓的真实实践(authentic practices),学到更深层的知识。

---

[1] 中华人民共和国教育部.义务教育地理课程标准(2022年版)[M].北京:北京师范大学出版社,2022:40.

[2] 吴永军.关于大观念教学的三个议题[J].课程·教材·教法,2023(5):45.

[3] 戴维·保罗·奥苏贝尔.意义学习新论:获得与保持知识的认知观[M].毛伟,译.杭州:浙江教育出版社,2018:221-222.

这样能够在一定程度上改变死记硬背、机械刷题式的学习方式，习得"有用的"知识而不是惰性知识。这在一定程度上是有意义的，因为专家知识不只是一些孤立的事实或命题，而是建立在前者之上，"反映应用的情境，这些知识受一系列环境的制约""有条件地指明了知识可使用的情境；它支持理解和迁移到其他情境"[1]。这样说来，教师的工作不仅要传授课本中的知识，还要尽可能地提供指向或者制约可使用这些知识的环境或情境，教师能够在多大程度上还原专家或专家共同体发现这些知识时的环境或情境？可能更多的是类似或类比。

在认识和解决问题的过程中，学生需要模拟和扮演多种专家或职业角色，如工程师、官员、公众等。我们只能假设学生具备这些角色的实际生活经验，期望学生具备胜任这些角色所要求的能力而有效地完成任务。实际上，学生缺乏必备的职业生活体验，最终会影响大概念教学的效果；学生所做的，只能是提前模仿、操练真实的生活情境。另外，问题解决基于学科视角探讨实际生活和职业生活中的问题，可能不会有效地解决自身的生活问题，特别是生活的意义和价值问题，如审美、人格、幸福等。

第三，大概念教学往往与单元整体教学相勾联。因为深刻理解和掌握大概念，需要较为长久的时间、持续地接触，光靠一节或两节课是很难实现的[2]。如果一课一个大概念，只能是教师贴标签式的"灌输"，学生的理解不深不透、浮于表面。在实践中，一些教师选择单元教学的设计，一个初衷就是希望能省些课时，盼望"1+1>2"。

这种较长时段的单元学习过程，就需要冲破时空的制约，超越常态化教学的条件。没有充足的时间资源、空间资源，就没有优质教育的可能性。亚历山大·洪堡考察美洲及其所取得的伟大的科学成就，与他的母亲聘请的家庭教师、家庭的富裕这些背景条件是分不开的。大概念教学面临的主要困境，与进步主义、建构主义、布鲁纳当年面临的问题如出一辙，"建构主义的学习适合长期的项目和问题研究，而50分钟的课堂与它的目标是不相适应的"[3]。理念非常先进，实际操作困难重重。

第四，大概念教学对教师提出了非常高的要求，要求教师成为学科专家甚至

---

[1] 约翰·D·布兰思福特,等.人是如何学习的:大脑、心理、经验及学校(扩展版)[M]. 程可拉,孙亚玲,王旭卿,译.上海:华东师范大学出版社,2013:27.

[2] 吴永军.关于大观念教学的三个议题[J].课程·教材·教法,2023(5):45.

[3] 帕梅拉·博洛廷·约瑟夫,等.课程文化[M].余强,译.杭州:浙江教育出版社, 2008:121-122.

教育家、生活问题专家。这是否是不现实的要求？是否会带来非常沉重的负担？"进步主义教育学对教师的教学技能提出了无限高的要求，但在美国教育史上，这样的教师数量太少，因而使进步主义教育从未能对国家范围的改革产生影响。"[①]

常态教学中，中学生是很难探索出大概念的。如果由教师提出大概念，就又回到了灌输式、给定式，因而与它的学理基础（建构主义教学观）及其本质是相背离的。大概念的最终确定，特别是跨学科主题学习中，如何避免不确定性、控制"大"和"小"的伸缩度是一个挑战。确保大概念或学科结构的科学性、精准性、合理性、共识性，是很困难的，这一点布鲁纳看得非常清楚，"我们可能不那么容易在政治学、经济学以及人文科学方面找到一种公理式的结构，并且这些领域中的事件和概念之间的联系形式不仅不同于自然科学中的那些联系形式，而且从实质上说是人的头脑所不易理解的"[②]。

当然，教师学会了"像专家那样思考"，学会逐步提炼大概念；在构思教学目标时，能够将长远目标（单元目标）与短期目标（课时目标）相结合，这无疑能够大幅度提升其教学设计能力或者课程开发能力，实际上一些教师一直是这么做的。也能够纠偏一些专家给教师贴的"一课一课地教，割裂化、碎片化[③]、零散化、孤立地处理知识，教琐碎、零散的知识，就事论事"的标签。

作者在对地理概念教学的长期实践和研究中，形成了自己不少成熟和独特的看法和做法，同时也对地理大概念教学和地理单元教学做了有效的尝试和探讨。书中涉及的话题都是当下地理教学中的热点和难点问题，回应了一线教师的普遍疑问，期望引起共鸣。读有所思，学有所益。粗略地读了这本书，颇有些感受，于是有了以上一些粗浅的想法。书需要反复读，就像地学田野实践一样，第一次到野外实习点，是跟着老师，听老师讲，自己琢磨和思考，这是认识实习、验证实习。要真正理解地学现象，还要多次"重返"现场，释疑解疑，努力形成自己的见解。这是一本值得反复读的书。

首都师范大学教授　丁尧清

2023 年 8 月 24 日

---

① 帕梅拉·博洛廷·约瑟夫，等.课程文化[M].余强，译.杭州：浙江教育出版社，2008:123-124.

② 吴永军.关于大观念教学的三个议题[J].课程·教材·教法，2023(5):46.

③ 李刚，吕立杰，杨曼.科学教育中的能量大概念：内容释义、哲学内涵与课程设计[J].首都师范大学学报（社会科学版），2020(5):160.

前 言 FOREWORD

首先想谈谈我为什么要写这本书。印象中,我的学生年代是在混混沌沌中度过的,有太多的不懂,不敢问老师,没有人来解答,也没有书看,靠着死记硬背和大量训练在考试中取得不错的成绩,但对许多知识是"知其然不知其所以然",没有真正理解,更不知道为什么要学习它。从教初期,我不想让学生重蹈我的混沌之路,努力尝试讲清楚那些知识。但是,后来我发现,许多我自认为讲解得很透彻,又重复过多遍的知识,学生仍是不懂。是学生不认真吗?可是他们的眼神是那么专注,问题在哪里?

儿子天天1999年出生后,带着初为人母的欣喜和热情,我记录了儿子成长中的点点滴滴,特别是与儿子的有趣对话。从中我发现,大人的思维和小孩的思维总是相差巨大。我又把观察的目光投向与同事、朋友等的交往。我发现,每个人都有自己的话语体系和理解特点,误解和偏见的产生不仅是因语言、行为等外在表达,更是个人成长经历、社会背景、观念和知识素养等内部结构的映射,还和他所处时代的物质条件与精神风貌,他所在民族的特定文化与心理解构等密切相关。

"中国现代儿童教育之父"陈鹤琴先生曾言:"做父母、做教师的,要怎样来实践他们教导儿童的责任呢?我觉得可靠的途径之一,便是要了解儿童。儿童的喜怒哀乐、儿童的成长与成熟、儿童的学习与思想、儿童的环境以及儿童新生到成长的整个过程当中所产生的一切变化与现象,我们都应有相当的研究与认识。只有在了解儿童之后,我们对儿童的教导,才能确实有效。"[1] 在需要解决的问题日益复杂的今天,更需要去了解人与人之间的不同,如果不能真正地、设身处地站在对方的角度去思考、去互动,是没法做好学生、教师、家长和其他任何一个角色的。渐渐地,我从努力讲清楚知识,转为努力去了解学生。和他们对话,了解他们的兴趣爱好,想法做法,分析他们思想的来源,从他们的认知角度去进行

---

[1] 陈鹤琴.儿童心理之研究[M].喻本伐,校注与点评.武汉:长江少年儿童出版社,2014:13.

地理教学。应该说我的转变与同儿子的交流密不可分,下面节选几则我与儿子天天的对话日记和我的反思:

2001 年 4 月 1 日(2 岁 13 天)

抱着天天在外面溜达了一会儿,第三次回到理发店。这次没有面对镜子坐,可电剪的嘟嘟声一响,天天又闹着不肯剪,我哄着:"好了,叔叔不剪!来,让我帮你搔痒痒……"理发师开了音乐,我边摩挲着天天的头,边和他聊天,理发师在后面偷偷地帮天天理发。

我:"天天,理发疼不疼?"

天天:"不疼,妈妈搔痒痒!"没有意识到已经在理发。

我:"让叔叔给你理个亮亮的光头。"

天天:"像日本。"[①]

我:"哇,天天理个日本头!"成功理发。

以后有人说"天天的头真亮!"时,天天就摸着自己的光头说:"是日本头!"

很多儿童怕理发,主要是陌生的理发店和理发师、锋利的剪刀和发出声响的推头器让儿童觉得不安全。在他们的意识里,剪头发就是剪去自己身体的一部分,会很疼。儿童心理学告诉我们,三岁以前,幼儿是无意式注意,他容易被外界任何东西吸引。音乐和抚摸使孩子从不安全的感受里面抽离出来,被吸引到熟悉的、愉快的感受中,看似困难的问题一下子就迎刃而解。这里更让我惊喜的是,一个两岁的幼儿能通过日常观察,从"亮亮的光头"立刻联想到"日本国旗"。儿童的观察力和想象力真是与生俱来,显著而感性。前苏联教育学家苏霍姆林斯基曾说,观察对于儿童之必不可少,正如阳光、空气、水分对于植物之必不可少一样。可是现在,许多学生被禁锢在书本里,缺少对大自然、对身边事物的真实观察和体验,虽书本知识增加,但生活经验欠缺,学而不用,学非所用。在完成学业时,往往只在头脑中留下一系列不相关的知识碎片,"生活世界"和"科学世界"成了两个"独立世界"。

儿子使用概念"日本头",后来还自创了不少概念,这里面包含着他的个人经验和思维方法,虽然不周密、无意识,却是他通过自己的心智努力形成的新概念,这是孩子最初的超越事实的思考,是跨时间、跨情境的迁移。作为家长或老师,我们如果在孩子小时候就给他们提供更丰富的经验,教给他们更准确的方

[①] 我家贴有一张大大的"世界国旗大全",儿子很喜欢那些颜色鲜艳的国旗,这时已经能认出六十几个国家的国旗了,他想表达的是"像日本国旗"。

法，是不是能收获更好的教学成效呢？

2003年8月2日（4岁4个月）

今天，教天天简单的算式，想训练他的数学思维能力。

我："天天有10根蜡笔，欣欣有6根，天天比欣欣多多少根？"

天天掰了会儿手指头，答："4根。"

我："真棒！天天怎么知道是4根呀？"

天天："是我数出来的。"

我："是怎么数出来的？"

天天："是用手指头数出来的。"

我："哦？！我是问你4根是怎么得来的？"

天天："是我慢慢地想到的。"

我："是用加还是用减，算出等于4根的？"

天天："是我想想就算出来的。"

我突然深刻体会到做个幼儿老师是多么不容易。

我又问："枫枫今年6岁，天天5岁，枫枫比天天大多少岁？"

天天："1岁。"反应挺快的，没用手指头。

我又问："妈妈今年30岁，爸爸今年32岁，爸爸比妈妈大多少岁？"

天天想了想，说："我不知道。"

我："刚刚你是怎么算出枫枫比天天大1岁的？"

天天："我不知道怎么算的。"

我："我们来把式子列一下。"

天天问："什么叫式子？"

……

维果茨基曾指出，儿童通过与现实世界的直接接触，会自发地形成一套对这个世界如何运转的理解体系，即日常概念（或称自发概念）。儿童从学校教学中所获得的科学的基本原理，即科学概念。只有当儿童生活过程中原已形成的日常概念与学校教学中期待学生掌握的科学概念建立起相互联系时，才能形成有意义的学习。①

在我的意识里面，儿子是在做"算术"，是在学习一个科学概念。可在儿子头脑里，这是在做"游戏"，就像这时的他从1数到100一样。儿子在操作自发

---

① 列夫·维果茨基.思维与语言[M].李维，译.北京：北京大学出版社，2010.

概念"算式"时，并未意识到它的存在，他的注意力在蜡笔上，在手指头上，在欣欣、枫枫等具体事物身上，不在加减上，不在思维活动本身上。当遇见"爸爸比妈妈大多少岁"这种更复杂的问题时，他的朴素想法就行不通了。而我的提问是基于我的思维，我不知道怎么换成他懂的语言，所以他无法理解我要问什么，更无法解释答案是怎么得出来的。这让我想到课堂上师生间的问答，学生答非所问，不一定是学生不懂，很可能是师生各自站在自己的经验和思维上，缺少有效的沟通。概念是"一种复杂而又真实的思维活动，概念的直接教授不可能，而且没效果"。[1] 儿童的知识以环境而变迁，儿童习得一个新词时，它必须与真实环境，与儿童的已有经验相互作用才能形成概念，才会激发更高层次的思考和认识。

2004年8月20日（5岁4个月）

早餐时，天天又要吃榨菜，我吓唬他，里面有防腐剂。

天天问："防腐剂是什么？"

我便趁机解释："动物死了以后，尸体是不是会腐烂啊，只剩下白骨，你见过的，吓吓吓。"我做个怪样。

"但是用了防腐剂呢，肉就不会腐烂啦。你看，这盘菜放在这儿，过上几天是不是会变坏、长毛？它在腐烂呢。要想它不变坏，就得加防腐剂咯——防止它腐烂的东西，那可是种可怕的化学药品呢。"

天天开心地说："那我吃了榨菜，我的尸体就不会腐烂了，哈哈，你可以把我的尸体放在家里。我多喝点防腐剂。"

哎，又对牛弹琴了，我说："防腐剂是不能喝的。还有，只有做实验或做标本，才需要保存尸体，把它泡在防腐剂里。"

天天："我知道，就像毛主席一样。什么时候我们再去北京玩？"

儿童天生具有寻求理解周围世界及其含义的意向，而成人为了达到自己需要的效果，常常利用孩子的意向，耍些小伎俩去趁机教导孩子。可大人的逻辑小孩不懂，小孩的世界大人也难懂。心理学告诉我们，到了一定年龄，孩子会表现出想和别人共同活动，想探索世界的欲望，并开始试图改进交流思想的方法，使用起社会化的言语。但他的思维是跳跃的、断裂的、不稳定的，就像儿子在理解"防腐剂"时，似乎认真听了我的解释，还主动迁移到"毛主席"，但他的注意力却并不在这些上，过后他并不能记住什么。

---

[1] 列夫·维果茨基.思维与语言[M].李维，译.北京：北京大学出版社，2010.

通过说教的方式获得的信息很容易被遗忘，知识的习得应该来自内在的感悟和主动的建构。很可惜那时的我并不懂这些，我既没有贝茜的安姨妈或亨利姨姥爷那样的自信和豁达，让儿子自己想办法解决这一切的问题；①也没有理查德·费曼父亲的博学和智慧，引导儿子去仔细观察，层层推导，得出一个类似"化学反应不单改变物体特性还产生新物质"的大概念来。②在老一辈的教导下，我像弗朗西丝姑妈③一样，无微不至地照顾着儿子；像绝大多数的年轻妈妈一样，耐心、反复地教导着儿子各种知识……现在想来，真是抱憾终身。如果时间能倒流，我想，我不会去解释那么多，我会准备两碟肉，一碟有防腐剂，一碟没有防腐剂，和儿子一起观察它们的变化和不同，不单让儿子了解防腐剂，了解食物的神奇变化，更发展和保护他对世界的好奇心、对科学活动的喜爱以及懂得如何解释自然现象。

儿子上小学后，我们仍时常开展各种有趣的讨论。儿子好奇，常看我批改过的学生作业和试卷，并发表言论。于是我便把初中地理试卷给儿子做，他也乐此不疲，当作是游戏或挑战，做完他就要我批改、打分。我常常询问他为什么这么做，并根据他的回答暗暗调整评分标准，鼓励他的奇思妙想，也和他解释更科学的答案。在交流中，我发现，儿子总会耍些小聪明，通过他看的课外书、影视剧和道听途说等，运用自己的一套推理方法，对不知道如何回答的问题灵活寻求答案，自圆其说；或对不理解的事物，七绕八拐，多方寻求解释，竟然常能得到我校初中生的平均分。在专业性不强的自然地理，与生活有关的人文地理方面得分较高。

进入中学后，由于住校等原因，儿子与我的交流少了许多。儿子从初中正式开始学地理，却没有取得像我预料的稳定高分，反而常常因课外知识的博杂和模糊，导致思维复杂、混乱，偏离初中生的常规思维轨道，时常在学生们认为显而易见的地方犯错；他的地理学习兴趣也不如小学时浓厚。进入高中后，儿子表现出较好的逻辑推理能力和发散思维，但常从背景材料信息中推导出一些似是而非的论断，不善于分析主次关系、因果关系、从属关系等，也不善于用地理概念和地理专业语言来表达观点。

为什么会这样呢？其他孩子又是怎么样呢？他们是否有同样的成长经历和困惑？怎么让孩子更有效、高效地学习呢？我时常观察着，思考着。

---

① ③ 美国作家多萝茜·费希尔创作的儿童成长小说《贝茜成长的奥秘》中的人物。
② 理查德·费曼是世界上最有名的科学家之一，于1965年获得诺贝尔物理学奖。费曼的父亲是个商人，但对科学很有兴趣，也是费曼的科学启蒙老师，对他的影响很大。

2006年，我开始做"初中地理生活化教学的实践研究"的课题，在课内和课外实践"做中学"，从中我发现了更多孩子的思维误区和行为偏差等，其中不少源于生活经验的缺乏，这导致他们对一些基本概念的不理解。于是，2013年，我开始做"概念教学与地理高效课堂的研究"的课题。

2017年后，我又进一步深化研究，相继主持了"基于微课程的初中地理前概念研究"和"信息技术下初中地理迷思概念的教学研究"两项课题。借助信息技术，借助真实活动，发现学生的前概念和迷思概念，落实学情分析，引导学生质疑、探究，并结合课标和教材制作了系列微课，打造了"迷思兔微课"品牌。这系列微课紧扣学生困惑，紧扣时事热点，讲课堂所不讲，填补学生常见的知识漏洞，辨析易错易混地理概念，整合相关相联概念，讲知识拓展，讲方法迁移，讲地理运用，让学生从书本知识走向生活世界，凸显地理的有用、有趣、有味。这些微课发布在"肖金花教师工作室"微信公众号上后，得到大量的点击播放和各方的认可。

2021年，教育部先后颁布"睡眠令"和"双减"等系列政策。2022年新版义务教育课程标准颁布，标志着新一轮课程改革的开始。课改带来了一大波的概念，比如"核心素养""学科核心素养""深度学习""跨学科主题活动""单元整体教学""STEM教育"①"UbD"②，还有大概念、大单元等。这些概念虽然近年来爆火，却并不都是新概念，老师们似懂非懂，就像学生对地理概念一样，不少老师吐槽"尽整些新概念""玩文字游戏"等。

在这场教育大变革中，我反思从教以来自己所做的探索和研究。这些研究朴素、粗浅，都源于我为师、为母的一些迷惑，围绕着孩子和学生成长中发现的问题。研究目的简单，都是为了凸显地理学科的生活价值，期望孩子们实现从"学会"向"会学""乐学"转变，也期待自己教得轻松些。如果说要用一个词把我所做的这些研究都囊括进去，我想就是"概念教学"，这里的"概念"是广义的，是以概念为本、促进概念性理解的教学。③ 概念是将当下知识和过去经验关联起来的关键，试想，如果没有"人"和"朋友"的概念，怎么会有社会认知的存在？④ 没有"位置""尺度""区域""人地关系"等概念，又怎会有地理课程的存在？地理教学也好，教育变革也罢，都要真正理解这些概念的内涵，找出它们

---

① 即科学Science、技术Technology、工程Engineering、数学Mathematics。
② 即追求理解的教学设计Understanding by Design。
③ 包括概念、概括和原理等。
④ 郁锋.概念与感知——心灵如何概念化世界[M].北京：中国科学技术出版社，2020.

的内在关联，才能把握教学和课改的核心，才能保证教育教学质量。

概念是人类知识的基石，形成概念是人类认知的重要途径。[①] 本书主要立足初中地理概念教学，但也涉及初高中衔接和高中地理的一些内容。分四个部分来阐述：第一部分是关于内容的"什么是核心素养导向下的中学地理概念教学"，对本书涉及的主要概念、常规做法等进行了追根溯源的分析、阐释、界定和自我理解；第二部分是关于背景、目的和意义的"中学地理为什么要进行概念教学"，梳理了相关的理论和笔者做的一些调查与分析；第三部分是关于教学手段的"中学地理靠什么展开概念教学"，立足概念教学的前期准备，从实践角度详细阐述了怎么深入分析教材、教情和学情，倡导以学生为中心；第四部分"中学地理怎么进行概念教学"，用大量的例子阐述核心素养导向下的中学地理概念教学的目标叙写、评价设计、教学流程、素养测评等，促使核心素养着地。关于"怎么做"的第三、四部分的各节标题都以提问形式呈现，提问所涉及的话题是概念教学的核心问题，也是一线教师的普遍疑问，期待引起您的共鸣。

现在有不少关于概念教学和大概念教学的著作，它们多数是大学学者或专门的研究者所写，多重在理论，所举例子多是各学科典型例子的汇集，学科性和实操性弱，也很少把大概念、小概念、前概念和迷思概念联系在一起。

对一线教师来说，理论指导固然重要，但身边的榜样和可复制的方案同样不可缺少。可以说本书是笔者二十多年"做"出来的，不是"写"出来的，您从中可以看到一位一线教师是怎么把一个课题做细做实的。本书虽然是中学地理概念教学，但因探讨了许多教学问题，所以对地理的其他教学方法也是极有帮助的。同时，学科是相通的，本书除了给地理同行使用，也可以给其他学科不少启示。

我尽量用通俗、平实的语言去阐释观点和做法，书中丰富具体的案例都源自笔者的亲身经历，书中的认识也都源自本人长期一线教学的深刻感悟。虽研究时间长，但至今也没有觉得自己真明白了，只是在探求的路上。这本书断断续续写了好几年，能坚持下来，是想给自己的教学教研生涯一个总结，也期待此书能让更多的教师关注学生，关注孩子，转变教法，转变看法，以研促教，提高教学效率。期待更多的同行对概念教学、大概念教学进行更深入的研究。

在本书的撰写过程中，我参考了大量资料，特向相关作者表示感谢和敬意。有些资料可能经历多形式、多人次引用，或在我自己的学习中慢慢内化吸收而不自知，没能准确注明来源，如有必要，请资源原创者与我联系。

---

① 韦钰.十年"做中学"为了说明什么[M].北京：中国科学技术出版社，2012.

在本书完稿之际，我要感谢首都师范大学教师教育学院的丁尧清老师、华南师范大学地理科学学院的曾玮老师、广东省教育研究院地理教研员周顺彬老师和施美彬老师、东莞市教育局地理教研员李宏定老师等多年来的指导和帮助。感谢东莞市长安实验中学地理教研组、肖金花工作室全体成员对课题研究工作提供资料和建议。

肖金花

2023 年 5 月

目录 Contents

第一部分　什么是核心素养导向下的地理概念教学

第一章　知识与素养 ………………………………………………… 002
一、知识的类型与结构 …………………………………………… 002
二、核心素养的提出与含义 ……………………………………… 011
三、地理知识及其价值 …………………………………………… 020

第二章　概　念 ……………………………………………………… 025
一、概念及其特征 ………………………………………………… 025
二、概念的内涵与外延 …………………………………………… 027
三、概念的分类与关系 …………………………………………… 029

第三章　地理概念 …………………………………………………… 035
一、地理概念的界定 ……………………………………………… 035
二、地理概念间的关系 …………………………………………… 036
三、地理概念的类型 ……………………………………………… 040

第四章　核心素养导向下的地理概念教学 ………………………… 043
一、基于理解的概念教学 ………………………………………… 043
二、地理概念教学的原则与方式 ………………………………… 049
三、地理概念教学的策略 ………………………………………… 055

第五章　大概念教学························058
　　一、不同视角下的大概念························058
　　二、大概念的特点与生成························063
　　三、地理大概念教学的意义与策略························066

第二部分　中学地理为什么要进行概念教学

第一章　背景分析························072
　　一、教育改革的推进与概念教学的兴起························072
　　二、地理学科特色与概念教学的重要性························076
　　三、地理概念教学现状与研究现状························077

第二章　理论基础························082
　　一、教育学理论························082
　　二、认知主义学习理论························084
　　三、建构主义学习理论························088

第三章　现状调查························090
　　一、关于地理概念教学的学生调查························090
　　二、关于地理概念教学的教师调查························099
　　三、初中生地理前概念相关因素的调查························104

第四章　问题探讨························112
　　一、概念教学讲清楚定义就够了吗························112
　　二、核心概念、关键概念、基本概念等同于大概念吗························114
　　三、初中地理有必要进行大概念教学吗························116
　　四、其他困惑························118

第三部分　中学地理靠什么展开概念教学

第一章　建构大单元 …………………………………… 127
一、为什么强调大单元 ……………………………………… 128
二、如何确定大单元 ………………………………………… 136
三、如何构建地理大单元 …………………………………… 147

第二章　探测前概念 …………………………………… 163
一、什么是前概念 …………………………………………… 164
二、前概念有什么特征 ……………………………………… 166
三、如何从试题中发现师生的前概念 ……………………… 167
四、前概念给师生带来什么启示 …………………………… 179

第三章　发现迷思概念 ………………………………… 182
一、什么是迷思概念 ………………………………………… 182
二、如何提取迷思概念 ……………………………………… 186
三、迷思概念有哪些形成因素 ……………………………… 195

第四部分　中学地理怎么进行概念教学

第一章　编制教学目标 ………………………………… 206
一、教师应该怎么认识教学目标 …………………………… 207
二、教学目标有哪些写法 …………………………………… 212
三、如何叙写大单元教学目标 ……………………………… 220
四、制定大单元目标有什么实践意义 ……………………… 223
五、叙写课时目标常有哪些误区 …………………………… 224

第二章　设计教学评价·················230
　一、教学评价有哪些类型和变化·················230
　二、如何运用SOLO分类理论设计概念教学评价·················239
　三、如何设计基于真实性任务的核心素养评价·················252

第三章　设计教学过程·················267
　一、核心素养导向下的地理概念教学的操作流程是什么·········267
　二、如何让迷思概念转变为科学概念·················270
　三、如何设计一节核心素养导向下的地理概念教学课·········277

第四章　开展教学评价·················289
　一、如何开展学生的素养测评·················289
　二、如何开展活动成果的评价·················297
　三、如何开展教师的教学评价·················301

后　记·················315

第一部分

什么是
核心素养导向下的地理概念教学

池塘里有一条小鱼，它很想了解陆地上发生的事，却因为只能在水中呼吸而无法实现。它与一个小蝌蚪交上了朋友。小蝌蚪长成青蛙之后，便跳到陆地上。几周后青蛙回到池塘，向鱼描述了它在陆地上的所见所闻。鱼根据青蛙对每一样东西的描述做了想象：人被想象为用鱼尾巴走路的鱼，鸟是长着翅膀的鱼，奶牛是长着乳房的鱼……

图1.1 鱼就是鱼

听完李奥尼的这个童话故事《鱼就是鱼》[1]，你有什么启发？

---

[1] 李欧·李奥尼，文·图.鱼就是鱼[M].阿甲，译.海口：南海出版公司，2011.

第一章 知识与素养

> 为什么鱼想象出来的东西与实际相差甚远？是青蛙没有解释清楚吗？还是鱼缺乏想象力？都不是，这里涉及新知识的建构，知识到底从哪里来？怎么来？
>
> 有人说，几千年来，人类文明的历史就是求知的历史。远古时，敬畏自然的人们不求知识，只求知道：缺少食物时，有经验的原始人知道到哪里狩猎；干旱时，人们知道哪里可以找到水源。后来，伴随着文字的出现，人们开始积累知识、崇拜知识。那时的知识不仅是奢侈品，更是地位的象征。记忆力超群、知识渊博的人往往脱颖而出，要么著书立说，丰富知识；要么用知识换得权力，然后重新定义知识。"知识就是力量"这句名言背后，揭示的正是这种权力转换；而现代，人类知识呈指数级增长，互联网的普及又让知识成了唾手可得的东西，人们转向一种"为我所用"的实用主义。这些年来，教学从关注知识转为关注学生，从知识教育转向素养教育。是知识变得没那么有价值了吗？

一、知识的类型与结构

人们常说，教育用知识来培养人，教师在教学过程中的对象主要有两个：学生与知识。什么是知识？知识何以发生？知识可以分为哪些类型？对问题推本溯源，对我们的教学将大有裨益。

（一）知识的定义与来源

先从汉语词源来了解"知识"。在《说文解字》中，"知"字从矢从口。"矢"既是声旁也是形旁，表示箭，借代行猎、作战；"口"指说话。"知"的本义是谈论和传授行猎、作战的经验；后引申为经验、常识、真理、懂得，通晓、明白；又引申为聪明的，有战略的，觉悟的。"识"的繁体字为"識"，《说文解字》写到："常也。一曰知也。从言、戠声。""戠"字由"音"与"戈"联合，表示"随着教官的一连串指令，军队方阵作出各种整齐划一的战术或技术动作，形成各种队列图形"，得出"戠"的本义是规则图形及其变换。"言"与"戠"联合成"識"，象征能用语言描述图形及其变换。引申为区别、辨别等。比如"识字"，就是"根据字的形状、结构、笔画认字"。

"知识"作为一个重要概念，并没有一个统一而明确的界定。柏拉图曾做过一个哲学上的经典定义："知识是有合理证明的真信念。"他认为，一条陈述能称得上是知识必须满足三个条件，它一定是被验证过的，正确的，被人们相信的。在心理学上，知识被定义为"个体通过与环境相互作用后获得的信息及其信息的组织"。① 《现代汉语词典》对"知识"的定义是"人们在改造世界的实践中所获得的认识和经验的总和"。总的来说，不同学者从知识的来源、个体知识的产生过程及表征形式等不同角度对知识进行研究，给出了不同的定义。

知识是怎么产生的呢？这个问题也有许多答案。以培根和霍布斯为代表的传统经验主义认为，知识先是从感觉经验开始的，感觉经验是一切知识的最初起源；在感觉基础之上，才形成了对某个事物的印象；然后对印象进行命名，形成了概念；再由概念和概念之间的关系，形成了整个知识体系。后来，洛克在感觉经验外又添加了反省的经验，他认为人们通过感觉获得外在经验，通过反省获得内在经验，这两种经验是知识的唯一来源。而以笛卡尔为首的理性主义则认为，知识来源于"自然禀赋""先验原则"。后来，康德调和了经验主义和理性主义，认为知识的产生是先验（来自理性）与经验（来自感官）的综合。詹姆斯·克里斯蒂安认为知识有四个来源：感官、他人、推理和直觉。② 拉马钱德兰在研究文章《人类进化"飞跃"背后的推动力量：镜像神经元及模仿学习》中指出，镜像神经元为大脑和文化的共同飞速进化提供了最初的动力，而某种决定性的环境因素触发了大脑，产生了科学革命和知识的快速传播。人类在生存中遇到的新问题

---

① 张大均. 教育心理学 [M]. 北京：人民教育出版社，2006.
② 詹姆斯·克里斯蒂安. 像哲学家一样思考 [M]. 赫忠慧，译. 北京：北京大学出版社，2015.

是触发新知识的真正原因……①

在理解知识的定义和产生时，有必要把作为人类社会共同财富的知识与个体头脑中的知识区分开来。人类社会的知识是客观存在的，但个体头脑中的知识并不是客观现实本身，而是个体的一种主观表征，即人脑中的知识结构，它既包括感觉、知觉、表象等，又包括概念、命题、图式，它们分别标志着个体对客观事物反应的不同广度和深度，这是通过个体认知活动而形成的。一般来说，个体知识以从具体到抽象的层次网络结构的形式存储于大脑之中。哲学主要对人类社会共同知识的性质进行研究，心理学则主要对个体知识的性质进行研究。

看到这儿，有老师可能会问，了解这些有什么用呢？知识不还是得一点点学习吗？朱熹说："穷理者，欲知事物之所以然，与其所当然者而已。知其所以然，故志不惑；知其所当然，故行不谬。"深入探究了知识的原理，认知意识才不会被迷惑，教学行为才不至于荒谬，还可推测未来学习的样子。比如用知识的产生理论来解释"为什么有知识大爆炸"，我们可以理解为环境变了，任何创新都是其他创新的催化剂，知识作为特定问题的解决方案，每解决一个问题，就会出现一个新知识，而每出现一个新知识，又会催生一大堆新问题，解决这些问题的方案又成了新知识。这样不断循环往复、累加和创新，人类知识就呈指数级爆炸性增长。

再比如"未来学习是什么样子"，传统社会发展速度慢，人类的问题类型相对单一，大家遇到的问题大体类似，问题的解决方案，可以慢慢整理成知识，沉淀为课程或书本。这时复制别人的知识，就可以当作自己的知识。所以，在传统社会，复制就可以称作学习。而未来的学习不一样，社会发展速度那么快，来不及沉淀下来，而且人类的处境极大分化，每个人都可能随时随地面对完全不一样的问题。所以未来的学习，关键不在于复制知识，那时的知识问题，早已不是有没有、多不多的问题，而是怎么在一大堆知识库存中快速找到自己在当前情境中真正需要的知识，来作为解决问题的方案。所以我们从现在开始，就要教导孩子在阅读书本、掌握知识的过程中形成自己解决真实问题的能力，那才是知识的源泉。

---

① 约翰·布罗克曼.心智——关于大脑、记忆、人格和幸福的新科学[M].黄珏苹，邓园，欧阳明亮，译.杭州：浙江人民出版社，2019.

(二) 知识的分类与特点

知识包罗万象，知识里蕴含着丰富的逻辑根据、思想方法、价值意义和情感态度，这让知识的分类有许多种。比如，按照知识反映事物深度的不同，划分为感性知识和理性知识；按照知识抽象程度的不同，划分为具体知识和抽象知识；按照知识能否清晰表述和有效转移，划分为显性知识和隐性知识，等等。

安德森等的"布卢姆教育目标分类学（修订版）"从知识内容和认知层次维度把知识细分为四类：事实性知识、概念性知识、程序性知识和元认知知识。每一类下面又可以细分出若干亚类，不同的知识类型之间含有递进等逻辑关系（见图1.2）。[①]

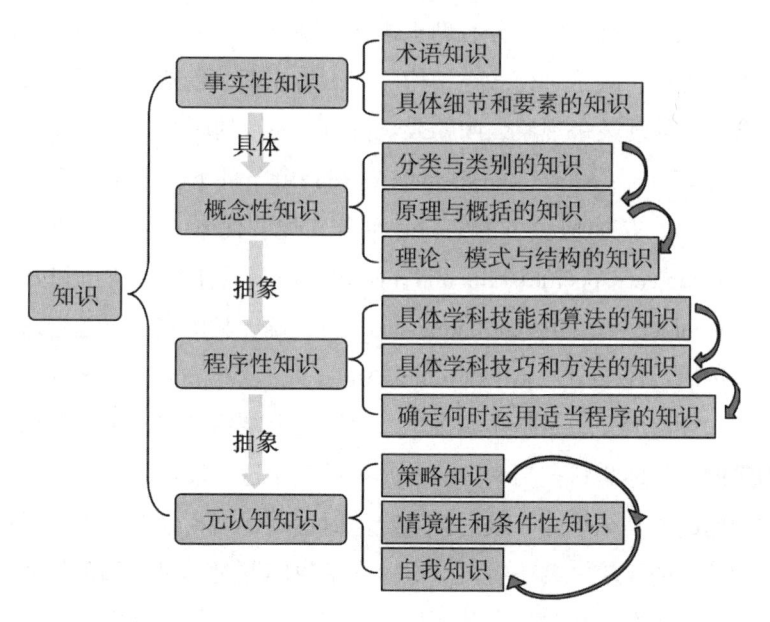

图1.2 基于布卢姆教育目标分类学的知识分类

事实性知识（factual knowledge）是学习者在掌握某一学科或解决问题时必须知道的基本要素，也被称为陈述性知识或描述性知识，是关于"是什么"的知识。又可以细分为术语知识（knowledge of terminology）和具体细节和要素的知识（knowledge of specific details and elements）。术语知识指具体的言语和非言语知识与符号（如词语、数字、信号与图片等），是人们在沟通交流时必须用到的知识，也是学科的基本语言。具体细节和要素的知识主要指时间、地点、人物、事件、

---

① 安德森等. 布卢姆教育目标分类学[M]. 蒋小平，等译. 北京：外语教学与研究出版社，2009.

信息源等知识，是描述学科现象或思考学科问题的基本信息。

概念性知识（conceptual knowledge）指一个整体结构中基本要素之间的关系，表明某一个学科领域的知识是如何加以组织的，如何发生内在联系的，如何体现出系统一致的方式等。时常分为分类与类别的知识（knowledge of classifications and categories）、原理与概括的知识（knowledge of principles and generalizations）和理论、模式与结构的知识（knowledge of theories, models and structures）。分类和类别反映了一个领域的专家如何思考和解决问题，它们是原理与概括的基础，原理和概括又构成理论、模式和结构的基础。原理与概括的知识是在大量的事实和事件集合的基础上，对分类和类别的内在过程与关系作出说明，对各种所观察的现象作出抽象和总结，它十分有助于描述、预测、说明或确定最适宜的、最相关的行动及其方向。理论、模式与结构的知识将原理与概括的知识用有意义的方式加以整合，以体现某一现象、问题或学科内在一致的联系，是最抽象的知识。

程序性知识（procedural knowledge）是在一定条件下，采用一组有序的步骤解决问题的知识，是如何做事的知识。可分三类：具体学科技能和算法的知识（knowledge of subject-specific skills and algorithms）、具体学科技巧和方法的知识（knowledge of subject-specific techniques and methods）和确定何时运用适当程序的知识（knowledge of criteria for determining when to use appropriate procedures）。具体学科技能和算法的知识是指步骤规定，或灵活但结构基本确定的知识，其结果一般是固定的。具体学科技巧和方法的知识反映了这一领域的专家是如何思考及如何解决问题的，其结果是开放的。确定何时运用适当程序的知识同以往的经验以及自己同他人的比较之期望有关。专家在解决问题时不仅要知道如何去做，做什么，同时也知道在什么时候、什么地方运用程序。他们依据准则来帮助自己合理决策。

元认知知识（metacognitive knowledge）是关于一般认知的知识和自我认知的知识。分为策略知识（strategic knowledge）、情境性和条件性知识（knowledge about cognitive tasks, including appropriate contextual and conditional knowledge）和自我知识（self-knowledge）。策略知识是有关一般学习、思考和问题解决策略的知识，涉及不同的学科。情境性和条件性知识是关于认知任务的知识，在何时、何情境，为什么和如何运用不同策略的知识。自我知识是了解自己在认知活动中的优势与不足，也包括了解自己什么时候不知道什么，以及采用什么样的一般策略去发现必要的信息，可以分为认知、动机与情感上的自知。

根据上述知识分类的有关内容，可以发现不同知识有不同的特点（见表1.1）：

表1.1 知识类型及其特点

知识类型	特点	内涵
事实性知识	孤立性	可以单独存在，不需要与其他的事实发生联系
	基础性	学科最基本的术语和具体的细节与元素，是学科思维与表达的基础
	描述性	通过观察就可以用语言描述出来，是不需要抽象分析的事实
概念性知识	抽象性	从事物的表象中，通过意识表征，找出事物的本质属性
	概括性	从复杂事物中，运用简洁的词语符号，表述事物的本质属性
	结构性	从复杂事物中，找出事物的内部体系及事物内部和外部之间的关系
程序性知识	迁移性	反映了客观事物的本质关系，可以在不同情境中运用
	程序性	在不同时候、不同地方运用不同的程序
	应用性	可以解决不同的实际问题
元认知知识	条件性	要根据不同的任务情境或条件，选择何种知识与策略去解决问题
	综合性	是知识、能力和情感的综合运用
	反省性	要不断自我反省、自我调节

现代认知心理学按照知识的不同表征形式，把知识分为两类：陈述性知识和程序性知识。陈述性知识是描述客观事物的特点及关系的知识，也称为描述性知识。包括能够被陈述的事实性和概念性知识，回答的是世界"是什么"的问题，是一种静态的知识，表现为三种不同水平：符号表征、概念和命题。比如，描述亚洲的地形特征，说出中国气候类型的名称及其分布，解释因地制宜。而程序性知识是一套关于办事的操作步骤的知识，也称操作性知识。包括如何及何时运用各种程序、方法、理论的知识。这类知识主要用来解决"做什么"和"如何做"的问题，是一种动态的知识。比如，判读等高线地形图，画地形剖面图，调试实验设备，开展社会调查，并且知道何时运用这些技能。策略性知识是一种较为特殊的程序性知识，它是关于认识活动的方法和技巧的知识。如：如何有效记忆，如何明确解决问题的思维方向等。

经济合作与发展组织（OECD）在1996年的年度报告《以知识为基础的经济》中将知识分为四大类：知道是什么的知识（Know-what），主要是叙述事实方面的知识；知道为什么的知识（Know-why），主要是自然原理和规律方面的知识；知道怎么做的知识（Know-how），主要是指对某些事物的技能和能力；知道是谁的知识（Know-who），涉及谁知道和谁知道如何做某些事的知识。

了解不同的知识分类，有助于我们更深刻地认识教育教学中出现的各种观点和问题。比如，在教育教学中一直倡导"传授知识、形成技能"，这其实是按照不同的学习机制，把知识和技能分成两大类别，这里所说的"知识"，是狭义的知识，即陈述性知识；这里所说的"技能"，其实是程序性知识。科学学习的相关研究已经证明，即使学生能够陈述某些科学事实，他们往往也不能很好地应用这些事实去解决问题、解释数据和得出结论。比如，学生虽然知道人口密度是单位面积的人口数，等于人口总数除以面积，但不会因此总结出某个区域的人口分布特点，不会与这个区域的地价高低、宜居程度、发展理念等进行关联。

同样地，研究还发现，学生经常出现能够执行程序性任务，但无法清楚说明自己在做什么、为什么做的情况。比如，学生能够按照步骤去制作一个等高线模型或开展一项社会调查，但不能解释他们的推理逻辑或调查方案中包含的原理。也就是说，他们可能拥有在特定情境中解决某个问题的程序性知识，但是缺乏关于事物的深层特征和原理的陈述性知识，因而难以把这些程序性知识运用到各种不同情境之中。

作为教师，我们清楚，不同的学习任务对知识有不同的要求，不同知识的掌握方式不尽相同。我们需要了解学生拥有哪些种类的知识，缺少哪些种类的知识，判断他们需要学习的知识属于哪种类别，以便采取告知、讨论、解释和操作等不同方法，做出有效的教学设计。

（三）知识的结构与意义

关于知识的结构，不同领域的说法和含义有差异。在日常生活中，人们常说的是"知识结构"，如"根据不同的职业岗位层次，要求具备不同的知识结构""他是个优秀人才，具有合理的知识结构"。这里的知识结构是指一个人经过专门学习培训后所拥有的知识的构成情况与结合方式，既包括专业知识，又包括广博的其他知识。合理的知识结构是能满足事业发展实际需要的最优化的知识体系。

在教育教学中，我们常听到的是"知识结构化"，即运用结构化思维处理所学知识。其本质是将零散的、孤立的、逐渐积累的知识加以归纳和整理，使之条理化、纲领化，便于我们更快更好地运用所掌握的知识来解决问题。当我们谈论"知识结构化"时，并不关注特定的知识点，而是关注知识的关联和组织形式。

图 1.3 显示了因已有知识之间存在不同联系而构成的各种知识组织结构。在每种知识结构中，节点表示知识点，连线表示知识点之间的联系。[①]

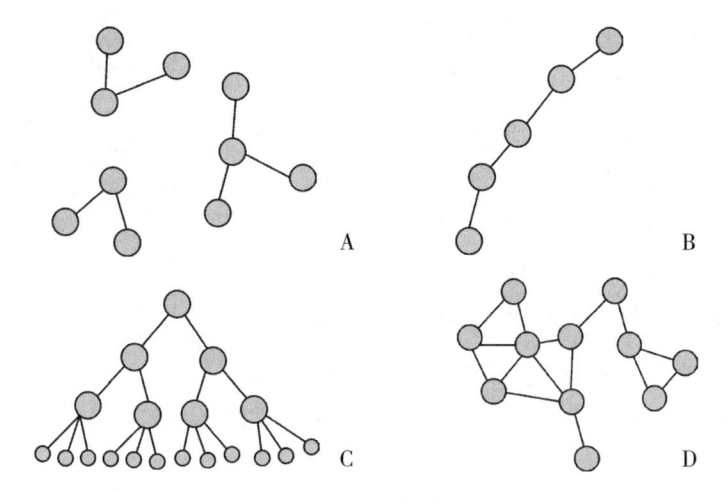

图 1.3　知识的关联和组织

知识结构 A 和 B 都是初学者的知识结构。知识结构 A 中知识点较为分散，关联少。学习某门课时，学生在每堂课上都会获得各种知识。如果他们不能把每堂课上所学的知识联系起来，或者围绕某些主题把课程内容组织起来，可能就会形成知识结构 A。这种结构使他们在提取知识时速度更慢，难度更大，还可能难以意识到或者修正自己知识结构中的矛盾之处。

结构 B 中，知识点之间看起来有点联系，但是它是一个线性排列的链条。实际上，基于这种结构只能按序提取信息。比如说，背诗歌的章节，记某个程序的操作步骤。这种结构的问题也很明显，如果链条中的某段联系被破坏，或需要调整其中的某一特定顺序，就会面临信息提取困难。此外，当更多节点按照这种简单的链状顺序连接在一起时，我们若想交叉利用各知识点，总体上看，也要花费更长的知识提取时间，提取速度也会降低。

而结构 C 和 D 对应的知识结构，往往是专家所具有的。结构 C 是一个条理清楚的层级结构，结构 D 是一个联系更为紧密的交叉关联结构。这些结构让知识关联起来，形成整体，不仅提取顺畅，而且适应性很强。如果学生能形成这些稳定而有意义的知识结构，他们对知识的提取和运用就能变得更加快速和准确。

---

① 苏珊·A·安布罗斯，等. 聪明教学 7 原理：基于学习科学的教学策略[M]. 庞维国，徐晓波，等译. 上海：华东师范大学出版社，2012.

这就是我们要追求的知识结构化。

与概念教学密切相关的是"知识的结构",美国著名的教育学专家林恩·埃里克森在《以概念为本的课程与教学——培养核心素养的绝佳实践》一书中提出"知识的结构模型"(见图1.4)。这个结构以层级的形式呈现,最下面是"事实"和"主题"。"事实"是"主题"框架内的特定知识片段。比如主题"地球的运动"下面就有自转、地轴、黄赤交角、昼夜更替、晨昏圈、公转、直射、两分两至日、回归线、极圈和地球五带等"事实"。这些"事实"和"主题"被限定在特定的时间、地点、情境当中,难以实现跨时间、跨文化、跨情境的迁移。

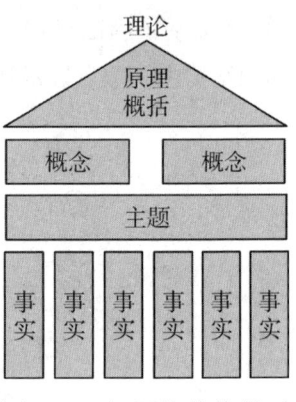

图1.4 知识的结构模型

"概念"从事实和主题中抽取出来,它们是以共同属性框定一组实例的心智建构,可以跨时间、跨文化、跨情境迁移。"概括"是表述两个或两个以上的概念之间关系的句子,是事实性实例支撑的真理,是脱离了特定的人或事件的观点,是跨时间、跨文化、跨情境、可迁移的概念性理解。① 比如"地球的构造和它的大气圈以及在其中发生的过程,影响着地球表面的状况和气候"就是一个概括的例子。"原理"是对概念性关系的表述。"原理"和"概括"都呈现可迁移的理解,但"原理"上升到更高的层次,"原理"比"概括"要少的多。例如牛顿定律、数学公理、地理学的集群公理、势能扩散公理、距离衰减公理、序动公理和时空对耦公理等。在课程设计上,人们对概括和原理常常不加区分。最顶端是"理论",它是一个推论或一系列用来解释某种现象或实践的概念性观点,在基础教育课程教学中很少涉及。

埃里克森这个"知识的结构"不单解释了概念、概括等的来历和使用功能,还为课程设计,特别是教师的教学设计提供了帮助。基于"知识的结构"的教学设计应该从某单元或某课时的事实和主题开始,结合在一起找到重要的相关概念,然后根据这些概念以及它们之间的相互关系,形成跨时间、跨情境的概念性理解,即概括或原理,最终理解或形成可用来解释客观世界现象和规律的理论。

---

① 林恩·埃里克森,洛伊斯·兰宁.以概念为本的课程与教学:培养核心素养的绝佳实践[M].鲁效孔,译.上海:华东师范大学出版社,2018.

这是从低阶思维向高阶思维不断加深理解和迁移的过程，也是一种自下而上提炼大概念的方式。这个"知识的结构"模型很好地解释了以"大概念"组织单元的原理和机制，即通过反复思考课程内容，理解概念，把这些概念和事实、主题关联，形成大概念，再用大概念去解释和理解更多的、不同的事实性实例。

笔者在写这节"知识的结构"时，头脑里出现的是金刚石和石墨的结构，二者同是碳原子构成，却因为结构的不同，成为性质和用途千差万别的两种东西。金刚石内部的碳原子呈"骨架"三维空间排列，形成非常稳固的晶体结构（见图1.5），成了"一颗恒久远"、永流传的、令人神往的钻石。而"孪生兄弟"石墨因为是层状结构（见图1.6），不稳定，易脱落，成为最软的物质之一，沦为铅笔芯的常用原料。想想知识的结构不也是一样吗？同样的"学富五车"，如果所学知识不能很好地关联在一起，就是不稳定的"活书柜"，面对问题，还是不知道该怎么办。处在这个碎片化的时代，这个信息爆炸的时代，知识已经没有那么重要，结构化才是"奢侈品"。一旦所学知识都能很好地关联在一起，是不是就像拥有了能干事的"金刚钻"，有了解决问题的过硬本领？

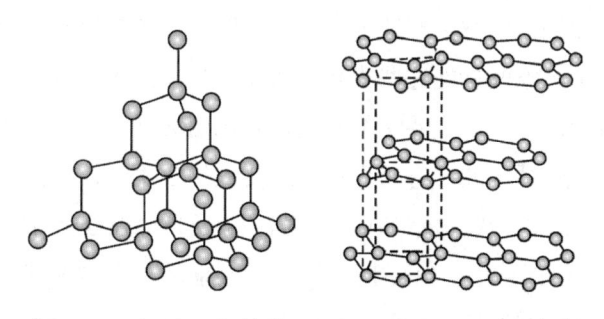

图 1.5　金刚石的结构　　图 1.6　石墨的结构

所以，在教学中，需要教师以恰当的方式化解知识难度、揭示知识的内在道理和背后的价值，有目的、有计划地引发学生的学习活动，使庞杂的知识呈现出清晰而严密的内在联系结构，在较短的时间内继承人类已有的思想精华，将学科知识转化为学生个体的内在素养。

二、核心素养的提出与含义

2023年初，一个会写作文，能做算术题，可以回答各种论述题，拥有一个处于快速进化中的数字大脑的 ChatGPT 引爆全球讨论。中国学生是全世界公认的最擅长考试的学生，中国学生掌握的知识量大，知识面广，基础知识扎实，这在过去算得上是优势，但在不断有匪夷所思的技术被发明出来的今天与将来，中国学生正面临着尴尬的境地。有教育专家指出，面对以 ChatGPT 为代表的人工智能的到来，以知识传递为核心的教育模式更是被逼入墙角。在有限的学校教育时光中，什么知识最有价值？如何让教育超越知识层面，培养出能驾驭 AI，与 AI 协作的人才？其实国家一直在努力，从"双基"目标到三维目标，再到素养目标，国家一直与时俱进调整着课程目标。

（一）课程目标的演变

远古社会，教育与先民所处的自然环境直接相关，内容涉及的是最切近先民们的各种谋生方式。近代以来，人们试图通过探寻"隐藏"于客观世界背后的、与客观事实相符的真理，来把握纷繁复杂的客观世界，并对其进行改造。而真理就包含在人类长期发展所积累的经验的总结中，即知识当中。于是拥有知识，就如同拥有了一把征服世界的金钥匙，知识也因此而具有至高无上的地位。

20 世纪以来，知识和科学技术迅猛发展，成为人类生活中不可或缺的组成部分。教育开始为大工业生产和科学技术发展培养人才，学校、教师和课程设置都以科技和社会经济发展为导向。学校教育的目的就是为了使学生掌握工业社会所需的科学文化知识，以便更好地为工业社会服务。教学过程成为一些事先规定好的步骤，而教学实施就是把这些步骤有次序地呈现出来。老师要教的知识是经过挑选的、毋庸置疑的，学生要学的知识也是确定无疑的。教师要做的、要思考的就是如何把知识以系统的、有条理的方式传授给学生，而学生要做的就是如何以快捷的、有效的方法接收这些知识并存储在自己的大脑里。学生成了教育工业流水线上的"待加工零件"。在不同阶段、不同地区，当学生的生活和他们的父母辈还十分相似时，这种教育是非常有效的。

这段时期是我国的教学大纲时代，教学单纯关注结论性知识（基本知识和基本技能），讨论的主题和中心是知识的多和少、难和易。这里的知识是指学习者必须知道或理解的学习内容，主要表现为客观事物的事实性特征和事物之间的简单关系。

这样的教育把学生的知识学习和精神建构分成两个独立的部分，并只关注知识学习，注重对学生未来社会角色的培养，而忽视学生的全面发展。这种教育理念下的教学过多地关注学生理性知识的学习和逻辑思维能力的培养，而忽视了培养情感、态度、价值观等对其人生的重要作用。学生的科学教育世界和他的现实生活世界是两个完全不同的世界，这样做的结果是把学生从鲜活的生活世界中抽离出来，使学生机械地学习以认识论为指导编排的教学内容，机械地成长为社会所需要的一颗"螺丝钉",缺乏积极向上的人生观和正确的价值观,缺乏对现实生活的丰富感悟和体验,缺乏道德意识,不能正视生活中的磨难和压力,不能很好地理解生命和生活的意义,不能体会人生和生活中的美好。在这段时期,社会上出现了种种让人痛心的问题。于是,从上到下,教育者们都开始认真反思,教育到底出了什么问题?

联合国教科文组织、国际教育发展委员会编著的《学会生存——教育世界的今天和明天》一书中指出,教育是"人"的一种社会活动,而"人"本身就是具有各自独特情感和精神的复杂的社会共同体。教育的研究对象——"人"作为一个整体,与自身的历史、文化、价值观念、社会关系和意识形态不可分割地存在着。"人"还是成长着、变化着的,是在生活中和历史中都有精神和意义的。[1] 因此,教育学不是把教育作为纯粹的事实进行分析,而是应该揭示教育及人的意义,注重事实与人的关系,深入人的"生活世界",探寻生活的意义和价值,理解人的精神发展,理解儿童在教育中的体现,理解教育与人的精神变革的内在关系。[2]

人们意识到教育必须培养感情方面的品质,特别是在人和人的关系中的感情品质,而且这些如果不在学校教育——这段在学生人生历程中占有重要地位的宝贵年龄阶段学习的话,以后就不知道应该到何时学,以什么样的方式学了。于是,教育进入课程标准的三维目标时代。

三维目标时代最大的变革就是知识观变革,课程标准围绕三种知识——结论性知识(知识和技能)、过程性知识(过程和方法)、价值性知识(情感、态度和价值观)进行选择和组织。知识的完整性、全面性大大提高,也更有助于学生的全面发展。

但是,三维目标并不等同于人的发展,落实了三维目标不等于就实现了人的发展。人的发展在三维目标导向的课程标准里是一个抽象的概念,没有聚焦性的内涵,难以得到真正的落实。实际上,在实施过程中,三维目标出现了割裂现象,游离于人的发展之外。三维目标就如水的"三态",三维目标中的"固态"是知识和技能,这是关于"学什么",教学中最容易把握,具有客观化、对象化、

---

[1] 联合国教科文组织、国际教育发展委员会.学会生存——教育世界的今天和明天[M].北京:教育科学出版社,1996.
[2] 金生鈜.理解与教育——走向哲学解释学的教育哲学导论[M].北京:教育科学出版社,1997.

易操作的特点，是实际评价的最重要维度；三维目标中的"液态"是过程和方法，这是关于"怎么学"，即学习时的思考与行动状态，相比于"固态"，它具有流动性，较难操作和评价；三维目标中的"气态"是情感、态度和价值观，是关于"为什么学"，这是弥漫在学习中的"身体—心理、感性—理性"交融的精神元素，是学习动机与兴趣、学习态度与习惯，它似有似无，难以琢磨，难以评价，是最不被教师重视的，也是最难落实的。往往只有在公开课上，才被教师特别关注，却常采用生硬植入的方式。诸如此类的问题，促使课程目标进入核心素养时代。

凝练课程培育目标的核心素养，挖掘课程的独特育人价值，就是要解决情感、态度和价值观被忽视、三维目标与人的发展不统一的问题。在2022年版义务教育课程标准中，人的发展被转化和具体化为核心素养的发展，课程标准修订特别是课程内容的选择、组织、建构都围绕和体现核心素养，并最终转化为核心素养，这样人的发展也就和课程内容建立起有机统一的联系。课程观发生了根本变革，由以知识内容为核心的学科立场，转型为以学生发展为核心的教育立场。于是教材内容整合、大单元教学、整体备课、逆向设计等提法蜂拥而至。

但在很多教师看来，课程知识是课程专家们为学生选择出来的权威性知识，是理解世界的基础，也是学生发展的基础，只需要我们去"接受"，去"传递"就好了。于是，那些客观的、具体的、局部的、可见的结论性知识成了学校智育的重要内容。不少学校独尊教材，不敢越雷池半步。

不少教师认识不到课程知识的多样化类型与层次性结构，以及各种知识的价值与意义，又缺少结合学情的深入思考，导致知识教学成了缺少系统思维的点状传授，东一枪西一炮，教学缺乏完整性和持续性。学生学习了一堆的知识却不会使用，这些知识最终成为惰性知识，沉睡在脑海里。其实知识也是用进废退的，长期不用的知识渐渐会被大脑遗忘，它们逐渐会消失，无论知识本身具有多么重要的内在价值，只要它被大脑遗忘，就不可能再具有生活价值。

知识必须能够在某些场合实际运用，才值得学习。这也是现在大力提倡引入真实性问题情境的主要原因。让学生在各种场合下运用所学知识，学以致用，在完成一个个具有挑战性的真实任务中，感受学习的价值，感到由衷的满足和自信，促使他们去挑战新的任务。而以前脱离具体、真实情境的抽象学习（即去境脉化）往往让学生获得一种只适合于学校情境（即应付考试）的惰性知识，无法使学生在未来成功地解决真实情境中的问题。

知识是无罪的，错的是知识教学本身。核心素养视域下的知识教学，更需要教师去思考：什么知识最有价值？知识的本源和意义何在？知识教学怎样才能更科学？等等的问题。

什么知识最有价值？课程中最有价值的知识究竟是什么？这是教师理解课程知识和知识教学的一个前提性问题。因为从知识进化来看，只有最有价值的知识才有传承的必要，才能在知识进化链上处于更有利的位置；从人的发展来看，个人无法而且也没有必要"遭遇"所有知识，他们只需要最有价值的知识。

进入 21 世纪以后，各个国家都在努力转型，从资源依赖型经济转变为以制造业为主，进而转变为服务型和信息型经济。那么，要想有效地参与其中，学生们需要超越基本知识和基础能力的教育。2011 年课程标准研制以"三维目标"为纲回应了这个问题，把一门学科最有价值的知识分为知识与技能、过程与方法、情感态度与价值观三个维度，并围绕这三个维度对学科知识内容进行精选，去除和删减"繁难偏旧"的知识内容。2022 年版课程标准则重在强化"核心素养"意识，以核心素养为纲进行精选，即选择最具有核心素养成分和价值的学科知识内容并进行结构化组织。① 要理解这个问题，先得了解"素养"一词。

（二）核心素养的提出与含义

我国早在《汉书·李寻传》中就有记载："马不伏枥，不可以趋道；士不素养，不可以重国。"《现代汉语词典》认为，"素养"主要指"平日的修养"，强调后天习得和养成。在国际上，并没有与"核心素养"直接对应的词汇。但是不同组织、国家和地区对"核心素养"用不同的词汇加以指代或表述，如经济合作与发展组织称其为"关键素养"，美国 21 世纪技能合作组织称其为"21 世纪技能"，澳大利亚称其为"综合能力"，尽管说法不同，侧重不一，但都表达了对于未来的公民到底应该是什么样子、应该具备怎样素质的追问。

十八大以来，党中央、国务院多次强调把立德树人作为教育的根本任务。研制中国学生发展核心素养的根本出发点就是为了立德树人，是培养德、智、体、美、劳全面发展的社会主义建设者和接班人的本质要求，是未来能够担当中华民族伟大复兴重任的人才规格。要把立德树人根本任务落到实处，必须首先回答好"立什么德、树什么人"这一关键问题，必须把党的教育方针的宏观要求细化为具体的人才培养目标。教育部组织专家成立课题组，历经 3 年多时间构建中国

---

① 余文森，龙安邦.论义务教育新课程标准的教育学意义[J].课程·教材·教法.2022（6）.

学生发展核心素养,在发布的《中国学生发展核心素养》研究成果中指出,中国学生发展核心素养主要指学生应该具备的,能够适应终身发展和社会发展的必备品格和关键能力,以培养"全面发展的人"为核心,分为文化基础、自主发展、社会参与三个方面,综合表现为人文底蕴、科学精神、学会学习、健康生活、责任担当、实践创新六大素养,具体细化为国家认同、理性思维等十八个基本要点(见图1.7)。

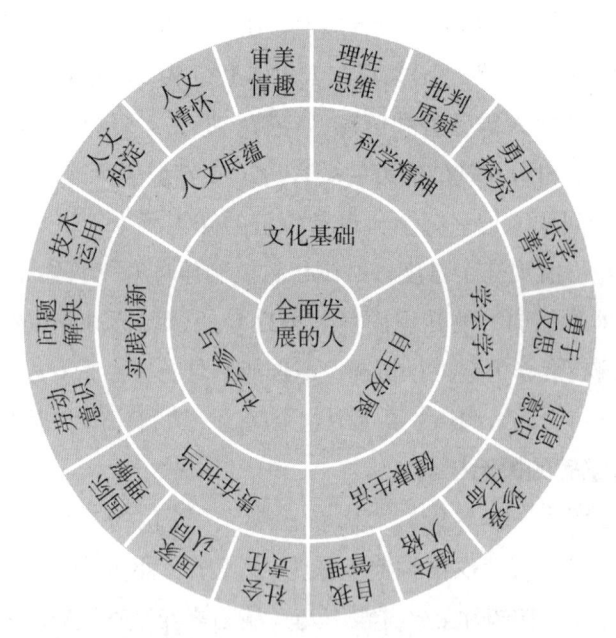

图1.7 中国学生发展核心素养

其中,文化基础,重在强调能习得人文、科学等各领域的知识和技能,掌握和运用人类优秀智慧成果,涵养内在精神,追求真善美的统一,发展成为有宽厚文化基础、有更高精神追求的人;自主发展,重在强调能有效管理自己的学习和生活,认识和发现自我价值,发掘自身潜力,有效应对复杂多变的环境,成就出彩人生,发展成为有明确人生方向、有生活品质的人;社会参与,重在强调能处理好自我与社会的关系,养成现代公民所必须遵守和履行的道德准则和行为规范,增强社会责任感,提升创新精神和实践能力,促进个人价值实现,推动社会发展进步,发展成为有理想信念、敢于担当的人。

回到前面的问题:什么知识最有价值?课程中最有价值的知识究竟是什么?其实每本教材、每份教学计划、每个课程都提供了部分答案。我们不可能找到唯一的完美答案。美国著名教育心理学家戴维·珀金斯在《为未知而教,为未来而学》一书中写到:"我们需要采取新的办法来评价什么知识值得学习,而这个办法就是探讨学习者未来可能的生活。我们需要在生活中进行真正有意义的学习、需要影响力较高的知识和理解,它们应当能够被直接运用,并且能够支持实践、政治、社会及审美等各方面多样化的终生学习。"[1] 简单地说,最有价值的知识是那些在学生学习与发展中起着奠基作用、发挥主导作用和具有整合作用的知识。这就需要教师超越以往关于知识的狭隘理解,需要教师重新审视教育目标。从珀金斯的这段话中,我们还可以推出:素养的核心是真实性,即在真实情境中体现出来的必备品格和关键能力。

(三)教育目标的分类与关系

教育目标的层级分类理论较多,美国教育心理学家布卢姆的教育目标分类体系无论在理论界还是实践界都影响巨大。他把教育目标分为三大领域:认知领域、情感领域和动作技能领域。各领域是分离并列的,这和不少教师在写"三维目标"时,把知识与技能、过程与方法、情感态度与价值观作为三个独立的教学目标分别阐述很是类似。在认知领域,布卢姆把教育目标分为知识、领会、应用、分析、综合和评价,这是一个从知识评价到能力评价的逐渐进阶的过程。

经长期应用之后,又结合美国实施课程标准的教育改革等,由著名的课程理论与教育研究专家安德森、克拉斯沃,著名教育心理学家梅耶、测验评价专家阿来萨等众多跨领域专家与有经验的中小学教师进行了多次的集体修订,在2001年出版了《面向学习、教学和评价的分类学——布卢姆教育目标分类学的修订》一书。修订后的分类学采用了"知识"和"认知过程"二维框架。"知识"是指学习时涉及的相关内容,包括了从具体到抽象的四个类别:事实性知识,概念性知识,程序性知识和元认知知识(见图1.2);"认知过程"涉及学习时要掌握的学业行为表现,依据认知复杂程度由低到高包括了六个类别:记忆,理解,应用,分析,评价和创造。

在理解这个二维框架时要注意,四类知识虽然是从具体到抽象排序的,但是不同类知识间是有交叉的,并没有绝对界限,比如,有的程序性知识比抽象的概念性知识更具体。所以,后来有学者把后三类知识都统一成概念性理解,包括概念、概括和原理等各种抽象形式。概念性理解的提出把知识与技能有效地组织

---

[1] 戴维·珀金斯.为未知而教,为未来而学[M].杨彦捷,译.杭州:浙江人民出版社,2015.

起来。

常见的除了布卢姆的教育目标分类，还有马扎诺的教育目标分类。马扎诺的分类法比较符合目前的教育要求。马扎诺的教育目标分类包括认知系统、元认知系统和自我系统。认知系统表示个体处理一个给定的任务时所表现出来的能力，这种能力反映了个体的"聪明"程度，它由元认知系统监控、调整，包括了信息提取、理解、分析、知识应用四个等级；元认知系统是对某件事的目标系统设定与目标实现的策略设计；自我系统则是决定个体是否参与其中的最高思维形式。因此，元认知系统与自我系统反映了个体的"智慧"水平，属于真正意义上的高阶思维或高阶能力。如表1.2所示。

表1.2　马扎诺教育目标新分类

水平分级	目标等级		关键词
水平6	自我系统		重要性检验、效能检验、情绪反应检验、总动机检验
水平5	元认知系统		目标设定、过程监控、清晰度监控、准确性监控
水平4	认知系统	知识应用	决策、问题解决、实验、调查
水平3		分析	比较、分类、差错分析、概括、具体化
水平2		理解	综合、表征
水平1		信息提取	再认、回忆、执行

（四）知识、技能、能力与素养的关系

这是存在着类种、交叉、同一等复杂关系的一组易混淆概念，因各自丰富的含义和定义常让教师难以区分。在前文中，笔者探讨了教育教学中把"知识"和"技能"分成两类，其中的"知识"特指狭义的知识（即陈述性知识），"技能"其实是程序性知识。

一般来讲，知识与技能的培养离不开教学活动，教学活动由一个个过程和各种方法组成，也无法脱离知识而单独存在，所以知识与技能、过程与方法都可以统一为关键能力。情感、态度与价值观表现为弥散在学生学习活动、行为中的"个体与自我""个体与自然""个体与社会"的精神元素，其实就是必备品格。所以三维目标就被整合和提炼为学生应具备的、能够适应终身发展和社会发展需要的必备品格和关键能力，即核心素养。

有教师说：现在的教学从知识本位转向素养本位，以培育学生的核心素养为根本目标，那么教学就不再以教给学生多少知识为要了。这种认识窄化了知识教育，认为知识本位就是具体知识点的教学。从现代认知心理学关于知识的分类来看，由技能发展而来的能力也是一种知识样态。

一个人的能力往往受制于对已有知识的创造性使用，能力与知识互为一体，素养与知识也是水乳交融的。没有知识，素养的培育就失去了生存的土壤和浇灌的资源，素养便成了无源之水。但是沉迷于知识点的教学，让学生的大脑成为装知识的袋子，那些看似掌握的知识也只是惰性知识，解决不了真实问题，所以也不会上升到素养教育的高度。就好像一个只善于分析语法结构的学生，是写不出珠圆玉润的文章来的；一个在考试中熟悉环境保护、人地协调的学生，在生活中也未必真的有环保意识和行为。这就能理解博比特（J.F.Bobbitt）和查特斯（W.Charters）为什么主张"能力"包括"知识、技能、习惯、价值、态度、鉴赏力"了。①

在解释素养与知识、技能、能力的关系时，华东师范大学课程与教学研究所所长崔允漷教授以考驾照为例进行了生动的类比：驾驶汽车，交规就是知识，移库就是技能，路考则是能力。三科都考过关了，取得了驾照，并不代表就是一个合格的驾驶员了。合格的驾驶员还需要有驾驶素养，也就是安全驾驶的能力（即关键能力）、文明行车的品格（即必备品格）、尊重生命的价值观（即价值观念）。想要获得驾驶能力就需要在不同的情景下在驾车上路的实践中积累丰富经验。想要获得驾驶素养，不单要外在的监督，更要内在的坚守。

不懂交规、不会移库，是开不好车的。同理，没有基本的知识和技能，能力无从谈起，素养更是无本之木！这么看来，知识和技能并不像大家想象的那般不重要，教学还得抓知识和技能的落实。

那么，知识和技能是学习的目的吗？肯定不是。就如我们学驾驶的目的，不是为了把交规背得有多熟、把移库练得一气呵成，我们是为了有开好车的能力，拥有安全驾驶、文明行车、尊重生命的驾驶素养。偏离了能力和素养，知识和技能往往是朽木枯株。由此可见，知识和技能是基本积累，能力在素养是价值追求，二者相得益彰、不可偏废。

国家课程从宏观层面上规定了育人方向、课程内容和目标等，知识和技能积

---

① 张华.课程与教学论［M］.上海：上海教育出版社，2000.

累是打地基，过去的教育将学知识、学技能视作目的和全部，在未来，学知识、学技能将成为一个过程，将知识和技能升华到素养的过程，目的在于后续的创造性思维的培养，是为了帮助学生成为最好的自己，这也是教育最终的目标。

三、地理知识及其价值

地理学是研究地理环境以及人类活动与地理环境关系的学科。地理学不仅能解释过去发生的地理事物和现象，更重要的是能够服务现在、预测未来。地理知识包罗万象，在生产生活中发挥着巨大的作用。

（一）地理知识的分类

将知识的分类与地理学科相结合，可以把地理知识粗粗分为三大类（见表1.3），为了行文更简洁明了，举例部分只列举名称。

表1.3 地理知识的分类与举例

一级分类	二级分类	举例
地理事实性知识	地理术语	地球、地轴、赤道、赤道半径、南极、北极、极半径、经线、纬线、本初子午线、自转、公转、公转轨道、回归线、极圈、热带、温带、寒带、极昼、极夜、地图要素、比例尺、图例、海拔、相对高度、等高线、等高距、山峰、山脊、山谷、陡崖、地形图、剖面图等
	地理名称	地区名称、国家名称、行政区划、山川关隘、居民点、交通线、气候带等地理事物的名称
	地理分布	位置范围、地形地势、天气气候、河流湖泊、植物动物、人口人种、宗教语言、经济状况等地理事物的分布
	地理数据	各种地理特征和现象间关系的符号化表征，包括空间位置、时态特征、属性特征等部分的地理数据
	地图符号与注记	地图上代表各种地物的符号和地图上的名称注记、说明注记、数字注记等
	具体地理事物	长江、黄河、热带雨林、黄土地貌等
地理概念性知识	核心概念	空间、时间、地方、区域、多样性、联系与发展、自然环境、人文环境、人地关系、因地制宜、可持续发展等
	一般概念	地球、地图、地表形态、气候、人口、聚落、区域、位置与疆域、自然环境、自然资源、经济、文化、大洲、海洋、南半球、大陆、岛屿、半岛、地壳、板块、火山、地震、褶皱、天气、气候、气温、降水、暴雨、风向、卫星云图、空气质量指数、日较差、等温线、等降水量线、气候类型、气候要素、气候图、人口自然增长率、出生率、死亡率、人种、地理位置、宗教、聚落、城市、乡村、地形、平原、荒漠、土壤、植被、农业、工业、服务业等

续表

一级分类	二级分类	举例
地理程序性知识	地理原理和规则	地球运动（包括自转公转的规律、地方时、晨昏线、昼夜长短、太阳高度角等）；大气运动（包括气候分布规律、热力环流、常见天气系统等）；水运动（包括河流补给、水循环、洋流等的形成原理和分布规律）；地壳变动（包括板块构造、外力作用和地貌等）；环境的整体性和差异性（包括自然带的地域分异、山地垂直带、非地带性分布等）；人口和城市（包括人口增长、环境承载力、城市的功能、结构和形态等）；工农业发展（包括工业和农业的空间分布和区位原理等）；可持续发展（包括自然演替与发展、自然资源的开发与利用、人类与生态环境、人地协调等）
	地理探究方法	观测技术（包括野外考察、遥感、定点观测、实地调查、实验等）；分析和解释技术（包括分类、空间统计分析、相关分析、对比分析、归纳、演绎、模拟等）；表达技术（包括描述、地图、地理信息系统、地理可视化等）
	图表解读	分布图、示意图、景观图、统计图、卫星云图、遥感地图、地理漫画等的判读
	要素思维	对自然地理要素（位置、范围、地形、土壤、气候、河流、植被、生物、资源等）和人文地理要素（人口、聚落、交通、经济、政治等）进行综合分析，做出价值判断等
	区域思维	包括空间定位、差异比较、概括特征、推理演绎、发展预测、空间想象等

从上表可以看出，各类地理知识之间存在不少的交叉。如地理术语和一般概念有些难以区分，核心概念和地理原理和规则之间互相交叉渗透。这与地理学具有综合性、交叉性和区域性的特点是分不开的，多维、动态的尺度和空间等地理视角让地理知识有更丰富的内涵。

（二）地理知识的价值

学习地理知识对孩子素养的形成有哪些贡献？这个问题就像学生疑惑"我们为什么要学习这个"。虽然知识总是有用的，可学生除了在考试、升学中用到这些知识，他们看不到眼前的学习所具有的实际意义，所以有很多孩子觉得学习无聊、无趣、无用，甚至在考完后大肆撕书，在升入大学后目标消失，在参加工作后与书绝缘。如果他们看到今天学习的知识是未来所需要的，明显地有助于他们以后面对灵活多变的世界，有利于他们更好地工作、社交和生活，是不是会提高学习的主动性呢？每个学科都有其独特的价值，学科教学就是为了帮助学生为在将来未知的、多变的世界中更好地生活而做准备。让我们从地理的学科价值去分析地理知识的价值。

《地理教育国际宪章2016》在地理对教育的贡献中写道："在有效教学的前提下，地理学习可以吸引和激励年轻人。因此，保证学校地理课程的质量是世界各国政策制定者和教育领导者的一个重要职责。无论是通过欣赏地球之美、营造地表形态的巨大力量，还是通过欣赏人们在不同的环境和情境中创造生活的精巧方式，学习地理均可帮助人们理解和欣赏地方和景观如何形成、人与环境如何相互作用、日常空间决策引发的结果，以及地球的多样性和在相互联系中形成的五彩斑斓的文化和社会。"我们还可从地理课程的核心素养（见表1.4）去理解地理知识的价值。

表1.4 地理课程核心素养的内涵与表现[①]

素养	内涵	表现
人地协调观	人们对人类活动与地理环境之间的关系秉持的正确价值观	①能够初步理解地理环境是人类生存、发展的基础，人类活动深刻影响着地理环境，会辩证地看待两者的关系。 ②能够对现实中出现的人地关系问题进行积极深究，初步展现出正确的价值判断能力。
综合思维	人们综合地认识地理环境及人地关系的思维方式和能力	①能够从地理要素综合和时空综合的角度，简要分析地理事物和现象的形成原因和发展过程。 ②能够对一些地理事物和现象的特征和空间变化特点进行探究，初步展现出综合分析问题的意识和能力。
区域认知	人们从空间—区域的视角认识地理环境及人地关系的思维方式和能力	①能够从区域特征、区域差异和区域关系等方面，简要分析不同空间尺度的区域。 ②能够对不同区域的人地关系问题进行探究，初步展现出分析区域问题的意识和能力。
地理实践力	人们在实验、调查、考察等地理实践活动中所具备的行动能力和意志品质	①能够合作或自主完成地理信息收集、方案拟定、活动实践等地理实践活动过程。 ②能够积极参与地理实践活动，并在活动中展现出团队合作、独立思考的态度和不怕困难的勇气。

国家教材委员会韦志榕老师说："地理课程的价值在于通过培养学生的地理学科核心素养，使他们成为有阳光心态、生活智慧和行动能力的人。"一个有阳光心态的人，一定不惧困难，勇往直前。地理课堂使学生明白许多道理，例如，人与自然是生命共同体、因地制宜是区域人地和谐发展的法则、可持续发展是人类共同的选择。自然界有自然规律，人类社会也有发展规律，学生了解了这些规

[①] 韦志榕，朱翔. 义务教育地理课程标准（2022年版）解读[M]. 北京：高等教育出版社，2022.

律就能够看得远，对未来始终充满信心，抱有坚定的信念，相信一定能够克服前进路上遇到的大大小小的困难，胜不骄败不馁；一个有生活智慧的人，一定视野开阔，格局远大。地理课堂不仅使学生获得丰富的地理知识，成为被称为"上知天文，下知地理"的知识渊博的人，更重要的是使学生有了一双看世界的眼睛。他们不仅关注到发生在身边的事情，而且关注到中国、世界发生的事情，并把小"我"放到大"我"中去思考。他们会用地理综合的、动态的思维方式分析、理解发生的大事小情，不片面、不僵化，在现实生活中充满智慧；一个有行动能力的人，一定知行合一，甘于奉献。地理课堂不仅存在于学校，而且存在于大自然、大社会中。学生在自然和社会这个大课堂中获得知识，增长才干，并付诸行动。他们真心热爱大自然，积极投身环保；他们敢于接触真实的社会，热心参与社区服务，对社会有高度的责任感。[①]

简单地说，地理学具有独特的育人价值、科学价值和社会价值。育人价值体现在：可以帮助人们树立正确的人地观念、培养学生的家国情怀和国际视野，增强社会责任感、培养学生地理综合思维、增进学生的区域认知能力、掌握地理学特有的研究方法等；科学价值是地理学的本质属性，体现在地理知识是多个学科知识体系的组成部分，也是整个科学体系构建与完善的基础，为其他学科的发展提供了基础与借鉴。地理知识能够解决与人类发展相关的问题，如环境、资源、生态等问题；社会价值体现在：产业优化与升级、农业发展、国际贸易、城镇化、人口发展、资源综合利用和社会可持续发展等方面。这些可以统称为"地理学科素养"。地理课程标准把人地协调观、区域认知、综合思维、地理实践力作为地理核心素养。其实地理学科之所以能够成为基础教育的一门必修课程，其根本在于地理的上述学科价值，地理学在人类知识体系中具有独特和不可替代的重要地位。

（三）地理知识的学习方法

地理知识包罗万象，有的表达地理事物的表面特征，有的反映地理事物内部的本质特征，还有揭示事物本身深层次特征和事物之间的相互关系等各个方面的内容。不同类型的地理知识学习方法也不同，具体到学生个体，更加千差万别。所以，这里所说的学习方法只是按照知识特征分类后的常规的学法。

[①] 韦志榕、朱翔.义务教育地理课程标准（2022年版）解读[M].北京：高等教育出版社，2022.

一般来说，对于简单地反映客观地理事物表面特征的简单知识，如地理术语、地理名称、地理分布、地理数据等，可以直接采用"告知"的方法。评判标准是：如果把地理知识直接告知学生，学生能够理解，那么这种"告知"的教学方法就是恰当的。告知方法是课堂教学必要的方法，我们不能认为课堂所有的知识都不能直接告知学生，但是要讲求告知的技巧。

对于反映事物本质特征的地理概念或概念之间的相互关系等中等难度的知识，教师可以设计一个情境问题引导学生讨论，在讨论过程中，学生逐步领会知识目标所对应的学习内容，达到理解层次，该知识目标就可以被认为是实现了。因此，"讨论"是知识学习的重要方法，是新课改中最为倡导的学习方法。

对于难度比较大的知识，如地理原理和规则、地理思维和方法等，教师往往要用上"解释"的方法。例如，对于空间想象力薄弱的学生，他们很难理解经纬线、等高线、地球的运动等知识。对于这样的难点知识，教师可以用地球仪、经纬网仪、三球仪、等高线立体模型等帮助学生展开观察和想象，帮助学生克服学习上的心理障碍。除了模型解释，还可以加入类比解释、推理解释等。

"应用"也是一种重要的学习方法。学以致用，用以促学，学习和应用两者可以相互促进。"应用"不仅能促进知识的理解，还能培养高级思维和动作技能，因为"应用"需要以大脑中已有知识为基础，综合信息对任务或问题进行有序解释或自主操作。

当然，除了"告知""讨论""解释""应用"这些常见的学习方法，地图作为地理学的第二语言，是最重要的地理学习方法或者说地理工具。具体的地理学习方法还有很多，这里不一一赘述。

有的老师信奉古人的"书读百遍其义自见"，用灌输、刷题、记忆等方法教学。客观地讲，这些方法一定程度上也能渗透一些关于理解、领悟和综合运用等方面的素养，但时间会给学生带来不少问题。比如，反复训练和强制要求可能大大降低学生的学习兴趣，这种对学习的抵触情绪可能长久延续，导致学生出了校门后很少能自愿学习、终身学习；高耗低效，短期有效但长期低效乃至无效，消耗了宝贵的时间、好奇和热情，而好奇心和想象力是创造性思维的重要来源。所以传统的灌输、刷题、死记硬背让学生付出高昂的成长代价。

第二章 概 念

> "概念"两字是现实中使用的高频词,我们在日常生活中不单常常遇见,也常常使用。比如说概念图、概念股、概念冰箱、概念战机、新能源概念、新概念英语,"在传统概念中,初中学'地',高中学'理'""赤道长4万千米是什么概念?""你说的和我说的都不是一个概念",等等。各行各业,各学科、各理论都有不少自己的概念。到底什么是概念呢?

一、概念及其特征

概念研究始于苏格拉底和柏拉图的对话,关于什么是"知识"、什么是"正义"、什么是"美"、什么是"善"的追问,开启了概念研究的哲学传统。[1]

哲学认为概念是人脑对客观事物本质特征的反映。本质特征即能证明"我是我而不是别人"的依据,这是我们的大脑具备的一种高级的反应形式。[2]

心理学的定义则更多样,常见的有三种:"概念是一种精炼的存在,常用词来标记,是事物的本质在人们大脑中的留存。"[3]"概念是从具体事物中抽取出来的,但某一个具体事物并不能全权代表概念本身。抽取概念的过程经历了分析、对比、提炼、整合。"[4]

通过对比可以发现,哲学家关心的概念是与命题态度和思想相关的,他们对概念的定义凝练而精辟,突出人脑在概念形成中的关键作用,并且对"本质特

---

[1] 郁锋. 概念与感知——心灵如何概念化世界[M]. 北京:中国科学技术出版社, 2020.
[2] 莫雷. 教育心理学[M]. 广州:广东高等教育出版社, 2002.
[3] 朱智贤,林崇德. 思维发展心理学[M]. 北京:北京师范大学出版社, 1986.
[4] 邵瑞珍. 教育心理学[M]. 上海:上海教育出版社, 1988.

征"一词进行了严谨的说明。心理学家关心的概念是与范畴化、推理等认知活动相关的，对概念的定义详细而多样，强调现实的对象和现象在概念形成中的基础地位，并且对概念的形成过程、表达方式等有一定程度的说明。

对于概念的定义，不同的流派和学者也提出了自己的看法，可谓仁者见仁，智者见智。比较有代表性的观点见表1.5。

表1.5 概念的不同定义[①]

作　者	概念的定义
布鲁纳（J.S.Bruner）、古德南（J.J.Goodnow）和奥斯汀（G.A.Austin）（1956）	没有任何一件事或事物是独一无二且与其他事物没有关联的，因此借由这些关联可以找到一些共同的特征而归同一个类别，人们透过个人经验归类而建立形成的类目称为概念。
默维斯（C.Mervis）和罗斯（E.Rosch）（1981）	概念是指所定义的特性与元件间合理关系的组合体，而自然界物体的特性（qualities）或属性（attributes）是与概念相结合的。
杜伊特和罗斯（1981）	概念是指一个统称，是指具有共同属性的物质或事件可以用信息或符号来表示，并能被大众所接受的定义或观念。
艾伦（V.C.Amone）（1985）	概念是由一组观念（idea）或符号（symbols）所集合而成的；是由一种心理意象（mental image），特别是指结合同一类事物的各项特征，使其成为一种意念（notion）的这种概括观念。
梅瑞尔（M.D.Merril）、丁尼森（R.D.Tennyson）和波西（L.O.Posey）（1992）	概念是一群事物所具有的共同的特性，而拥有一种共同的符号或名称称为概念；也就是说概念是同类事物的总称。
皮尔斯（W.G.Pearsell）等人（1997）	概念是个人由生活经验的观察与经验中，所归整出某一事物的共同关系。
钟圣校（1990）	当一个符号代表一组具有共同属性的事物时，我们就说它指示一个概念，我们会使用概念来整理及分类环境中的事物与经验，同时进行思考，因此概念是认知的重要单位。
吴武雄和陈琼森（1992）	概念是一群具有共同特性之事物的统称。
王美芬和赖阿福（1993）	概念可依其获得的范围不同而定义为一件事或物在脑海中的影像，是一种属性、法则，也可以说是交互作用或其他抽象意义。
陈东绸（1999）	概念代表数种不同事件的共同性，因此概念也可定义为一群图式或符号中共同属性的抽象形式。
郭重吉（2001）	概念为代表具有共同属性的一类事物的名称或符号。

[①] 蔡铁权，姜旭英，胡玫.概念转变的科学教学[M].北京：教育科学出版社，2009.

尽管侧重点和表达方式有所不同，但是各领域的学者都认为概念反映的是事物的本质属性。人在认识过程中，把所感知的事物的共同本质特征抽象出来，加以概括，就成为概念。《现代汉语词典》关于"概念"的解释是："思维的基本形式之一，反映客观事物的一般的、本质的特征。"除了哲学和心理学上强调的"本质特征"，还加了"一般特征"，解释更为全面。

定义总是比较抽象的，我们举个生活中的例子来理解概念：人们看到月亮是圆的，车轮是圆的，管口是圆的，然后头脑中产生圆的概念。圆有大有小、有黑有白，大小、黑白是具体某个圆的属性，但不是圆的本质特征，因此与"圆"的概念无关。"圆"的本质特征是"圆上所有点到圆心的距离等长"，人头脑中对这一本质特征的反映才是"圆"的概念，它只能靠人的思维来能动地建构。

也有些概念是没有本质特征的。比如昆虫，已知的昆虫有一百多万种，是地球上数量最多的动物群体，不同种昆虫的特征千差万别，但它们一般都具有三对足、两对翅，分头、胸、腹三部分。具备这些特征的就是昆虫，否则不是。除这些可以感知的一般特征外，很难说昆虫还有什么本质特征。[①]

还有些概念是既有一般特征，又有本质特征的。比如植物的根。说到根，大家头脑中只会出现根的图式，绝不会出现叶或花的样子，这是因为它们在形态上的一般特征大不相同，"根"的概念是以对其观察为基础，一般特征为概念的重要成分。但是如果仅了解这些一般特征，那只能是"前概念"或"日常概念"，还不是真正的科学概念。很多儿童因为马铃薯块茎像根一样长在土壤中，所以认为它不是茎而是根，这说明他们对根和茎概念的认识仍处于日常概念水平，没有建立科学概念。只有知道根是由胚根发育成的，有根毛用于吸收土壤中的水分和无机盐等本质特征，而茎是由胚芽发育成的，茎上有能发育成新枝条（包括叶）的芽，认识才深入到本质水平，才算真正建立起科学概念。[②]

因此，了解概念需从观察具体事物的特征出发，提炼出一般或本质特征，再明确其定义，引导学生进行概念建构的思维活动。

二、概念的内涵与外延

概念有其内涵，即它所反映的不同于其他对象的属性。概念也有其外延，即

[①] 赵占良.概念教学刍议（一）——对概念及其属性的认识[J].中小学教材教学,2015(1).
[②] 同上。

反映这个概念所包含的具体共同属性的一类事物的总和或者说适用范围。[①] 一般来说，内涵越多越具体的概念其外延就越小。比如"人"的外延比"男人"的外延就要大许多。"人"这一概念就包括了男女老少、古今中外、黑黄白种、高矮胖瘦等各种人，所有这些人都具有直立行走、高级智慧、能够使用语言和劳动等共有属性。

但不同学科因为研究目的、方法、核心内容等不同，对概念内涵和外延的界定也不相同。而且概念可以随着社会历史和人类认识的发展而变化。比如生物学上，人（拉丁学名：Homo sapiens，意为"有智慧的人"）是一种灵长目人科人属的物种，是生物进化的结果。在人类学上，人被定义为能够使用语言、具有复杂的社会组织与科技发展的生物，尤其是他们能够建立团体与机构来达到互相支持与协助的目的。在中外早期神学中，人是神的创造。在哲学中，先后有：人是一种具有更高感觉能力的动物，人是机器，人是感性实体，人是思维实体，人是一切社会关系的总和等定义。地理学上，人的含义也非常广，有作为劳动力和消费者的人口，有作为区位因素的人才，有与地域环境密切相关的人种，有人类活动、人地关系，等等。有学者认为：地理学终究也是理解人的学问。

不少一线教师可能会认为，弄清楚这些对我提高教学水平有什么意义呢？其实教学中出现的许多问题，都与教师对"什么是概念"这一基本问题的认识有关。一个概念往往反映了一类事物的本质属性。一类事物的本质属性常常难以被直接看到。比如"人"和"动物"，长相、高矮、言行等外在的、具体的差异可以看到，但人和动物的本质区别是什么，必须通过比较、分析和综合等思维过程才能回答。面对写在书上的概念的名称和定义，我们所看到的也只是文字。这些文字是概念的表达形式，或者说是概念的外壳，我们要了解的是这些文字所表达的意义，也就是外壳里边的内容，这些意义是不可能被直接看到的，只能靠思维理解和建构。

韦钰院士在《十年"做中学"为了说明什么》一书中写道："我们周围的世界是如此的广阔、深邃、复杂，而又变幻不定。在认识客观世界时，人类具有特有的高级思维能力，能够进行类比、推理和抽象。人类进行高级思维的基石在于能够对感知、客体、特征和事件进行分类，归纳和概括，找出其本质的共同点，组织成为概念。因此就能够：1.进行有效的记忆；2.鉴别客观世界的不同事物；

[①] 中国人民大学哲学系逻辑教研室.形式逻辑[M].北京：中国人民大学出版社，1984：24.

3.进行类比和推理;4.想象和认识更多新的事物和情境,扩展已有的知识;5.构建更加复杂的理论。"[1] 概念既是思维的产物,是人们对客观事物一般特征、本质属性的认识,又是思维的工具,是进行判断和推理的基础。这正是概念教学重在理解和意义建构,而不是直接传递、让学生机械记忆的原因,也是开展概念教学研究的意义所在。

三、概念的分类与关系

人类在认识和改造客观世界的过程中,形成了浩如烟海的概念,要为庞大而复杂的概念系统分类是一件复杂的事情。不同学科从不同角度形成不同的分类法。例如,逻辑学上有单独概念与普遍概念、集合概念与非集合概念、正概念与负概念、相对概念与绝对概念、真实概念与虚假概念之分。教育学因为与心理学、逻辑学有密切联系,在概念分类上有些重复或交叉。如具体概念和抽象概念、上位概念和下位概念、科学概念和日常概念、前概念和错误概念等,还有近些年出现频率较高的核心概念、大概念、重要概念、基本概念等。[2] 下面结合地理学科的例子简单阐释几种常见分类。

(一)具体概念和抽象概念

传统逻辑学上的具体概念又称实体概念,是指反映具体事物的概念。如山脉、湖泊、岩石、植物、工厂等,它的外延是指一个一个的具体事物,如岩石有岩浆岩、沉积岩和变质岩等。

传统逻辑学上的抽象概念又称属性概念,是指以事物的某种属性为反映对象的概念。如"纬度不同,所接受到的太阳光热不同。一般说来,纬度低,接受太阳光热多,气温就高"。这里的"多""高"作为属性概念,反映的不是具体事物本身,而是从事物身上抽象出来的某方面的性质,因此称为抽象概念。它们的外延不是一个一个的具体事物,而是事物某方面的属性程度,如气温"高"的外延,按科学家的分类就有温凉(10~13.9℃)、温和(14~17.9℃)、温暖(18~21.9℃)、热(22~24.9℃)、炎热(25~27.9℃)、暑热(28~29.9℃)、酷热(30~34.9℃)、奇热(35~39.9℃)、极热(高于40℃)等。

在辩证逻辑中,抽象概念只是认识事物的第一步,仅抽象出对事物某方面属性的认识。要达成对该事物全面深入的认识,还需要分析事物各方面属性之间的

---

[1] 韦钰.十年"做中学"为了说明什么[M].北京:中国科学技术出版社,2012.
[2] 赵占良.概念教学刍议(三)——概念的类型与概念教学[J].中小学教材教学,2020(08).

关系和内在联系，上升到事物整体层面认识事物，即由抽象再上升到具体，形成具体概念。

认知心理学上的具体概念和抽象概念则有另外的含义：具体概念是指能通过感官通道感知客体或自身动作，获得关于认识对象的表象，进而通过抽象概括形成的概念，如黄河、台风、行星、酸雨、断裂、褶皱等；抽象概念是指不能通过感官通道获取认识对象的信息，而是通过理解认识对象抽象的意义来获得的概念，如保护、能量、和谐、整体性等。抽象概念一般通过下定义的方式来获得。认知神经科学的研究发现，具体概念和抽象概念在大脑皮层中的加工区域是相分离的，这一发现在概念教学上有重要价值。

（二）合取概念、析取概念和关系概念

根据概念所反映的事物的属性情况，可以将概念归为合取概念、析取概念和关系概念三类。[①]

合取概念的属性是固定不变的，一个事物必须具备这个概念的所有属性，才能成为这个概念的例子。如自然灾害的概念，其定义是："由于自然环境发生异常变化造成的资源破坏、财产损失、人员伤亡等危害的现象或一系列事件。""自然环境发生异常变化""造成的资源破坏、财产损失、人员伤亡等"是自然灾害的两个属性，缺少哪条属性，都不属于自然灾害。比如"化工厂废水泄露，农田被污染""一游客在林区吸烟，乱扔烟头，引发森林火灾"因缺少属性"自然环境发生异常变化"，不属于自然灾害，而是人为灾害；"阿塔卡马沙漠地区连续多年滴雨未下""台风山竹在太平洋中部洋面形成"因缺少属性"造成危害"不属于自然灾害，只是属于"干旱现象""台风现象"。理解了自然灾害的两个属性，再来分析"华北地区地处半湿润区，西北地区地处干旱区和半干旱区，为什么华北地区的干旱更严重？"就能很好理解了，这里两个"干旱"的含义不同，前者是干旱现象，后者是干旱灾害。

析取概念的属性不是固定不变的概念，一个事物只要具备其中一条属性，就能成为这个概念的例子。如工业，人教版八年级上册地理教材的定义是："工业生产包括开采自然资源（煤炭、石油、铁矿石等）以及对原材料（矿产品、农产品等）进行加工和再加工"。开采自然资源（如采掘工业）、对原材料加工（如

[①] 理查德·I·阿兰兹.学会教学（第六版）[M].丛立新，等译.上海：华东师范大学出版社，2007：277.

冶金工业）或再加工（如汽车工业），只要具备其一，就是工业。

关系概念是反映事物之间关系的属性的，这种属性要依靠事物之间的关系来确认。如可再生资源和非可再生资源、常规能源和新能源、平原和高原、山地和丘陵等。

应当补充说明的是，许多概念是采取属加种差的方式定义的，反映的是种概念与属概念的关系。这些概念一般都属于合取概念或析取概念，而不是关系概念。如"灾害""现象"是属概念，"自然灾害""气象灾害""地质灾害""人为灾害""自然现象""人为现象"是种概念；"工业"是属概念，"采掘工业""冶金工业""汽车工业"是种概念。

在教学中注意辨别一个概念是合取概念还是析取概念，有助于提高概念教学的准确性。如果把合取概念当作析取概念来学习，就会导致概念理解的片面化；如果把析取概念当作合取概念来学习，就会导致概念理解的内涵扩大化和外延窄缩化。在教学中注意辨别概念反映的是事物本身的属性（合取概念和析取概念），还是事物之间关系的属性（关系概念），有助于学生理解概念的实质。

（三）上位概念、下位概念和平行概念

由于人们认识对象的层次和范围不同，形成的概念在层次上也有差别，所以有上位概念、下位概念和平行概念的分别。

1. 上位概念（属概念）

在逻辑学中，概念之间的关系包括全同关系、上属关系、下属关系、交叉关系和全异关系等。其中上属关系的表述是："如果所有 b 都是 a，但是，有的 a 不是 b，那么 a 与 b 就有上属关系，或者说，a 上属于 b。"[1] 在这种情况下，概念 a 就是概念 b 的上位概念，或称概念 a 为属概念，概念 b 为种概念。如果不用符号表示，仅用语言描述，属概念（上位概念）的定义则是：属概念是外延完全包含着另一个概念的外延，并且这另一个概念的外延仅仅是自己外延的一部分的那个概念。例如，干旱、洪涝、台风、寒潮等都是气象灾害，"气象灾害"就是相应的属概念。

2. 下位概念（种概念）

在逻辑学中，对概念之间下属关系的表述是："如果所有 a 都是 b，但是，有

---

[1] 金岳霖. 形式逻辑[M]. 北京：人民出版社，2005.

的b不是a，那么a与b就有下属关系，或者说，a下属于b。"[1] 在这种情况下，概念a就是概念b的下位概念（种概念）。如果不用符号表示，仅用语言描述，种概念（下位概念）的定义则是："种概念是外延完全包含于另一个概念的外延之中，并且仅仅成为另一个概念的外延的一部分的那个概念。"[2] 例如，对应于"气象灾害"这一个属概念，"干旱、洪涝、台风、寒潮"等都是种概念。

3.平行概念

在逻辑学上，概念之间的关系还有全异关系，其具体表述是："如果所有的a都不是b，那么，a与b就是全异关系。"[3] 如果a与b在同一个范畴下，或者同样上属于某个属概念，那么，a与b就是平行概念。干旱、洪涝、台风、寒潮是全异关系，这几个概念就是平行概念。

教育心理学中上位概念、下位概念和平行概念的含义与上述逻辑学的大体是一致的。厘清所学概念之间的关系，特别是弄清楚哪些是上位概念，哪些是下位概念和平行概念，对于建立良好的知识结构是十分必要的。

（四）科学概念和日常概念

在维果茨基的研究中，儿童通过日常生活经验形成的概念称为日常概念，通过正式的科学教学而获得的概念称为科学概念。维果茨基认为，科学概念与日常概念的关系相当于外语和母语的关系，母语的学习过程是自发的、无意识的，但它为外语学习奠定语义的基础，比如，母语中掌握了"美丽"的含义，就为学习英语中"beautiful""pretty""handsome""lovely"等奠定了基础，同时，这几个单词的细微差别又在一定程度上加深对母语"美丽"的理解。科学概念是成系统的，学习新的科学概念，必须将它放入科学概念的系统中去学习，而日常概念的建构过程是相对独立的，如儿童可以在很长时间内将"花"与"玫瑰花"并列；日常概念从认识具体的事物开始，经过漫长的过程才形成，是自下而上形成的，甚至形成概念后也不认识这个概念。科学概念往往是从下定义开始学习的，即自上而下形成的，同日常概念相比，科学概念在直接经验方面明显要弱；科学概念通过日常概念向下生长发展，进入真实情境中，日常概念通过科学概念向上生长发展，转变为深度理解的科学概念，这两条发展路线之间的联系，就是最近发展区与现实发展水平的联系。

---

[1] 金岳霖.形式逻辑[M].北京：人民出版社，2005.
[2][3] 同上。

上述理论有助于我们在教学中有意识地寻找科学概念与学生日常概念的联系，让日常概念成为学习科学概念的资源和基础，让科学概念成为提升学生的日常概念和思维水平的助推器，从而促进学生的发展。

（五）核心概念和基本概念

核心概念和基本概念都是从学科视角而言的，基本概念是学科内部的基本知识和基本技能。核心概念是居于学科中心位置的概念，是体现学科逻辑结构的核心内容。核心概念对应的英文词有多个：key concept（关键概念）、core concept（核心概念）、core idea（核心观念）、big idea（大观念，也译作大概念），等等。美国课程专家费德恩（Feden）等认为，核心概念是一种教师希望学生理解并在忘记其非本质信息或周边信息之后，仍然能应用的概念性知识。埃里克森（Erickson）认为，核心概念是指居于学科中心，具有超越课堂之外的持久价值和迁移价值的关键性概念、原理或方法。这些核心概念具有广阔的解释空间，源于学科中的各种概念、理论、原理和解释体系，为领域的发展提供了深入的视角，还为学科之间提供了联系。[①]

与核心概念相近的、近年来比"核心概念"更热的词语是"大概念"。大概念与其他学科概念、学科知识既有区别又有联系。在第五章将专门论述。

（六）跨学科概念与学科内概念

埃里克森称这两种概念分别为宏观概念与微观概念。宏观概念常常是跨学科概念，而微观概念更多是学科内的概念。广义的跨学科概念是相对于学科内概念的一种笼统说法，狭义的跨学科概念是指应用于所有科学领域的概念，它比学科核心概念的概括程度更高，对学科核心概念起到组织和连接作用。2013年美国颁布《新一代科学教育标准》（NGSS），NGSS内容的构建贯穿于整个K-12体系（从幼儿园到十二年级），其地位相当于我国小学科学、初高中物理、化学、生物、地理、通用技术，所有理工科课程标准的总和。NGSS列出了七个方面的跨学科概念：1. 模式；2. 原因与结果；3. 尺度、比例与数量；4. 系统与系统模型；5. 系统中的能量与物质；6. 结构与功能；7. 系统的稳定与变化。这七大跨学科概念不是某个具体学科的概念，而是各学科都需要用到的思想，贯穿于NGSS各学科、各年级中。

[①] 张颖之，刘恩山. 核心概念在理科教学中的地位和作用——从记忆事实向理解概念的转变[J]. 教育学报，2010（2）：57.

2022年版义务教育课程方案和各课程标准规定：各门学科必须用不少于10%的课时开展跨学科主题学习。让跨学科学习成为新课改的一大亮点，全民瞩目的焦点。跨学科概念的教学也将引起更多的重视，跨学科概念的教学不仅有助于学生将不同学科的知识连接和组织起来，解决单一学科难以应对的复杂问题，形成关于自然界的贯通一体的知识结构，还为学生了解学科之间的联系，为从理解学科核心概念到建立科学的世界观铺平了道路。

（七）其他概念

在本书中，涉及比较多的前概念和迷思概念的论述。"前概念"（preconception）与维果茨基所说的"日常概念"含义相近，是"前科学概念"的简称，指学生在通过正规的科学教学学习科学概念之前，在现实生活中通过长期的经验积累与辨别式学习而获得的一些感性印象，积累的一些缺乏概括性和科学性的经验，是一些与科学知识相背或不尽一致的观念和规则。与"前概念"相近的术语有很多，除前面提到的"日常概念"外，还有"自发概念（intuitive conception）""错误概念（misconception）""迷思概念（misconception）""相异概念（alternative conception）""相异构想（alternative perception）""模糊概念（fuzzy conception）"等。关于这些概念的差异将在第三部分第二章专门论述。

第三章 地理概念

> 地理概念作为培养地理核心素养的有效载体，也是构成地理知识系统的基本要素，对学生地理核心素养的培养起到了基础性和关键性的作用。受日常所理解的概念的影响，不少老师对地理概念存在各种困惑。比如，地理概念就是地理术语吗？那么多的地理概念有没有什么内在逻辑？初中有必要强调概念吗？

一、地理概念的界定

地理教育研究者将"概念"的含义与地理学科的特点相结合，给出了地理概念的定义。褚亚平等在《中学地理教学法》一书中写到："地理概念是对地理事物本质属性的认识，它是对各种地理事物本质属性的抽象概括。"[1] 陈澄在《地理表象、概念、原理及其层级关系》一文中指出："地理概念是地理事物的本质属性在人脑中的反映。地理概念是把许多地理事物的具体特征加以分析、综合、比较、抽象、概括而形成的，因而反映的是同类地理事物的本质属性。"[2] 尽管在表述上有差异，但两位著名的地理教育研究者一致认为地理概念反映的仍然是事物的本质属性。

例如，人们看到过各种各样的河流，有宽的、有窄的，有长的、有短的，有清澈的、有混沌的，有流入大海的、有中途消失的……将各种河流的共同特征概括出来，就是河流的本质属性：集中于地表线形凹槽内的经常性或周期性的天然水道。

地理概念反映的是地理事物的本质属性，从这个层面看，地理概念是客观的。概念又是思维层次上的抽象概括，要靠人的思维来能动地建构，对同一个词语所代表的概念，不同人由于生活经验、思维能力的差异，在头脑中就可能形成

---

[1] 褚亚平，曹琦，周靖馨. 中学地理教学法 [M]. 北京：高等教育出版社，1985.
[2] 陈澄. 地理表象、概念、原理及其层级关系 [J]. 地理教学，2000（04）：8-11.

截然不同的意义，这就意味着概念又是主观的了。概念的这种双重性也是概念教学困难的原因之一。

地理概念同样包括两层内容，即内涵和外延。地理概念的内涵就是该地理事物区别于其他事物的本质特征。如河流这一概念的内涵，包含有"具有线形凹槽的天然水道"和"经常性或周期性的水流"等特质。

地理概念的外延是指所反映的地理现象本质属性的所有对象，是具体的地理事物，也就是地理概念的实用范例。如河流的外延，包括山区河流、平原河流，内流河、外流河，间歇河、断头河，长江、黄河、亚马孙河、尼罗河……

看到这里，有些老师可能会觉得地理概念就是一个个地理术语，或者是有关地理的词语。这种认识源于对"概念"的狭隘理解，把概念名称等同于概念本身，把概念学习降级成了表征学习。一般来说，概念总是同表达这个概念的名称或其他符号相伴生的，地理概念的表述是一个"体系"，地理术语可以用来指代地理概念，但是地理术语本身带给我们对地理概念的理解是有限的。详细论述请看第二部分第四章"问题探讨"。

在第一章里我们论述了地理知识的分类，知道地理术语，还有地理名称、地理数据、地图符号与注记等都属于地理事实性知识。地理概念性知识包括地理核心概念和一般概念。本书中的"地理概念"含义更宽泛，包括了地理"小概念"和地理"大概念"，其实是把地理事实性知识、地理概念性知识和地理程序性知识都统一成概念性理解。所以它可以是一个地理术语，也可以是地理概括和地理原理，它是地理事物、地理事实（地理现象）、地理过程本质属性的一种抽象概括，是在大量观察、实验的基础上，运用逻辑思维的方法，把一些事物本质的、共同的特征集中起来加以概括而形成的观点、看法。

为了行文简洁和突出重点，方便读者阅读，本书常把概念简化成概念名称，特别是在各种表格中。其实在日常生产生活中，人们也常常用概念和概念名称相互指代，加上概念本身的抽象性和复杂性，使大家对概念有了种种误解。

二、地理概念间的关系

地理概念之间往往存在着复杂关系，特别是在一个完整的地理概念体系中，各概念之间必然存在着一定的关系。明确概念间的关系是准确理解、掌握和应用地理概念的前提条件。

（一）各类地理概念间的关系

从逻辑学的观点来看，主要包括相容关系和不相容关系。

1. 相容关系

相容关系是指两个概念的外延全部或部分重合的关系。具体可分为三种。

（1）同一关系

两个概念的内涵有所不同，而外延全部重合的关系，就是同一关系（见图1.8，A、B 表示两个概念，圆表示概念的外延）。这两个概念属于同质概念，二者之间能用"是"双向联接。如"太平洋西岸"与"亚洲大陆东岸"、"岩溶地貌"和"喀斯特地貌"、"第三世界"和"发展中国家"都是同一关系。

（2）类种关系

又称种属关系，即一个概念的外延完全被另一个概念所包含的关系。其中，外延较大的概念称为类概念或属概念，外延较小的概念称为种概念，种概念具有类概念的一切内涵（见图1.9，A 为类概念或属概念，B 为种概念）。两个概念可单向用"是"联接。如"岩石"与"岩浆岩"，"岩石"是属概念，"岩浆岩"是种概念，说"岩浆岩"是"岩石"成立，而说"岩石"是"岩浆岩"则不成立。其他如"反气旋"与"天气系统"、"台风"与"气旋"等也是类种关系。

（3）交叉关系

两个概念的外延只有一部分重合，但两者相互间又不能彼此包涵的关系就是交叉关系（见图1.10）。两个概念可用"有的……是……"双向联接。如"常规能源"与"一次能源"，说"有的常规能源是一次能源"或说"有的一次能源是常规能源"均成立。类似的还有"粮食作物"与"经济作物"、"大城市""港口城市"和"旅游城市"、"华北平原"和"华北地区"等。

图1.8 同一关系　　图1.9 类种关系　　图1.10 交叉关系

2. 不相容关系

不相容关系是指两个概念的外延全部不重合的关系。两个概念不能用"是"双向联接。如"国家"与"亚洲"，说"国家是亚洲"与说"亚洲是国家"均不成立。

（二）同一类概念下不同种概念间的关系

具体可分反对关系和矛盾关系两种：

1. 反对关系

如果两个概念的外延全部不重合，且它们的外延之和小于其类概念的外延，这两个概念间的关系即为反对关系（见图1.11，其中C为A、B的类概念，下同）。如"河流水"与"湖泊水"、"密度流"与"补偿流"等，均为反对关系。

2. 矛盾关系

如果两个概念的外延全部不重合，且它们的外延之和等于其类概念的外延，这两个概念间的关系即为矛盾关系（见图1.12）。如，"可再生资源"与"非可再生资源"、"寒流"与"暖流"等，均为矛盾关系。

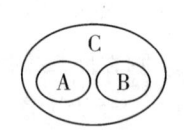

图1.11　反对关系　　　　图1.12　矛盾关系

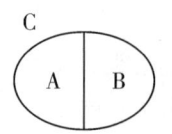

理清地理概念之间的逻辑关系，有利于学生掌握地理概念的内涵与外延，对学生逻辑思维能力的提高、科学思维方法的掌握是很有利的。

（三）中学地理概念体系的层级关系

中学地理课程中有许多地理概念，这些地理概念在初中、高中都有涉及，而且在不断地加深和拓展。如果能梳理这些庞杂概念的逻辑关系，弄清楚它们的前因后果、来龙去脉、上层下级，就有利于精简教材，打破章节、学段间的壁垒，整合大量的具体地理事实和地理概念，建构起有效的地理认知结构，更好地实现知识的迁移和实际问题的解决。

笔者根据林恩·埃里克森的"知识的结构模型"，结合中学地理课程内容及各地理概念的关系，建构出有层级关系的中学地理概念体系（见图1.13）。

金字塔图（从顶到底）：
- 大概念　如：人地关系
- 地理核心概念　如：地理环境
- 地理重要概念　如：大气是自然环境的重要组成部分
- 地理一般概念　如：天气、气候、气象灾害、热力环流等概念
- 地理前概念　如：生活中阴晴风雨雷电等地理现象、夏热冬冷等地理事实

图1.13　中学地理概念体系的层级关系

地理前概念指学生正式学习科学概念前的已有知识，既包括学生在日常生活中获得的直接经验，也包括在课堂上掌握的间接经验，属于地理现象与地理事实类的认知。如生活中不同时间、不同地点的天气，某个区域的气候现象或气象灾害等。它们是帮助学生建构科学概念的认知基础。

地理一般概念指地理学中单要素的具体或抽象概念。如天气、气候、气象等。因为概念不只是一个名词，理解概念是一个系统工程，要建立起各种网络结点，所以天气、气候、气象灾害对人类活动的影响等内容也属于地理一般概念。不过这些不是概念教学的目标，只是建构概念的过程。

地理重要概念（或者说地理基本概念）是由一系列一般概念和事实支撑起来的较上位的概念。如大气是自然环境的重要组成部分，大气的物理特征影响人类活动，不同时空尺度的大气运动特征对人类活动的影响不同，不同区域下的大气运动对人类活动影响不同。

地理核心概念是指居于地理学科中心，跨越了地理不同内容领域，具有超越课堂的持久价值和迁移价值的关键性概念、原理或方法。如地理环境，包含各自然要素特征和自然规律，还包括社会经济要素特征和社会经济规律，还有它们之间彼此联系、相互影响，产生的千丝万缕的复杂关系。

大概念可以是地理学科的，也可以是跨学科的。如人地关系，作为一种价值观，早已超越字面意思——人类和自然环境的关系，也超越了地理学科，在科学、道德与法治、历史等多个学科的核心素养中皆有涉及。这种跨学科大概念不仅有助于学生理解地理内容，而且利于他们感受各学科共通的规律。

聚合了大量的事实、现象、具体概念、原理与规律等，经过逐层提炼，越上位的概念数量越少，表述的概括性越高。乍一看，这些上位概念似乎"不食人间烟火"般抽象难懂。但如果教师一开始就围绕核心概念整体思考，做好各学段的学习进阶设计，经过连贯一致的深入理解，虽然最后"看山还是山"，但经历了"看山是山、看山不是山"的阶段后，这山看在眼里，早已有了不同内涵。

其实，不仅是地理概念，中学地理的所有内容都是由不同层次的各种知识构成的，考虑到学生的认知水平和规律、每学期课时安排、每本教材的版面限制、不同学段教材的协调等因素，许多不同层次但内涵相通的知识分散在了不同学段、不同章节，这就需要教师通过研读课标和教材，有意识地将这些内容提取、整合，将处在上位的内容和下位的内容合理关联，组织成不同的层级，用一个大概念或核心概念统整起来，进行大单元教学。本书第三和第四部分将详细阐述。

这里特别说明：地理概念不是干巴巴的词语，它有丰富的内涵，有不同的层次。同一层次的地理概念并不一定是并列关系，也有可能是有层级关系的。比如天气、气候和气象这三个概念都属于地理一般概念，但它们是包容关系，气象（指发生在天空中的一切大气的物理现象）的范围最大，它包含了天气和

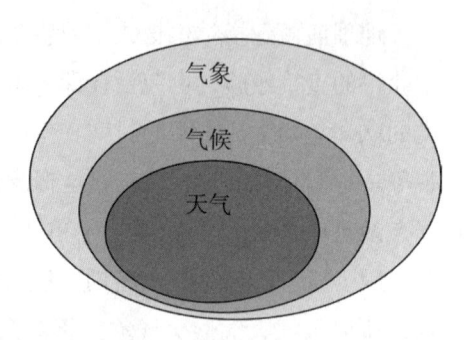

图1.14 气象气候天气关系示意

气候，而气候（指一个地区多年的天气平均状况）又包含了天气（一个地区短时间里的大气状况）（见图1.14）。

三、地理概念的类型

依照一般概念的分类方式，结合地理的特性，一些地理教育学家将地理概念按照不同的指标加以分类。一般来说，按照地理概念的内涵和外延可以进行如下分类（见表1.6，表中举例只写概念名称）。

表 1.6 按内涵和外延分类地理概念[1]

分类方式	类别名称	内涵	特点	举例
按外延范围分	单独地理概念	反映特定的个体地理事物本质属性的概念	具有特定性，外延狭小，内涵丰富具体	黄河、长江、厄尔尼诺、台风、法国、上海、京广线等
	普遍地理概念	同类地理事物群体所共有的本质属性	泛指一类地理事物，外延很广，包括所有命名相同的同类地理事象	河流、高原、山脉、工业、文化、水田农业、地中海气候等
按内涵性质分	具体地理概念	对客观存在的地理现象的概括	确实存在，有明显特征，一般与地理表象密切关联	寒流、人口、河流、火山、港口等
	抽象地理概念	无法通过观察获得地理事物本质特征的概念	与地理表象的联系不是直接的，但所反映的现象却很具体	地球运动、地转偏向力、气候、人口自然增长率等
按内涵的丰富性分	简单概念	内涵简单，所形成的概念体系中包括的概念少且关系单一	内涵所包括的因素少，关系单一	行星、环形山、酸雨等
	复杂概念	内涵复杂，所形成的概念体系中包含的概念多且关系多样化	内涵所包括的因素多，具体多层次性、多变性	行星风系、农业地域类型、城市化

因为概念的复杂性，一个概念在不同的语境中含义不同，所属类别也不同。比如"我家门前有条河流"，这里的"河流"既是单独地理概念，特指某一河流，具有特殊属性；也是具体地理概念，是确实存在的地理事物，与径流量、含沙量、流速、冰期、汛期等直接联系；这里的"河流"还是简单概念，其内涵所包括的因素较少，所形成的河流概念体系中包括的概念少且关系单一。又如"南方地区河流众多"，这里的"河流"则是普遍地理概念，它泛指一定区域内集中于地表线形凹槽内的经常性或周期性的天然水道。在自然地理中出现的高原、盆地、气温、气压、季风，在人文地理中出现的工业、文化等都是普遍地理概念。

具体地理概念与地理表象有直接联系，抽象地理概念与地理表象的联系不是直接的。因其无法通过观察获得地理事物的本质特征，必须通过定义的方式来揭

---

[1] 褚亚平，曹琦，周靖馨. 中学地理教学法[M]. 北京：高等教育出版社，1985.

示其本质特征，对于抽象思维能力较弱的初中生来说，理解难度大，所以在初中地理课程中，这类概念较少。

比如说"地球运动"，初中生很难理解地球运动的方式、产生的现象、太阳直射点的移动规律等。与"地球运动"相关的"地转偏向力"在高中也是难点。因为"地转偏向力"是由于地球自转而产生的作用于运动物体的力，它只在物体相对于地面有运动时才产生（实际不存在），它不能被直接观察，需要借助河流弯曲、风力偏转来间接与地理表象联系；不仅如此，"地转偏向力"还与物理学科紧密联系。地理概念的抽象程度与它所反映的地理现象的具体程度之间的差异越大，地理概念的教学难度就越大。

有地理学者以学生学习的认知阶层为指标，把地理概念区分为可观察的概念和被定义的概念两大类，每类又根据其复杂程度分为简单概念与复杂概念（见表1.7）。

表1.7 按学习的认知阶层分类地理概念

一级类别	二级类别	内涵	举例
可观察的概念	简单的概念	能够从日常生活经验中获得的概念	河川、山脉、湖泊、岩石、风、云
	比较复杂的概念	因规模或区位因素较难从日常生活经验中获得的概念	大陆、苔原、冰川
		需要两个或三个其他概念的协助才能了解的概念	含水层（岩石、孔隙、水）、方位（经度、纬度）、地区、机能区
	相当复杂的概念	需要许多不同的概念相互组合才能了解的概念	地下水面、地形、流域、中心商业区
被定义的概念	简单概念	两个变量之间简单定义的关系概念	人口密度、坡度
	复杂概念	三个或三个以上变量间复杂定义的关系概念	行星风系的理解，涉及气流、气压梯度、科氏力等概念

对不同类型的概念，教师应采取不同的教学方法。但是因为地理概念复杂多样，所以很难用一种方法来准确分类。一个地理概念对一些学生来说是简单概念，但是对于另一些学生来说可能是复杂甚至相当复杂的概念，这取决于学生的已有认知。因此，笔者在研究地理概念教学时，主要根据学生的认知水平、教材的解释与否和使用频率等，进行粗略、动态的分类。

第四章 核心素养导向下的地理概念教学

> 首先说明：本书说的"地理概念教学"是地理学科的概念教学，而不是只限于如何实施地理概念的教学。这里对"概念"的内涵解释远远超出了我们日常所理解的概念。现在，我们常把地理事实性知识和地理概念性知识中的一般概念统称为地理"小概念"，把地理概念性知识中的核心概念和地理程序性知识中的原理规则等视为地理"大概念"。本书的地理概念教学研究的是：地理教师如何基于学生的前概念，通过运用教学策略与手段激化、暴露学生的迷思概念，从而使学生产生认知冲突，并给学生提供充足的探究时间与机会去实现对迷思概念的转化和对科学概念的建构。
>
> 地理教学中充满了学生对地球运动、大气环流、水循环、冷锋和暖锋等主题的不同概念的研究。地理概念作为地理学习的重点和难点，"教师难教，学生怕学"是不可否认的客观事实。我们可以怎么认识核心素养导向下的地理概念教学呢？

一、基于理解的概念教学

概念教学的目的是要帮助学生建构自己头脑中的科学概念，并能运用科学概念表达思想和解决问题。所以，理解是概念教学的基础。

在我们的日常生活中，理解似乎无处不在，无时不有。读书、看报、上课听讲时，我们在理解；购物、旅游、交谈、与人相处、自我反思时，我们也在理解。可以说，理解是人的存在方式，生活就是不停的理解活动。可到底什么是理解呢？这是一个我们耳熟能详的词语，同时也是一个模糊的词语，缺少一个明确的、大家都认可的界定。我们从以下方面来了解。

（一）理解的历史发展与理论基础

说到理解，不能不提到"解释学"（Hermeneutics，也称"诠释学""释义学"等），理解是"解释学"的核心问题。"解释学"一词的词根hermes为古希腊语，其意为"神之消息"，来源于希腊神赫尔墨斯（Hermes）。赫尔墨斯本是希腊神话诸神中的一位信使的名字，他的任务就是来往于奥林匹亚山上的诸神与人世间的凡夫俗子之间，将诸神的旨意传递给人们。由于诸神的语言与人世间的语言不同，且神意晦涩难懂，因此赫尔墨斯不是单纯报道或简单重复，而需要翻译和解释。

所以，古典时期，"解释学"被看作是一门关于理解、翻译和解释的学科，它研究的是"一种语言转换，一种从一个世界到另一世界的语言转换，一种从神的世界到人的世界的语言转换，一种从陌生的语言世界到我们自己的语言世界的转换。"[①]"解释学"最初主要是解释《圣经》等宗教典籍和法律。后来扩大到对整个古代文化的解释和理解，成为给史学、文学、法学、哲学等人文学科提供实现理解历史、作品、法律和存在的方法论的学科。

到现代，"解释学"脱离了解释历史文献、典籍和语词考据的文献学和语义学，而成为人类自我认识形式的解释学。于是"解释学"从方法论和认识论性质的研究转变为本体论性质的研究，并发展成为哲学解释学。理解和解释不再是一种研究方法，而是作为人的存在的基本方式和特征。"解释学"被引向了关乎人的存在意义的本体论方向，从而将整个世界与人生都纳入了"解释学"的范畴。

在"解释学"看来，理解的过程也就是"视域融合"的过程。"视域"是指从个体已有背景出发看问题的一个区域。这个区域囊括了从某个立足点出发所能看到的一切。[②] 理解之所以能实现，就在于双方视域的不断融合。在理解过程中，理解者的视域不断与被理解者的视域交流，不断生成、扩大和丰富，以达到不同视域的融合，这种不同视域不断融合的过程，就是理解的过程。"解释学"还认为，理解是以历史间多元化主体的对话结构为基础，对话是理解的基本方式和途径，只有在对话基础上的理解才是真正的理解。

---

① 洪汉鼎. 诠释学——它的历史和当代发展[M]. 北京：中国人民大学出版社，2018.
② 海德格尔. 存在与时间[M]. 陈嘉映，王庆节，译. 北京：生活·读书·新知三联书店，1999.

"解释学"研究理解，说到底是理解人类的生活，而这种理解又指导着人类的生活实践。德国哲学家伽达默尔指出："人的实践行为最根本的是一种理解行为，获得对他人、对一切文本意义的理解……理解本身就是实践的，其最根本目的就是要告诉人们，行为实践是一个意义理解、意义创造的过程，人的行为意义是自由的、开放的、相对的，是理解中的创造。"[①] 从这种观点推导，理解并不是简单地获得知识，理解还意味着内在认知的一次增长，而这种认知又作为一种新经验加入到我们已有知识经验的结构中去。理解也是人性的体现与升华，它不满足于简单、呆板地记下有什么、是什么，而是力求融会我们的兴趣和现实的问题。

如果说解释学为理解提供了历史基础，那么认知心理学就为理解提供了概念基础。首先，理解的过程是语言和语义融合的过程，既是接受语言信息并且将其迅速反馈的过程，也是对语义作出正确的判断和筛选，最终获得语言内在含义的过程。其次，有效的学习既要勤奋练习，也要在练习的过程中专注理解和应用。只有理解了事物所蕴含的概念和原理，才可能用所学知识解决新情境中的问题，产生迁移能力。

脑科学为理解提供了生理基础。学习的实质是人类和其他高等动物依靠其完善或较完善的神经系统感知环境和主动适应环境的过程。脑科学认为，大脑觉知的过程伴随模式产生的过程，在这个过程中，新旧知识产生联结。联结的过程就是理解的过程，从而达到更有效的长期记忆。另一方面，多元的感官接触，强化动手的经验式学习，使学习者能真实地在情境中应用知识。

基于理解的逆向教学设计强调学生在实际生活情境中的学习和体验，有利于促进个体参与社会生活并理解所建构的意义。

（二）理解与教学

理解与教学有着密不可分的关系。首先，生活就是不停的理解活动。其次，教学需要在生活中进行，教学过程中所传授的知识只有跟学生人生经验发生关联，才能对学生的成长具有根本性的意义，而理解是联结课程、知识和学生的经验、成长经历的根本方式。

我国古代伟大的教育家孔子曾经说过："学而不思则罔，思而不学则殆。"孔子的学生曾子也说过："吾日三省吾身，为人谋而不忠乎？与朋友交而不信乎？

---

① 张能为. 理解的实践——伽达默尔实践哲学研究[M]. 北京：人民出版社，2002.

传不习乎？"他们在这里所说的"思"就是理解的意思；"省"就是自我反省，也就是自我理解的过程。

颜之推在《颜氏家训》中写道："独学而无友，则孤陋而寡闻矣。"这与"解释学"中的"平等的对话和交往"是一致的。由于每个人的思维都具有独特性，再加上成长背景和教育经历的差异，所以，即使是对同一事物，大家的理解可能都不是相同的。因此不管是师生之间的交流沟通，还是学生之间的交流沟通，都会在交流的同时对别人的思考予以理解，并融入自己的理解，这一过程是相互理解和自我理解同一的过程。在理解别人的同时，也扩展了对自我的理解。

在教学中，许多老师常常在滔滔不绝地讲完一段内容之后，随口问一句："大家理解了吗？"然后学生们就说："理解了。"学生是否真的理解？理解的证据在哪里？只是听"明白了"显然不等于"理解了"。那么"理解的证据"是什么？对此，我们常常有两个误区：一是认为老师讲得越多，学生就学得越多，理解得越好，考试的时候就表现得越好；二是认为老师讲得清楚，学生就听得明白，就能在以后需要的时候回忆起来、运用起来。所以不少老师喜欢拖堂，喜欢多讲，觉得讲到了、讲透了，学生就理解了。但这不能算是理解的证据，它不能证明学生理解了。那怎么样才算理解？我们真正要学生达到什么目标？好像我们并不明确。也就是说，我们要求学生理解学习内容，但我们自己却不清楚"理解"这个目标。

在2022年版义务教育地理课程标准的"内容要求"中，行为动词共有32种，并没有"理解"这个动词，但有几个近义词，如说明、解释、推测、评价、掌握等。这些行为动词属于中等或较难程度的行为动词。这从侧面说明"理解"确实是一个难以解释、难以区分的词语。

杜威在《我们如何思维》一书中对理解做了清晰的总结。他认为，理解是学习者探求事实意义的结果。掌握一个事物、事件或场景的意义，就是要观察它与其他事物的联系，观察它的运作方式和功能、产生的结果和原因，以及如何应用。而那些我们称作"无意义"的事情，是因为我们没有领悟到它们之间的联系……方法—结果的关系是所有理解的核心。[①]

威金斯和麦克泰格在《追求理解的教学设计》一书中，将"理解"分为两个维度：一是目的维度，达成对教学内容意义的理解；二是方法维度，按程

---

① 约翰·杜威. 我们如何思维[M]. 伍中友，译. 北京：新华出版社，2015.

序让学生达到一定的理解层面。为此，他们将理解归纳为六个层面：能解释（Explanation，也翻译为"能说明"）、能阐明（Interpretation，也翻译为"能诠释"）、能应用（Application）、能洞察（Perspective，也翻译为"有观点"）、能神入（Empathy，也翻译为"有同理心"）、能自知（Self-Knowledge）。[①]从学习科学的视角看，"理解"的两个维度是在回答"为什么要学习"和"怎样学习"，既解决学习目的和意义的问题，又解决学习原则和方法的问题。美国教育心理学家霍华德·加德纳（Howard Gardner）认为，学生只有在新的情境中灵活而恰当地运用知识和技能时，真正的理解才会发生。所以，必须设计预期的迁移学习环节，以产生"持久的理解"（enduring understanding）。"持久的理解"是教学的最终目标。[②]

美国著名教育心理学家戴维·珀金斯在《为未知而教，为未来而学》一书中，把理解分为利基理解和全局性理解。利基理解主要体现在特定的学科中，但是，它更多的是向内探寻学科的奥秘，而非外化学科知识，其生活价值比较低。全局性理解则更加生动灵活、具有适应性，更积极主动，与我们的生活世界和生活方式息息相关。判断标准包括：深刻见解、行动、伦理道德、机会等四个方面。[③]下面以"能源"为例，说说珀金斯的全局性理解的四个判断标准：

深刻见解方面：全局性理解应当有助于呈现物理、社会、艺术等不同世界的运转机制。如认识不同的能量形式，能量转换定律，能量从何来、归于何处，如何认识"取之不尽、用之不竭"，可再生能源将如何拯救我们等。

行动方面：全局性理解应当能够指导我们采取有效的专业行动、社会行动、政治行动等。如应对当代社会能源问题，我们可以采取哪些改革举措，制定什么支持改革的政策。

伦理道德方面：全局性理解应当敦促我们变得更有道德观、更有人性、更有同情心、更愿意规范自己的行为。如培养节约能源、珍惜资源、物尽其用等道德伦理意识。

机会方面：全局性理解可能出现在各种场合中，表现为多种不同的重要形

---

① 格兰特·威金斯，杰伊·麦克泰格．追求理解的教学设计［M］．闫寒冰，宋雪莲，赖平，译．上海：华东师范大学出版社，2017．
② 霍华德·加德纳．多元智能新视野［M］．沈致隆，译．杭州：浙江教育出版社，2021．
③ 戴维·珀金斯．为未知而教，为未来而学［M］．杨彦捷，译．杭州：浙江人民出版社，2015．

式。如碳达峰、碳中和、新能源汽车、氢能等。

全局性理解在深刻见解、行动、伦理道德和机会方面的全局性使它在生活中有三大作用：首先，帮助我们确定并保持方向。例如，当我们看一则新闻时，能立刻辨认出这则新闻与什么问题有关，真假性如何；其次，帮助我们审慎地思考不同的情况。假如你打算去以色列，很多人会担心恐怖主义的问题，但事实上，我们在车祸中受伤的概率远远高于在恐怖袭击中受伤的概率。但是，大家还是会担心恐怖袭击，而不担心车祸。对这类心理倾向的全局性理解，有助于我们更好地判断真正有危险的局面；再次，为深入学习奠定基础。全局性理解不仅为事实性知识打下基础，还在细节和范围等方面提供易于拓展的框架。例如，如果你已经知道了关于能源的一些基础知识，那更容易进一步理解具体的能源情景（如充电桩、乡村振兴、清洁取暖、低碳交通等）。所以，戴维·珀金斯认为教学应该挑选那些能带来全局性理解的知识，有生活价值才更有学习价值。

总的来说，我们的教学只能帮助学生学到整个学科领域中很小的一部分，这就需要我们帮助学生将所学的小部分知识迁移到新环境中去解决新问题。如何提高迁移能力呢？影响迁移的不仅仅是对事实的记忆、对范例的掌握或者是对固定流程的遵循，更取决于人们对知识的理解程度。所以，理解与教学密不可分。

（三）核心素养导向下的概念教学

我们教师常常要求学生理解这个或那个知识点，可理解了没有，具备了相应的素养了没有，一定要在一个项目或任务等面前显现出来，看学生在其中的表现如何，任务完成的质量如何，用这些可以直接评估，甚至量化的考评来作为理解的证据。

埃里克森在设计概念为本的课程中提出三维要求，即知道、理解和能做（KUD）。具体来说，以概念为本的教学要分辨出学生在事实性层面必须"知道"的，概念性层面必须"理解"的，以及在技能和过程层面能够"做"的。事实性知识容易评价，理解难以评价，因此，传统课程模式更多地关注学生能"知"和能"做"，而忽略"理解"这一要求。[①]但随着知识以指数级数量增长和现实问题愈加复杂，越来越多的人认识到，课程和教学必须超越知识和技能，向更概括、更抽象的概念迈进，向更有深度、更高迁移性的理解迈进。概念教学的基本

---

① 林恩·埃里克森，洛伊斯·兰宁.以概念为本的课程与教学：培养核心素养的绝佳实践[M].鲁效孔，译.上海：华东师范大学出版社，2018.

目标是让学生理解概念，运用概念。

概念学习不仅是理解定义描述的语义，也不只是能用以判断某个对象是否为该概念的一个例子，还要认识它的所有性质，这样才能更清楚地掌握这个概念。从系统观看，概念的理解是一个系统工程，概念学习的最终结果是形成一个概念系统。比如学生要理解"人地和谐"这个地理概念，就必须围绕它逐步构建一个概念网络，网络的结点越多、通道越丰富，这个概念理解得就越深刻。所以，概念的学习需要一个过程，"讲清楚"定义并不足以让学生掌握概念。

理解概念不能只满足于知道概念"是什么"或"什么是"，还应了解概念的背景和引入它的理由，知道它在建立、发展理论或解决实际问题中的作用，大概念教学尤应如此。所以，在进行概念教学前，需要对概念进行学术解构和教学解构。学术解构是指从学科理论角度对概念的内涵及其所反映的学科思想方法进行解析，包括概念的内涵和外延、概念所反映的思想和方法、概念的历史背景和发展，以及概念的联系、地位、作用和意义等。教学解构是在学术解构的基础上，对概念的教育形态和教学表达进行分析，重点放在对概念的发生、发展过程的解析上，包括对概念抽象概括过程的"再造"、辨析过程（如内涵与外延的变式、正例和反例的举证）和概念的运用（如变式应用）等，其中，寻找精准的例子来解释概念是一件具有创造性的教学准备工作。[1]

二、地理概念教学的原则与方式

教学原则是根据教育教学目的、反映教学规律而制定的指导教学工作的基本要求。它反映了人们对教学活动本质性特点和内在规律性的认识，是促使教学工作有效进行的指导性原理和行为准则。教学的方式方法有很多种，常见的教学策略和教学模式都属于广义的教学方法的范畴。我们常说"教学有法，教无定法，贵在得法"，就是说教和学是有一定的规则的，教学要有方向和目标，不能偏离；为达到教和学的目的，可以采用一切合法的、合理的方法，并没有什么必须遵守的方法；针对不同的内容、对象等情况，采用不同的方法，能达到最好效果的方法才是最好的方法，找到最好的方法才是得法。教学原则和方法在教学活动中的正确和灵活运用，对提高教学质量和教学效率发挥着重要的保障性作用。

---

[1] 邵光华，章建跃. 数学概念的分类、特征及其教学探讨[J]. 课程·教材·教法，2009，29（07）：47-51.

（一）地理概念教学的原则

地理概念教学需要采用与地理概念类型、特征及其获得方式相适应的方法，以有效促进地理概念的理解，所以地理概念教学除了要满足我国中小学教学的一般原则（如科学性与思想性统一原则、理论联系实际原则、直观性原则、启发性原则、循序渐进原则、巩固性原则、发展性原则和因材施教原则等）外，地理概念教学还特别要注意以下原则：

1. 遵循认知规律

地理知识是按照一定规律发展的，人们认识与把握地理知识也是遵循一定规律的，因此，在地理概念教学中必须坚持由浅入深、由特殊到一般、由形象到抽象、由具体到理性、由表及里等规律，必须符合学生的年龄特征、学科基础和认识规律，必须把学生的认知基础和规律与地理发展规律相匹配，具有逻辑一致性。

2. 注重形成过程

不同地理概念的产生与发展有不同的途径，因此，地理概念教学中要特别注重概念的发生发展过程的教学，创设合适的问题情境，努力让学生经历过程，从中获得体验并领悟地理思想与方法，凝练表达地理概念。以"地球的自转"这一概念的教学为例，首先给出几个具体的生活问题情境，如每天太阳的东升西落、不同地方的时差、乘车时窗外后退的风景等，让学生经历从具体感知、联想推理到抽象概括的过程，最后获得地球自转的定义。当然，还可以创设动手操作情境来引入地理概念，比如用地球仪模拟自转，进行观察和推理。

3. 突出学科本质

地理概念的内涵和外延丰富复杂，概念的定义方式多种多样，如属概念加种差的定义方式、发生定义方式、揭示外延的定义方式、用描述语言下定义的方式等。但不论哪种方式，我们都应该在概念教学中抓住概念的本质属性，注意揭示概念的内涵和外延。在中学地理教材中，也有很多地理概念是不下定义的，只是用揭示外延或用描述法给出解释。比如人教版八年级地理教材对农业的描述是："农业是我们的衣食之源、生存之本。我们吃的食品，穿的棉、麻、毛、丝服装，阅读的报刊、课本，使用的木制家具等，都直接或间接来源于农业。农业的劳动对象是生物，获得的劳动产品也是生物本身。农业主要包括种植业、畜牧业、林业、渔业等部门。"这与百度上的解释"农业是利用动植物的生长发育规律，通过人工培育来获得产品的产业"差异较大。因此概念教学中常常通过大量具体例子让学生从中体会感悟，挖掘、提炼出概念的本质属性。

4.培育核心素养

地理概念教学不仅让学生提出、理解、掌握和应用概念，更为重要的是能让学生从中领悟学科思想与方法以及培养学生发现与提出、分析与解决问题的能力，特别是训练与发展学生的综合思维、区域分析、地理实践能力，最终指向培育和发展学生的地理核心素养。因此，必须要让学生经历地理概念教学的全过程，把地理概念纳入地理概念发展的系统中，明确认识各地理概念间的关系，了解各个概念在抽象、推理和应用中的指导作用。还要从地理文化的角度审视地理概念教学，提升教学的品味，让地理概念教学具有生活味、地理味和文化味，最终实现地理育人的目标。

（二）最具代表性的两种教学模式

现代教学中，最具代表性的两种教学模式是"传授—接受"教学模式和"问题—发现"教学模式。"传授—接受"教学模式以教师活动为主，优点是快速省时，可短期内准确、系统地传授大量知识；可通过教师的语言教育，培养学生的社会责任感，激发地理学习的积极性等；可系统发展学生的地理思维能力和知识的接受能力。缺点是学生被动接受、机械学习，课堂易枯燥沉闷。

"问题—发现"教学模式以学生活动为主，优点是课堂气氛活跃，师生互动和谐，学生的地理探究能力和问题解决能力增强，知识掌握更自觉、更深刻、更持久，自主性、专注性、创造性更强，学习态度和品质更良好。缺点是耗时长，效果不明显，难以评价；对教师和学生的综合素质要求高，要求教师有合适的研究主题或问题，如难度适中、学生感兴趣且有一定经验的主题；能制定细致周详、切实可行的活动方案，包括活动形式、步骤、分工、计划；有丰富、必要的各种资料，包括图文资料、器材、工具等；有相当的组织、调控能力和教学机智。老师就像个高明的导演，把前台交给学生，学生则需要有自主学习的能力和习惯，有相关知识储备，否则学生活动就容易流于表面的活跃，热热闹闹之后没有取得什么实质性效果。

这两种最具代表性的教学模式可以细分出不少教学方法（见图1.15）。需要注意的是，这两种教学模式只是范式，我们的日常教学中常常是两种模式互相结合，是既有传授又有发现，既有接受又有问题，师生互动共同解决的模式。其实任何一种教学模式只有在其适用的范围内才能发挥其最大效用，不存在一种适合任何教学过程的普适性教学模式，大家熟悉的、被许多国家倡导的情境教学法、启发式教学、问题解决法、研究性学习其实都是采用混合分类的综合性教学方法，是两种教学模式的变式。概念教学可以采用图中所有的方法。

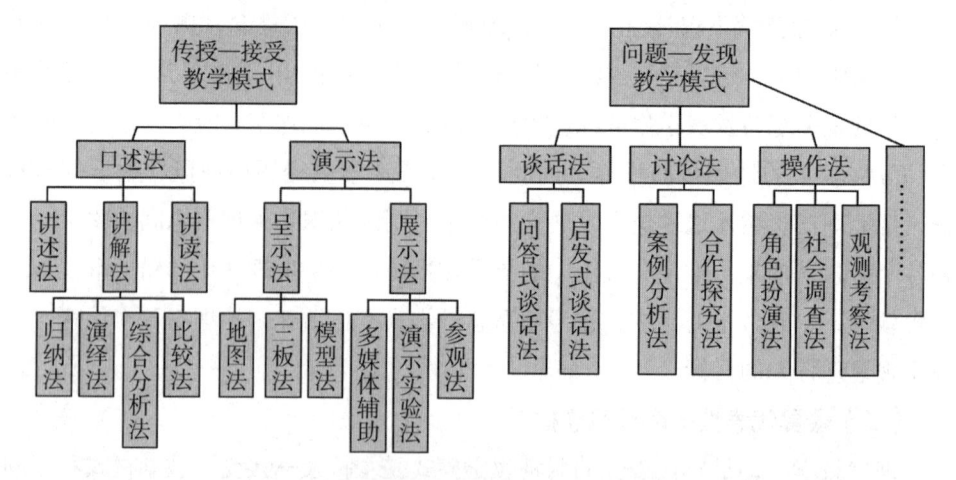

图1.15 现代教学中最具代表性的两种教学模式

北京师范大学教育学部的郭华教授将教学活动的基本机制总结为"两次倒转"，具体的教学过程这样进行：教师明了教学的内容和方向，但并不直接告诉学生所学的内容，而是从学生的经验切近处入手，从学生现有的水平、经验以及发展需要出发，采用多样而恰切的手段，设计知识"发现"的真实情境，激发、引导学生自觉的主动活动（简约地、模拟地去经历人类认识的典型过程），使学生能够作为认识主体通过自己的"发现"去建构知识。简言之，就是先"倒过来"，再"转回去"，即教学可以直接从认识开始，但必须将人类的认识成果转化成学生的学习活动，引导学生通过学习活动去"重新"经历知识的"发现"过程。"两次倒转"重在落实学生的主体地位，解决教学活动中的诸多割裂，比如教与学分离，生活经验和人类知识分离，课堂学习和社会生活分离。教师如果把握好这样的教学活动机制，就能不被这层出不穷的概念困扰。[①]

（三）地理概念教学的常见方式

概念的获得有两种基本方式——概念形成与概念同化。如果新概念是对现实对象或关系直接抽象而成，比如寒流、人口、河流、火山、港口等具体地理概念，我们常引导学生从同类事物的大量例证中独立发现其关键属性，这种方式叫概念形成，常采用归纳式概念教学；如果新概念是基于地理逻辑建构形成，比如地球运动、地转偏向力、气候、人口自然增长率等抽象地理概念，我们常用下定

---

① 刘月霞，郭华. 深度学习：走向核心素养[M]. 北京：教育科学出版社，2018.

义的方式直接揭示概念，学生利用已有认知结构中的有关知识同化、理解新概念，这种方式叫概念同化，常采用演绎式概念教学。

1. 归纳式概念教学

归纳推理是从特殊到一般的逻辑推理。归纳式概念教学主要适用于较简单的、客观存在的、与地理表象密切相关的具体地理概念的教学，如平原、农业、降水等。在具体地理概念的教学中，先让学生观察属于该地理概念的具有代表性的具体地理事物；然后进行比较，找出这些地理事物的共同属性；接着再对地理事物的属性进行归纳、概括，形成该类地理事物的特征；最后对地理事物给出定义。概念形成后，还要将地理概念运用于实际，进行检验和开展抽象思维。

归纳式概念教学也可以用于抽象概念的教学，抽象概念虽然很难通过观察来获得地理事物本质特征，但是可以通过教师精心设计情境，让抽象概念与具体概念和地理表象产生联系，从而获得正确的理解。如讲抽象概念经纬线时，可以通过电影院座位的横排纵列与横纬竖经对比；讲太阳高度角时，可以通过手电筒照射地面，把抽象的夹角具体化，观察光圈的形状和亮度，分析其与照射角的关系，深入了解太阳高度角。

完整的归纳式概念教学的具体操作步骤是：①情境创设，暴露前概念和迷思概念；②呈现例子，引发认知冲突；③对比归纳，解决认知冲突；④概念转化，形成科学概念；⑤案例检验，巩固练习，深化理解。

归纳式概念教学中，虽然举例由教师提供，但定义则常常由学生自己归纳得出，这更有助于学生学会学习。此种概念获得模式适用于学生易懂、较为直观、贴近学生生活的地理概念。

例如，七上地理教材"天气和气候"中的概念非常多，有：天气、气候、气温、降水、等温线、风、风力、风向等。对这些概念，学生大多在日常生活中有所耳闻，但还不能对其进行科学的认知，所以可以尝试开展归纳式概念教学。

也可以进行一些活动，如语词联想测试，给学生一个或几个概念的名称，要求学生写下由给出的名称联想到的词，然后进行分类、归纳，运用统计技术检查词汇之间的连结情况，以揭示学生的前概念。比如，当教师给出"水"这个字之后，学生联想到"降水""河流""湖泊""淡水""水源""水能""水污染""水浪费""水灾""旱灾""水土流失""调水""水稻"等，这说明学生对这些概念的理解明显受到了日常生活影响，继续追问它们之间的关系，很快就能找出一些迷思概念。如学生知道降水多易形成水灾，降水少易形成旱灾，因此误认为中国西北地区的旱灾比华北地区严重；印度水旱灾害频发，水灾发生在雨季，旱灾发生在旱季。

学生在归纳式概念教学中会形成对概念的理解，但这种理解可能并不全面甚至还存在错误。为了达到充分、正确理解概念的目标，还应该进行一定形式的练习并获得反馈。练习呈现出新的情境或表述，学生进行判断、分析和解释，并从课堂反馈中进一步巩固、修改或完善自己的理解。经历了练习反馈和变式训练，学生可实现对正确认识的巩固，使其长久保持；同时实现对错误认识的纠正，从而完成对概念的完整学习。

2. 演绎式概念教学

演绎推理是把归纳推理得到的一般规律，再应用到现实中去，推测其他没被考察过的同类对象的性质特点。演绎式概念教学主要适用于较抽象的、较复杂的、被定义的概念，如比例尺、经纬网、等高线等。在教学中，先给出地理概念的定义，说明该地理概念的本质属性，以及属性之间的相互联系；然后将地理概念和相应的地理表象相联系，举例说明，最后使学生能独立地运用地理概念，可称为"规—例"法。定义是由教师提供的，而举例既可以由教师提供也可以由学生探寻。

完整的演绎式概念教学的具体操作步骤是：①给出定义或例证，学生自主分析。这里概念的定义由教师、教科书等提供给学生，而不需要由学生归纳和概括；②联系生活实例，详细讲解；③学生发散思维，语词联想对比；④明晰内涵外延，形成科学概念；⑤练习反馈，深化理解。

演绎式概念教学在教师讲解概念之后，重点关注学生通过思考与联系同地理概念相关的地理现象的能力，利于学生发散思维的培养。

有的教师认为，演绎式概念教学讲解那些较复杂或难理解的地理概念定义，太枯燥，完全没必要，尤其对初中生而言。笔者认为：演绎推理直截了当，指向明确，教学耗时少，适合传统的讲授式教学，而且这些概念对学生以后的学习具有指导作用，虽然理解起来有一定难度，但使学生知道这些地理概念的完整外延及准确内涵是必要的，即使当时没能领会，但随着从低年级到高年级地理课程的学习，理解会越来越深入。

因为概念是从具体事物中抽取出来的事物的本质属性，比事实性知识更抽象难懂，所以教师的引导、讲解、展示等必不可少。归纳式概念教学和演绎式概念教学本质上都属于以教师为主的教学模式，同时融合了学生的小组合作、主题探讨、实践操作等有意义的师生互动和生生互动，并以此激发、扩展学生们的思考，促进学生进行概念理解和运用。

概念教学中存在一种普遍现象，即教师把表达概念的术语和定义当作概念本身，帮学生逐字逐句分析定义，把概念教学几乎等同于名词解释或语句分析。这些做法既有对概念的窄化理解，也有对概念教学的错误理解。

三、地理概念教学的策略

地理概念教学为学生建立一个稳定、良好的地理认知结构，它不仅有助于学生学习地理知识，而且是在培养学生的逻辑思维能力。但是不熟悉此法的教师常使得概念学习机械、被动、无趣，学生习得的只是概念的陈述。要实现学生对概念真正的理解，一般需要经历感知活动、思维加工、理解应用和形成结构四个步骤。在地理概念教学中，可以采取如下策略：

（一）直观感知调动已有经验

不少地理概念的掌握要经过一个由生动的直观感知到抽象的思维、再从抽象的思维到实际的应用的过程，甚至要有几个反复才能实现。借助概念的直观背景，对抽象概念进行直观化表征，可提高概念教学的有效性。地理中的直观可以是具体而生动的直观，如实物和模型等直观教具、多媒体呈现的图片和视频、反映真实生活的情境和问题等；也可以是抽象而相对的直观，如学生已经熟知的日常概念、地理原理等。

为了使学生有更多直观化的认识，平时要尽量使学生积累丰富的地理表象，奠定丰富的感性认识基础。地理教师可通过开展实地观察、运用直观教具、采用生活中的实例、运用生动地语言描述等来帮助学生。

（二）例证深化概念理解

尽量举各种例子，加深学生对这一类事物的认识，能帮助他们更好地进行思维加工，更深刻地理解概念。其实，地理思维中，概念和例证常常是相伴相随的。提起某一概念，我们头脑中的第一反应往往是它的一个例子，可见例子在概念学习和保持中的重要性。比如提起"河流"，我们头脑中可能立即浮现长江、黄河、家乡的河等具体河流的名称及其图像。

这里要注意的是：一个概念的例证包括正例、特例和反例。正例是与该概念的内涵相吻合的具体事物；特例是指属于这个概念的外延之内，但与该概念的内涵并不完全吻合的具体事物；反例是与该概念的内涵不相容的具体事物，它只是用来从反面说明概念。

比如概念"岛屿"，地理教材里并没有陈述其定义，而是通过一幅示意图来说明，学生知道台湾岛、海南岛等正例，就能基本理解岛屿"四周环水""小块陆地"的属性，但具体多大面积以内才是岛屿呢？世界上最大的岛屿格陵兰岛就是特例，凡面积超过格陵兰岛（即217.56万平方千米）就不属于岛屿了。澳大利亚则是反例，澳大利亚虽然四周环水，但面积比格陵兰岛大，所以不属于岛屿而属于大陆。这样学生就很容易理解了。

从上例可以看出，正例在帮助人们理解概念的内涵方面有重要作用，特例和反例有助于人们进一步明确概念的外延。特别是反例，它提供了最有利于辨别的信息，排除无关特征的干扰，对概念认识的深化具有非常重要的作用。但要注意的是，反例应在学生对概念有一定理解后使用，否则，如果在学生刚接触概念时就用反例，将有可能使错误概念先入为主，干扰概念的理解。在揭示概念的定义后，为进一步突出概念的本质特征，防止误解，可利用概念的正例或反例。

（三）巧用对比明晰概念差异

对同类概念进行对比，可概括共同属性。对具有种属关系的概念作类比，可突出被定义概念的特有属性；对容易混淆的概念作对比，可澄清模糊认识，减少直观理解错误。

如易混概念"光""热""气温"，学生们根据有限的经验往往误认为光和热是相同的，太阳光照多的地方就热，气温就高，光照少的地方就冷，气温低。教师通过"日光城"拉萨和有"蜀犬吠日"之说的成都两地气候直方图的对比与分析，来明晰这几个易混地理概念的差异。

（四）运用变式完善概念认识

变式是变更对象的非本质属性特征的表现形式，变更观察事物的角度或方法，以突出对象的本质特征，突出那些隐蔽的本质要素。简言之，变式是指事物的肯定例证在无关特征方面的变化。变式是在理解的基础上进行迁移和运用，通过变式，从不同角度研究概念并给出例证，可以全面认识概念，使学生更好地掌握概念的本质和规律。

值得注意的是，概念变式的运用应服务于概念理解，并要掌握好时机，只有在概念理解的深化阶段运用才能收到理想效果，否则，学生不仅不能理解变式的目的，变式的复杂性反而会干扰学生的概念理解，甚至产生混乱。

例如"等值线图"，初中地里中除了等高线图，还有中国1月和7月气温分布图、中国年降水量图、中国人口分布图等都运用了等值线。学生首先在等高线地形图的判读中是学生首先接触到等值线，只有深刻理解了等高线的概念，知道怎么通过看数值、看疏密、看走向、看凹凸，来判断地形高低、坡度陡缓、山川走向、山谷山脊等，再变式去判读等温线图、等压线图等，才可以促进对这一类图的深刻理解，还可以实现不同等值线图之间的相互转化，从而深入理解地形、气温、压强等地理要素间的相互关系。但如果一开始就没学懂等高线这个基本的、最初的概念，变式就无从谈起。

（五）多元表征建立概念体系

"表征意为通过模仿来显示一种形象，指代实物不在场的情况下重新以某种符号指代该物或对知识抽象的过程。在此过程中，人们通过表征表达世界，理解世界并认知世界。'代理''替代''展示''使之充当象征''使之明了'是现代以来各类表征最显著的特征。"[①] 地理概念、地理空间科学规律、地理数学模型、地图等，都是对地理知识进行的表征。教学表征的方式包括类比、隐喻、因果说明、图表说明、展示说明、示范说明、学生操作、模拟游戏和家庭作业等。

概念种类的多样性决定表征方式的多元化，不同的表征将导致不同的思维方式。概念多元表征可以促进学生的多角度理解。比如对具体概念（如岩石），应该给学生提供大量的可观察的实物或图片，帮助学生了解其各种特征、建立表象，在此基础上讲解其名称和定义，使学生的表象编码系统与语言编码系统建立联结，完成概念的表征。对抽象概念（如地球的运动），调动学生的语言编码系统，结合一些用语言描述的实例，用语言揭示概念的实质意义，并且尽量辅之以模式图、示意图等可视化媒介，激活表象编码系统，使概念的表征更加生动和明晰，便于理解和形成长期记忆。

使学生掌握概念的多元表征，建立概念不同表征间的广泛联系，并学会选择、使用与转化各种教学表征，是地理概念教学的基本策略。但要注意：不同年龄的儿童多元表征策略有差异，所以在概念教学中，不能刻板地按照概念的类型确定概念的教学方式，而是要关注学生的年龄特征，将学生的心理特点和概念本身的特点结合起来考虑，设计最适合学生的概念教学策略。

---

① 郭文，朱竑. 社会文化地理知识生产的表征与非表征维度[J]. 地理科学，2020，40（7）：1039-1049.

第五章　大概念教学

把大概念教学从概念教学里面单独拿出来论述，主要是受当前教改的影响。我国《普通高中课程方案（2017年版）》提出："进一步精选了学科内容，重视以学科大概念为核心，使课程内容结构化，以主题为引领，使课程内容情境化，促进学科核心素养的落实。"相继颁布的各学科的普通高中课程标准，都凝练了本学科的核心素养，并以学科核心素养为依据，精选了课程内容，改进了评价体系，首次提出使用大概念统领与整合学科课程内容。

《普通高中地理课程标准（2017年版）》基于地理学科本质凝练了人地协调观、综合思维、区域认知和地理实践力四大地理学科核心素养，据此更新了教学内容和学业质量评价标准，使地理课程内容结构化与情境化，以地理大概念为核心统领，以地理概念相关主题为引领，促进落实学科核心素养。2022年4月颁布的义务教育课程方案和课程标准（2022年版）中同样强调素养导向和优化课程内容组织形式等，让大概念教学也走入义务教育阶段。

一、不同视角下的大概念

大概念，从英文 big idea 或 big concepts 翻译而来。在现代生活中，big idea 是一个我们耳熟能详的词语，特别是在社交平台、广告营销等传播领域和经济社会领域中被广泛使用，是好主意、好选题、大策略的替代语，代表着以一个大创意统领全局观的策略，常常与头脑风暴①联系在一起。

---

① 指一种激发集体智慧产生和提出创新设想的思维方法。

在科学领域，big idea 也被译作大概念、大观念、核心概念、关键概念、共同概念、基本概念、中心概念等。随着科技的发展，西方科学教育界认识到创新人才培养的重要性，大概念由此提出，并以之为理念进行科学教育。

在哲学领域，1929 年，怀特海（Whitehead）针对当时的教学传授大量的、散点式的事实性知识的状况，他批判"惰性观念"，指出要为孩子们介绍那些少而精的概念，让他们能将这些概念同其他事物联系起来，形成相应的概念体系，也只有如此，概念才能真正被理解，并形成解决问题的能力。

在认知心理学领域，奥苏贝尔（Ausubel）和布鲁纳（Bruner）等人对概念教学的相关阐述可以看作大概念在教育领域的萌芽。20 世纪 60 年代，为应对"知识爆炸"和"知识陈旧率"加快对学校教育提出的新挑战，认知心理学家们进一步发展了大概念内涵。其中，奥苏贝尔基于有意义学习理论，提出了用"上位概念"来统摄事实性知识（下位概念），并在"意义学习"理论中提出先行组织者策略，即在学习新知识之前，先向学生介绍一些与新知识适当相关、概括性较强、包摄性较广、清晰性及稳定性较强的引导材料，帮助学生确立意义学习的心向；布鲁纳基于结构主义思想，认为良好的知识结构是由"一般观念"（general idea）统领的。学习的目的是迁移，迁移依靠的就是"一般观念"。"这种迁移，从本质上说，一开始不是学习一种技能，而是学习一个一般观念。"他们所说的上位概念、先行组织者、一般观念与大概念的意义相近。

2009 年 10 月，中小学科学教育国际研讨会在苏格兰召开，其目的是确定学生在科学教育中应该接触到的核心概念，以帮助他们理解自然、赞赏自然，并且对自然界充满好奇。会后，由英国学者哈伦（Harlen）等对报告进行修改、补充，编著了《科学教育的原则和大概念》一书，书中提炼出科学教育的 10 项原则和科学中的 14 个大概念，使大概念研究得到广泛关注。

2014 年，专家学者们又举办了第二次中小学科学教育国际研讨会。会后，哈伦等编著了《以大概念理念进行科学教育》一书，从动态发展的视角指出，"大概念"是指能够用于解释和预测较大范围自然界现象的概念，"小概念"指仅运用于特定观察和实验的概念。他们进一步举例指出："蚯蚓能很好地适应在泥土中生活"的表达是小概念，"生物体需要经过长期进化形成特定条件下的功能"的表达则是相对的大概念。大概念主要是基于概念本身从具体到抽象、从细节到整体的逻辑建构。因此，小概念、中等概念等成为大概念的表达形式，且这些概念共同形成了自成一体的科学教育知识或观念体系。他们还根据学习科学的原理指出，人们对新概念的学习都是从已有概念出发，将原有概念连接到新经验，从而形成更大概念，在此基础上提出一种新的概念发展模型。由此可见，大概念的"大"不仅指范围和规模的大小，还指其教育上的效用，即"核心"。

2013年，美国颁布了《新一代国家科学教育标准》，第一次基于大概念研制了学校科学课程。埃里克森（Erickson）从课程内容整合的视角指出，大概念是学科中的核心概念，而且是基于事实并加以抽象出来的、深层次的概念，是一种元知识（或元认知），一个学科最为精华的存在体，具有很强可迁移性，随着时间的推移能被应用于学校以外的新情境，以及许多其他纵向学科内情境和横向学科间情境。这就使大概念呈现网络状，成为不断扩大和加深认识的、基本的和一般的观念，进而成为后继问题解决的基础，可以有效模糊学科间的边界，从而彰显大概念在课程变革中的地位和价值。

在课程与教学领域，大概念指的是那些用于课程、教学和评估方法的核心概念、原则、理论和过程。[1]从定义上来说，威金斯和麦克泰格提出，大概念就是一张"思想之网"，包含了课程学习的核心概念、主题、辩论、悖论、问题、理论或者原则等，是能够将多种知识有意义地联结起来，在不同环境中应用的概念。大概念是重要的、持久的。它可以超越特定单元范围进行迁移。大概念是构建理解的支持材料，被认为是能够连接碎片化知识的一种有意义的模式。"[2]布兰思福特等认为，大观念（big idea）指那些能够将分散的知识、技能、观念等有机联结成整体，并赋予其意义的概念、观念。[3]杭州师范大学的张华教授在《好的课程，就是让孩子创造着长大，而不是长大了再创造》中指出，"大观念"即一门课程中少而重要、强而有力、可普遍迁移的"概念性理解"。它一般由两个部分构成：一是能够形成一门课程的逻辑体系的核心概念，二是由核心概念之间的关系所形成的命题、原理或理论。

在脑与学习领域，big idea 翻译为大观点，与专家知识联系了起来。如"专家的知识不仅仅是对相关领域的事实和公式的罗列，相反它是围绕核心概念或

---

[1] 罗纳德·A·贝盖托. 培育问题解决能力——直面复杂挑战[M]. 盛群力, 刘徽, 译. 福州：福建教育出版社, 2022.
[2] 格兰特·威金斯, 杰伊·麦克泰格. 追求理解的教学设计[M]. 上海：华东师范大学出版社, 2017.
[3] 布兰思福特, 等. 人是如何学习的：大脑、心理、经验及学校（扩展版）[M]. 程可拉, 等译. 上海：华东师范大学出版社, 2013.

'大观点'（big ideas）组织的。专家与新手之间一个明显的差异就是专家掌握了形成他们对新信息理解的概念：这允许他们看清对新手而言不是那么显而易见的模式、关系或差异。"① "大概念就是反映专家思维方式的概念、观念或者论题。"② 怀特利认为："大概念作为理解的建筑材料，可以被认为是有意义的模式，使人们能够把原本支离破碎的知识点连接起来。"③

不同教育研究者从不同角度阐释了大概念的定义（见表1.8）。因为视角不一，同一学科不同研究者提炼出的学科大概念也各不相同。

表 1.8 不同研究者对大概念的定义 ④

研究角度	研究者	观点
认知发展角度	克拉克（Clark.E）	大概念即观念，它可以连接小观念，帮助人们理解小观念和整理归档无限数量的信息，并提供给人们构建知识理解的认知结构。
	怀特利（Whiteley.M）	是理解的建筑材料，是有意义的能够帮助人们连接零散知识点的模式。
	奥尔森（Olson,H.L）	是可以带回家的信息，是在忘记具体琐碎的经验与事实之后还能够长久保留的中心概念。
课程内容角度	格兰特，格雷迪（Grant.&Gradwell）	用来帮助教师思考和决定教什么的一个问题或概括。
	埃里克森（H.L.Erickson）	从事实基础上抽象出来的核心的、深层次的、可迁移的概念。包括"概括""原理"和"理论"。
	威金斯，麦克泰格（Wiggins&Mctighe）	位于学科中心位置的主题、观念、悖论、辩论、理论、问题或者原则等，它通过将多种相关知识有意义地联系起来，使其可以应用于不同环境。
学科教育角度	查尔斯（Charles.R.I）	数学学习的核心，是对数学学习至关重要的观念陈述，将各种数学知识内容联系成一个连贯整体。
	哈伦（Harlen）	能够用于解释和预测大范围内事物的概念。

---

① 布兰思福特，等.人是如何学习的：大脑、心理、经验及学校（扩展版）[M].程可拉，等译.上海：华东师范大学出版社，2013.
② 刘徽.大概念教学：素养导向的单元整体设计[M].北京：教育科学出版社，2022.
③ 徐洁.基于大概念的教学优化设计[M].上海：华东师范大学出版社，2021：14.
④ 陈文文.5E探究性教学模式在高中地理概念教学中的应用研究[D].南京师范大学，2020:16.

不同的地理学著作、地理课程文件和相关学术研究通过不同的方法提出了地理学科大概念（见表1.9）。

表1.9　不同研究中的地理学科大概念[1]

来源	地理学科大概念
《现代地理科学》[2]	区位、景观、时空耦合、网络、等级、模型、机制、循环、相互联系
《当代地理学要义——概念、思维与方法》[3]	空间、时间、地方、尺度、社会结构、自然系统、景观与环境
《重新发现地理学——与科学和社会的新关联》[4]	区位、分布、空间相互作用、尺度和变化
《地理学与生活》[5]	位置、方向与距离、尺度、自然属性与人文属性、地方属性永远在变化、地方之间相互关系、地方的相似性与地理区域
《地理学科本质问题解析与中学地理教学》[6]	人地关系、空间相互作用、区域、地理环境、位置与分布
《地理教育国际宪章》[7]	位置与分布、地方、人与环境的关系、空间的相互作用、区域
《卢塞恩可持续发展地理教育宣言》[8]	位置、分布、距离、运动、地区、范围、空间联系、空间相互作用、跨时间的变化
《英国KS3国家新地理课程标准》[9]	地方、空间、范围、相互依赖、自然过程和人文过程、环境的相互作用和可持续发展、文化理解和多样性

---

[1] 胡蓉，余靖宇. 地理学科大概念：提取、释义与教学策略[J]. 地理教学，2022（10）：15-16.

[2] 蔡建明，李树平，叶嵌初. 现代地理科学[M]. 重庆：重庆出版社，1992.

[3] 萨拉·霍洛韦，斯蒂芬·赖斯，吉尔·瓦伦丁. 当代地理学要义——概念、思维与方法[M]. 黄润华，孙颖，刘清华，等译. 北京：商务印书馆，2008.

[4] 美国国家研究院地学、环境与资源委员会，地球科学与资源局重新发现地理学委员会. 重新发现地理学：与科学和社会的新关联[M]. 黄润华，译. 北京：学苑出版社，2002.

[5] 阿瑟·格蒂斯，朱迪丝·格蒂斯，杰尔姆·费尔曼. 地理学与生活[M]. 黄润华，韩慕康，孙颖，译. 北京：北京联合出版公司，2017.

[6] 张素娟. 地理学科本质问题解析与中学地理教学[M]. 北京：北京师范大学出版社，2019.

[7] 冯以浤. 地理教育国际宪章[J]. 地理学报，1993（04）：289-296.

[8] 王民，蔚东英. 卢塞恩可持续发展地理教育宣言[J]. 地理学报，2008（02）：219-223.

[9] 曾玮. 英国KS3国家新地理课程标准探析[J]. 全球教育展望，2009，38（11）：92-96.

续表

来源	地理学科大概念
《芬兰高中地理课程标准》①	地理信息能力、空间观点、人地关系、区域发展、文化认同、态度与价值观
《爱尔兰高中地理课程标准》②	位置、空间分布、区域联系、战略位置、空间互动、密度、模式、地区、时间变化
《中学地理课程中的地理核心概念：筛选、释义与特征》⑫	位置、分布、地方、区域、尺度、地理过程、空间相互作用、地理环境、人地关系
《运用核心概念培养地理学科核心素养》⑬	自然环境、人类活动、人地关系、空间、区域、演变
《高中地理教学中核心概念的研究》⑭	区域、区位、人地关系、可持续发展、全球化、空间相互作用
《学科视域下中学地理概念体系梳理和教学"原点"思考》⑮	空间、地方与区域、尺度、位置和分布、自然系统、人文系统、人地关系、时间

二、大概念的特点与生成

从上述大概念的发展及其内涵可以看出：大概念是一个教育视域下的学术概念，是从"教什么"的视角来解决学生所学知识的"多"而"散"的问题。把"多"而"散"变为"少"而"精"，对"少"意蕴的诠释，反映了大概念内涵的发展，即从开始认为抽象知识是大概念，发展到上位概念是大概念，再发展到学科观念是大概念。大概念的教育功能也进一步拓展，从知识的统摄功能（结构化功能）拓展到学生素养的发展功能。因此，2017版普通高中课程标准和2022版义务教育课程标准将大概念引入地理课程中，更凸显大概念的学科观念内涵，更强调发挥大概念对发展学生核心素养的教育价值。

---

① 张家辉，徐志梅.芬兰高中地理课程标准评介[J].地理教学，2011（24）：6-8.

② 康安琪.我国与爱尔兰高中地理课程比较研究[D].哈尔滨师范大学，2020.

⑫ 张家辉，袁孝亭.中学地理课程中的地理核心概念：筛选、释义与特征[J]课程·教材·教法，2015，35（11）：113-118.

⑬ 曾早早，何妮妮.运用核心概念培养地理学科核心素养[J].中学地理教学参考,2015(19)：10-13.

⑭ 杨剑武，任梦漪，赵媛.高中地理教学中核心概念的研究[J].中学地理教学参考，2016（07）：11-13.

⑮ 王向东，高燕.学科视域下中学地理概念体系梳理和教学"原点"思考[J]课程·教材·教法，2015，35（05）：93-98+127.

（一）大概念的特点

大概念是居于学科中心位置、对学科内众多的概念性知识起统摄作用和聚合作用、构成学科结构框架、对学科研究对象的上位的本质的认识。它具有以下特点：

1. 中心性。大概念不是基础概念，而是聚合概念，需要对一系列具体知识进行归纳和抽象概括，在教育教学中发挥着提纲挈领的重要作用。大概念的"大"不单是宏大、基础，更是核心，是具体的经验和事实都被遗忘之后，还能长久保持的中心概念、主要观念和思维方式，它处于学科中心位置。

2. 统摄性。大概念是使具体知识更容易理解的概念锚点，它把零碎的、片段的知识聚合成网络状结构。每个大概念就像是网络结构间通信的基站，可以连接众多的子概念，也可以连接其他大概念；可以对某一学科纵向连接（即不同学段以大概念为中心来选取和组织课程内容），也可以不同横向连接（即两个或多个学科基于某一个共同的大概念进行合理连接）。

3. 层次性。大概念是处于更高层次，能够连接下位概念且在更大范围内具有普适性解释力的概念。同时大概念也是个相对的概念，其范围大小依研究者的研究对象而定。从"具体—抽象"的维度来看，层次越高的大概念，越为抽象，可辐射的范围也就越广，能解释和回答的日常生活中的问题越多。同时越大的概念越需要更多的具体案例来支撑。跨学科大概念的层次一般比学科大概念高，学科大概念下面又有主题大概念，主题大概念也有层级之分。大概念群能够集中体现学科结构和学科本质。

4. 强迁移性。大概念的中心性、统摄性和层次性决定了大概念适用范围广泛，具有广泛的迁移价值。大概念不仅要打通学科内和学科间的学习，还要打通学校教育与现实世界的路径。学生不应只学习知识本身，更要学习知识背后的东西，学习研究和解决问题的思想方法和关键工具，并能随着时间的推移，应用于许多其他情境。学生将原有经验概括化、结构化，提升对知识的迁移能力和问题解决能力，实现"教的少"而"学的多"。所以在有限的教学时间里，教师要把学生头脑中的两个独立世界——"生活世界"和"科学世界"联系起来，将分散的日常概念连接在一起，形成更大、更广泛、更抽象的概念，并不断延续下去，让经验都联系起来，学生就不会觉得概念难懂、无用了。

大概念的这些特点使其如同一个"认知文件夹"，为人们认识事物和构建知识提供一个认知框架或结构。借助这个认知框架或结构，人们不仅能够发现各种事实、经验、事物、概念之间的内在联系，而且能在一个连续的整体中去理解它们的意义，还能够用于解释在学校学习和以后生活中遇到的事物、事件和现象。

（二）大概念的生成

1. 大概念的生成是一个不断进阶的过程

同一个大概念可以在小学、初中、高中、大学不断地学习，不断丰富、深化对它的理解。大概念是一般概念的聚合器，就像一个认知文件夹，可以从一开始就设立好，以后不断往里面增加和更新东西。

用布鲁纳关于"螺旋式课程设计"的论述来举个例子。初中物理课程中讲授的"杠杆原理"，到高中物理课上概括为"力矩"的知识，到大学物理课上抽象为"力的平衡"知识。然而，它也可以简化为幼儿园儿童的"压跷跷板"的知识。这样，同样的知识原理，在幼儿园里，教师可以通过教给幼儿压跷跷板来传授这个原理；在小学生的课堂上，教师可以通过画图和简单的乘除法算术计算来传授这个原理；在初中的物理课上，教师可以通过演示实验和简单的代数方程来教会学生掌握这个原理；而在高中生的课堂上，教师可以通过有关的概念直接讲述力的平衡原理；到了大学生的物理课上，教师可以通过微分方程直接论证力的平衡原理。这样，同一个物理学知识可以转换成各种不同的形式教给不同年龄、不同认知水平的人。这就是"螺旋式课程"设计的具体形式。

实际上，我们学习的许多科学文化知识都是以这种不断循环上升的方式学来的。科普作家和科普工作者正是根据这个基本原理，把许多复杂、高深的科学技术知识，简化成普通大众所能接受的形式进行普及的。这个原理也进一步说明，科学技术并不神秘和高不可攀，科学知识是与我们接触的日常生活原理紧密地联系在一起的，科学知识就在我们身边。同理，大概念也并非高深莫测，关键在于用什么合理的方式，将其有效地教给任何发展阶段的任何人。

2. 大概念的生成是"具体→抽象→具体"的循环过程

这种具体和抽象的互动蕴含着两种思维活动：归纳和演绎。杜威描述道："归纳性运动是要发现能起联结作用的基本信念，演绎性运动则是要检验这一基本信念——检验它能不能统一解释各分隔的细节，从而在此基础上将它予以肯定或否定或修正。"这里的基本信念就是大概念。

埃里克森称这种具体和抽象之间的互动为"协同思维"。"协同思维是大脑低阶和高阶处理中心之间的能量互通"，是高通路迁移，即可以把一个情境中学到的东西迁移到很不相似的新情境中，因为具体和抽象的协同思维构成了复杂的认知结构。其中，既有抽象的概念，也有具体的案例；既有日常概念，也有作为科学概念的大概念和小概念。认知结构的层次越丰富，联结越多样，层次之间越融通，就越有利于迁移。这里有来自脑科学的依据，"大脑中突触分裂和关联的复杂性决定了整体表现的质量"。

《人是如何学习的：大脑、心理、经验及学校》一书中提到，专家思维是以大概念来组织的，但同时也指出："专家的知识常常镶嵌在应用的情境之中。"专家的知识既是抽象的，也是鲜活的，抽象指的是它有大概念的支持，鲜活指的是它既来自于具体情境，又能返回到具体情境中被应用。如果没有具体案例支持，抽象概念很有可能就是没有被充分理解的惰性知识。而支撑大概念的具体案例越丰富越多样，它的可迁移性就越强。高通路迁移在一定程度上形成了反映专家思维的认知结构，而低通路迁移只是在表面上掌握了专家结论。

三、地理大概念教学的意义与策略

基于大概念的初中地理教学，从减轻学生学习负担出发，精简教学内容，从"知识为本"转向"观念建构"，引导学生追寻知识的意义，促进学生学习方式的转变，将学习从浅层的机械记忆转向注重观念养成的深度学习，为学生未来的发展提供认识世界的思维方式。地理大概念教学对于培养新时代人才、落实立德树人根本任务有着现实意义和长远价值。

（一）地理大概念教学的意义

聚焦大概念意味着不让学生仅仅停留于学习零散的、不连续的事实性知识和理论片段，所有知识性内容的学习都指向大概念，这启迪学生思考知识背后蕴含的深层含义。

聚焦大概念可以帮助学生将所学知识结构化，对自然界形成整体的、连贯的解释，加深对知识的理解，避免机械记忆，减少不必要的学习内容，实现"少而精"。学生认识与理解地理世界不再依靠学习无穷无尽的地理知识，而是跳出浩瀚学科知识的海洋，学会结构化思考与迁移，把握客观世界运行的基本规律，用结构化的知识了解地理世界，用结构化的思维看待现实世界以及用地理学科的观念思考未来世界。

聚焦大概念可以将同一学科在不同学段的内容按同样的大概念框架来设计，这样有利于实现概念学习的进阶。在传统意义上的课堂教学中，教师的关注点往往集中在一节课的教学目标、教学活动以及教学内容上，对于知识纵向上的逻辑生长性与横向上的普遍联系性关注较弱，所教的知识一般以理论的、概念的、离身的形象出现。这样的教学让教师与学生都成为知识的旁观者，仅仅用以观察和描述世界的面貌。

大概念教学强调教师不是仅让学生观察世界、认识世界，而是带领学生找到世界的基本结构及其运行的基本规律，教给学生干预世界以及作用于世界的能力。在这个过程中，教师必须具备整体性把握学科知识结构的能力，同时能够彰显知识与知识之间的内在联系、知识与学生发展的意义关系，使教学能够真切地同社会背景、文化传统、时代精神以及个体经验等相契合。①

聚焦大概念还可以建构地理观念、认识地理科学本质；可以解决生活中的真实问题，等等。那么怎么实行地理大概念教学呢？

（二）地理大概念教学的策略

地理大概念教学，除了遵从一般概念教学的原则，采用一般概念教学的策略外（详见第四章），还有其自身的特殊要求。其中，最关键的是要树立"整体观"和"系统观"，要以地理大概念为"纲"，将相关概念统整为一个网络系统，达到"纲举目张"之效。这就要求在地理大概念的教学中，不仅需要引导学生理解所学知识，还要重点考虑概念的来源、相关概念及其关系、概念的作用（如新知识的诠释、旧知识的更新）等，并要突出概念形成的过程性。特别值得注意的是，大概念的形成不是一蹴而就的，常常需要几节课或一个阶段，围绕大概念组织教学资源并开展大单元教学，在教学过程中为学生在新情境中解决问题奠定基础，关注学生的实践与认识过程。总之，大概念的建构，可以说是一个长期、动态的过程。详细阐述见第三、四部分。

1. 认识大概念的生活价值，创设真实情境

生活世界蕴含着无限意义，却是无序的、零碎的，教学世界虽然是理性的、抽象的，却能够将复杂、模糊、琐碎的生活世界进行抽象与概括、归纳与梳理，使其归于系统与有序。教学世界与生活世界相辅相成，尽管互相不能绝对替换，但可以融渗转化。怀特海曾说："教育只有一个主题，那就是多姿多彩的生活本身。"②

因为有生活价值，大概念才有机会在日常生活的具体情境中不断地被运用，

---

① 李刚.推理-表征-解释：构建教师大概念教学的逻辑框架[J].比较教育研究,2022（4）.
② 李刚.大概念课程与教学——从理论到实践[M].北京：社会科学文献出版社,2022.

而每一次的具体运用都在提升它的可迁移性。小概念则因为很少有机会在现实世界中被运用，慢慢就被人遗忘。只有当小概念能与上位的大概念进行对接时，它才能处在联结中，并随着大概念的运用被不断激活。因此，大概念和小概念的区分标准在于"生活价值"。

基于此，教师在进行大概念教学时要将抽象的教学世界中的大概念与具象的生活世界中的真实情境有机融合，实现"生活世界—教学世界—生活世界"的融会贯通。我们可以根据地理学科特点思考如何加强单元知识学习与学生生活经验、现实生活中的真实问题、社会实践活动等的融合来创设真实情境。通过真实情境学习大概念，整体认识生活世界，找寻教学本身对于学生生活的意义所在。

2. 围绕大概念整合各个教学活动

真实情境本身就蕴藏了真实任务和各种活动。在提出大概念教学之前，我们的情境教学呈现的常常是"小而密"的活动，这些活动的目标含糊混乱，活动内容碎片化，大大增加学生的认知负担，削弱教学效果，让学生"只见树木不见森林"。

大概念教学的活动以大主题或大任务为中心，对学习内容进行分析、整合、重组和开发，以大概念统摄的项目式、主题式的活动群，充分且全面地覆盖大概念的主要内容与进阶体系，每一个教学活动都是围绕大概念进行的一致性创建，前后衔接，整体规范，使学生在清楚的、连续的、整体性的活动中，在主动的、真实的、有意义的解决问题任务中创造性地运用所学到的知识与技能，明确大概念的意义，避免使用虽然真实但是杂乱、虽然多元但是零散的活动影响学生对于大概念的理解（详见第四部分第二章第三节）。

3. 运用大概念理解地理基本问题

教育不仅仅是关注知识的获得，更重要的是关注知识在新的情境里的使用和泛化。迁移最大化是有效教学的突出表现，能够让学生获得比有形的课堂学习更高的价值以及比具体的学习内容更多的意义。[1] 在指向核心素养的新时代，教师在实施大概念教学时需要转向基本问题的教学。

这里所讲的基本问题指的是，学生的学习不是要解决某个知识点的问题，而是强调整体思考，能够串联学科知识，甚至打破学科壁垒，渗透大概念的、更加具有反思性与基础性的问题。一个好的基本问题是开放式的、发人深省和引人思

---

[1] 李刚.大概念课程与教学——从理论到实践[M].北京：社会科学文献出版社，2022.

考的，需要高级思维，会指向学科内或学科间重要且可迁移的观点，能引出其他问题和进一步探究，需要证据以及证明过程而不仅仅是答案。基本问题是能够帮助学生将所学知识达到更加系统、更加深入的理解与迁移的问题。

基于此，大概念教学从基本问题出发，在学生与情境持续互动中，帮助学生将无关、凌乱的信息进行联系，并由此得到关键性理解，同时帮助学生将从基本问题中领悟到的大概念迁移到生活世界中的真实问题解决中。这就是学科素养——当学生面对情境、任务、问题、挑战的时候，灵活运用在学科里获得的东西去应对的能力。

第二部分

中学地理为什么要进行概念教学

先看一则笑话：

老师："谁能用最简单的语言讲一件很意外的事？"学生："老师，昨天我家的小狗病了，爸爸请来了兽医。后来，兽医来了。天啊！原来兽医也是人！"

如果您认为只有孩子才会闹这个笑话，那么看一项真实的研究：

哈佛大学曾做过一项研究，给哈佛大学的毕业生们展示一粒种子和一段木头，然后问他们"一粒种子长成参天大树所需的物质主要来源于什么？"

图2.1 从种子到大树

你的答案是什么？请你猜猜哈佛大学毕业生的答案又是什么？

第一章　背景分析

> 估计你的答案是阳光、土壤和水。这和绝大多数哈佛毕业生的答案一样。科学研究表明：一粒种子长成参天大树所需的物质主要来源于植物的光合作用所固定的二氧化碳和水，当然，还有微量的无机盐。这个答案是学校科学教学所期待学生掌握的科学概念，可我们相信的是自己的亲眼所见，我们忽略了空气中的二氧化碳，忽略了阳光是能量不是物质。和小孩子认为"兽医是兽"一样，这都是典型的直接接触自然后自发形成的前概念。前概念不仅包括一个个具体的日常概念、实例，还包括更一般的信念和观念，是一个复杂的系统。

一、教育改革的推进与概念教学的兴起

在日常生活中，我们深切体会着社会变迁带来的变化，比如小时候的我们以玩家家、看小说、看电视为乐，而今天的孩子以玩游戏、刷抖音、刷流量为乐。翻开现在的教材，我们发现，学的知识变了，知识的呈现形式也和以前不一样了。再看看现在的各种考试卷、人才招聘广告和评定公告等，都在要求处理复杂问题的能力，这翻天覆地的变化迫使教育教学改革，也倒逼教师的课堂教学作出调整。

（一）教育改革的推进

2001年，《全日制义务教育地理课程标准（实验稿）》颁布，提出"学习对生活有用的地理""学习对终身有用的地理"和"构建开放的地理课程"等基本理念，倡导变革"学科中心""知识本位"下地方志式的地理课程。[1]

---

[1] 中华人民共和国教育部.全日制义务教育地理课程标准（实验稿）[M].北京：北京师范大学出版社，2001.

《义务教育地理课程标准（2011 年版）》进一步肯定了上述理念，又特别提出了地理课程的"思想性""生活性"和"实践性"，更加强调"以学生发展为本"，[①]关注学生知识基础、心理状况、实践能力等方面的综合作用。

2014 年，教育部发布《关于全面深化课程改革落实立德树人根本任务的意见》，指出高校与中小学课程改革中存在的问题：重智轻德，单纯追求分数和升学率，学生的社会责任感、创新精神和实践能力较为薄弱；高校、中小学课程目标有机衔接不够，部分学科内容交叉重复，课程教材的系统性、适宜性不强；与课程改革相适应的考试招生、评价制度不配套，制约着教学改革的全面推进；教师育人意识和能力有待加强，课程资源开发利用不足，支撑保障课程改革的机制不健全……提出全面发挥课程标准的统领作用，协同推进教材编写、教学实施、评价方式、考试命题等各环节的改革。

2017 年 8 月，教育部发布《中小学德育工作指南》，同年 9 月发布《中小学综合实践活动课程指导纲要》；2018 年 1 月，发布《普通高中课程方案（2017 年版）》和 20 个学科的课程标准（2017 年版），各学科构建学科核心素养。2020 年，《大中小学劳动教育指导纲要（试行）》《大中小学国家安全教育指导纲要》发布；2021 年，《革命传统进中小学课程教材指南》《中华优秀传统文化进中小学课程教材指南》《习近平新时代中国特色社会主义思想进课程教材指南》《生命安全与健康教育进中小学课程教材指南》等文件出台；2022 年 4 月，孕育三年多的义务教育课程方案和 16 个义务教育课程标准印发；2023 年 5 月，教育部办公厅发布了《基础教育课程教学改革深化行动方案》，要求从 2023 年 5 月起至 2027 年持续推进课程教学改革，从课程方案转化、教学方式变革、科学素养提升、教学评价牵引、专业支撑与数字赋能五个方面提出了总体要求。重磅文件接连发布，体现了党和国家对教育的战略部署，也体现了对各级各类教育的明确、具体的要求。

一系列的改革对学生的全面发展和素质提升提出了更高的要求。地理教育作为基础教育的重要组成部分，其独特的学科特征，其他学科无法取代。地理概念的抽象性，让地理概念学习可培养学生的逻辑思维能力，符合新课改对学生能力培养的要求；地理概念的基础性地位又决定了地理概念教学是贯彻新课程理念的

---

① 中华人民共和国教育部.义务教育地理课程标准（2011 年版）[M].北京：北京师范大学出版社，2012.

客观要求，是顺应国际科学素养培养的重要体现，是解决现阶段地理教学发展瓶颈的有效途径。

早在2011年，义务教育课程标准修订稿颁布后，各省市开始大力倡导高效教学。东莞市委市政府也把"高效课堂工程"列为推进东莞市教育现代化的工程之一，希望通过提高课堂教学质量来提高东莞市教育质量，实现教育的优质、高效发展。经过笔者对开展高效课堂的各学校和各科老师的调查，了解到当时的所谓"高效课堂"归根结底在于课堂形式上的变化，比如要求老师在课堂上不讲或少讲，让学生自己学；要使用讲学稿、导学案，开展小组合作学习；想办法让学生站起来，想办法让学生说话……

"分层教学""兵教兵""合作学习""学案导学"等策略是当时讨论最多的话题。很多学校强调对学生学习的"精细化管理"，将课堂改革的成效定位于实现"日日清、堂堂清、节节清"，追求45分钟之内学生学得怎么样、老师教得怎么样，甚至考得怎么样，这种停留在"学知识"层面的课堂教学改革虽然改变了传统学校"满堂灌"的学习方式，但对学生学习能力和学习主动性的提升并没有太多帮助。

后来，随着高效课堂的推广与发展，高效课堂这四个字变成了一个有人点赞、有人拍砖、有人抹黑的名词。有人认为高效课堂太功利；有人说我们现在没有办法达到"高效"，只能叫"有效"；有人反驳："难道我们以前的教学是无效的？"有人认为有效与无效不是目标。如果以知识的传授为目标，课堂是有效的；但如果以能力的培育为目标，同样的课堂可能就是无效的了……于是，更多关于课堂的名词也都冒了出来，如"多元课堂""卓越课堂""品质课堂""智慧课堂"等；还有那些让你抓狂的"4s""三环五步"等各种课堂模式。

这些课堂大部分响应了课改理念，强调"学生主体、教师主导"，看起来学生在课堂上有了更多的活动时间和空间。但很多校长和老师疑惑："我们已经拉开桌子，分了小组，以生为本，开始'高效课堂'了，可是学生的分数没上去啊。"教师知道机械的、死记硬背的教学方式是不合理的，但并未意识到，发现的、合作的、探究的等方式也未必有效。改革中乱象频出，不少改革者在实践中摇摆不定，不少教师在教学中不知所措。

（二）概念教学的兴起

有没有一种可以被广泛借鉴和利用的教学方法，去解决学生不愿学、学不会，老师教辛苦、教无效的问题？如果有，各个学科都用千篇一律或者大同小异的教学方法，会不会抹杀学科特性，使学生疲惫？对于包罗万象，趣味性和实用性强的初中地理学科，如何纠正学生感觉地理学习无趣、无用的认识偏差？

为了探索各学科最佳的教学方法和策略，研究者们提出了各种教学法，其中，概念教学成为热门研究课题，出现了"探究式学习""前置知识策略""概念绘图法""概念映射法""概念网络法"等一系列概念教学方法。它们有的通过引导学生自主探究和发现，来帮助学生理解和掌握学科概念；有的通过梳理学生现有的知识和经验，将其与学科概念联系起来，来帮助学生理解和掌握学科概念；有的通过构建概念之间的关系，来帮助学生理解和掌握学科概念。不少研究涉及对前概念、迷思概念、概念转变等的探索。

2009年，一组从事科学教育的专家举办了一次国际研讨会，专家们针对许多学生对科学教育不感兴趣，或是认为科学与他们的生活无关的现象做出了回答。专家们认为产生上述问题的部分原因在于课程内容过于繁杂，并且课程内容呈现为需要学习的一组组割裂的事实。专家们提出，要达到科学教育的目的，不能依靠现象和理论堆积起来的知识，而是需要把科学教育作为趋向于理解核心概念的进程。他们在《科学教育的原则和大概念》一书中进行了详细论述。[1]

五年后，同一组专家召开第二次国际研讨会。会议成果《以大概念理念进行科学教育》一书指出：更大的改变发生在工作环境的变化上，技术使得某些类型的工作不再被需要，这对教育产生了极其重要的影响。需求为中等水平劳动力的工作机遇正在消失，留下的是那些难以被自动化取代的岗位——主要是只能由人来完成的低水平操作和高水平的工作。

"为了在这个现代创新的社会里获得成功，需要具有掌控不同问题实质的能力，能够辨认有意义的模型，提取并应用相关知识。在科学教育中，通过专注于学习科学中影响大的概念以及有关科学活动特点和应用的概念，可以帮助培养所需要的能力和知识。"[2]

而大概念教学真正成为中国教育热点是在2017年后，即2017年版的高中各科新课程标准首次提出使用大概念统领与整合学科课程内容；2022年版义务教育课程标准也提出要重视以学科大概念为核心，使课程内容结构化。于是大概念教学、大单元设计更成了教改热词。

---

[1] 温·哈伦.科学教育的原则和大概念[M].韦钰,译.北京：科学普及出版社,2009.

[2] 温·哈伦.以大概念理念进行科学教育[M].韦钰,译.北京：科学普及出版社,2016.

二、地理学科特色与概念教学的重要性

学科专业知识是由事实性知识支撑的，以概念、概括和原理的深刻理解为证据的知识[①]，体现独特的专业视角和学科特色。地理学面对复杂的地球表层系统，它研究众多现象、过程、特征以及人类和自然环境的相互关系在空间与时间上的分布。因为空间及时间又影响了多种系统，如经济、历史、健康、气候及生物等，所以地理学是一个跨学科性很强、综合性很强的科学学科，研究领域深入到自然与社会的各方各面。

地理学的每一个分支，都涉及了许多地理概念，它们是地理知识结构的基础，地理学庞大的知识体系，就是由这些最小的地理元素构建起来的。初中地理教材中有众多的地理概念，学会并且有效地掌握这些基本的地理概念，是打开地理学习大门的钥匙，是发展地理素养的必要前提，有助于学生更准确地描述地理特征，阐述地理问题，评价地理事物，解释地理现象的成因，为进一步学习高中地理打下良好基础。

地理原理和规律作为地理理性知识，是人们通过对大量的地理现象和地理事实进行长时间的观察和检验，用比较简洁和抽象的语言对其中的本质特征、内在联系、形成和演变规律等各个方面做出的总结。学会和掌握地理概念，具有承前启后的意义，既帮助学生形成感性认识，又帮助学生从感性认识上升到理性思维，为学习地理原理和地理规律打下良好的基础。

三个版本的《义务教育地理课程标准》都把让学生学会对生活有用的地理作为主要理念。初中地理涉及的地理概念大多与日常生活密切相关、实用性极强，而且在教材中常常只是简单描述，不加解释。这使初中地理概念既可以在课堂中系统学习，又可以在生活中自主学习。高中地理教材中则包含了大量需要记忆和理解的地理概念，不少概念是科学家在更高的普适水平上定义出来的，一方面它们使用严谨，另一方面又脱离了学校的环境与学生的水平，很难与实际生活联系起来。同时，由于地理学兼顾自然与人文的特殊性，大量的自然地理概念和人文地理概念是学生地理科学素养和人文素养形成和提高的基础，也是促进人的全面发展的基础。所以，教学生学会和会学地理概念也是新课程改革的要求。

在中学，地理学科被归于文科，到了大学却变成了理学学科。这也是地理的

[①] 林恩·埃里克森，洛伊斯·兰宁.以概念为本的课程与教学：培养核心素养的绝佳实践[M].鲁效孔,译.上海：华东师范大学出版社，2018.

"神奇"之处——半文半理：兼具文科的阅读量、答题逻辑、记忆量以及理科的分析、推理、计算的特点，综合性较强。不少学生认为地理知识繁杂，"上管天下管地，中间还要管大气"，包罗万象；地理概念、原理众多且分散；吐槽"不讲天理的就是地理，地理答案的脑洞远远超出你的想象""地理是最玄学的科目，懂了好像又没懂，会了好像又不会"。

如何通过教学把地理从"玄学"变为"科学"呢？也就是怎么把地理课上成充满理科思维、充满地理味的课？"教学即说理吗？"理要讲，但更关键的是帮助学生领悟博杂地理知识背后鲜活、生动的道理。概念教学为此提供了方向，因为概念教学的核心是思维教学，它不是仅仅教授某个概念的定义，更是通过多种教学手段和策略，启发学生从多个层面，利用多种方法理解、掌握地理概念，建立起对概念的全面、深刻的认识，这样将静止在书本上的知识"活化""打开"，让学生不单学到知识的规范表述，更形成基于地理概念的思维方法和能力，使学习地理概念的过程成为学生自学能力逐步形成的过程。

当教师指导学生学习某一个地理概念时，不仅要着眼于这个地理概念本身，还需要考虑学生的前置知识、个体差异、学习动机和情感因素等多个方面，用比较的方法、前后联系的方法，兼顾相关地理概念的复习、整理，借此培养学生对地理概念的比较、分类、归纳等多方面的地理学习能力，达到"会学"地理概念。这种对地理概念的学习能力会使学生受用一生。

地理概念教学重视实践与调查、分析与说理、个性与共性，学生可以通过梳理地理概念来把握认识某类内容的"方法论"，并由此提升地理学科核心素养。如在地理绘图、小制作、自然观测、模拟实验、野外考察等实践和调查活动中，培养学生的观察感悟、动手操作、理解包容、科学探究等能力，充分体现了地理核心素养中的地理实践力；在对不同地理事物的分析与说理过程中，实现由直观感性认知地理事物到对地理事物背后"理"的认知；通过比较、归纳、演绎、综合、评价等思维活动，进行表达与交流，实现地理知识和技能的习得，充分体现了地理核心素养中的综合思维和区域认知。而所有这些过程都渗透着人地观念的培养，它们将内化为人地协调观，逐步形成适应学生终身发展和社会发展需要的必备地理学科品质和地理核心能力。

三、地理概念教学现状与研究现状

威尔·理查森在《为什么是学校》一书中说："我们的世界变了，而且还在持续而迅速地经历着激烈的改变，不仅是我们的学习方式变了，而且我们的孩子未来发展所需要的技能、素养和品格都在发生着深刻的变化。"我们在现实和理想中变化和平衡。①

（一）地理概念教学现状

过去，课程目标侧重于学生的认知发展水平，教师更加关注知识点，关注学习的效果；后来，转向同时关注学生学习的过程和方法，情感、态度和价值观；如今，强调终身可用的必备品格和关键能力，即核心素养。

对此，有的教师片面地理解为课标强调重视核心素养的教学，而学科概念等知识性教学不在其中，因而在地理教学中忽视地理概念的教学；有的教师将地理概念与"地理名词"等同起来，认为"名词解释"不符合课标的评价要求，特别是初中地理应该重在"地"，让学生多感受和积累各种地理现象，培养学习兴趣，增强对地理学科的情感就可以了，抽象概括的"理"是高中地理关注的，因此对地理概念教学不予重视；有的教师将地理概念孤立地进行讲解，忽视地理概念间的内在联系，忽视地理概念与地理原理、规律学习的联系，致使学生无法整合所学知识，难以顺利学习新的地理概念；有的教师直接以若干例子解释和印证地理概念，却往往忽视对这些地理概念的界定，忽视让学生去深入理解体会这些概念的内涵和外延，导致地理概念学习在学生眼中是边界模糊的、零散的，而不是成体系存在的；还有相当多的教师习惯带领学生读一遍概念后进行概念辨析，没有创设真实情境让学生理解感知与练习使用这些概念，缺乏引导学生进行探究的过程，等等。

这些现状不符合中学生的心理特点和认知规律，学生对于概念的学习只是简单记忆和表面理解，即便能复述，也没有抓住概念的本质特征，未深刻理解，更没有形成应用能力。这就导致在日常教学和考试阅卷中，一个讲过多遍的重点、难点知识，教师认为已经非常清晰明了了，学生却还是不懂；一个看似简单的试题，教师认为应该是绝大多数学生都会、得分率很高的题目，却成了一道失分题，甚至很多学生看不懂题意，不知道应该从哪些方面回答。

通过对近几年的期考、中考与高考等分析，发现主要存在基础知识不扎实、概念理解不准确、逻辑思维不清晰、表达不规范等问题，特别是在高中地理主观

---

① 林恩·埃里克森，洛伊斯·兰宁.以概念为本的课程与教学：培养核心素养的绝佳实践[M].鲁效孔，译.上海：华东师范大学出版社，2018.

题的论述中，上述问题更明显、更突出。从中可见学生的调动和运用地理知识、基本技能的能力，描述和阐释地理事件、地理基本原理与规律的能力，论证和探讨地理问题的能力欠缺。其成因往往是新知识和已有知识之间缺乏联系，学生记忆的多是零散、片段性的事实性知识，而对基础概念认识不清，存在较多的地理迷思概念。同时，随着模糊知识的不断增多，学生对地理学习会产生畏惧心理、排斥地理，厌学地理。为此，高中教师常埋怨初中教师教得太简单、太随便，没有为高中地理的学习奠定知识、能力和兴趣等基础。

根据二十多年来一线教学的经验，和身为家长对自己孩子的不同学段、不同角度的深入观察与访谈，笔者认为，我们的教学首先要聚焦于将孩子培养成学习者——不是学习那些"百度"可得的信息或知识，而是学习如何与他人合作去寻找答案，解决实际问题；学习如何思考和提问，发展那些深层次的、令人终身受益的品格和能力。地理课堂更应该是多元化的、互动性的、充分体现地理学科特点的课堂。在遵循学科逻辑和认知逻辑的基础上，立足于学生已有的认知结构和心理特点，抓住概念本质，从而全面、准确、深刻、系统地掌握地理知识。

（二）概念教学研究现状

1. 国外研究现状

国外对概念教学的研究起步相对较早，并形成了相对成熟的理论体系，对我国概念教学的研究和发展具有重要的理论与现实价值。国外对概念教学的研究主要有以下几方面：

（1）概念性知识的定位。对于概念性知识，美国学者给予了高度的评价，充分肯定了它的重要地位。美国学术界非常重视提高本国公民的科学素养，并在相关研究的基础上对科学素养进行了科学的界定。他们一般认为科学素养由六部分构成，即概念性知识、科学的理智、科学的伦理、科学与人文、科学与社会、科学与技术。[①] 美国学者把概念性知识（即构成科学的主要概念、概念体系或观念）放在了首位，足见其对概念知识的重视。

（2）概念转变教学研究。一些研究者基于建构主义学习理论，从图式、同化、顺应、平衡角度来研究概念转变，揭示学生错误概念的成因，探求概念转变规律。波斯纳等人对概念转变进行了相关研究，并提出了概念转变模型。他们非

---

① 万婷婷．踏寻科学的足迹——以科学史为载体的教学个案研究［D］．华东师范大学，2005．

常重视个体经验知识背景因素对概念转变的影响，深入研究了两者的关系，并由此提出了"概念生态圈"。波斯纳认为错误的概念往往是基于个体经验，而并不是以现实表现的形式体现的。他认为错误概念的发生受四个因素的影响，即现有概念的不满、新概念的合理性、新概念的有效性、新概念的可理解性。[①]

（3）综合理科课程的研究。综合理科课程注重课程的整体结构和概念的获得过程，关心各个知识领域和知识类型之间相互影响、互相渗透、互相联系。综合理科课程一般分为五类，分别是：概念体系中心综合理科课程、探究过程中心综合理科课程、环境科学中心综合理科课程、应用科学中心综合理科课程和主题中心综合理科课程。其中，概念体系中心综合理科课程采取树型结构，选取自然科学中的基本概念，制定概念的总体结构与框架，并以此为中心构筑而成。[②]

（4）概念联结理论与假设检验理论的提出。概念联结理论是由美国的赫尔提出的，他非常重视刺激与反应在概念掌握中的作用，认为概念掌握就是从某一类刺激中抽象出一般因素并对该因素发生共同反应的过程。假设检验理论由布鲁纳提出，他否定了概念联结理论，认为概念形成过程是提出假设并验证假设的过程。[③]

2. 国内研究现状

国内对概念教学的研究起步较晚，还未形成相对成熟的理论体系。近年来，各学科教师越来越从建构扎实的知识基础着眼，重视概念教学，有相当多的观点带有创新性，契合我国概念教学实际，体现了中国特色。

从研究内容上看，既有针对概念教学理论的研究，也有针对概念教学实践的研究。从学科来看，涉及概念教学的研究集中在数学、物理、化学和生物等学科，其他学科相对较少。在地理概念教学的相关研究成果中，从学段来看，针对高中地理概念教学的研究占绝大多数，对初中地理概念教学的研究相对较少。在为数不多的初中学段地理概念教学的研究中，多以列举初中地理概念案例来说明地理概念教学的原则与策略。

课程改革是教育教学研究的指挥棒。伴随着新课改的步伐，地理概念教学研究也更加深入，涌现了大量研究成果。包括对地理概念教学的理论研究；地理概念的科学分类；地理概念教学存在的问题分析；地理概念教学的各种策略，如概

---

① 杜伟宇.概念改变理论的述评[J].教育探索，2007（01）：12-13.
② 陈青.高中综合理科课程问题探讨[D].华中师范大学，2001.
③ 邵瑞珍.教育心理学[M].上海：上海教育出版社，1988.

念图的使用、易混淆概念的辨析与归纳等；前概念和迷思概念的成因；地理概念转变模型的建构；等等。

随着核心素养的提出，课程改革面临着让学科核心素养落地的艰巨任务。相应地，重塑教学形态、重建学习方式、重构学习内容、重组学习社区、重述教学目标等问题受到研究者和一线教师们的关注，地理概念教学研究的关注点转向大概念统领下或核心概念视域下的单元整体教学、跨学科主题学习、深度学习、逆向设计等方面。

第二章　理论基础

> 概念教学的理论基础主要包括两个方面：教育学和认知心理学。教育学从哲学、政治学、伦理学等学说中独立出来成为一门学科，经历了漫长的历史过程。教育学着重揭示教育的客观规律、指导和改善教育实践，回答教育"是什么""应当做什么""应当怎么做"等问题。认知心理学则强调个体认知结构的重要性，提出了融合概念映射和知识网络的概念映射法，以及问题驱动法等教学策略。
>
> 在诸多的学习理论中，瑞士生物学家、心理学家皮亚杰提出的儿童认知发展机制理论、奥苏贝尔的有意义学习理论和维果茨基的最近发展区理论等认知主义学习理论，以及建构主义学习理论在概念教学中扮演了极其重要的角色。

一、教育学理论

先说说大家容易混淆的两个概念：教育和教学。教育是有意识的、以影响人的身心发展为首要和直接目标的社会活动。[①]狭义的教育通常指学校教育。在学校教育中，教学处于中心地位。广义的教学所指与教育一词的含义没有区别，两者的目的也相同。狭义的教学则专指课堂上教师的"教"和学生的"学"的活动。教育和教学属于两种话语体系，一般在社会上与家庭中不用"教学"而用"教育"。

在中国，"教"字和"育"字最早出现于甲骨文。《说文解字》解释"教"为"上所施，下所效也"；对"育"的解释为"养子使作善也"。孔子、孟子、韩愈

---

① 扈中平.现代教育理论[M].北京：高等教育出版社，2006.

等都有过关于教育的论述。在西方，苏格拉底、柏拉图、亚里士多德、昆体良等都较为深入地论述过教育。而世界上最早的教育学专著是《大教学论》，由"现代教育之父"——夸美纽斯于1657年发表，它标志着教育学初步独立为一门单独学科。其后，教育学出现了不同流派，并开始以心理学和生理学的发展为基础，形成各种教育理论。

18世纪的自然主义教育家卢梭在《爱弥儿》中猛烈抨击当时流行的成人化的儿童教育，认为创建新教育的关键在于树立人们的新观念，这些新观念包括：第一，教育适应自然的观念。卢梭把教育分为"自然的教育"（即"我们的才能和器官的内在发展"）、"人的教育"（即"别人教我们如何利用这种发展"）、"事物的教育"（即"我们对影响我们的事物获得良好的经验"）。[1] 只有当三种教育协调一致时，教育才可能取得理想的效果。由于"自然的教育"我们无法控制，"事物的教育"只能部分地控制，因此，要使三种教育协调一致，只能是教育适应儿童内在才能和器官的发展。所以，卢梭强调"教育适应自然"是指"按照孩子的成长和人心的自然的发展而进行教育"，而非夸美纽斯所指的是自然界的现象和规律。

第二，儿童中心的观念。卢梭认为，自然教育的目的是培养身心率性发展的人，因此，任何在教育中对儿童个性的压抑都是不能容忍的。教育必须从儿童的兴趣和爱好出发，不灌输任何传统的观念。教师的作用并不在于教给儿童什么，而在于保护儿童不受到坏的东西的影响。在整个教育过程中，儿童应成为无可置疑的中心。

第三，在活动中学习的观念。卢梭认为大自然就是一本有用、真实和易学易懂的书，因此教学应该"以世界为惟一的书本，以事实为惟一的教训"，让儿童在亲身的实践活动中去学习他们感兴趣的事实。[2] 在卢梭所设想的爱弥儿的教育中，爱弥儿通过折纸来学习平面几何，通过旅行来学习地理，通过夜间观察来学习天文……总之，卢梭认为一切有实际价值的知识，都可由实践活动中得来。

第四，实用主义的观念。卢梭反对夸美纽斯所提倡的百科全书式的教育，他认为，教育尤其是教学应以增进儿童生活效用为主，在引导儿童学习时，首先应该提出的问题是："这有什么用处？"根据这一标准，在教学内容的选择上，卢梭

---

[1] 卢梭.爱弥儿·论教育[M].李平沤，译.北京：商务印书馆，1978.
[2] 同上。

抛弃了人文学科，主张学习地理、天文、物理、化学、农业和手工业生产劳动以及读、写、算的基础知识。

第五，发现的观念。在卢梭看来，教学的根本问题不在于教给学生知识，而在于引导学生去发现知识。他告诫道："问题不在于告诉他一个真理，而在于教他怎样去发现真理。""在教学中要做到：他所知道的东西，不是由于你的告诉，而是由于他自己的理解，不要教他这样那样的学问，而是要由他自己去发现那些学问。"①

卢梭之后，德国教育家赫尔巴特在哲学、伦理学和心理学的基础上，构建了较严密的教育学逻辑体系，提出了传统教学的"三中心"（即教师中心、教材中心和课堂中心）。后来，随着工业化和城市化的迅速推进，先后涌现了杜威的新"三中心"论（即儿童中心、活动中心、经验中心）、"五步教学法"（即困难、问题、假设、推断、验证）和活动课程；苏霍姆林斯基的"全面和谐发展教育理论"，布鲁纳的"结构主义教学理论"等教育思想和理论。这些思想和理论虽各有侧重，但都反映了当时社会发展对教育的要求，不少观点影响至今。如以学生为中心、在活动中学、关注经验、授之以渔等观念都是概念教学的基本方法与原则。

二、认知主义学习理论

（一）皮亚杰的认知发展机制理论

皮亚杰（Jean Piaget，1896—1980），瑞士著名儿童心理学家，他对认知发展的研究始于20世纪30年代，他第一个提出认知发展理论，对儿童各类概念以及知识形成的过程和发展进行了深入研究，被誉为心理学史上弗洛伊德之外的又一位巨人。

他把认知得以发展的主要机制称为平衡（equilibration），个体为了与外界环境保持平衡，就要通过同化（assimilation）和顺应（accommodation）这两种自我调节过程来获得。同化指个体对刺激输入的过滤或改变的过程，就如同消化系统将营养物质吸收一样；顺应指个体调节自己的内部结构以适应特定刺激情境的过程。就本质而言，同化主要在于个体对环境的作用，而顺应主要在于环境对个体的作用。

皮亚杰认为任何一次平衡的发生都有三个阶段：第一阶段，个体满足现有认知结构处于平衡状态；第二阶段，个体意识到自己现有的认知结构有不足之处，

---

① 卢梭.爱弥儿·论教育[M].李平沤，译.北京：商务印书馆，1978.

产生不满足感，第一阶段的平衡状态被打破；第三阶段，克服和改变了原有认知结构，达到了一种新的平衡状态。皮亚杰认为个体的学习就是同化和顺应的认知建构过程与"平衡—不平衡—新的平衡"的认知发展过程的统一。

我们所说的每一次平衡都只是暂时的，一旦原有认知结构与新的知识之间产生认知冲突，平衡就会被打破，但正是这一次次对平衡的打破，才使个体的认知得到了发展。

根据皮亚杰的认知发展理论，我们可以认为，概念转变是一个认知冲突的形成与解决的过程，这是概念转变发生过程的一个重要理论依据。

（二）奥苏贝尔的有意义学习理论

美国认知教育心理学家奥苏贝尔创建了有意义学习理论，倡导有意义的接受学习和有指导的发现学习，倡导在教学中设计"先行组织者"。

根据学习的材料与学习者原有知识的关系，奥苏贝尔将学习分为机械学习和有意义学习，这两种学习是相对的。奥苏贝尔学习理论中的核心概念是同化，他认为，机械学习的心理机制是联想，而有意义学习的心理机制是同化。有意义学习的三个充分必要条件是有意义的知识内容、已有的知识经验、有意义学习的心向[①]。前两者是有意义学习的基础和前提条件，其中外部条件是知识内容的性质，内部条件是学习者所具备的相关的知识或概念，即"已有的知识经验"。

学生的学习以有意义的接受学习为主，学生在教师的指导和传授下获得知识是最经济、最快捷、最有效的学习方式。这种传统的课堂讲授教学方式经久不衰，任何新的、现代化的教学模式和手段都难以动摇它的基础地位。这里需要注意的是，课堂讲授教学不等同于"填鸭式"教学，它需要满足有意义学习的三个充分必要条件。

奥苏贝尔认为，许多情感因素和社会因素都对课堂学习有影响，如动机、个性、群体、社会和教师的特征等，都会影响学生的学习。其中成就动机尤为重要，即个人追求成就的内在动力。教师教学应关注提高学生的成就动机，可从三方面的内驱力入手：一是认知驱力。这是指学生渴望认知、理解和掌握知识，以及陈述和解决问题的倾向。简言之，即一种求知的需要。认知驱力发端于学生好奇的倾向，以及探究、操作、理解和应付环境的心理倾向。所以，教师的主要职

---

① 有意义学习的心向，即学习者积极地将要学习的新材料与自己认知结构中原有的有关观念进行实质性和非人为性联系的倾向。

责是使学生对认知本身感兴趣，其最好的办法是创设有吸引力的学习情境，并让新的学习内容与学生认知结构之间有适当的距离。

二是自我提高的内驱力。这是一种通过自身努力，胜任一定的工作，取得一定的成就，从而赢得一定的社会地位的需要。它可以促使学生把学习的目标指向将来要从事的理想职业或学术上的成就。它与认知驱力的区别在于：认知驱力指向的是知识内容本身，它以获得知识和理解事物为满足；自我提高的内驱力指向的是一定的社会地位，它以赢得一定的地位为满足，属于外部的、间接的学习动机。但是，它的作用时间往往比认知驱力还要长久。认知驱力往往随着学习内容的变化而发生变化。当学习的内容不能激发起学生的认知兴趣的，认知驱力就要下降或转移方向。

所以教师在教学中可以采用正面激励措施，如对学生寄予较高的期望，开展适当的学习竞赛，表扬或奖励学习优秀的学生，为后进学生提供可以学习的榜样等；也可以采用合理的惩罚措施，如严格的学业考核、科学的等级评比、对不努力学生的批评或惩罚等，都可以培养和激发学生自我提高的内驱力。这里要注意的是：过分强调自我提高的内驱力的作用，会助长学生的功利主义倾向，使学生把学习看成是追求功名和利益的手段，而降低对学习任务本身的兴趣。因此，培养和激发自我提高的内驱力一定要与培养和激发学生的认知驱力结合起来，使内部动机和外部动机都发挥应有的促进学习的作用。

三是附属驱力。这是个人为了保持长者们或权威们的赞许或认可而表现出来的一种把学习或工作做好的需要。比如学生为了赢得家长或教师的认可或赞许而努力学习，取得好成绩的需要。附属驱力有比较明显的年龄特征。在年龄较小的儿童身上，附属驱力是成就动机的主要成分。随着儿童年龄的增长和独立性的增强，附属驱力不仅在强度上有所减弱，而且附属对象也从家长和教师转移到同伴身上。在青少年时期，来自同伴的赞许或认可成为一个强有力的动机因素。

总的来说，成就动机的这三种内驱力，在不同年龄、不同性别、不同社会阶层、不同民族和不同人格结构的学生中占比各不相同，也随着这些因素的变化而变化。这属于重要的学情，教师要注意分析和利用，并充分激发和培养学生的这三种内驱力。

(三)维果茨基的最近发展区理论

维果茨基是苏联建国初期杰出的教育家和心理学家,他探讨了"发展"的实质,提出其文化—历史的发展观,还深入探讨了儿童心理发展对教育、教学的依赖关系,阐明了教学、学习与发展之间的辩证关系。维果茨基的最近发展区理论强调,教学首先要确定学生的两种发展水平:第一种水平是现有发展水平,指已经形成的心理机能的发展水平;第二种是潜在发展水平,即在有指导的情况下,借别人的帮助所达到的解决问题的水平,也是通过教学所获得的潜力。这两种水平之间的差距即为"最近发展区",而教学就是把"最近发展区"转化为现有水平的过程。其次,教学要走在学生发展的前面,也就是"教学可以定义为人为的发展",教学决定着智力的发展,这种决定作用既表现在智力发展的内容、水平和智力活动的特点上,也表现在智力发展的速度上。怎样发挥教学的最大作用是维果茨基强调的第三点,即利用"学习的最佳期限"促进学生发展,如果脱离了学习某一技能的最佳年龄,从发展的观点来看是不利的,它会造成儿童智力发展的障碍。

维果茨基的最近发展区理论强调了教学在儿童发展中的主导性和决定性作用,揭示了教学的本质特征在于它造就了"最近发展区",激发、形成了目前还不存在的心理机能。因此,开始某一种教学,必须以成熟与发育为前提,但更重要的是教学必须建立在开始形成的心理机能的基础上,走在心理机能形成的前面。

维果茨基的最近发展区理论启发了全人教育的视野。除了提供过程和经验外,教师还应成为学习者和学习过程与经验的中介者,引导学习者对这种有意义的刺激做出合适的反应,帮助他们理解任务的意义和目标,促进他们形成控制自己行为的意识、信心和能力,还要能发现和实现学习者的学习潜能,让他们得到全面的发展。

学生存在"最近发展区",这就要求教师顾及到学生的现有水平和潜在水平,利用好学生的"最近发展区",让学生能够更好地运用已有知识进行联想,从而更好地将新知识与旧知识进行融会贯通,在教学中达到更好的效果。在此基础上,教学出现了支架式教学、建构式教学和发展性教学三种模式。

教师可以在学生的进步中,找到一个合适的"脚手架",尽快地发现学生的"最近发展区",以更快地达到学生的潜在水平。这个"脚手架"可以是同伴的帮助，教师的提示或暗示，也可以是教师对学生在做作业时的书籍或者是学习方法的推荐。但是无论是哪种形式的"脚手架"，教师都要适时提供，适时去除，如果一味地给予"脚手架"，学生难免会出现依赖心理，不仅不能更好地发展，甚至会出现退步。当然，如何把握好"适时"，跟教师的教学风格、教学经验以及学生的性格、气质都有很大关系。

在维果茨基看来，仅仅依据学生的实际发展水平进行教学是保守的、落后的，有效的教学应超前发展并引导发展。从这一观点来看，传统的因材施教原则需进一步发展、更新，教师不仅要以学生的"实际发展水平"而教，而且要以学生的"潜在发展水平"而教。[①]

三、建构主义学习理论

建构主义首先根植于西方近现代哲学。意大利哲学家维柯指出，人们只能清晰地理解他们自己建构的一切。后来，在皮亚杰的"个人建构"理论和维果茨基的"社会建构"等理论基础之上，建构主义学习理论得以发展。

20世纪80年代以来，建构主义已成为学习理论中引人注目的焦点，并在科学教学领域中流行起来，形成科学教育全面革新的一股主要力量。建构主义学习理论的基本思想是：人对知识的获取不是被动地接受，而是认知主体积极建构的。"鱼就是鱼"的故事很好地诠释了建构主义的这一思想。

建构主义学习理论十分关注以已有的知识和经验为基础来构建认知结构，强调学习的主动性、社会性和情境性，在学习和教学方法方面提出了很多新观点。

建构主义作为教育界革新的一股力量，它对知识观、学习观和教学观等方面做出了有别于传统的新解释。

建构主义知识观在一定程度上对知识的真理性提出了质疑，科学知识包含真理性，但不是绝对正确的最终答案，只是对现实的一种可能的解释。可见，学习知识不能满足于教条式的掌握，而要不断深化，使学习走向"思维中的具体"。

建构主义学习观认为，科学知识不是教师直接传授就能得到的，而是学习者在一定的情境中，在他人的帮助下，利用必要的学习资料，通过意义建构而获得的。建构就要有基础，基础就是学习者已有的知识和经验，知识就是在新旧知识的相互作用中形成的。

建构主义教学观认为，科学学习既然不是接受知识的过程，那么科学教学也

---

① 张春兴.教育心理学[M].杭州：浙江教育出版社，1998.

就不是单纯的传递科学知识的过程。建构主义教学观倡导创设一定的情境，从而促进学习者主动构建科学知识。学生是学习的中心，是自己知识的构建者。

  由此可见，无论是皮亚杰的认知发展理论、奥苏贝尔的有意义学习理论等认知主义学习理论，还是建构主义学习理论，都认为学习是学习者对已有知识主动建构的过程，都强调学习者已有知识和经验对新知识学习的影响。所以，科学概念的学习就是由迷思概念向科学概念的转变过程。概念转变的科学教学就是在这些学习理论的基础上发展起来的。

第三章　现状调查

在核心素养导向下的中学地理概念教学研究中，我们做了大量的问卷调查与访谈，得到许多一手资料。但要说明的是：本研究主要针对初中地理教学和初、高中衔接，我们的调查目的是了解教师在概念教学方面的认识和做法，以及学生在初中阶段学习地理时常犯的错误和常见的思维误区。因初中地理中涉及的复杂地理概念并不多，各方面要求远低于高中地理，所以我们没有像国内外专业研究人员一样，立足某一个或几个核心概念，设计出专门的某概念测量表，在不同人群中进行广泛而深入的测试，收集大量的数据，诊断出年龄、性别、学段、能力、文化、区域等因素对概念产生、消失、转变等的影响，进行科学严谨的研究。我们的研究存在调查样本较少、范围集中、连续性不够等问题。但我们分别选经济发达的珠三角和欠发达的粤东地区，选一个参加地理中考和一个不参加地理中考的地区进行全面比较，还是可以看出很多问题的。

下面选取对初中学生进行的《关于地理概念教学的学生调查》、对初中地理教师进行的《关于地理概念教学的教师调查》和对学生的《初中生地理前概念相关因素的调查》进行阐述。

一、关于地理概念教学的学生调查

为了更好地了解目前初中生对地理概念的学习情况，课题组设计了一份调查问卷，以便进一步推动和完善初中地理概念的教学工作。问卷共20道选择题，包括对地理学科的认识；对地理概念的内涵、重要性、难易程度、兴趣的自我认知；对前概念[①]及新概念的认识和态度；对地理老师在概念教学方面的评价；学习地理概念的方法、态度和成效等内容。

关于地理概念教学的学生调查问卷

亲爱的同学：

你好！

为了更好地了解目前初中生地理概念的学习情况，进一步推动和完善初中地理概念教学工作，特作此调查。感谢你填写这份问卷，本问卷答案没有对错之分，纯属研究需要，你所有的回答都将被严格保密，你的认真作答对我们的研究非常重要，请按你本人实际情况进行选择和填写，真诚感谢你的协作！

你的基本情况

性别：男□ 女□ 学校：_____

年级：初一□ 初二□ 初三□ 联系电话：_____

1. 学习地理的某个内容时，你认为最重要的是

   A. 有什么　　　B. 在哪里　　　C. 为什么　　　D. 怎么用

2. 你认为地理概念是

   A. 一个个孤立的地理名词

   B. 对地理事物的定义

   C. 具有共同本质属性的一类地理事物的统称

   D. 地理概念性知识的统称，即构成地理学的主要概念、原理和理论

3. 你觉得地理概念对初中地理学习的影响

   A. 非常大　　　B. 较大　　　C. 不大　　　D. 没有影响

4. 你对学习地理概念

   A. 非常感兴趣　　B. 感兴趣　　C. 兴趣不大　　D. 不感兴趣

5. 相对于其他地理知识，你认为地理概念

   A. 很容易学　　B. 比较容易学　　C. 难学　　D. 十分难学

6. 教师还没讲授新的地理概念，你对它就已经有一定的了解

   A. 经常这样　　B. 有时这样　　C. 很少这样　　D. 从不这样

[①] 前概念（也叫日常概念）是指在接受正式教育之前，已经建构的想法、得到的信息和别人的经验等。

7. 初中地理课本中对概念的解释与你原本对该概念的理解是否一致

   A. 基本一致　　　B. 差别不大　　　C. 差别较大　　　D. 完全相反

8. 当教材描述的地理概念与你的旧观点有冲突时，你

   A. 保持旧观点，很难接受新观点

   B. 直接抛弃旧观点，接受并记住新观点

   C. 想方设法，理解新观点，抛弃旧观点

   D. 追根问底，搞清楚新旧观点各自的成因，转变旧观点

9. 当课本上出现陌生的地理概念时，你常用的学习方法是

   A. 背诵教材对它的解释

   B. 联想到相似概念，用自己的方法理解

   C. 通过各种途径查清来龙去脉

   D. 不加理会

10. 在涉及地理概念时，你的老师会进行重点讲解和学法指导吗？

    A. 总会　　　　B. 经常会　　　C. 很少会　　　D. 不会

11. 你的老师最常用哪一种方法讲解新的地理概念？

    A. 详细解释，并举例说明　　　　B. 一语带过，不做解释

    C. 联系学生已学知识，边讲边练　D. 采用教具和实验等直观演示

12. 你的老师复习地理概念的频率

    A. 总是　　　　　　　　　　　B. 经常

    C. 有时　　　　　　　　　　　D. 很少

13. 学习地理概念，你最希望老师能够

    A. 讲清楚知识的来龙去脉　　　B. 理清概念之间的关系

    C. 传授记忆地理概念的方法　　D. 解释清楚概念的定义

14. 学习新的地理概念时，你最喜欢哪一种方式

    A. 听老师详细讲述　　　　　　B. 师生共同分析，边讲边练

    C. 看老师用教具和实验等直观演示　D. 小组自学讨论

15. 你在地理概念学习的过程中常用的学习方法是

    A. 机械读背　　　　　　　　　B. 先理解后识记

    C. 做大量的练习题　　　　　　D. 不知道

16. 学习地理概念，你一般可以达到

    A. 对它有点印象

B. 知道大致意思，能做初步判断

C. 能准确阐述它的内涵，并举实例说明

D. 能运用它来分析地理相关问题

17. 对于一个与地理概念相关的题目，你基本都做对，但对概念还是一知半解，你会去深层理解它吗？

    A. 常常会　　　　B. 偶尔会　　　　C. 不会　　　　D. 从不

18. 有同学说："我的生活经验太缺乏，知识面窄，影响我对地理概念的理解和掌握。"你符合这种情况吗？

    A. 非常符合　　　B. 符合　　　　C. 基本符合　　D. 不符合

19. 你对学过的地理概念

    A. 课后及时复习　　　　　　　B. 一定周期复习

    C. 考前突击　　　　　　　　　D. 几乎从不复习

20. 你对于你目前的地理概念的学习状况

    A. 满意　　　　　B. 较满意　　　C. 一般　　　　D. 不满意

    问卷调查分现场调查和在线调查两种方式进行。下面的数据和分析以2017年11月初的调查为依据。现场调查在汕头市澄海凤翔中学初一和初二的10个班的学生中开展，发放并回收问卷500张，有效问卷500张，有效率100%，采用人工统计数据。在线调查通过问卷星进行，东莞共1192人参与了调查，绝大部分为东莞长安实验中学的学生，其中初一学生占56.04%，初二学生占43.29%，初三学生占0.67%（东莞初二进行地理中考，初三不再学习地理）。东莞的初中使用人教版义务教育地理教材，汕头的初中使用湘教版义务教育地理教材。

（一）对地理"学什么"的认识

    地理研究的几大问题：它在哪里？它是什么样子的？它为什么在那里？它如何出现？它带来什么影响？怎样使它有利于人类和自然环境？这些问题的回答和解决都离不开对地理位置、区位条件以及人地关系等基本概念的探究。为了帮助学生从地理的角度来思考这些问题，我们在问卷中将上述问题转述为"有什么""在哪里""为什么"与"怎么用"。

    调查发现，上述问题中，东莞有65%的学生认为最重要的是学习"为什么"和"怎么用"，只有不足35%的学生认为地理最重要的是学习"有什么"和"在哪里"。学生的认识折射出执教老师理念和教法的差异，它们一方面说明学生不满足于简单地知道"地"，还需要"理"的分析，不赞成记忆知识，而赞成地理学习要有用、会用；另一方面也说明地理教师在教学中更重视分析地理事件背后的成因，关注"学习对生活有用的地理"和学以致用。

初一和初二学生的各项占比有些差异，意料之外的是选"为什么"的初一学生超过初二学生。原因是受到了刚学习过的地理教材内容的影响。该调查发生在2017年11月初，长安实验中学的初一学生刚学完《地球和地球仪》《陆地和海洋》《天气和气候》，里面既有丰富的概念性知识，也有较多的程序性知识；而初二学生这时学习的是《从世界看中国》《中国的自然环境》，反而是事实性知识居多，比如识记中国的行政区划、主要的地形区和山脉等的分布、气温和降水的特点等，学生更想知道记忆这些知识有什么用，怎么去用。

相比之下，汕头澄海凤翔中学的学生选"有什么"和"在哪里"的比重大大超过东莞的学生，经个别访谈了解到，原因主要是受授课老师的影响，汕头的地理老师平时课堂教学中比东莞的地理老师更重视"地"的讲授，而较为忽视"理"的分析。更多的学生认为地理最重要的是"怎么用"。经教师访谈发现，汕头地区的地理教师缺少新课程理念，忽视解释"为什么"，没有联系生活教"怎么用"。经学生访谈得知，学生学习地理主要是为了考试，而汕头的各种考试很少考"为什么"，课本知识与实际生活联系不紧密，加上有些年轻的任课教师讲授知识时较少联系生活，学生便意识不到学习地理的实际用处，所以更想知道学习了那些地理知识"怎么用"。

（二）对地理概念的认识

1. 对地理概念的内涵的认识

地理概念的内涵丰富，问卷选用了较常见的四种认识，分别是：A.一个个孤立的地理名词；B.对地理事物的定义；C.具有共同本质属性的一类地理事物的统称；D.地理概念性知识的统称，即构成地理学的主要概念、原理和理论。结果显示，东莞和汕头选A项的学生都最少，汕头为6%，东莞只有1.51%。两地选D项的学生都是最多，其中汕头为68%，东莞高达78%。选B项和C项的学生比例居中，东莞学生都在10%左右；汕头有18%的学生选B项，8%的学生选C项。

经过访谈得知，未选A项的学生是受"孤立"两字的影响，初一、初二学生通过一段时间的地理学习，认识到地理事物是相互影响、相互联系的，所以"孤立"二字让学生直觉该选项是错误的。选B项的学生主要是受教学的影响，因为老师解释地理概念时常常是先定义，所以他们把"概念"与"定义"等同起来。D项句中包含了"概念"二字,学生望文生义选择这一项,但其实并不了解地理概念的含义。不少学生对C项中的"共同本质属性"不理解,所以选C项的学生比例也比较小。

2. 对地理概念的重要性的认识

在被调查的东莞学生中,认为地理概念对初中地理学习"影响非常大"和"影响较大"的占比高达78%,初二学生略高于初一学生;在汕头持这两种观点的学生则占55%。经过访谈得知,学生所选的答案基本反映了执教教师对地理概念的重视程度。如果教师在平时教学中经常解释和准确运用地理概念,能强调地理概念的重要性,那么学生多选"A.非常大"和"B.较大";如果老师对地理概念一带而过,没有重点讲解,常用近似词语替代等,那么学生就觉得地理概念对初中地理内容的学习影响不大,甚至没影响。

3. 对地理概念的兴趣

为了了解学生对地理概念学习的兴趣,课题组设置了"你对学习地理概念"这一问题,选项有"A.非常感兴趣""B.感兴趣""C.兴趣不大""D.不感兴趣"四项。选择"A.非常感兴趣"的学生比例为15.27%,选择"B.感兴趣"的学生比例为49.33%。访谈这些学生发现,他们不同程度地认为地理有趣,由地理有趣迁移到地理概念有趣,其实是对与地理概念有关的原理、事件等感兴趣。

初二学生选"A.非常感兴趣"和"B.感兴趣"的比例(70.93%)明显高于初一学生(59.58%)。访谈发现,这是因为七年级上册的内容抽象难懂,比如经纬网、地球的运动、世界气候等章节,概念多,内容离学生实际生活遥远,学生意识不到学习地理的实用性、趣味性,更不必说对地理概念的兴趣了;而初二学生经过一年多的地理学习,已经逐步体会到地理学习的好处。

通过两地数据对比发现,东莞和汕头学生选"非常感兴趣""感兴趣"的比例基本相同,但是汕头选"不感兴趣"的学生比例(12%)明显高于东莞学生(3.69%),进一步调查发现选"不感兴趣"的学生基本存在厌学严重、成绩较差等特点。

4. 对地理概念难易度、学习成效的认识

了解学生对地理概念难易度、学习成效的认识,有助于教师正确对待地理概念。数据显示,超过60%的学生认为地理概念"很容易学"和"比较容易学",其中初二学生占比高达73.64%。初一学生认为"难学"的比例大大超过初二,因为人教版和湘教版的初一上册地理都是较抽象、系统的基础知识与技能,如

《地球和地图》《天气和气候》等。相比之下，初二学生所学的的中国地理则要简单了许多。

我们还发现学生对地理概念难易度的认识（题5）与学生对自己学习地理概念的成效的评价（题16）并不相关。超过70%的学生学习地理概念只能达到"知道大致意思，能做初步判断"和"对它有点印象"，说明大多数学生对地理概念的认识是很模糊的。

（三）对地理前概念的认识

学生不是一张白纸进入课堂，一般来说，我们把学生在接受正式教育之前，已经建构的想法、得到的信息和别人的经验等称为前概念。学生的前概念中有些与科学的理解大体一致，但有些则与概念的科学理解相悖，那些与科学概念理解相悖的前概念即为迷思概念，它源于英文"misconception"一词的音译。

题6至9层层递进，调查学生对于地理前概念的认识和态度，及其迷思概念的存在情况。题18和15进一步调查和印证学生对地理概念的认识和态度。

1. 对前概念的意识

题6的数据结果表明，超过60%的学生在教师还没讲授新的地理概念时，对它就已经有一定的了解，说明这些学生有主动联系已学知识的习惯，有较为丰富的课外知识。其中，初二学生的积累更丰富，汕头学生联系旧知的意识较弱。

在题18的对自己生活经验及其对地理概念的影响方面的认识中，超过33%的学生觉得自己的生活经验欠缺，影响到地理概念的学习。对比来看，初二学生知识更丰富，学习能力、自我效能感比初一学生强。

2. 前概念与科学概念的一致性

84%的东莞学生认为初中课本中对概念的解释与他们原本对该概念的理解"基本一致""差别不大"；只有16%的学生认为差别较大，甚至完全相反。说明学生自己意识到的错误前概念（迷思概念）不太多。相比之下，汕头的学生中，有35%的学生存在着明显的前概念与科学概念不一致性的情况，即迷思概念较多。究其原因，应该是发达地区的学生接受科学知识的渠道多，学校和家庭教育抓得也比较紧，因此知识掌握较好，积累较丰富。

3. 对待迷思概念的态度

数据结果显示，超过85%的东莞学生和75%的汕头学生在科学概念与前概念有冲突时，能想方设法去弄明白，从而转变前概念。但也有少量学生很难接受新观点（科学概念）；还又有不少学生在没有理解的情况下，强行接受科学概念，这些学生其实并没有真正掌握科学概念，时间稍长，记忆的科学概念就会转化为迷思概念。

4. 学习新概念的方法

题9的数据结果显示，面对教材中的陌生地理概念，有接近一半的学生会"联想到相似概念，用自己的方法理解"，进一步调查发现，越是水平高、自我效能感强的学生在这方面的表现越明显。有相当数量的学生，特别是初一学生常会用背诵的方法。汕头有11%的学生对概念不加理会，调查发现这些多是学习态度和成绩都欠佳的学生。此外，能够"通过各种途径查清来龙去脉"的学生也多是学习态度和成绩俱佳的"双优生"。

题9与题15有相通之处，但侧重不同，选项的措辞不同。题9的B项与题15的B项内涵相似，选择的比例相当。超过70%的学生在地理概念学习中常用"先理解后识记"的学习方法，靠做大量练习题和机械的学生达17%。这说明记忆仍是学习地理概念的"主旋律"，"背多分"现象仍广泛存在。

（四）授课老师对地理概念的态度和方法

通过学生评价来了解授课老师对地理概念的态度和方法，角度更客观，也有利于分析学生对地理概念认识的形成原因。

题10的数据结果显示，有80%左右的地理老师在涉及地理概念时，会总是或经常进行重点讲解和学法指导；还有20%左右的老师很少或不会。总体而言，老师还是比较重视地理概念教学的。这在题12"老师复习地理概念的频率"中也有体现，70%左右的老师会经常或总是复习地理概念。

题11的数据结果显示，60%的老师采用"详细解释，并举例说明"的常规做法；超过20%的老师能联系学生已学知识，边讲边练，能采用教具和实验等直观演示方法的老师只有7%左右。说明老师对地理概念虽然重视，却没有采用更有效的教学方法，题海战术和"满堂灌"仍是主要教学方法。

（五）学生喜欢的地理概念教学方法

题13进一步印证了老师讲授地理概念的方法单一、低效。该题以"学习地理概念，你最希望老师能够"设问，选择"讲清楚知识的来龙去脉"或"理清概念之间的关系"的学生占了70%，希望老师传授记忆地理概念的方法的学生占了25%，这反映出地理教师在讲授地理概念时没有很注意方法，"满堂灌"、照本宣科的现象普遍。40%左右的汕头学生希望老师"传授记忆地理概念的方法"或"解释清楚概念的定义"。访谈发现，汕头的地理老师对于概念的教学一般都是简单解释，极少传授记忆的方法，所以学生们很期待，这也从侧面表明学生对于课本中的概念记忆以死记硬背为主。

题14"学习新的地理概念时，你最喜欢哪一种方式"，28%的学生喜欢"听老师详细讲述"，38%的学生喜欢"师生共同分析，边讲边练"，还有超过26%的学生喜欢"看老师用教具和实验等直观演示"。初一和初二学生的差异较大，只有60%的初一学生喜欢听老师讲述或讲练结合，33%的学生更喜欢直观演示；有超过73%的初二学生喜欢听老师讲述或讲练结合。说明初一学生更喜欢新奇、多变、直观的教学方法，而初二学生已经适应和接受老师的授课方式了。

汕头学生喜欢"小组自学讨论"的比例远远高于东莞学生。经教师访谈发现，教师平时课堂教学没有采取"小组合作"的学习方式，最多在公开课上开展，但也多流于形式，学生讨论只限于同桌之间或随意的前后桌之间。经学生访谈发现，他们是因为偶尔在某个学科的公开课上接触到小组合作，感受到团队合作的魅力，所以对于一些难以理解的概念，他们期待通过小组讨论来解决；另外，选"D.小组自学讨论"项的比例比其他选项低，是因为多数学生根本就不清楚"小组自学讨论"，没有接触，也就谈不上喜欢或不喜欢。

（六）对待地理概念的态度和评价

题17"对于一个与地理概念相关的题目，你基本都做对，但对概念还是一知半解，你会去深层理解它吗？"在东莞学生中，27%的学生常常会去设法真正理解它，66%的学生偶尔会，说明学生学习地理或地理概念的动机还是在对付考试，不求甚解，只求分数的现象很明显。汕头学生这两项的数据都低于东莞，形势更不容乐观。

题19的数据结果显示，对学过的地理概念，62%的学生会"课后及时复习"或"一定周期复习"，初一学生课后及时复习的比例远远高于初二学生，显示出比初二学生更勤快、自觉的一面。调查发现，初二学生学习负担重、两极分化严重，觉得积重难返的学生比较多，学习态度不如初一学生，一定周期的复习一般限于有外界任务和压力时才进行。超过33%的学生都是考前突击。进一步说明学生为考而学的现象明显，地理概念的教学没有让学生觉得有用、有趣。

题20的数据结果显示，50%的学生对于目前的地理概念的学习状况感到"不满意"或"一般"，"满意"只占16%，特别是汕头初一学生对自己目前的地理概念学习状况的满意率为0。这说明地区差异、学段差异明显；也说明汕头的初一学生刚刚接触概念教学，还不太适应教师的教学方式。

结论：

通过对初中生地理概念的学习情况不同维度的问卷调查，结合对部分学生的访谈，我们发现，大部分学生掌握了一定的答题技巧和学习方法，对自己的认识较为全面、稳定，能意识到前概念的存在，并自觉运用到学习中，能适应老师的教法，接受老师的观点，重视学习成效，有学习诉求。

同时，还有相当部分的初中生对地理概念的内涵认识模糊，对地理概念的重要性认识不够，学习态度欠佳，学习兴趣不浓，方法单一，效果不明显，自我效能感较弱。学生的问题反映出教师的教学问题，包括对地理概念不够真正重视，不了解学生的情况，教学的方法单一，缺少有效的方法指导。

二、关于地理概念教学的教师调查

为了了解教师进行地理概念教学的基本情况，课题组设计了一份调查问卷，以便探寻地理概念教学的有效方法，进一步推动和完善初中地理概念的教学工作。本问卷共17道选择题，包括对地理概念教学的了解程度；对地理概念的内涵、重要性、必要性的认识和重视程度；概念教学的方法、难点、目标、作用、现状等内容。

关于地理概念教学的教师问卷

亲爱的地理教育同行：

您好！

为了了解目前教师进行地理概念教学的基本情况，探寻地理概念教学的有效方法，特作此调查，感谢您填写这份问卷！问卷结果没有对错之分，仅用于课题研究，恳请您选出最符合您情况的选项，感谢您的支持！

您的基本情况：

性别：男□　女□

任教年级：初一□　初二□　初三□　高一□　高二□　高三□

1. 您对地理概念教学了解多少？

   A. 非常了解，能很好地进行地理概念教学

   B. 比较了解，可较好地进行地理概念教学

   C. 知道一些，可简单地进行地理概念教学

   D. 不了解

2. 您认为地理概念教学

   A. 非常容易　　B. 容易　　C. 有点困难　　D. 非常困难

3. 您认为地理概念是

  A. 一个个孤立的地理名词

  B. 对地理事物的定义

  C. 具有共同本质属性的一类地理事物的统称

  D. 地理概念性知识的统称，即构成地理学的主要概念、原理和理论

4. 您认为地理概念在整个地理学科体系中的地位

  A. 非常重要 B. 比较重要 C. 一般 D. 不重要

5. 初中地理教学重在"地"，即具体的地理事实；高中地理重在"理"，即抽象概括性的概念、原理等，所以初中没必要重视地理概念教学。对此，您的看法是

  A. 非常赞同 B. 赞同 C. 不太赞同 D. 非常不赞同

6. 在教学前需要"备课"，您最重视的是

  A. 备课程标准 B. 备教材内容 C. 备教法学法 D. 备学生情况

7. 您在课堂上对地理概念的重视程度是

  A. 十分重视，并精心设计教法学法 B. 重视，但教法学法单一

  C. 不太重视，较随意 D. 完全不重视，忽略

8. 您最常用哪种方法进行地理概念教学

  A. 自己详细解释，并举例说明 B. 一语带过，不做解释

  C. 师生共同分析，边讲边练 D. 借助教具和实验等直观演示

9. 您会充分利用学生旧知，进行新的地理概念的讲解吗？

  A. 总是会 B. 通常会 C. 偶尔会 D. 不会

10. 在地理概念教学中，您认为最难的是

  A. 激发学生的学习兴趣 B. 解释清楚地理概念的含义

  C. 理清概念之间的关系 D. 对散乱的地理概念进行正确的归类

11. 您认为学生学习教材中出现的地理概念需要达到的程度是

  A. 有大致印象 B. 清楚记忆 C. 理解领会 D. 灵活运用

12. 您认为地理概念教学对其他地理知识的教学的促进作用

  A. 非常强 B. 比较强 C. 有一些 D. 没有

13. 您复习地理概念的频率

  A. 总是 B. 经常 C. 有时 D. 很少

14. 您对自己目前的地理概念教学实施策略感到

  A. 很满意，有明确的教学理论和教学实施策略

B. 满意，能较好地实施

C. 一般满意，对有些教学策略不是很明确

D. 不满意，完全没有实施计划、方法和策略

15. 您认为一张满分 100 分的地理中考试卷中，明确考察地理概念的分值应该占

  A.25 分以上 B.15-25 分 C.5-15 分 D.5 分以下

16. 在接受学校正式教育之前，学生已经有自己的想法和相关的经验，这些认识可能正确，可能错误，可能不全面。对于这些认识，您认为以下哪个名称更贴切？

  A. 前概念 B. 日常概念 C. 相异概念 D. 替代概念

17. 在接受学校正式教育之前，学生已经有自己的想法和相关的经验，对于那些与科学概念理解相悖的认识，您认为以下哪个名称更贴切？

  A. 模糊概念 B. 相异概念 C. 迷思概念 D. 错误概念

  调查通过网络平台"问卷星"，将问卷二维码等链接发布在全国地理交流群、肖金花工作室 QQ 群、东莞地理老师微信群等网络空间进行调查。共 530 名教师参与调查，绝大部分为广东地理教师。其中男老师占 32.08%，女老师占 67.92%；初中老师占 82.26%，高中老师占 17.74%，具体任教年级分布如下：

表 2.1 参加调查教师的任教情况

任教年级	初一	初二	初三	高一	高二	高三
占比	27.55%	53.96%	0.75%	6.04%	3.4%	8.3%

通过问卷星统计的数据分析：

（一）对地理概念教学的认识

  掌握地理概念是学生学好地理知识的基础，地理概念教学是地理教学的关键环节。在地理教学中，注重地理概念教学是帮助学生学好地理知识、发展地理思维的重要手段。

  在本次调查中，92% 的受访老师对地理概念教学有不同程度的了解，绝大部分老师在课堂上可以进行地理概念教学。将近一半的老师认为自己"比较了解，可较好地进行地理概念教学"；但能够做到"非常了解，能很好地进行地理概念教学"的老师并不多，只有 6% 左右。36.98% 的老师"知道一些"，7.92% 的老师不了解地理概念教学，他们还仅仅停留在表面，简单地进行概念解释。

  对于地理概念教学，高中老师的了解比初中老师更深入。由于高考压力比中

考压力大，而且高中学生的认知水平和地理思维比初中学生出色得多，所以地理概念教学能够在高中得到很好的开展。但是无论高中老师还是初中老师，仍然有66%左右的老师认为地理概念教学"有点困难"，这意味着许多老师急需地理概念教学的教法指导。

（二）对地理概念的认识

1. 对地理概念内涵的认识

一般来说，地理概念的内涵是指地理概念所反映的地理事物的本质属性和内在联系的总和。题3的数据结果显示，只有23%的老师选了C项，认为地理概念是"具有共同本质属性的一类地理事物的统称"；更多的老师（63%）认为地理概念是"地理概念性知识的统称，即构成地理学的主要概念、原理和理论"。说明受当下各种概念的影响，老师们对地理概念的内涵有不同认识，当然，也不排除在做问卷的时候，老师们受到了D选项里"概念"二字的干扰，条件反射地选了D。

2. 对地理概念重要性的认识

题4的调查结果显示，认为地理概念在整个地理学科体系中"非常重要"或"比较重要"的占到了97%左右。

题5对于"初中地理教学重在'地'，即具体的地理事实，高中地理重在'理'，即抽象概括性的概念、原理等，所以初中没必要重视地理概念教学"这个问题，75%的老师不太赞同，甚至是非常不赞同。

老师们对地理概念的重视程度也影响着学生对地理知识的学习和掌握。比如"季风"，初中生需要知道季风的不同风向、源头、特点、影响等，但不需要知道成因。我们观察到，许多学生是通过"多背多读"来记住这些知识点的，效率不高。但是如果我们能在课堂上进行概念教学，为学生讲解季风形成的原因，学生掌握了季风的概念，便能顺势知道季风相关的各个知识点，也能知道为什么纬度位置和海陆位置相同的中国东南部和美国东南部的气候类型相似。因此初中地理教学要重在"地"，也不能忽视"理"。

（三）地理概念教学的实施

1. 备课

题6的数据结果显示，初中老师最重视"备教材内容"（占比38%），其次是"备教法学法"（占比35%）。初中生的课堂专注度不如高中生，因此初中地理课堂形式多样，趣味性更高，老师们往往会在教学内容和教法上花更多心思。

高中面临高考，老师们更加重视教学前备"教法学法"（占比34%）和"课程标准"（占比26%），做到有的放矢。

2. 授课

题7的数据结果显示，无论初中还是高中教师，均重视地理概念教学。选择"重视，但教法学法单一"的总比例达到了61.89%，表明教法和学法可能还有待进一步改进；有25.66%的教师表示在课堂上对地理概念教学"十分重视，并精心设计教法学法"；还有12.45%的教师表示"不太重视，较随意"或"完全不重视忽略"，表明尚有一些教师需要提高在课堂上对地理概念的重视程度。

题8的数据结果显示，对于进行地理概念教学的方法，老师们最常用的是"自己详细解释，并举列说明"，占比达49%，这与我们的传统教学模式相符——老师讲，学生只是听，教法很单一。其次是占比为34%的"师生共同分析，边讲边练"，与前一方法相比，这个方法的效果会更好。因为学生对地理概念的掌握不是一次就能完成的，通过不同的习题来加深地理概念的理解，在练习中引导学生说出判断的思维过程，使学生进一步从练习中体会到地理概念的真正内涵。而能做到"借助教具和实验等直观演示"进行概念教学的老师不多，只有12%。

题9的调查结果显示，几乎所有老师（占比达99%）都会充分利用学生的旧知讲解新的地理概念。说明老师们能自觉或不自觉地运用建构主义理论，能认识到学生由直观感知所获得的对概念的理解是粗略的、肤浅的，因此要通过分析和比较，根据表象来重建地理概念。这些表象的最佳来源就是学生的旧知，会起到"中介"的作用。

3. 概念教学的困难

题10的调查结果显示，41%的教师认为"激发学生的学习兴趣"是地理概念教学中最难的。地理概念是抽象的、模糊的，学生会感觉很枯燥，甚至觉得会很难弄懂，从而知难而退，因此"激发学生的学习兴趣"很有必要。23%左右的老师认为"对散乱的地理概念进行正确的归类"最难。

4. 地理概念的掌握

题11-13都能反映老师们对地理概念的重视。高达96%的老师认为地理概念教学可以对其他地理知识的教学起到促进作用。约57%的老师认为学生学习教材中出现的地理概念需要达到的程度是"理解领会"，其次是"灵活运用"，约占25%。想要学生熟练掌握，就需要提高复习地理概念的频率，约37%的老师在课堂上"经常"复习地理概念，约47%的老师"有时"复习地理概念。

5. 地理概念教学实施策略

老师们重视地理概念教学，认识到它的重要性，但是教法学法单一，无法很好地实施教学。题 14 的数据结果显示，有一半的老师对自己目前的地理概念教学实施策略感到"一般满意，对有些教学策略不是很明确"，约 9% 的老师感到"不满意，完全没有实施计划、方法和策略"。老师们可以多方面、多角度地尝试各种教学方法，综合运用各种教学方式以提高地理概念教学的质量。

6. 地理概念的考查

用考试中地理概念所占的分值来衡量其重要程度，最能直观体现教师对地理概念教学的重视。在满分 100 分的试卷中，41.13% 的教师表示明确考察地理概念的分值应该在 5-15 分之间，是所有选项中的最高比例，初中教师比高中教师更倾向于这一分数区间。36.6% 的教师认为分值应该在 15-25 分之间，持这一观点的高中教师比例略高于初中教师。两个选项合计占比达到了 77.73%，即大部分教师所认同的明确考察地理概念的分值应该不低于 5 分而不高于 25 分。

7. 对概念名称的选择

大部分老师作答"在接受学校正式教育之前，学生已经有自己的想法和相关的经验，这些认识可能正确，可能错误，可能不全面。对于这些认识，您认为以下哪个名称更贴切？"时选择了"前概念"，认为这一名称简洁明了，没有学科限制，没有否定意味，与后来学校教育的正式科学的概念形成很好的对比。对于"与科学概念理解相悖的认识"，老师们的选择集中在后三个选项，其中选"错误概念"的最多，其次是"迷思概念"。说明多数参加调查的老师没有看过概念教学相关的论著，仅是从字面意思和直观感觉去选择。

三、初中生地理前概念相关因素的调查

为了更好地了解目前初中生地理学科前概念的相关因素，进一步推动和完善初中地理概念的教学工作，我们在 2017 年 2 月和 11 月进行问卷调查，调查以匿名方式进行，分现场调查和在线调查两种。

现场调查对象是汕头市澄海凤翔中学初一年级和初二年级的学生。共发放并回收问卷 500 张，有效问卷 500 张，有效率 100%，采用人工统计数据。

在线调查采用问卷星进行，在东莞市地理教研网和长安实验中学校园网发布问卷二维码，调查对象是东莞市初中生。东莞共 1192 人参与了调查，大部分为东莞长安实验中学的学生，其中初一学生 56.04%，初二学生 43.29%，初三学生

0.67%（东莞初二进行地理中考，初三不再学习地理）。

初中生地理前概念相关因素调查问卷

亲爱的同学：

  你好！

  本问卷采用无记名的方式作答，答卷时长约为20分钟。调查结果仅用于"初中地理概念教学的实践研究"，不外传他人。请你比较下列50个题目中的叙述与你和地理老师的实际情况是否一致：选项5代表"完全同意"，4代表"很同意"，3代表"中立"，2代表"很不同意"，1代表"完全不同意"。请你选择适合的数字，在对应的方框内打"√"号。感谢你的认真回答！

  【说明：前概念是指在接受正式教育之前，已经建构的想法、得到的信息和别人的经验等。】

  你的基本情况

  性别：男□　女□　学校：＿＿＿＿＿＿

  年级：初一□　初二□　初三□

表2.2　地理前概念相关因素调查表

题目 \ 选项	完全同意	很同意	中立	很不同意	完全不同意
1. 我理解什么是前概念。	5	4	3	2	1
2. 我发现自己有许多地理前概念。	5	4	3	2	1
3. 我发现自己的地理前概念对学习地理很有帮助。	5	4	3	2	1
4. 地理老师经常分析同学们的前概念。	5	4	3	2	1
5. 地理老师经常教我们怎么更正前概念。	5	4	3	2	1
6. 地理老师讲解概念时经常举例。	5	4	3	2	1
7. 阅读教材时，我认真看书上举的例子。	5	4	3	2	1
8. 理解地理概念时，我一定结合身边的例子。	5	4	3	2	1
9. 我会在地理教材的主要概念下面做记号。	5	4	3	2	1
10. 我阅读地理教材上大大小小的所有文字。	5	4	3	2	1
11. 上课前，我会预习地理教材上的主要内容。	5	4	3	2	1
12. 下课后我常常会复习地理教材。	5	4	3	2	1
13. 我现在的地理成绩很好。	5	4	3	2	1

续表

题目 \ 选项	完全同意	很同意	中立	很不同意	完全不同意
14. 我相信自己能把地理学好。	5	4	3	2	1
15. 我的语文阅读理解能力很强。	5	4	3	2	1
16. 我的直觉认识和联想能力很强。	5	4	3	2	1
17. 我喜欢阅读地理教材。	5	4	3	2	1
18. 我对地理这门课很感兴趣。	5	4	3	2	1
19. 我喜欢地理实践活动。	5	4	3	2	1
20. 看见奇特的地形，我会仔细观察和思考。	5	4	3	2	1
21. 地理老师知识渊博，教学水平高。	5	4	3	2	1
22. 地理老师关心我的学习。	5	4	3	2	1
23. 我喜欢地理老师。	5	4	3	2	1
24. 地理老师喜欢我。	5	4	3	2	1
25. 地理老师会布置各种形式的作业。	5	4	3	2	1
26. 我认真完成地理老师布置的所有作业。	5	4	3	2	1
27. 地理老师常会详细讲解各种易错题。	5	4	3	2	1
28. 我会把地理作业和试卷上的错题都认真改过来。	5	4	3	2	1
29. 对于自己做错的题目，我总会弄清楚出错原因。	5	4	3	2	1
30. 我记忆地理概念时，会认真考虑它说的是什么意思。	5	4	3	2	1
31. 我会在考试前背诵地理教材上的主要概念。	5	4	3	2	1
32. 我平时经常背诵、记忆地理概念。	5	4	3	2	1
33. 我经常和同学讨论地理问题。	5	4	3	2	1
34. 我经常和地理老师讨论地理问题。	5	4	3	2	1
35. 地理老师经常让我们在课堂上讨论问题。	5	4	3	2	1
36. 地理教材上写的都是对的。	5	4	3	2	1
37. 我能对地理老师讲的内容提出不同的看法。	5	4	3	2	1
38. 报纸、杂志上写的地理知识都是对的。	5	4	3	2	1
39. 电影、电视上的地理知识都是对的。	5	4	3	2	1
40. 我家里有许多地理方面的书籍。	5	4	3	2	1
41. 我常和父母等家里人讨论地理问题。	5	4	3	2	1

续表

题目 \ 选项	完全同意	很同意	中立	很不同意	完全不同意
42. 父母等家里人常给我讲地理知识。	5	4	3	2	1
43. 我的伙伴很多。	5	4	3	2	1
44. 我常常和伙伴们讨论地理问题。	5	4	3	2	1
45. 我常常和伙伴们结伴出外旅游。	5	4	3	2	1
46. 我常常受伙伴们的影响。	5	4	3	2	1
47. 我经常看地理科普方面的书籍。	5	4	3	2	1
48. 我经常上网浏览地理科学类的页面。	5	4	3	2	1
49. 我经常看地理科学类的电视节目。	5	4	3	2	1
50. 我经常看别人的博文、游记等。	5	4	3	2	1

本问卷共50道选择题，包括"前概念"的元认知，概念的例子，教材，自我效能感，兴趣，地理老师与学生的关系，练习、试误及修正，识记，讨论，质疑能力，家庭、同伴、媒体的影响等内容。

（一）"前概念"的元认知（1-5题）

"前概念"的元认知，在这里主要是调查学生对"前概念"的认知情况。第1题"我理解什么是前概念"，东莞学生和汕头学生持中立的各占49.8%和70%，这说明虽然问卷解释了"前概念"，但大部分学生还是似懂非懂，没能真正理解；东莞学生中，完全同意或很同意自己理解"前概念"的学生占38.4%，比汕头的26%要多。第2题的数据结果显示，东莞学生中，发现自己有许多前概念的学生有33.9%，高于汕头学生的20%。第3题的数据结果显示，东莞学生中，认为前概念对学习地理很有帮助的占57.6%，在汕头学生中，这一比例只有33%。在认为"地理老师经常分析同学们的前概念"和"地理老师经常教我们怎么更正前概念"这两个问题上，东莞学生同意的比例要比汕头学生分别高出31.8%和27.7%。这说明无论是学生还是老师，东莞都比汕头更加关注前概念，更注重有效地利用和转变前概念。

（二）概念的例子（6-8题）

地理学科的学习，要涉及很多的概念，有些概念难以理解，教师在讲解时经常要举贴近学生生活的实例来帮助学生理解。第6题"地理老师讲解概念时经常举例"，表示同意的东莞学生和汕头学生分别占 71.6% 和 61%，说明两个地区的教师在讲解新概念时，都经常通过举例子来帮助学生理解。对于"阅读教材时，我认真看书上举的例子"，表示同意的东莞学生比汕头学生多出 21%，这可能还与教材的版本有关。对于"理解地理概念时，我一定结合身边的例子"，表示同意的东莞学生比汕头学生多出 20.1%，说明东莞学生能更好地结合实例来理解和掌握新概念，这应该与东莞样本中长安实验中学学生占绝大多数，而该校这几年一直贯彻"生活中的地理"有关。

（三）教材（9-12题）

教材是学习地理知识的主要工具，学生能否充分地利用它，至关重要。第 9 题"我会在地理教材的主要概念下面做记号"，表示同意的东莞学生和汕头学生分别占 70.1% 和 59%；对于第 10 题"我阅读地理教材上大大小小的所有文字"和第 11 题"上课前，我会预习地理教材上的主要内容"，东莞学生表示同意的比例比汕头学生分别高出 27.6% 和 26.4%，可以看出两地学生对地理学科的重视程度不同，这可能与东莞地理要参加中考，而汕头只是会考有关。对于第 12 题"下课后我常常会复习地理教材"，两地学生表示同意的占比接近，都在三分之一左右。

（四）自我效能感（13-15题）

自我效能感指人们对自身能否利用所拥有的技能去完成某项工作行为的自信程度。第 13 题"我现在的地理成绩很好"，两地学生持中立或不同意两种态度的分别占 75.2% 和 78%，反映学生普遍自信不足。不可否认，这里面有部分学生的成绩确实较差，但是也有部分学生是因为对自己的期望较高，所以不满意自己的成绩。教师在教学中，需要多关注这部分自信不足的学生，增强他们的自我效能感。对于第 14 题"我相信自己能把地理学好"和第 15 题"我的语文阅读理解能力很强"，东莞学生同意的比例要比汕头学生分别高出 14.6% 和 12.1%，反映东莞学生在这两个方面更为乐观。

（五）兴趣（16-20题）

兴趣是最好的老师。对于第 18 题"我对地理这门课很感兴趣"，表示"中立""很不同意"或"完全不同意"的东莞学生占 17%，汕头学生占 4%，可能东莞学生面临中考压力，有些抵触，汕头学生由于在应考方面比较轻松，而地理本身就是一门实用又有趣的课程，所以对地理感兴趣的学生比例更高。在第 19 题中，东莞有 59% 的学生喜欢地理实践活动，而汕头有 33%；第 20 题中，东莞有 49.3% 的学生看见奇特的地形会去观察与思考，而汕头有 29%。这提醒老师在以后的教学中，宜多开展学生感兴趣的实践活动，以提高学生的学习兴趣。

（六）地理老师与学生的关系（21-24题）

和谐的师生关系是激发学生学习积极性、主动性、创造性的原动力，对有效教学十分重要。师生关系融洽不但有助于活跃课堂气氛，而且能调动学生的学习热情，培养学生的学习兴趣，让学生乐学、想学，大大提高学生的学习能力，提高课堂效益。调查结果显示，地理教师与学生的关系相当融洽。在课堂上，教师多关注学生，尤其是后进生，让他们感受到教师对他们的关心与喜欢，有助于开展概念教学。

（七）练习、试误及修正（25-29题）

练习、试误及修正，是学习地理必不可少的环节。对于第 25 题"地理老师会布置各种形式的作业"，东莞学生中，表示同意的占 48.1%，而汕头学生中，这一比例只占 21%，这说明在汕头地区，平时地理老师布置的作业形式还是比较单一；而在东莞地区，以长安实验中学为例，除传统的练习册、试卷外，老师还会布置"手绘地图""思维导图""地理小制作""区域地理PPT"等形式多样的作业，并提供各种平台给学生展示自己。对于第 26 题"我认真完成地理老师布置的所有作业"，东莞学生中，表示不同意的学生占 6.3%，汕头学生中，这一比例为 4%，说明两地学生基本上能完成作业，但质量不高。对于第 27 题"地理老师常会详细讲解各种易错题"，两地学生中，表示同意的比例分别为 75% 和 72%，可以看出，教师在课堂上的释疑、修正相当到位。第 28 和 29 题，关于学生在试误与修正方面的能力，两地学生的同意占比都低于第 27 题，说明在这一方面还需要进一步培养。

（八）识记（30-32题）

识记是通过反复感知的过程，借以形成比较巩固的暂时联系，是记忆的必要前提。学习是从识记开始的。从调查数据可以看出，汕头地区的学生对于地理概念的学习局限于课堂上，而对课后的学习并没有太重视，因为大部分学生以为考试没有名词解释，就没有必要花时间去背诵与记忆概念；而东莞地区的学生由于有中考的压力，因此在课后会花费更多的时间进行概念巩固。虽然说概念没有必要背诵，而重在理解记忆，但是课后复习巩固还是有必要的；教师在课堂上要尽量把一些重要的概念讲透，帮助学生真正理解，才能更好地进行知识的迁移和运用。

（九）讨论（33-35题）

讨论可以激活学生的认知能力，也可以克服教师枯燥地讲解知识。对于第33题"我经常和同学讨论地理问题"，东莞学生中，表示同意的比不同意的多12.2%；而第34题"我经常和地理老师讨论地理问题"，东莞学生中，表示同意的比不同意的少20.3%。说明学生更倾向于询问同学而怯于向老师请教。汕头地区则不同，学生对第33和34两题，表示不同意的比例都比同意的比例高，说明同学们不太善于发现地理问题，也不太在意自己遇到的问题，很少跟同学、老师讨论。

对于第35题"地理老师经常让我们在课堂上讨论问题"，两地学生表示同意的比例都超过40%，这说明教师经常采用讨论教学。笔者在课堂上比较注重通过合作探究的方式来突破重难点，大部分学生也能借助团队的力量解决学习难题。但一般的分组讨论，会出现一部分学生不思考而等着坐享其成的情况，这就需要教师适时调整分组的策略。

（十）质疑能力（36-39题）

"学起于思，思源于疑"，质疑最能调动学生读书、思索、答问的积极性，使学生真正成为学习的主人。学生对36-39题各题表示同意的比例偏低，不同意的比例偏高，表面看起来好像学生具有一定的质疑能力，事实上学生多是凭直觉判断，他们并没有真正去提出质疑和思考问题。这是初中学生比较缺乏的，教师需要在教学中，多鼓励学生大胆发表不同意见，营造一种民主、宽松的课堂氛围，以培养学生的质疑能力。

（十一）家庭、同伴、媒体（40-50题）

影响学生学习的诸多因素都与家庭、同伴、媒体有关。学生对这十题表示不同意的比例较高，尤其第40题"我家里有许多地理方面的书籍"，表示不同意的东莞学生达44.8%，而汕头则高达50%，说明家长们自身拥有的地理知识有限而且不大重视孩子在该方面兴趣的培养。当然也有网络日益强大使纸质书籍大为减少的原因。

经过个别访谈，发现学生的伙伴不多，即便是玩得很好的伙伴之间也极少讨论地理问题，也极少结伴出游。当然，这也与家庭有关，家长担心安全问题，不允许孩子结伴出游；也与学生迷恋网络减少外出有关。对于第46题"我常常受伙伴们的影响"，东莞学生要比汕头学生更明显，伙伴们会影响学生多方面的认知和态度价值观。

　　数据还体现出东莞学生比起汕头学生会更多地通过各种媒体去了解、学习地理知识，这与学生喜不喜欢、重不重视地理有关。但是我们也发现，两地的学生对47-49题表示不同意的比例都要比同意的比例高，这说明较少的学生喜欢并重视地理学习。在教学中，教师可以多给学生推荐一些安全的旅游去处、地理书籍、电视节目，以增加学生的课外知识，提高学习兴趣。这样，他们就能拥有一些地理学科的"前概念"，有助于更好地学习科学的地理概念。

　　以上是东莞和汕头的部分初中生地理学科前概念相关因素的问卷调查结果与分析，这将有助于初中教师更好地对初中地理概念教学的实践进行研究，更好地提高地理课堂的教学效率。

第四章 问题探讨

> 在对师生的有关地理概念教学的调查中,我们发现,对于概念教学的相关认识,教师们存在不少困惑。笔者挑选了一些很普遍的、具有代表性的困惑,整理和阐释如下。

一、概念教学讲清楚定义就够了吗

先来解决教师常见的一个困惑:概念必须是词语吗?类似的困惑还有:概念是名词吗?概念是术语吗?或者反过来:名称是概念吗?术语是概念吗?定义是概念吗?事实是概念吗?等等。由此引发的问题有:教师把表达概念的名词、定义或事实当作概念本身,帮学生逐字逐句分析定义,认为讲清楚定义就是概念教学了;学生则是望文生义地理解概念。

这些都是关于概念形成与语言的关系的问题。教师产生此类困惑主要是受日常概念的影响,我们日常所理解的概念常是以名称的形式出现的。概念的含义丰富多样,不同的人理解不同。维果茨基曾论述:"当一系列被抽象了的特征重新综合时,当用这种方法获得的抽象的综合成为主要的思维形式时(儿童借助这种抽象的综合理解和认识他周围的现实),才会出现概念。实验表明,在形成真正的概念中起决定作用的是词语。儿童正是借助词语才能自如地注意一些特征,借助词语他才能将抽象的概念符号化,把词语用作人类思维创造的一切符号中最高级的符号。"[①]

所以,词语是概念的名称,是表达概念的符号,是人们为了思考和表达的便捷和高效,用一个字或词组来代表这种认识。为了方便,我们常用词语来指代概念,但名称不是概念本身。比如,词语"植被"既是一个概念的名称,也

[①] 维果茨基. 维果茨基教育论著选[M]. 余震球,译. 北京:人民教育出版社,2004:172.

是概念所反映的事物（即覆盖地表的森林、灌丛、草原等植物群落）的名称。名称本身有助于对概念的理解和记忆，但名称本身带给我们对概念的理解是非常有限的。我们应该在先理解概念的基础上再记住概念的名称，这样个人的判断和推理以及同别人的交流才能更加便捷、高效。

这里还要注意两点：一是同一词语在不同的语境下可能表达不同的概念。如"生长期"一词，既可以表达可供植物生长的时间周期（即气候角度的生长期），也可以表达植物从播种到收获的时间周期（即作物角度的生长期）；二是并非所有专业名词和术语都是概念，有些名词是代表概念的符号，不同的教师对这些概念的深度和广度有不同的把握。

广义的概念反映我们对世界的理解，或者称概念性理解，包括狭义概念、原理、理论等各种抽象形式。所以概念可以表现为一个词语、一个句子或者一个问题，尤其在说大概念时。因为"大概念"的英文是"Big idea"，这里用的是"idea"而非"concept"，因此，也有学者翻译为"大观念"。应该说，概念的确是大概念的一种重要表现形式，但大概念不局限于概念，它背后潜藏着一个意义的世界，超出了一个普通概念的应有内涵与外延，作为一种深刻思想、学说的负载体，已成为"思想之网"的联结枢纽。[1] 威金斯认为，大概念通常表现为一个有用的概念、主题、有争议的结论或观点、反论、理论、基本假设、反复出现的问题、理解和原则。[2] 所以，大概念有三种表现方式，即概念、观念和论题。

总体来说，概念（包括大概念）可以是一个词、一个短语或一个句子等，通常一个使用命题或陈述概念内涵的句子，或列出了关于此概念重要知识点的句子能让我们更好地把握概念内涵的深度和广度，有利于体现概念学习的连续性，促进深度理解。

比如，"地球的构造和它的大气圈以及在其中发生的过程，影响着地球表面的状况和气候"这个科学大概念除了句子本身体现的观念外，具体还包含了：来自太阳的辐射加热了地球的表面，并在大气和海洋中产生对流；在地表之下，来自地球内部的热能导致了岩浆的运动，随之，会引起形成地壳的板块移动，形成火山和发生地震；由于岩石的形成和风化，地球的固态表面不断地发生变化等含

---

[1] 刘徽.大概念教学：素养导向的单元整体设计［M］.北京：教育科学出版社，2022.
[2] 格兰特·威金斯，杰伊·麦克泰格.追求理解的教学设计［M］.上海：华东师范大学出版社，2017.

义。[1]

再如，另一个科学大概念"宇宙中存在着数量极大的星系，我们所在的太阳系只是其中一个星系——银河系中很小的一部分"也包含着丰富的内容：太阳、八大行星以及其他一些按一定轨道运转的较小的星体，共同组成了太阳系。用地球围绕太阳的旋转运动和取向，可以解释白昼和黑夜的更替以及四季的形成。银河系由星系、气体和残留物构成。太阳系只是银河系中很小一部分，而银河系又是宇宙中数量极大的星系中的一员。那些星系离我们非常遥远。许多星系中也会包含行星。[2]

在教学中我们很少注意事实与概念的不同。比如，气候是一个地区多年的天气平均状况，这是一个概念，或者说一个概念性知识。北京夏季炎热多雨、冬季寒冷干燥，这就不是概念了，而是事实性知识，可以作为气候的一个正例。

仅有定义来表示概念是不够的。比如概念"地球公转"，仅掌握定义"地球公转是地球围绕太阳的运动"就够了吗？远远不够，概念的表述应该是一个"体系"。要理解地球公转，还要理解：地球围绕太阳运转一周的时间为一年（周期），地球围绕太阳运转的方向为自西向东（方向），地球围绕太阳公转时地轴的空间指向保持不变（空间姿态），等等。理解了整个"体系"，才算真正理解概念"地球的公转"。

二、核心概念、关键概念、基本概念等同于大概念吗

人们常常会不加区分地使用核心概念、关键概念和基本概念，特别是在课题研究中。它们可以是课题名称中的特定概念、关键词或公众表述不清的词组等。对这些概念的界定，人们并未达成一致的说法。其中，使用最频繁的"核心概念"一词的比较权威的定义来自于2007年美国科学教育委员会，在其出版的研究报告《预备，各就位，科学！将研究成果应用于K-8年级科学课堂》中，"核心概念"被定义为：经过检验的位于各学科（地理、生物、物理、化学等）中心位置的科学观念（Science ideas）。其后，美国《K-12科学教育框架：实践、跨领域概念和核心概念》及《新一代K-12科学教育标准》都认为学科的核心概念具有聚焦K-12年级在科学方面最重要的课程、教学和评测内容的功能。至少具有以下条件中的2条，最好是都满足的概念可被认可为"核心概念"：①能跨越

---

[1] 温·哈伦.以大概念理念进行科学教育[M].韦钰,译.北京：科学普及出版社,2016.
[2] 同上.

多门学科或工程领域的具有明显重要性的概念，或是一个具体学科知识组织中的关键概念；②能提供对于理解和研究更复杂概念和解决问题的关键工具；③能与学生的兴趣和生活经验相关，或能连接需要科学和技术知识的社会或个人问题；④通过增加深度和复杂性，能在持续的多个年级中教和学。

但不同学者因研究角度不同，对其界定也各不相同。比如，费德恩等认为，核心概念是一种教师希望学生记忆、理解并在忘记其非本质信息或周边信息之后，仍能应用的陈述性知识。[①]也有些不少中国学者认为关键概念、基本概念即核心概念，等同于大概念，不同说法只是外语的不同翻译而已。

本研究认为，关键概念不等同于核心概念。二者虽然都是对重要概念、事物、现象、理论、原理与过程的解释，但核心概念基于学科的框架与结构，处于学科的中心位置；关键概念则基于学科结构的主干部分。关键概念和核心概念之间是交叉关系，不是同一关系或类种关系。

大概念是一个相对概念，它包括了核心概念和关键概念。大概念的"大"是为了说明此概念所能解释事物的范围之广，抽象概括程度之高。[②]但不同的概念解释事物的范围是不同的，所以这个"大"是相对的，它可以是跨学科的共通概念，也可以是某一学科的核心概念。

核心概念通常是对于某一特定学科而言，它处于该学科的中心位置，直击学科本质，但大概念却不一定位于学科中心位置，大概念往往是由若干个核心概念、关键概念与基础事实性知识发生联系构建起来的；核心概念是对关键概念的抽丝剥茧，若干个关键概念与基础事实性知识包裹着核心概念。若把大概念比作一栋房子（某一学科）和其周围的事物（跨学科的共通知识），核心概念则是这栋房子的各个房间，关键概念便是各个房间的钢筋架构，基础性事实知识即框架中填充的水泥与砖头。

比如，在"认识世界"这个大主题下，我们根据《义务教育地理课程标准（2022年版）》提炼出"按不同尺度把世界划分为大洲、地区和国家等区域，通过认识这些区域的特征，比较区域的差异，进行区域联系来理解世界"这一大概念，里面包含核心概念：位置和分布、地理环境、人地关系、区域、空间差异与联系等；包含的关键概念则更多，有自然地理位置（如经纬度位置、海陆位置）

---

① 普莱斯顿·D·费德恩，罗伯特·M·沃格尔.教学方法——应用认知科学，促进学生学习[M].王锦，曹军，徐彬，译.上海：华东师范大学出版社，2006.

② 刘徽.大概念教学：素养导向的单元整体设计[M].北京：教育科学出版社，2022.

和人文地理位置，自然地理环境和人文地理环境，人口、聚落、经济、交通、文化和商业等的分布，等等。这些关键概念（基本概念）是支持核心概念建构的不可或缺的概念。而亚洲的地形地势、日本的火山地震和外向型经济、欧洲西部的制造业和乳畜业、东南亚风情等具体知识点属于非本质信息，是学生在认识区域的过程中有所了解但无须长久记忆的基础事实性知识。

虽然不同概念间有差异，但笔者认为，课程改革中常常出现很多模棱两可的相似概念，作为一线中学教师，我们没必要去一一辨析，选用哪个概念无所谓对错，各专家学者的说法也都是见仁见智的一家之言。我们要做的是去判断以某种名义开展的教学改革，对学生的发展是否有意义，对自己改进教学是否有价值。只有真正以生为本的教学才是好的教学——在理解和把握学科本质的基础上，把学科思想方法、结构化的知识有效地传授给学生，让他们走向社会还能用上这些知识来解决问题。

三、初中地理有必要进行大概念教学吗

有些老师困惑：初中地理有必要进行概念教学吗？有这种困惑的老师说：初中生以形象思维为主，讲解抽象的地理概念不符合初中生的认知水平；初中讲"地"，让学生知道一些地理表象，保持地理学习的兴趣就够了；高中讲"理"，那些抽象思维的概念解析、成因分析、规律总结、原理运用等就留给高中学习，不要"下放"到初中。

类似的说法还有：我知道地理概念重要，在初中讲小概念就好了，那些层次高的大概念，概括性强，理解困难，没必要放在初中讲；初中生能理解"蚯蚓能很好地适应在泥土中生活"，但是很难理解大概念"生物体需要经过很长时期的进化形成在特定条件下的功能"，理解不了为什么还讲？加重学生负担，现在不是要"减负"吗？等等。

这些认识有相当的迷惑性，主要是受传统观念的深刻影响，对新教法、新学法、新概念的内涵不甚理解，这也是目前教学改革面临的突出问题。所有的改革理念老师们好像都知道。比如素养，老师们说，素养不就是素质吗？换了个词而已。比如单元，老师们说，教材都是以单元组织的，我们不是一直都在进行单元教学吗？比如迁移，老师们说，我们的教学没有都让学生死记硬背呀，我们也通过各种题目的各种变式让学生举一反三，实现迁移呀！比如生活价值，老师们说，我们在教学中也会让学生联系生活中的实例呀！比如联

系，老师们说，这就是温故而知新嘛，我们也会让学生想想已经学过什么，并且让学生画思维导图，把学习的内容联结起来。我们不是在教零碎的知识点啊……[①] 此外，这些认识中也含有对新观念的"想当然"。

首先，他们把"地"和"理"截然分开了。讲"地"不涉及"理"，教就成了碎片知识的灌输，学就成了死记硬背。我们很早就提倡"不要教教材，要用教材教"。不少老师理解为不要照本宣科，而要积极拓展内容，比如增加趣味地理知识、时事热点和生活实例等；要灵活整合教材，比如打乱教材安排的顺序，注意知识的纵横联系。这些理解没有错，但是肤浅化、表面化了。深层的理解是："教教材"指只教书上的"专家结论"，"用教材教"指的是通过专家结论来建立学生的"专家思维"，就是我们俗称的像"科学家一样的思考"。专家思维更具生活价值，没有专家思维支撑的专家结论，只能在学校内部流转[②]，应付学校的考试。出了校门，这些"专家结论"要么忘光了，要么成了惰性知识，其生活价值微乎其微。而专家思维是可以从学校教育迁移到现实世界的。也就是说，不涉及"理"的"地"就是没有专家思维支撑的专家结论。

有的老师又疑惑了：难道我要让初中生除了"知地"，还得析理、明理？教学时间够吗？笔者认为，析理、明理是需要的，关键是"理"到什么程度。我们应站在初、高中地理教学衔接的角度，把握好教学内容的深浅程度，明确初中地理该学哪些内容，哪些要重点学习，哪些需要下功夫抓落实，不能凭感觉"深一脚浅一脚"地教。比如，初中区域地理的学习目标是知道世界、中国和家乡的地理概貌，认识中国和世界的联系，初步学会根据一个国家或一个地区的地理信息归纳其地理特征，主要任务是了解不同尺度、不同类型区域地理概况，积累丰富的地理表象，原则上不涉及较深层次的成因问题。而高中区域地理的学习要求从成因上认识区域差异，通过若干案例认识区域与人类活动的关系，其落脚点是实现区域可持续发展。

其次，他们把概念绝对化了，没有认识到概念是在不断变化的、进阶的。他们也误解了概念教学，认为概念教学就是词语解释，就是讲清楚概念的定义。

在第一部分的第五章，我们已经论述了同一个大概念可以在小学、初中、高

[①] 刘徽.大概念教学：素养导向的单元整体设计［M］.北京：教育科学出版社，2022.
[②] 同上。

中、大学不断学习，不断丰富和深化，并用布鲁纳在"螺旋式课程设计"中的"杠杆原理"为例子，从幼儿园的"压跷跷板"的知识到大学"力的平衡"知识，说明同一个知识可以转换成各种不同形式教给不同认知水平的学生。其实，学习就是一个循序渐进的过程，具有连贯性，需要由浅入深，由简单到复杂。对同一学科的概念、原理、方法和观念的学习，要在准确把握学生学科学习的认知发展阶段的基础上，按照认知阶段来安排教学内容，随着学习内容的深化，呈现一个一以贯之的持续上升的过程，这就是学习进阶，即在一个较大的时间跨度内内学习和研究某一主题必须遵循的、连贯的、逐渐深入的思维路径。

四、其他困惑

（一）概念（大概念）教学会影响成绩吗？

有此顾虑是因为概念特别是大概念确实抽象，既需要花费老师很多的备课时间，也需要花费学生的学习时间，而且效果不能立刻凸显，在现行的评价体系中比较吃亏，还不如教一些方法、套路，让学生背一些口诀、模板，能"立竿见影"，不论学生是否理解，只要记清老师提供的方法和套路总能多蒙些分。

我们从两个角度来分析：如果还是终结性逻辑下的双向细目表评价框架，即以抽测知识点来评价学生的认知水平（一般分为识记、理解和应用），上述的担忧是存在的。因为这种评价只能反映学生是否掌握了零碎的知识和技能，不能有效反映他们是否能利用这些知识和技能去解决实际中的问题，无法联结学校教育和现实世界。以分数来考查知识点的掌握，导致老师只盯着每节课的具体知识点，力求面面俱到，生怕讲漏，强调具体知识的记忆，缺乏对前后知识间联系的深入思考，"只见树木，不见森林"。学生为应付考试，死记硬背了一堆碎片化知识，很难获得地理能力的真正发展，更遑论地理素养的提高了。

这就需要考试方式和评价体系的配套变化。事实上，国家一直在通过教育目标的调整来促进评价体系的完善，倒逼教学方法的优化。《义务教育地理课程标准（2022年版）》明确提出，地理课程的评价要以落实立德树人根本任务为目标，坚持德育为魂、能力为重、基础为先、创新为上，树立科学的质量观。要以地理课程核心素养的培养为要旨，坚持面向人人、因材施教、知行合一，强化过程性评价，健全综合评价。新课标强调的命题原则是：学业水平考试应遵循严格依标命题、坚持素养立意、创新试题形式等原则，要体现育人导向、改革方向、课标要求、教学导向等。从中可见国家是非常重视评价改革的，评价改革一定会朝着"为素养而考"这个方向走,而大概念教学正是"为素养而教",所以大概念教学是应时而生,应势而热的。从这个角度来看,我们没理由担心大概念教学会影响成绩。

从另一个角度分析,如果学生不是真正理解,那么每一个知识点都是孤立的,或者只有表面上的相关。如果学生能真正理解,学习就会呈现"滚雪球"效应。真正理解也不容易遗忘,否则就要靠不断复习,这样即使暂时能答对题,也鲜有对未来的价值。更重要的是,只有真正理解大概念,才会让学生感受到学习的价值,进而对学习产生兴趣,真正培养学生的素养。

比如考查"地球的形状",即使学生准确、详细地回答出"地球是个两极稍扁,赤道略鼓的不规则球体",也不能代表学生理解了,这是作为知识点来记忆的,没有生活价值;如果学生能通过人类认识地球的过程说出人类是怎么知道地球的形状的,那么学生就了解了科学史,体验了地理的思想方法和科学精神,这些东西就很有用处了;如果学生能够感悟"我知道了地球的形状有何意义",那么他可能理解地球表面区域差异的基础、地理演变过程的机制、人类活动的基础等知识背后的意义和价值,这就不仅是地理思想方法和观念的形成了,更达到育人价值的高度了。当然,随着答问的深入,教学持续的时间越来越长,对师生的要求也越来越高。无论怎么说,概念(大概念)教学是值得期待、值得尝试的。

再举一个生活中的例子。笔者曾听过一则报道,说学外语可以提高唱歌水平、提高记忆力和防止大脑退化。许多人喜欢听类似的报道,热衷于做个博学的"知道分子"。但这只是个知识碎片,知道了和记住了对我们的生活并没有多大意义,我们不应把关注点只放在知识点本身,而应追问:这个结论是怎么得出来的?什么机构做了什么样的研究来证实?研究者是怎么想到这个课题的?又是怎么把学外语和唱歌能力、记忆力、大脑退化关联起来的?这系列的追问和思考是报道背后的思想方法和科学精神,除了有助于说服自己和他人去学外语,还能迁移去发现和解决生活中的很多问题,这就是大概念学习的魅力。

(二)大概念是科学教育里面的提法,地理学科有必要吗?

大概念首先出现在科学领域,是随着科技的发展,西方科学教育界认识到创新人才培养的重要性而提出的。但这里的科学并不是有些老师认为的小学的"科学学科"。这个疑惑的背后还存在着"地理学是一门科学吗?"的疑惑,是大家在地理学科性质方面的认识差异导致的。

1986年,中国科学家钱学森提出"地理科学"这一概念,他认为人类离不开特定的地理环境，地理科学作为科学技术的一个大部门，与自然科学、社会科学、数学科学、系统科学、人体科学、思维科学、军事科学、行为科学、文艺理论这九大部门并行。[①]可见地理科学的重要地位。

陆大道在论述地理科学的价值和特征时写道："地理学具有独特的对象，即地球表层系统中的自然和人类之间的关系，逐步建立了学科的方法论体系，具有相应的国际组织。最重要的是在实践中体现了重要的社会价值。人类社会经济活动的规模、方向、变化、强度、空间态势等，总是处在变化之中。即使是高度严密制定的发展计划，在实施过程中也会受到诸多变化的影响而超出最初的预想。即由于一系列不断变化的"非科学"因素进来并产生了影响而具有不确定性。这种不确定性导致在地理科学范畴内，没有"硬性"的真理标准。但地理科学研究对象所涉及的事物，其发展、运动的规律是客观存在的，即地理科学要揭示的真理是客观存在的。之所以不具"硬性"的标准，则是因为反映事物本质的"系统"（我们可以称之为"地域系统"）具有的特性而致。在此系统内，要素相互作用的变化及要素变化对于系统状态的影响，或者说，事物的发展，不是受决定论支配的，不像水面蒸发量（与水面温度和表面风速等相关）的规律和线性特征。这种线性特征，还如：宇宙飞船在太空的对接要求（可以）精确到百万分之一秒。一台机器，会严格地按照输入的一定参数去运转。在交叉科学领域内，没有这种决定性的规律。但是，在这些领域中，因素和要素之间的作用具有方向、幅度、概率等规律。"[②]

一些教师还会认为大概念只适合于数学、物理、生物等科学学科，不适合于语文、美术等学科，因为他们觉得人文学科没有那么多概念，或是无法提炼出大概念。这实际上是一种误解，大概念不仅包括概念，也包括观念和论题等，所有学科都有大概念。如语文大概念"神话是反映人们对创世大问题的集体意识，既符合常识又超越常识"[③]。再如"语言交流是有对象的目的性行为"这一大概念不仅适用于语文、英语，还可用于音乐、美术等学科，而且在日常做汇报、写邮件、处理人际关系等活动中也非常适用。

[①] 钱学森.谈地理科学的内容及研究方法（在1991年4月6日中国地理学会"地理科学"讨论会上的发言）[J].地理学报，1991,（03):257-265.

[②] 陆大道.地理科学的价值与地理学者的情怀[J].地理学报，2015,70（10）：1539-1551.

[③] 刘徽.大概念教学：素养导向的单元整体设计[M].北京：教育科学出版社，2022.

（三）大概念就是学科思想方法和观念吗？

因为大概念的概括性和强迁移性，一些教师认为大概念就是以往所讲的"授人以鱼，不如授人以渔"中的"渔"，也就是方法。事实上，大概念在方法之上。现实世界中，方法也是不断变化的。就像"渔"也经历了"用手抓鱼→用竿钓鱼→拉网捕鱼→水产养殖"的过程，而这些方法之上，是"工具创新"的大概念。[①]

大概念和学科思想方法、观念是统一的，但属于两种话语体系。就像素质和素养，素质是教育话语，它既包括先天因素，又包括后天习得；素养是课程话语，它完全是后天习得，一定要经过学习而逐步养成。大概念是教育学话语，学科思想和观念是哲学话语，在学科层次上，二者没有本质区别，大概念里蕴含着丰富的学科思想方法和观念。如果要说有什么差异，就是侧重点不一样，大概念更强调 idea（想法、点子），更强调基于 idea 解决真实问题。学科观念作为学科课程要培养的核心素养之一，必须基于大概念来"激活"（或"活化"）才能成为学生解决问题的素养，没有激活的学科观念只是一类学科知识。[②]

以地理学科为例，阐述一下几个概念的差别：地理方法是指某一地理活动过程的途径、程序和手段。地理方法的灵魂是地理思想，思想是对方法的抽象认识，方法是思想的具体化形式，两者具有统一性，常常统称为地理思想方法。在教学中，有些老师抛开地理思想讲审题、答题的方法或套路，其实是把方法当成事实性知识灌输，用处不大。

地理观念是地理概念和规律等在人的头脑中的提炼和升华，是经过长时间的地理学习形成的运用地理观点、思想和方法看待事物、认识和解决问题的一种思维意识、习惯、方式和态度。地理观念反映学科本质，是学科研究对象、过程和结果在学生头脑中整体的、概括的反映。地理观念和学科思想方法具有统一性，都是地理核心概念的内涵和概括化的表达，是对核心概念丰富内涵的具体解读。[③]

---

① 刘徽.大概念教学：素养导向的单元整体设计［M］.北京：教育科学出版社，2022.
② 郑长龙.大概念的内涵解析及大概念教学设计与实施策略［J］.化学教育（中英文），2022（43）：13.
③ 张素娟.地理学科本质问题解析与中学地理教学［M］.北京：北京师范大学出版社，2021.

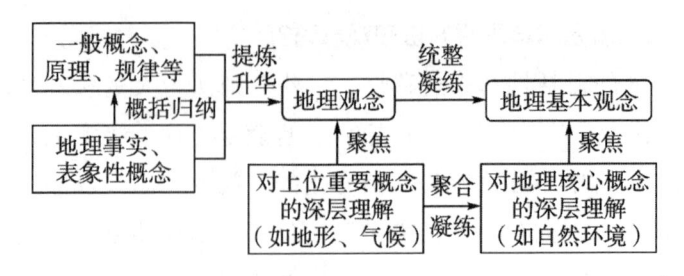

图 2.2　地理核心概念与地理观念之间的关系

（四）大概念这么复杂，能不能让学生先记住，以后再慢慢理解？

大概念靠"悟"不靠"记"，记住了但不理解的大概念只是无用的惰性知识。大概念指向目标层面，培养对大概念的理解是贯穿于正规教育及正规教育之外连续的渐进过程。它始于小的、局部的和特定背景下的概念，这些概念是通过研究特定现象而形成的。[1] 要想帮助学生真正理解大概念，就要在教学中充分调动学生的主动性，通过各种案例，激活学生在生活中积累的各种经验，让学生自己感悟，而不是"记住"大概念。

以笔者的一次刻骨铭心的开水烫伤经历为例，来帮助大家理解。2022 年底，笔者半夜起来灌装热水袋，热水袋倾倒导致开水烫伤大腿。为此，笔者先在江西老家治疗 10 天；回东莞后又住院治疗 23 天，经历清创、植皮等手术；出院后在家休养 7 天，这才慢慢恢复。

仔细分析烫伤的原因：1. 半夜起床，神智不太清楚，反应迟钝。2. 不开大灯，昏暗的环境影响视线和判断力。3. 热水袋即将注满时，溅起的水花落在手指上，手指条件反射抖动了一下，满袋热水倾倒。4. 灌装热水袋的同时开小差和先生聊天。5. 边缘有弧度的光滑的桌子和软塌塌的热水袋让不确定性增加。

烫伤后，一些不当的选择使得后果更加严重：1. 对烫伤的急救处理经验不足。当时立刻用冷毛巾包冰块局部冰敷降温是对的，但长时间冰敷反而造成了二次损伤，最好用流动的冷水冲洗，不要考虑烫伤的部位和淋冷水可能导致的感冒。2. 对烫伤后果重视度不够，抱有侥幸心理。烫伤当天本可以去医院及时就医却没去，耽误了治疗。3. 伤后第一、二天无痛感，频繁走动和干活导致水泡破裂、皮肤磨烂。4. 性格刚毅独立，起初不想麻烦别人，后来反而麻烦了更多人。

这些原因就像教材里面的一个个结论，彼此间关联度小，呈碎片化结构，迁移性差。每个人从小都受过各种安全教育，也耳濡目染过不少案例，如果是安全

---

[1] 温·哈伦. 以大概念理念进行科学教育[M]. 韦钰, 译. 北京：科学普及出版社，2016.

考试，无论是防患未然、急救处理，还是康复措施和注意事项等，不少人都可以拿高分甚至满分，但生活不是考试，完全没有考试那般的良好结构，也容不得多想，容不得出错。

这次事故给笔者的经验教训：1.掌握正确的急救措施很重要。2.意外发生后，不同医生和不同人对治疗和康复措施说法不一，不能"病急乱投医"，要有分辨力，得听专科医生的建议。3.不要存侥幸心理。

这些教训是笔者痛定思痛后的概括提炼，就像是概念，于笔者而言，感受深刻；可是对非当事人，会觉得这些道理早就耳熟能详，估计听听也就忘了，没有多大的生活价值。

在创面修复科住院的二十多天里，笔者耳闻目睹了各种意外受伤案例，再结合以前的相关经验，得出大概念：1.意外的发生是多个因素叠加作用的结果，任何一个因素的变化都会对结果产生影响。2.生活是由一个个看似确定的因素组成，但是各因素组合在一起，就产生不确定的世界。3.每一次的严重事故背后都隐藏着很多轻微事故或未遂事故。

如果笔者让学生把这些大概念背下来，有用吗？没有丰富多样的具体案例，没有刻骨铭心的感悟，这些大概念就仅仅是空泛的大道理。高度抽象的大概念和实际的经验是相去甚远的，在解决一些实际问题时，它们不如那些与实际事件和现象联系更为明显的小概念有用。所以说大概念也好，核心概念也好，都是靠不断地"悟"而不靠"记"。

再比如，经过多年的地理教学和各种的教学研究，笔者深刻认识到"地理让生活更美好"。这八个字是笔者二十多年教学经验的高度凝练，可以说是笔者教学的一个大观念。那么，如果笔者把这几个字告诉任何一位老师，他能有同样的体会吗？答案是：不能。因为这八个字是笔者从成百上千的具体教学案例、实际生活经验中归纳总结出来的。笔者对这句话理解深刻，可以把它迁移到新的教学和生活情境中，但是对于其他老师，特别是新老师来说，这可能就是一句空洞的话，因为他们缺少用于理解这个大观念的具体教学案例和实际生活经验。

总的来说，单纯的大概念就像单纯的理论几乎没有什么意义，它只有在与其所解释的丰富而重要的实例相结合的背景下才有意义。如果这些实例丰富多样，而且能够呈现理论或大概念的各种复杂细节，那么，这类理论或大概念对您也会更有价值。

第三部分

中学地理靠什么展开概念教学

先来看个故事①。

一次,一个孩子问我:"看见那只鸟了吗?你知道它是什么鸟吗?"我回答:"我一点儿都不知道。"他说:"那是一只褐色的、会发喉音的画眉,你父亲什么也没教你吗?"

"完全不是这样,父亲教了我很多。父亲说:'看那只鸟!它的名字叫斯宾赛鸣鸟(我知道父亲其实并不知道这只鸟的正确名字)。'父亲又说:'在意大利它叫×××;在中国它叫×××;在日本它叫×××。你可以知道用世界上不同的语言如何称呼这种鸟,但是,学完了这些,你实际上根本不了解这种鸟,你只知道世界上居住在不同地方的人对这种鸟有不同的称呼。所以,让我们来仔细观察这只鸟,看看它在做什么?那是我们应该考虑的。'(我很小就知道,知道某个物体的名字和知道某个物体之间的差别。)

"父亲说:'比如说,看吧,这只鸟不停地在啄它的羽毛,它是不是一边走,一边在啄它的羽毛?'

'是!'

'鸟为什么要啄它们的羽毛?'

---

① 韦钰.十年"做中学"为了说明什么[M].北京:中国科学技术出版社,2012.

可能是它们飞行时把羽毛弄乱了，它们啄羽毛，以便把它们的羽毛理顺。'

"父亲又说：'好吧，如果是这样，那么它们只需要在飞过以后啄一会儿，当它们落地一段时间以后，就不应该再啄它们的羽毛了。你知道我问你这个问题的目的吗？'

"父亲又说：'让我们仔细观察一下，它们是在刚刚落下时啄得最多吗？实际上要看清楚这一点，并不困难，比较一下那些刚刚落下的鸟和已经在地上走来走去的鸟，它们在啄羽毛上看不出差别。'我说：'我放弃我的想法，那些鸟啄它们的羽毛，并不是为了整理羽毛。'

"父亲说：'因为有虱子在咬它，虱子在吃羽毛上沾着的蛋白的屑屑。虱子的腿上常常有一些柔软的物质，更小的生物会吃它，这些小生物不能完全消化这些物质，就会排泄一些和糖类似的物质，细菌就会在其中生长。'

"最后父亲说：'你要知道，哪里有食物存在，就一定会存在以它作食物而生存的、有生命的生物。'"

图 3.1　褐喉画眉和费曼

读完这个故事，您得到什么启示？

第一章 建构大单元

上面故事中的"我"是理查德·费曼，世界上著名的科学家之一，1965年与朱利安·施温格及朝永振一郎共同获得诺贝尔物理学奖。他在1981年接受BBC专访时，讲述了父亲对他的影响。费曼的父亲是个商人，但对科学很感兴趣，也是费曼的科学启蒙老师。父亲培养了费曼对自然奇迹的无休止的好奇心、从全新的角度看问题的能力和用系统观认识生命现象、探究生命规律的方法。上面的故事里，费曼的父亲试图建立一个核心的科学概念——"哪里有食物存在，就一定会存在以它作食物而生存的、有生命的生物"，以此引导费曼深入观察、猜测、验证、再猜测、再验证。虽然费曼说："我现在知道，在那些鸟的羽毛上，可能存在的并不一定是虱子，在虱子的腿上也不一定有更小的生物，父亲告诉我的，也许在细节上并不准确，但是他却教给我根本上正确的东西。"[1]

费曼喜欢观察最普通的自然现象，并找出其中蕴含的科学道理。费曼常说，如果一个人学会了解释简单的的东西，他就懂得了解释是什么，也就是说，他理解了科学本身。

费曼创造的费曼学习法就是教你用自己的方式，把知识讲给一个完全不懂的人，让他听懂。只有把知识经过自己的理解，最终输出，这个知识他才能掌握。而且，通过输入，再输出，再讲

---

[1] 韦钰.十年"做中学"为了说明什么[M].北京：中国科学技术出版社，2012.

> 解，再简化，最后成为统摄性、迁移性强的、少而精的大概念，这样学下来的知识最为牢固。所以，要想解释繁杂的世间万象，就得围绕大概念组织教学，也就是大单元教学。
>
> 《义务教育课程方案（2022年版）》在"课程实施"模块下的"深化教学改革"中指出："推进综合学习。整体理解与把握学习目标，注重知识学习与价值教育有机融合，发挥每一个教学活动多方面的育人价值。探索大单元教学，积极开展主题化、项目式学习等综合性教学活动，促进学生举一反三、融会贯通，加强知识间的内在关联，促进知识结构化。"这为"大单元教学"提供了有力的政策支持。可是，怎么用旧教材来实施新课标呢？

一、为什么强调大单元

有老师说：教材都是以单元组织的，我们以前不是一直都在进行单元教学吗？怎么现在单元教学又成"新词"了？教育改革带来了不少"新概念"，这些概念的名称并不是新的，却被赋予了新的内涵。大单元教学顺应了"课程内容结构化"的新课改要求，是实现素养导向下的教学新方向。福建师范大学余文森教授认为："发挥课程培育核心素养的内在功能，需要优化课程内容结构体系：一要鲜明、准确地阐述各门课程内容组织的指导思想和结构方式；二要体现以大观念、大主题、大任务等对课程内容的结构化作用；三要落实减负增效，为学生留出更多探究性学习的空间，保护好奇心，激发兴趣，培育创新精神。"[①]就让我们先从教育结构的变化来分析单元教学的变化吧。

（一）教育结构的变化

这里说的教育结构主要指教育活动的结构，包括教育者、学习者、教育中介系统（包括课程内容和形式等方面）。传统的教育结构是层级结构（见图3.2），即每一门学科主要通过专任教师和教科书来传递学科中蕴含的智慧，"教师—教科书"的组合服务于学生群体。其中，重要的交流发生在学生与"教师—教科书"之间，很少发生在学生与学生之间。

---

① 余文森，龙安邦. 论义务教育新课程标准的教育学意义[J]. 课程·教材·教法，2022（6）.

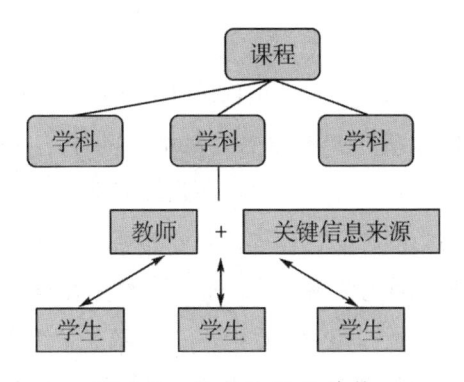

图 3.2 教育的层级结构

层级结构体现出通过较固定的自上而下的控制来确保教学秩序的优势。但是，随着计算机技术、通信技术和交通技术的发展，世界变得"越来越小"，而个人体验到的世界却变得越来越广阔、越来越复杂。简单的层级结构难以匹配这个复杂的全球化、网络化世界，它没有很好地反映出学生的生活和知识的生命力，也没有重视不断扩展的、具有生活价值的新领域。人们需要能够支持学生之间、知识资源之间、复杂社会中各类现实挑战之间交叉联系的教育。于是，另一种教育结构应运而生，它就是图 3.3 所示的网状结构[1]。

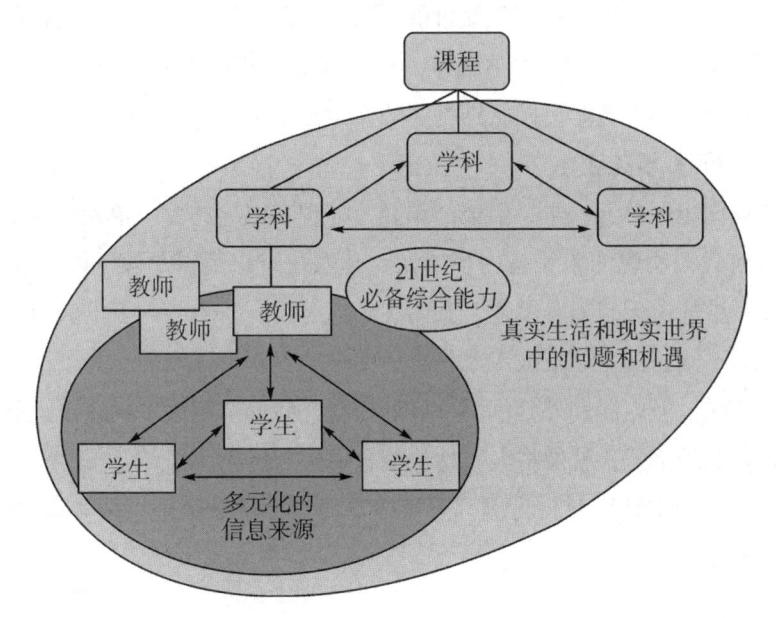

图 3.3 教育的网状结构

---

[1] 戴维·珀金斯. 为未知而教，为未来而学[M]. 杨彦捷，译. 杭州：浙江人民出版社，2015.

两种结构的基本要素都是一样的：课程、学科、教师和学生。"课程"要素都居于结构的顶端，这里的"课程"指以某种方式组织，被认为具有教学价值的特定主题和内容。在网状结构中，"课程"之下，"学科"仍然是教育内容的主要来源，但已经不是各自为政的分科教学，而是打破学科之间的界限，进行了跨学科的联合。不同学科的教师之间也会进行充分的互动。学生获取信息的来源得到了极大扩充，教科书只是信息来源之一。而且，发生在学生之间的交流和学生—教师式的交流一样丰富。教师和学生重视"21世纪必备综合能力"[1]的发展，这样的发展不仅体现在学业背景中，而且也体现在涉及真实生活和世界问题、包含不同机遇的场景中。[2]

在教育的层级结构中，孤立的各个学科构成课程，学业质量评价的依据是学生是否完成教师和教科书的要求，掌握并牢记所提供的信息。教师不用去管所教知识在更广阔的世界中是否实用，只需在限定的学科范围内，带领学生向着专业知识前进即可。而在教育的网状结构中，分科专业知识的严谨性、学术性被弱化，不同的学科之间有所联系，教师互相合作，学生之间也有丰富的交流，学习的知识源自多样化的信息源，21世纪必备综合能力将得到发展，而且充分体现与真实世界有关问题的联系，生活价值、适应复杂世界的多元要求被强调。

教育结构的转变影响到教学内容、教学形式和课时安排的变化。层级结构下的教学是传统的单元教学，网状结构下的教学更多是大单元教学。

（二）单元教学的变化

以前我们也说单元教学，但彼"单元"与现在倡导的此"单元"并不是一个含义。以前我们所说的单元是内容单元，其内在组织逻辑是教学内容的关联性；今天我们所讲的单元是素养单元，其内在组织逻辑是素养导向下的大概念，即用大概念联结不同的内容，形成专家思维，使学生真正形成素养。为了区分这两个虽然名称一样，但内涵和外延都不一样的概念，我们会用大单元或单元整体来特指素养导向下的单元，就像将大概念从概念中区分出来一样。

以人教版初中地理教材为例，七年级下册世界区域地理，分4章13节若干

---

[1] 包括批判性思维和创造性思维、合作能力和合作意愿、领导力、创业精神，以及在这个时代生存和发展所需的其他关键能力与品质。

[2] 戴维·珀金斯.为未知而教，为未来而学[M].杨彦捷，译.杭州：浙江人民出版社，2015.

框题，八年级下册中国区域地理分6章14节（见表3.1）[1]，从中我们可以清晰地看出，教材的组织逻辑是区域的位置和范围。然而，学习完这些内容，学生究竟能获得什么地理素养呢？不同章、节之间还有什么关系？等等这些问题并没有被深入探究。

表3.1 人教版区域地理教材内容编排[2]

人教版七年级下册地理教材内容编排		人教版八年级下册地理教材内容编排	
章	节	章	节
第六章 我们生活的大洲——亚洲	第一节　位置和范围	第五章	中国的地理差异
	第二节　自然环境		
第七章 我们邻近的地区和国家	第一节　日本	第六章 北方地区	第一节　自然特征与农业
	第二节　东南亚		第二节　"白山黑水" ——东北三省
	第三节　印度		第三节　世界最大的黄土堆积区 ——黄土高原
	第四节　俄罗斯		第四节　祖国的首都——北京
第八章 东半球其他的地区和国家	第一节　中东	第七章 南方地区	第一节　自然特征与农业
	第二节　欧洲西部		第二节　"鱼米之乡" ——长江三角洲地区
	第三节　撒哈拉以南非洲		第三节　"东方明珠" ——香港和澳门
	第四节　澳大利亚		第四节　祖国的神圣领土 ——台湾省
第九章 西半球的国家	第一节　美国	第八章 西北地区	第一节　自然特征与农业
	第二节　巴西		第二节　干旱的宝地 ——塔里木盆地

---

[1] 注：同样版本的各学科教材的体例结构也有同有异，如物理教材与地理教材的体例结构一样，都是先分"章"再分"节"；数学教材先分"章"再以数字如1.1，1.1.1往下排列；道法、历史、美术教材先分"单元"再分"课"；生物教材先分"单元"再分"章""节"；化学教材先分"单元"再分"课题"；语文教材先分"单元"再分阅读、写作、综合性学习等主题；音乐教材先分"单元"再分欣赏、唱歌、听乐赏画、选听、编创等主题。

[2] 人民教育出版社出版，2021年10月第1版。

续表

人教版七年级下册地理教材内容编排		人教版八年级下册地理教材内容编排	
章	节	章	节
第十章	极地地区	第九章 青藏地区	第一节 自然特征与农业
			第二节 高原湿地 ——三江源地区
		第十章	中国在世界中

因为在传统的地理教学中，我们习惯于关注每一节课，备课和教学设计也是按教材上安排的章节，以课时为单位进行的。这样的教学容易把课程内容碎片化，导致知识的割裂。教师在教学中易拘泥于教材内容，教材怎么写，教师就怎么教，难以对相关教学内容进行优化、整合和重组。对知识的处理缺乏全局性、整体性的把握，不利于形成完整的知识链条和结构体系。

研究表明，将越小的内容领域作为教学的基本单位，教师的注意力就越聚集在具体事实和具体知识点上。[1]一节课一节课地切割，使"双基"（即基本知识和基础技能）成了关注焦点，而情感、态度、价值观等品质类的目标，某一种学科思想方法或某一个地理观念的目标难以落实，使其处于一种可有可无或生硬植入的状态。这样不仅容易使教师在教学中拘泥于具体的内容，就课论课，缺乏整体观，而且使得地理教学中重要的学科观念、学科思想方法，由于缺乏有计划、有步骤的培养，随意附带、似有非有成了常态，素养目标形如虚设。这也是以前提出不要"教教材"而要"用教材教"的原因之一。

怎么"用教材教"呢？首先，我们要研究教材的上位文件——最新的课程方案和课程标准。义务教育课程方案是国家主管部门根据一定的教育方针与课程理念，对义务教育阶段的课程进行总体安排的纲领性文件，包括培养目标、课程设置和课时安排、课程评价、课程实施等方面的规定，体现出中央精神和国家战略，是具有权威性、强制性的国家层面的课程总纲领、总政策。一线教师必须细细研读的是义务教育国家课程标准，因为它是国家教育主管部门根据课程方案制定的国家课程文件，体现国家对义务教育阶段学生的质量要求，是国家对具体课程的基本规范，规定了课程性质、理念、目标、内容、质量标准和课程实施要求，对教材编写、教学实践、考试评价等活动提出了方向性建议，完整地阐述了一门课程主要的教育教学问题。

---

[1] 李春艳. 中学地理"大概念"下的单元教学设计[J]. 课程·教材·教法，2020（9）.

各行各业都有国家标准，课程作为学校教育的核心，自然也得有国家标准。课程标准是国家教育标准的重要组成部分，是国家教育意志在课程层面的体现，不是参与研制和修订的专家的个人学术见解和主张。课程标准具有权威性。同时，课程标准是刚性的要求，是带有法的性质的课程活动纲领、准则，或者说是一门具有法律法规性质的实践性的"教育学"。可以说，课程标准是国家规范基础教育课程运作的纲领性文件，也是教育行政部门推进课程改革行动的指导性文件。[①] 理解了这些，有助于我们更好地研读课程标准和贯彻执行党的教育方针，用好教材。

最新的 2022 年版义务教育课程标准对比 2011 年版有了很大变化，其文本框架如表 3.2 所示。本次义务教育课程标准修订以立德树人根本任务为指引，以核心素养（人的全面发展）为导向，旗帜鲜明地把课程从学科立场（即学科本位论的体现）转向教育立场（即以人为本的儿童本位论的体现）。

表 3.2　2022 年版义务教育课程标准的文本框架与逻辑思路[②]

文本框架					逻辑思路 （要回答的基本问题）
一、课程性质					本课程的来源及其特征是什么？ 为什么要学习本课程？ 对学生发展有什么重要价值？
课程性质及教育价值					
二、课程理念					本课程的价值追求是什么？ 如何通过课标的各部分来落实？
目标理念	内容理念	实施理念	评价理念		
三、课程目标					本课程对学生核心素养培育的贡献是什么？ 其进阶水平是怎样的？ （课程目标是核心素养的具体化）
共时性／历时性	（一）核心素养内涵		（二）目标要求		
结果	1. 要素及内涵		1. 课程总目标		
过程	2. 学段特征（素养进阶）		2. 学段目标		
四、课程内容					给学生提供哪些经验（内容及基本活动）来达成课程目标？
内容结构图	{ （一）内容单位1 1.内容要求 2.学业要求 3.教学提示 （二）内容单位2 …… （三）内容单位3 …… （N）跨学科主题学习——跨学科内容 }			观念 主题 任务	
五、学业质量					如何判定学生课程学习的结果？
学业质量内涵		学业质量描述			
六、课程实施					如何有效实施本课程？
教学建议	评价建议	教材编写建议	课程资源开发与利用	教师培训与教学研究	

---

① 余文森，龙安邦.论义务教育新课程标准的教育学意义［J］.课程·教材·教法，2022（6）.
② 同上.

（三）核心素养下的大单元教学

核心素养导向下的概念教学首先要研究课程标准和教材，把地理教学目标从知识点的了解、理解与记忆，转变为核心素养的关键能力、必备品格与价值观念的培育，要求教师必须提升教学设计的站位，即从关注单一的知识点、课时转变为大单元教学设计。华东师范大学崔允漷教授指出："这里的'单元'，不是'教材（学科）单元'，也不是'经验（生活）单元'，而是有明确的核心素养目标导向、依据教材内容与学生生活经验重新组织的一个个学习活动。确切地说，它是'课程单元'，即有目标、有计划、有指导的学习单元。课程单元不是内容或学习素材单位，也不是知识点或知识图谱，而是围绕学科核心素养，对知识、技能、问题、情境、活动、评价等进行组织或结构化所形成的'一个完整的学习事件'，一个学习单位。"[①]

北京师范大学郭华教授在解读大单元时用了一个形象的比喻，她把以前一课一课地备课比喻为"砖头"，把大单元的备课比喻成"房子"。单课教学是知识点的逐点解析、技能的单项训练，力量是平均使用的，内容基本等量齐观，这样的知识是线性的，像枯燥的一条直线，学习就显得特别没意思。[②] 而且这些"砖头"互不关联，杂乱堆放，体现不出使用价值，这就是学生头脑中的"惰性知识"，只能应付学校的考试，很难解决真实问题。如果把这些"砖头"盖成一栋房子，不同的砖在房子的不同位置，起到的作用不同。承重墙的砖特别重要，不是承重墙的砖就可以打掉，做最简装修。也就是说，当我们知道了各个知识点的意义，就可以在要紧处使大力，不要紧处一带而过，抓大放小。知识有了整体结构，学习有了轻重缓急，就能让学生体会到学习的高低起伏，似乎听到旋律，学习就不容易枯燥。知道每个知识点有什么价值，知识结构就变成学生头脑里的认知结构，以后遇到真实问题，就能循着结构，快速地调用相关知识来解决问题。

大单元教学不单要盖"房子"，还要让学生进入到"房子"里，在"房子"里住下来，在这里交友、学习。在这里有他的喜怒哀乐，处处留下他生长的印记，这个"房子"就与他有了生命关联、情感关联，他就会热爱上这个"房子"。怎么吸引学生进入到"房子"里呢？教师要不断改进教学方法，精心创设教学情境，用符合学生年龄特点的素材和表达方式，以及能够引起学生思考的问题来激

---

① 卢明，崔允漷. 学科核心素养呼唤单元教学［N］. 中国教育报，2020-06.
② 根据郭华教授在人民教育出版社公益直播"新课标：让核心素养落地"的讲座内容整理而成。

发学生的学习兴趣；设计具有整体性的教学任务或活动来突出学生的自主、合作、探究式学习。这也是目前解决学生厌学问题的重要方法之一。

大单元教学要在知识的内在联系上下功夫。这就要求课程专家以结构化的内容来设计课程，要求教师备课时要整体性考虑，以结构化的方式（如主题、项目、任务等）来组织教学，以凸显出不同的知识、技能在学科知识结构中所处的不同地位、所承载的不同教育价值，提示着教学实践以整体有序、多样综合的方式来挖掘知识的育人价值。

知识的内在联系包括纵向联系和横向联系。纵向联系指为了符合学生的年龄特征及认知规律，课程内容按照不同的学段呈螺旋式上升编排。教师在教学中既要把握住不同学段教学内容的不同要求，又要把握教材的整体脉络及内在逻辑，将所学知识进行纵向对比关联，形成结构化的知识网络，从而实现深度学习。横向联系指不同知识间的相互对比、相互联系与影响、相互促进与制约等关系。教师在教学中要善于利用这种知识间的内在联系，将新知置于更宽广的背景中，用联系的眼光多维度地审视、建构，从而形成网状的知识结构。

大单元教学要让学生真正走进课程，和课程发生情感联系，而不是做一个"旁观者"。为此，还要引导教师主动变革教学实践，从过去零碎的、不成体系的或"部分+部分=整体"的知识组织形式，走向大主题、大概念下真实情境的"整体—部分—整体"的任务活动建构方式。从只盯着知识点、考点，变成"左顾右盼，上挂下连"，课内课外、校内校外，将视野从学习放大到生活；从关注知识、技能的"点状传输"，变革为关注学生对知识、技能的主动学习和思考，关注教学的关联性、整体性，关注学生在主动活动中所形成的知识、技能、过程、方法、态度、品格、境界的综合效应，关注学生核心素养的养成。

大单元教学要努力建好学科知识的"承重墙"，打通不同年级教材之间知识点的"隔断墙"。围绕一个核心概念建构概念网络，不断丰富网络上的节点和通道，让核心概念不断扩展深化，学生不断理解，反复运用。这样，学生不仅能得到分析、归纳、综合等思维的提高，还有自己的领悟，学习效率就大大提高。郭华教授说："如此一来，难的不难了，因为一切难的都是从最容易的那个'核'发展演化来的；旧的不旧了，因为一切旧的东西都会升华出新的东西；新的也不新了，因为一切新的都有旧的做基础。"这样，学生学习起来就很有自信，觉得只要有基础，我也可以去发现新知识。这就改变以前认为只有大科学家才能发现新知识的狭隘思维。这其实是布鲁纳的"发现学习"中最重要的一个好处，即

"缩短高级知识与低级知识之间的心理距离"。以前我们的教学常让学生越学越没有自信，越学越不想学。内容结构化的教学将让学生越学越有自信，真正成为学习的主体。

需要指出的是，大单元教学反对通过知识结构化来模糊、虚化知识点。知识结构化并不意味着可以忽视或无视知识点，而是要在知识结构中去重新认识和定位知识点的意义与价值，要在学生的主动活动中实现知识点的教育价值。

学生核心素养的发展贯穿了课标全文本，隐含在课程内容及教学实践中，体现在课程学习结果的具体描述中。大单元教学既需要有课程目标的总体指向，需要内容的选择、组织，又需要在各部分内容的"学业要求"及最终的"学业质量"部分中做具体的描述，使核心素养不再是空洞的口号，而变成学生真实的能力、品格和价值观。

综上所述，单课的时间太短，不能实现复杂的学习目标，我们需要一个比"课"更大的单位作为承载学科素养培养的"细胞"，只有当一节课被包含在更大的单元和课程设计中时，才会更有目的性和连续性。[1] 课程、单元、单课的关系[2]如图 3.4 所示。

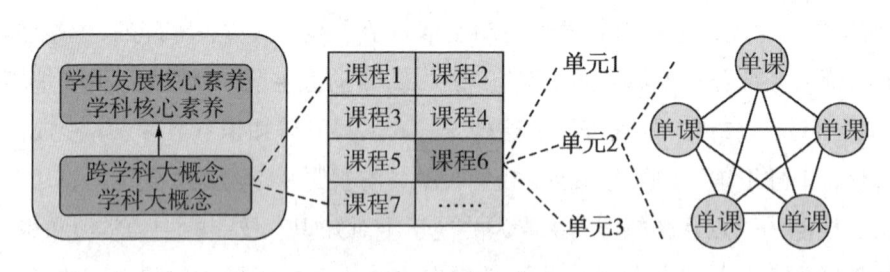

图 3.4 课程、单元和单课的关系

我们可以认为图中的"单元"是最小的课程，或者认为图中的"课程"是大单元，其实这些都不重要，只是几个概念名称而已，关键是内涵。"单元"也好，"课程"也好，都是素养目标达成的单位，是围绕大概念组织的学习内容、学习材料等。只有教师们头脑中有了这个关系图，有了这样"从宏观到微观"的整体框架，才能保证每节课都在"为素养而教"。

二、如何确定大单元

确定大单元是核心素养导向下的概念教学的关键第一步。国家课程是宏观

---

[1] 刘徽. 大概念教学：素养导向的单元整体设计[M]. 北京：教育科学出版社，2022.

[2] 同上。

层面的，我们的教学是微观层面的，我们在确定大单元的时候要有从宏观到微观的总体框架。这样，我们才会突破微观单元的狭隘视野，做到心里有数，师生都始终知道自己要去哪里，知道自己在哪里。那么，怎么确定大单元呢？

（一）分析教学内容

一方面，理解课程标准中的课程目标、内容要求、学业要求和学业质量水平。

大单元教学旨在促进教学内容的结构化，构建教学的整体意识，以实现"整体大于部分之和"，在提升教学效益、落实课程核心素养的同时，达成培养学生发展核心素养的目的。我们知道，学生发展核心素养，需要一段时间去探究、体验、经历完整的学习过程。而完整的学习过程，需要依托一组性质相同、互相关联，体现学科重要概念、原理或思维方法的内容。所以，教师在开展大单元教学时，不仅要依照学科课程标准的要求和课程的核心素养来设计单元教学，还要进行内容分析，才能服务于单元课程目标及素养的形成。地理课程标准赋予学生的具体任务要求是多方面的，将教材涉及的具体课标要求进行分类梳理，按课标中的行为动词解读其能力水平要求。地理学业质量标准凸显的能力要求包括选择、获取、获得、提取、描述、概括、说明、分析、建立、观测、运用等。

另一方面，对教材进行整体分析，宏观上把握课程内容。

教材是教学中重要的桥梁与工具，它上承课程方案和课程标准，下连教师的教学实践与学生的学习活动，关乎教什么、学什么的根本问题和解决为谁培养人、培养什么人的问题。现在，我们处在一个"尴尬"的时间段，有了新课标（即2022年版义务教育课程标准）但没有新教材。在期待2024年9月新教材出来的同时，一线教师要作为课程的研究者，积极实践课程改革（其实，就算新教材出来了，我们也是"用教材"而不是"教教材"，这个问题在前面已经论述过）。

对教材的分析包括：从知识结构的角度分析知识的内在逻辑关系；从课程和教材的角度分析该部分知识与前、后学段知识之间的联系，对比不同版本教材的处理方式等；从知识应用的角度分析该知识在日常生活、现代科技等方面的应用；从横向联系的角度分析该知识与其他学科或课程的联系；从纵向联系的角度分析该知识适合培育学生什么核心素养，在培育全面发展的人上有什么特殊价值。这些分析有利于我们宏观把握教材体系，为划分大单元做准备。

第三部分 中学地理靠什么展开概念教学

以区域地理为例，它是初中地理知识中的重要组成部分，充分体现了地理学科的地域性和综合性特点，是培养地理核心素养的重要载体。但是区域地理内容的复杂性和各区域的差异性，导致学生学习区域地理显得比较困难。学生直观感觉知识很多、很乱、很碎，不知从何处入手。有教师认为新教材会有很大的改变，解决所有这些问题，事实上，因为国家教材的编写要考虑到方方面面，并不能如一线教师所愿，这点笔者在参与编写义务教育国家地理教材（仁爱版）时深有体会。所以，关键还是需要老师宏观上把握课程内容，根据实情进行适当整合重组，并要教会学生学习区域地理的方法。

我们从《义务教育地理课程标准（2022年版）》入手，查出"认识世界"主题的13条内容要求和"认识中国"主题的21条内容要求，把这34条要求概括起来就是认识空间位置、空间分布、空间联系、区域地理特点与差异、区域间的联系、区域协调发展，这些概括性表述既被视为重要的教学主题，又可以被视为地理大概念。然后，我们将"认识世界"与"认识中国"部分的教学主题核心概念与相应的内容要求对应起来（见表3.3），由此可以从整体上把握地理课程内容的结构性和关联性，避免从互不关联的、过细的知识点角度选择教学和测试内容。

表3.3 地理大概念与"认识世界"和"认识中国"部分对应的内容要求[①]

地理大概念		对应的内容要求
空间位置（地理位置）	认识世界	描述某大洲的地理位置，并依据大洲地理位置特点，判断大洲所处热量带和降水的空间分布概况； 描述某地区的地理位置； 说出某国家的地理位置、范围、领土构成和首都； 选择与该国地理位置差异明显的国家，比较它们纬度位置和海陆位置的差异。
	认识中国	描述中国的地理位置； 说出某区域的地理位置。

---

① 韦志榕，朱翔. 义务教育地理课程标准（2022年版）解读[M]. 北京：高等教育出版社，2022.

续表

地理大概念		对应的内容要求
空间分布	认识世界	以某地区的一种自然资源为例，说出该资源在当地的分布状况、对外输出地区。
	认识中国	说明南海诸岛是中国领土的组成部分，钓鱼岛及其附属岛屿是中国固有领土。增强国家版图意识与海洋权益意识； 识别34个省级行政区，记住它们的简称和行政中心； 简要归纳中国的民族分布特点，树立中华民族共同体意识； 举例描述中国农业、工业等生产活动的分布； 说明中国交通运输线的分布特征； 描述某区域城乡分布和变化。
区域地理特点与差异	认识世界	简要归纳某大洲的地形、气候、人口、经济等地理特征； 描述某地区的地理位置，简要归纳自然地理特征； 南极、北极地区自然地理环境的特殊性； 描述某国家突出的自然地理特征； 说出某国家人文地理主要特点。
	认识中国	描述中国的疆域特征； 简要归纳中国地形、气候、河湖等的特征； 描述长江、黄河的特点； 描述中国人口的基本状况和变化； 描述中国水资源、土地资源、矿产资源和海洋资源等自然资源的主要特征； 描述中国主要的自然灾害和环境问题； 说出某区域的自然地理特征； 描述不同区域的差异； 说明北京的自然地理特点、历史文化传统和建设成就，认识首都职能； 举例说明香港、澳门的自然地理、历史文化传统和经济建设特点； 说明台湾的自然地理、历史文化传统和经济建设特点； 描述家乡典型的自然与人文地理事物和现象，归纳家乡地理环境的特点。
区域间的联系（含影响、意义、空间联系、人地关系等）	认识世界	简要归纳某地区的自然地理特征，说明该特征对当地人们生产生活的影响； 说明某种自然资源对当地乃至世界的重要意义； 说明开展极地科学考察和保护极地环境的重要性； 说出某国家人文地理主要特点与自然地理环境的联系； 结合实例，简要说明一个国家对某地自然环境的改造活动对其他地方自然环境的影响； 结合某国家的实例，简要说明该国家与其他国家在经济社会等方面的联系及其意义。

续表

地理大概念		对应的内容要求
区域间的联系（含影响、意义、空间联系、人地关系等）	认识中国	简要分析影响中国气候的主要因素； 举例说明长江、黄河对经济发展和人们生活的影响； 举例说明自然资源与人们生产生活的关系，认识开发、利用、保护自然资源的重要意义； 用实例说明科学技术在产业发展中的重要作用，说明高速公路、高速铁路的快速发展对人们生产生活的影响； 说明秦岭—淮河等重要自然地理界线在地理分区中的意义； 说明区域联系和协同发展对经济社会发展的意义； 说明自然环境对地方文化景观形成和发展的影响； 说明港澳与内地经济发展的相互促进作用，增强区域联系的意识； 认识促进两岸经济社会融合发展的意义； 举例说明家乡地理环境的形成过程及原因； 举例说明家乡环境及生产发展给当地居民生活带来的影响和变化。
区域协调发展	认识世界	结合实例，说明某地区发展旅游业的优势； 结合实例，简要分析某国因地制宜发展经济的途径； 简要分析某国家在资源开发、环境保护方面的经验和教训。
	认识中国	针对某一自然灾害或环境问题提出合理的防治建议； 说明自然条件对某区域经济社会发展的影响，认识因地制宜的重要性； 推测该区域城乡发展图景； 与他人交流各自对家乡的看法并说明理由，感悟人们在不同体验和感知背景下对家乡形成的不同看法； 尝试用绿色发展理念，对家乡的发展规划提出合理建议，增强热爱家乡、建设家乡的意识。

仅仅形成上表中的知识结构是远远不够的，它只是教师心里的宏观把握和整体认识。上表中"对应的内容要求"是对课程标准中有关区域内容要求的所有条目的简单分类梳理，虽然提炼出了地理大概念，形成了大单元，但是这样的大单元太庞大，大概念太抽象。因为各条目之间是松散的、孤立的，没有体现在该大概念下的各知识的逻辑关系。所以还需要对这些内容要求继续细分，揭示其中的地理表象、地理概念、基本地理过程、地理成因和地理规律等的内在联系，以学生的认知过程和方法进行有意义的再构建，概括出次一级的大概念，形成单元链。

比如说课程标准把"举例描述中国农业、工业等生产活动的分布"和"说明中国交通运输线的分布特征"都归属到了"认识中国的空间分布"这个大单元里。学生学完了，也就是知道了各种产业的空间分布特点和原因，大概知道了农业是国民经济的基础，工业是国民经济的支柱，交通运输是经济的"先行官"。

知道这些对学生的生活有什么意义呢？怎么去证明学生的空间认知、区域分析、综合思维等得到了提高呢？

我们需要把初中教材中独立的三节"中国的农业""中国的工业""中国的交通运输业"串联起来，进行整体教学和考查。例如，我们可以设计一个生活中的问题——"我们的校服从哪里来"贯穿整章，每一节设计一个驱动性问题，如农业——校服所用的棉花产地在哪里（下面包括农业的定义、重要性、分类、分布、影响因素、因地制宜等内容）；工业——洁白的棉花是怎么变成校服的（下面包括工业的定义、重要性、工业区的分布及其影响因素、高科技产业等内容）；交通运输业——从棉花到校服，经历了哪些旅程（下面包括交通运输业的定义、重要性、方式和工具及其各自优劣、合理选择运输方式、五纵三横铁路线和高铁线的分布等内容）。以一个项目式任务串起各个知识点，并布置对应的调查研究或小组讨论等活动，把学生的认知过程、真实事件的发生过程和教材章节的组织过程联系起来，让学生理解内容的内在逻辑和生活价值。

除了以教材整章或整节来整合大单元，还可以跨学段整合，比如大单元"世界视域下的自然资源与经济发展"把教材中世界区域里的自然资源和经济发展的内容提炼出来，以各个区域为案例阐述自然资源与经济发展的关系。还可以脱离教材来整合大单元，如"风水学说与地理知识"（详见"如何构建地理大单元"第三框题）。

（二）确定大单元类型

大单元不再是原有知识点的简单相加，而是最小的课程单元，它是落实学科核心素养、实现学科育人的基本单位和重要路径。要确定大单元类型，首先要分析本单元内容在学科知识体系中的地位，以及与前后知识间联系中发挥的独特作用。不同知识类型具有不同的教育价值，可以分四个层面：知识层面、方法策略层面、能力层面和思想性层面。

与之对应，中学地理教学中的大单元一般可以分四种类型：一是知识类，它一般以核心概念分解后的重要概念、核心素养的某一内涵为主线来组织，关注主题知识的概念性理解；二是方法类，它以某地理思想方法为主线来组织，关注学科思维和方法架构；三是实践问题类，它以面向真实情境下的学习任务或综合性、实践性的问题解决来组织，关注任务完成和问题解决；四是价值观类，它以某一地理观念为组织线索，关注价值观的培养。

大单元的"大"并不是指"量"意义上的大，不在于学习内容的多少或难易，而是一种整体性、系统性、生长性课程思维的形象化表现。大单元体现的是一种教学思想：零碎的知识只有经过结构化的组织，才能转化为系统性的认知结构，并形成整体性的认知能力；可迁移的知识结构和能力只有在真实的探究性任务中才能形成；学习意义必须在元认知的参与下才能实现主体性建构；核心素养的形成需要经历一个由浅入深、循序渐进的相对完整的学习探索的历程；等等。

所以，确定大单元需要教师不断思考：什么样的课程、什么样的知识更有价值？学生怎么学更有意义？大单元教学的有效实施需要教师从单元整体出发，统筹安排学习目标、内容结构、评价任务、学习方式、资源体系以及作业系统。形式是次要的，内涵才是关键，上面四种单元类型都可以成为大单元。甚至我们可以进一步拓展，进行跨学科的整合，形成一个跨学科大单元。

这里还须注意：大单元不是内容越多越好，也不是时间越长越好。上述类型只是从建构单元的主线出发来划分的，实际上，一个单元是知识、技能、方法、情感、态度、价值观的有机集合体，不可能肢解为单纯的知识、技能或方法等。因此，大单元是灵活的、多维的，有多种确定方法。

举个例子，笔者尝试把"如何上好初中新学期第一课"作为一个大单元。我们知道，新学期的第一堂课对教师而言是平常的一课，而对学生来讲却是不寻常的一课。在初中开设地理课的短短四个学期中，如何让学生感受地理的魅力，第一堂课显得尤为重要。"好的开端是成功的一半"，第一堂课上得成功与否，将直接影响到学生对教师的信任和亲近，影响到学生今后对该学科的听课兴趣和学习效率。为了把四个学期的第一课统筹考虑，让"第一课"的价值体现更为充分，笔者做了如下设计（见表3.4）。

表3.4 "如何上好初中新学期第一课"单元设计

学段	设计理念	教学目的	课堂教学主要流程	主要方式
七上第一课	自然建构，激发兴趣	突出地理的有趣和有用，让学生对未来的学习有目标、有期待	三个"W"统领全课： ——什么是地理学？ ——为什么要学地理？ ——怎么学好地理？	小组竞赛
七下第一课	开宗明义，理清脉络	让学生通晓学习区域地理的一般方法，学会使用教材，教学生寻找核心内容，建立知识框架	学生介绍假期出游的地方或介绍熟悉的家乡。探测学生的认知结构，发现其问题，介绍教材结构和章节目体例，学习怎么介绍一个区域	谈话法

续表

学段	设计理念	教学目的	课堂教学主要流程	主要方式
八上第一课	承上启下，融会贯通	巩固区域学习方法，运用地图和视频等资料感受祖国的大好河山，激发探索中国、建设中国的热情	看《航拍中国》，介绍你见过什么样的中国？从"国之大""国之本""国之强""国之美"四方面概括教材如何介绍中国	讨论法
八下第一课	迁移运用，延伸拓展	理解"生活处处有地理""读万卷书，行万里路"，把地理学习延伸到课堂以外，学会用地理眼光去看世界	以笔者的暑假青藏川之旅开发的创新课，分析旅游中各种现象背后的地理原理，运用地理的思维，主动学习生活中的地理，解决生活中的问题	讲授法

（三）通晓确定大单元的方式

建构大单元的过程也是建立大概念的过程，所以我们可以参照大概念的提取路径去确定大单元。浙江大学教育学院刘徽副教授在《大概念教学：素养导向的单元整体设计》一书中，综合不同学者的观点，结合中国教育的实际情况，总结了大概念提取的八条路径[①]。下面笔者参照刘徽副教授提出的八条路径来确定大单元，其中，前四种是自上而下提取的，这种方式提取的大单元在很大程度上是"现成"的，难点在于教师能否准确理解大单元，并根据学生和教学的实际情况进行细化，以及找到教学的重难点等。

第一，根据课程标准确定大单元。课程标准是国家课程的纲领性文件，提出了面向全体学生的学习基本要求。因此，原则上所有大概念的提取都要参照课程标准。不仅如此，从课程标准中可以直接提炼出大概念，从而确定大单元。比如，表3.3就是按《义务教育地理课程标准（2022年版）》中的"认识世界"和"认识中国"部分对应的内容要求提炼出大概念、大单元。再如，《义务教育地理课程标准（2022年版）》里的"科学认识地球运动规律及其对人类地球家园的意义，有助于树立尊重、敬畏、顺应自然的观念"就是一个地理大概念，可以把地球的自转、公转和地球表层综合为一个大单元。

第二，根据学科核心素养确定大单元。学科核心素养是指学生通过学科学习应形成的正确价值观念、必备品格和关键能力。与课程标准一样，对教学具有指导性作用。因此，大概念也可以从学科核心素养中提取。比如，地理学科核心素

---

① 刘徽.大概念教学：素养导向的单元整体设计[M].北京：教育科学出版社，2022.

养的综合思维中"人类生存的地理环境是一个综合体，人们需要从地理要素相互联系、时空变化等角度加以认识"就是一个地理大概念，可以把认识世界和认识中国中的地理特征整合成一个大单元。

第三，根据专家思维确定大单元。因为大概念是反映专家思维方式的，因此，专家思维也是大概念的直接来源。比如，科学家常用实验来分析和解决问题，科学家的实验思路是"根据研究问题提出假设，利用一定的方法和设备，尽可能排除无关变量，验证假设"，我们可以以"培养学生的科学家的实验思路"为目标，整合一个"地理实验"的大单元。再如地理学家在研究地球表层地理事物和现象时，常常围绕如下六大问题展开：它在哪里？它是什么样子的？它为什么在那里？它是什么时候发生的？它产生了什么作用？怎样使它有利于自然环境和人类？可以把地理课程整合为五大单元：地理位置、地理分布、地理特征、地理过程和地理联系。当然，这样的大单元太大了，我们可以继续细分。比如，我们常按专家的分类法，把地理特征分为自然地理特征和人文地理特征两大单元。我们也可以对地理特征按历史和现状的关联度，进行其他创新性的单元划分，因为专家在解释地理特征时，总是从历史和现状着手。

第四，根据概念派生确定大单元。大概念与大概念之间是相互关联和派生的，因此，也可以通过派生或总结的方式来提取大概念。比如，"一个区域内的各种地理要素相互作用、相互影响形成该区域的独特地理特征"，这一大概念可以派生出"地形、气候、土壤、水文、植被等要素相互作用、相互影响形成该区域的独特自然地理特征"和"人口、聚落、农业、工业、服务业、交通运输等要素相互作用、相互影响形成该区域的独特人文地理特征"这两个下位大概念，根据这些概念可以确定"区域自然地理""世界视域下的地形与河流"等各种大单元。

后四种是自下而上提取的，难点在于是否能沿正确方向上升到大概念的层面。这就要结合生活和教学经验不断追问，综合更多的具体案例和小概念，思考是否有更加上位、能反映专家思维方式的大概念。[①]

第一，根据生活价值确定大单元。思考学校教学和真实世界的联通点。比如，一方水土养一方人。每一个地方的"水土"，都是一个区域内的各种地理要素相互作用、相互影响形成的该地方的独特地理特征。但是在日常生活中，人们常常孤立地介绍这个地方的各种情况（见表3.5"百度百科中介绍某地的通用目录"），这是一种没有地理思维的、杂乱无章的琐碎内容的罗列。在教学中，也

---

① 刘徽.大概念教学：素养导向的单元整体设计[M].北京：教育科学出版社，2022.

常有些教师孤立地讲解区域的单个地理要素，不去阐释和探究各地理要素间的关系及背后的意义，教学成了一个个事实结论的灌输。

表3.5 百度百科中介绍某地的通用目录

目录				
	1. 历史沿革	·土地资源	·公路	·语言
	2. 行政区划	·生物资源	·铁路	·饮食
	·区划沿革	·矿产资源	·航运	·建筑
	·区划详情	5. 人口	·航空	·服饰
	3. 地理环境	6. 政治	·公共交通	·书画
	·位置境域	7. 经济	9. 社会事业	·曲艺
	·地质地貌	·综述	·教育事业	·民歌
	·水文	·第一产业	·文化事业	·地名由来
	·植被	·第二产业	·体育事业	11. 风景名胜
	4. 自然资源	·第三产业	·医疗卫生	12. 著名人物
	·水资源	8. 交通运输	10. 历史文化	13. 荣誉称号

就算掌握了这个区域的所有特征对我们的生活又有什么用呢？区域认知不是为了让你增加更多的碎片知识，而是为了你将来有理想、有担当、有本领地为国家建设和社会发展服务，围绕这一目标再来看区域认知。认识区域特征是为了了解区域发展的条件，了解区域发展条件又是为了制定区域发展规划。也就是说区域认知的最终目的是为了充分发挥区域优势，进行区域联系，在合作共赢中实现各区域的可持续发展，实现中国的共同富裕。于是，我们可以提炼出一个大概念："学习区域是让我们理解区域特征，确定区域发展的方向和途径，制定科学的发展规划。"还就可以梳理出区域发展的思维导图（见图3.5），按"回溯历史和基础——分析现状和问题——探究未来和条件"三个步骤来认识区域发展。

第二，根据知能目标确定大单元。知识和技能目标也可以向上提炼为大概念。比如，知能目标"结合实例，说明海洋和陆地处于不断的运动变化之中；说出板块构造学说的基本观点，并解释世界火山、地震带的分布与板块运动的关系"可以上升为单元大概念"在地球的内力和外力共同驱动下推动岩石圈物质循环运动，引起地表形态不断变化，塑造了世界的基本轮廓"，继续上升为学科大概念"由于地表能量分布不均，引起自然地理各要素空间上的运动"，还可以上升到跨学科大概念"在宇宙中，能量的总量总是不变的，但是，在某种事件发生的过程中，能量会从一种储存形式转化成另一种储存形式"。根据这些大概念可以确定不同的大单元。

再如，学习世界区域地理，了解了日本、澳大利亚、美国、印度、俄罗斯、巴西、欧洲西部、东南亚、中东、撒哈拉以南的非洲等不同尺度、不同自然环境和社会经济状况的区域特征、区域差异和联系后，我们可以提炼出以下区域共通的概念：①位置是决定一个区域地理环境的基础和关键；②独特的地理位置决定该区域其他地理要素的组合特征，促使某些特殊现象或活动的发生；③一个区域表现出什么样的人类活动方式是基于自然环境条件长期选择的结果；④区域差异是因地制宜的基础，因地制宜是任何一个区域发展的基本价值取向；等等。

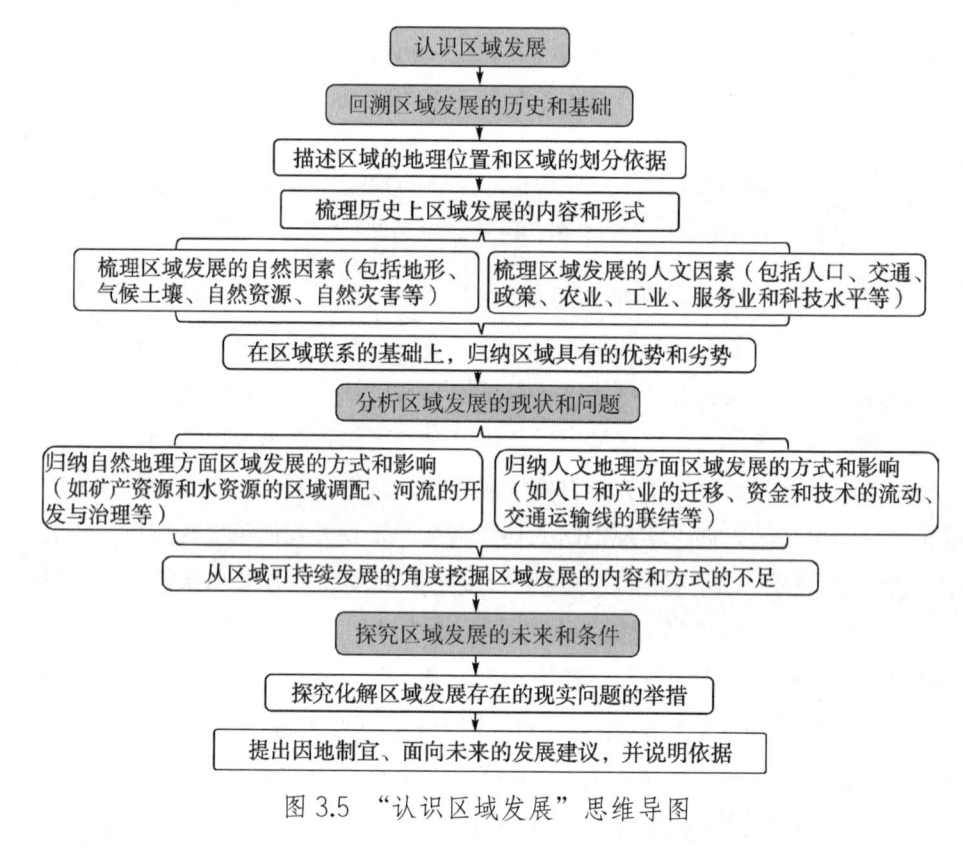

```
认识区域发展
    │
回溯区域发展的历史和基础
    │
描述区域的地理位置和区域的划分依据
    │
梳理历史上区域发展的内容和形式
    │
┌─────────────────────┬─────────────────────┐
梳理区域发展的自然因素（包括地形、  梳理区域发展的人文因素（包括人口、交通、
气候土壤、自然资源、自然灾害等）    政策、农业、工业、服务业和科技水平等）
    │
在区域联系的基础上，归纳区域具有的优势和劣势
    │
分析区域发展的现状和问题
    │
┌─────────────────────┬─────────────────────┐
归纳自然地理方面区域发展的方式和影响  归纳人文地理方面区域发展的方式和影响
（如矿产资源和水资源的区域调配、河流的开  （如人口和产业的迁移、资金和技术的流动、
发与治理等）                        交通运输线的联结等）
    │
从区域可持续发展的角度挖掘区域发展的内容和方式的不足
    │
探究区域发展的未来和条件
    │
探究化解区域发展存在的现实问题的举措
    │
提出因地制宜、面向未来的发展建议，并说明依据
```

图 3.5 "认识区域发展"思维导图

第三，根据学习难点确定大单元。学习难点既包括学校中的难题，也包括在未来生活中可能遇到的难点。学习难点往往是学生最难以理解的，也正因为此，剖析学习难点往往就能发现大概念。比如，因地制宜，在真实生活中经常用到，认识因地制宜的最大难点不在于记住各种因地制宜的事例，而在于理解因地制宜是地理学的基本思想。地理环境错综复杂，区域之间的差异性明显，所以人类各种各样的生产和生活活动深受区域环境的影响，人类活动也都深深地刻有地理环

境的印记。因此，可以以大概念"因地制宜是尊重自然规律谋求天人合一，走可持续发展道路的地理学思想"来确定大单元。

第四，根据评价标准确定大单元。评价标准是对学习行为和结果的反思，而这种反思也有利于发现目标出现的偏差，厘清大概念。比如，《义务教育地理课程标准（2022年版）》对"地球运动部分"作了如下学业质量描述：学生在不同的情境中，运用地理信息技术、图像、模型、模拟演示实验、影视片段等工具和手段，能够初步从系统、动态的角度，简要描述、解释地球自转和公转的特征及其产生的自然现象，并将地球运动与人们的生产生活相关联，扩展对人地关系的认识，建立爱护地球的观念（综合思维、人地协调观）；能够怀有探索宇宙奥秘的兴趣，进行简单的天文观测等活动（地理实践力），具备科学求真的态度。

而在考查中，学生只能解答诸如"地球的自转"和"地球的公转"的定义、周期、方向、产生的地理现象等教材中的问题。对生活中的相关问题，如"阳光每天早、中、晚照射到我们教室的什么位置？""夏季和冬季上午的阳光分别能照射到哪里？""'两小儿辩日'问题出在哪儿？"等毫无感觉，拿着地球仪也无法准确模拟自转和公转。这时老师就领悟到"利用工具进行模拟演示和观察是加深理解、培养空间感的重要抓手"，并能以此大概念来设计大单元。

以上解释了如何从大概念提取的八条路径来确定大单元。需要指出的是，在很多情况下，大概念的提取是几条路径共同作用和验证的结果。一线教师可能会觉得这些路径太理论化，其实所有提炼的东西都是更加抽象的。他们可能会疑惑："大单元一定要打破教材体系，重组内容吗？"其实教材是课程标准的具体体现，是教学的依据，教师要基于教材，用好教材，而不是抛开教材或打破原有教材体系。教师要不断反问自己：哪些内容对学生最重要？为什么这些内容是最重要的？有意识地走出具体知识点，围绕更上位的学科概念、原理、思想方法进行教学设计，这位教师就慢慢有了课程视野，有了大单元的思想。

三、如何构建地理大单元

构建地理大单元是为了后阶段的大单元教学设计，所以我们首先要了解什么是大单元教学设计？它有什么特征？经查阅多方资料，笔者并没有找到一个所有学科通用的、确定的定义，但各学科的大单元教学都具有下列特征：以培养学生的学科核心素养为目标；在教师深刻理解和整体把握课程理念与课程内容、学科逻辑与内容结构、教材与学情的基础上，对教学内容进行分析、整合与重组；以大概念、大主题或大观念为中心，以大情境、大问题、大任务为引导，形成相对完整的教学主题，并将它作为一个大单元（单元整体）；进行的是深度学习。

大单元教学设计与一般教学设计的不同之处在于它的整体性、深刻性和发展性。一个大单元可以由多个课时组成，不同的课时从不同的角度、深度，用不同的教学方式对同一主题进行多元化解析，它们之间具有相互递进、相互制约的依存关系。大单元教学追求深度学习理念下的结构化，不仅是知识、技能的结构化，也是教学活动的结构化、问题的结构化。

（一）构建层级地理单元

《义务教育地理课程标准（2022年版）》建构了将学科知识与学科活动融为一体的课程内容结构（见图3.6）：从空间尺度的视角进行组织，按照"宇宙—地球—地表—世界—中国"的逻辑顺序，引导学生认识人类的地球家园；以认识宇宙环境与地球关系、地理环境与人类活动的关系为核心线索，将地理实践活动和地理工具的运用贯穿其中。[1]

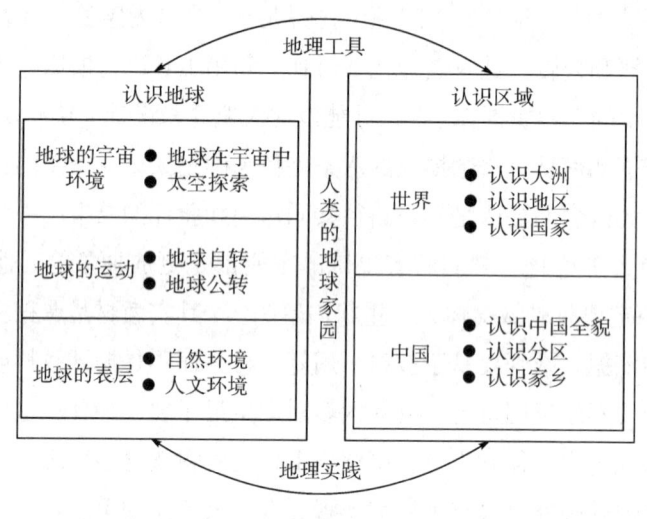

图 3.6 地理课程内容结构

依照课程内容结构的逻辑顺序，确立了"地球的宇宙环境""地球的运动""地球的表层""认识世界""认识中国"五大内容主题，我们可以直接用这五大主题设计五个大单元教学。当然，这样的单元实在太大，不好把握，那我们可以通过梳理内容结构图，在每个大主题下面再细分出若干单元，形成相关的单

---

[1] 中华人民共和国教育部. 义务教育地理课程标准（2022年版）[M]. 北京：北京师范大学出版社，2022.

元链。比如，可以把"地球的表层"分为"自然环境"和"人文环境"两大单元，"自然环境"单元下又分"陆地和海洋""天气与气候"两个单元，"人文环境"单元下又分"居民与文化""发展与合作"两个单元（见图3.7）。以上是通过学科知识分析来划分单元，隐含在这些单元里的地理思想方法与思维方式是强调"初步从系统、动态的角度"思考和解决相关问题，这是综合思维和区域认知的基本内涵；隐含的态度与价值观是突出"科学态度""爱护地球的观念""人类命运共同体理念""人地协调观"等。

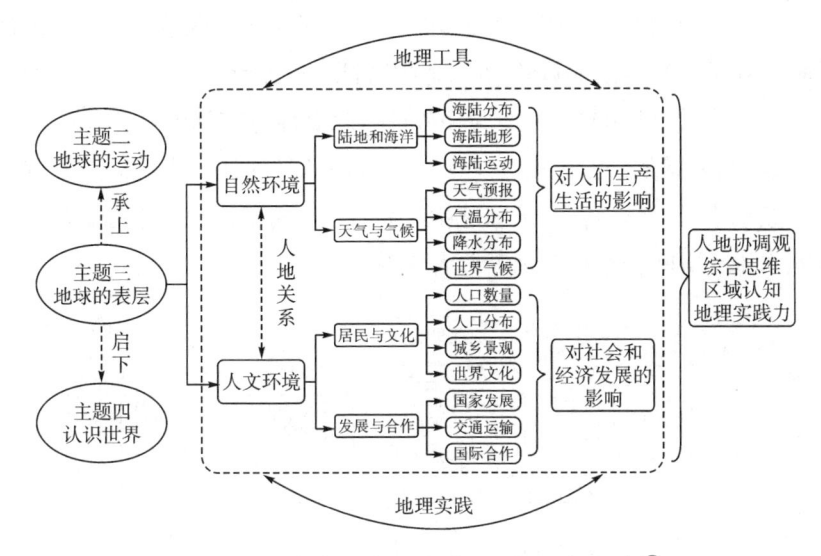

图3.7 "地球的表层"主题的设计思路 ①

有老师说："我就是按'陆地和海洋''天气与气候''居民与文化''发展与合作'四个单元来上的呀！"没错，教材也是这样划分的，但是如果没有课程的整体观，没有核心素养的目标观，那就是照本宣科、一课时一课时地讲专家结论，这些结论是碎片化的、难迁移的。

所以，这里特别要注意几点：一要依据国家的课程标准，进行课程标准目标分解，合理利用教材文本，对教材的单元目标和课时目标进行分析、梳理，最终指向地理核心素养；二要统整教学内容，防止自然环境和人文环境割裂，注意联结两单元的主线是人地关系，这是必须聚焦的核心概念；三要精心设计学生喜欢参与且切实有效的情境性任务和活动，地理实践活动和地理工具的运

---

① 韦志榕，朱翔. 义务教育地理课程标准（2022年版）解读 [M]. 北京：高等教育出版社，2022.

用要贯穿整个单元，把知识和活动融合一体；四要注重过程性评价，可以采用前置性评价，即逆向教学设计；五要注意学习进阶。比如，地球的表层是全球尺度，在"认识世界"和"认识中国"里面还有大洲尺度、地区尺度、国家尺度和分区尺度，不同尺度的区域里面都有丰富的自然环境和人文环境的内容，我们聚焦于核心概念"人地关系"统整教学内容的基础上，联系不同学段、不同章节的相关主题内容，构建知识体系，一以贯之，循序渐进，不断进阶，突出学科知识的系统性和教学的方向性。

再比如，"认识世界"主题里面包含不同空间尺度的区域（大洲、地区、国家），都从地理位置（它在哪里？）、地理特征（它是什么样的？）、区域联系与发展（它产生了什么影响？）、经验和教训（怎么使它有利于自然环境和人类？）几方面来认识该区域（见图3.8）。这正是地理学科的几个本质问题。我们想教给学生专家思维，教学生在寻求问题的答案时，从有关现象在地球上的位置、形势、相互作用、空间分布和差别等方面着手。

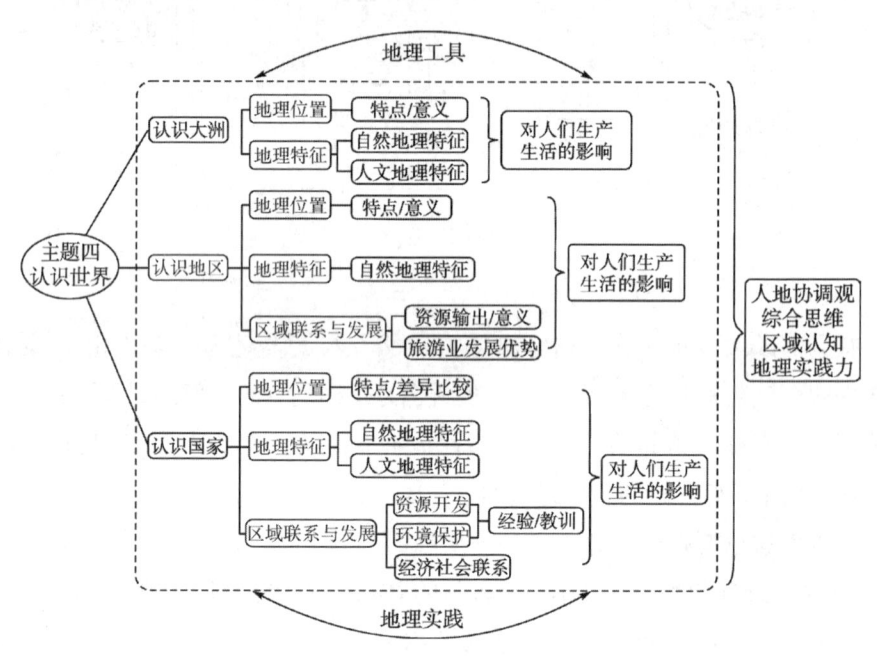

图3.8 "认识世界"主题的设计思路[1]

这些单元看上去都像是"各自为政"的知识类单元，但是这种划分隐含了思维水平和认识问题的方式方法。通过对世界或中国不同空间尺度地区地理事物和

---

[1] 韦志榕，朱翔. 义务教育地理课程标准(2022年版)解读[M]. 北京：高等教育出版社，2022.

地理知识的学习，培养学生的区域认知和综合思维。在教学中，我们必须经历由浅入深、由单一要素到多个要素，由要素综合到地区（时空）综合，最后建立地理学方法论的过程。

比如，同样是学习"地理位置"，在初学的大洲和地区尺度时，只需要认识单一区域的位置特点和意义，但是到国家尺度，就需要对不同国家的位置进行差异比较，横向对比了解区域联系和差异。到了高中则要形成"地理位置"意义和价值的深层理解，应用多尺度、多角度、多时段的分析，评价区域及其事物的地理位置，最后到能够从任意区域的位置入手，解释地理现象，综合分析区域发展问题。这种从不同尺度、不同视角、不同时段认识地理位置问题的方式，就是知识建构、思维能力、思想方法逐步"上台阶"的过程。

学习了主题四"认识世界"再学主题五"认识中国"时，学生的区域认知的一般思维路径已经基本形成，即首先明确区域定位（在哪里），再到认识区域环境特征（有什么），接着分析环境特征的成因（为什么），确定区域发展的方向（怎么办），最后实现可持续发展（人地协调）。但是因为区域地理学习的是较为零散的区域，区域内的知识也多是琐碎、零散的。如果不对这些知识进行深加工，建立概念联结，就容易陷入照本宣科的教"专家结论"的误区里面。所以教师需要建构区域地理概念体系（见图3.9），将区域地理零散的知识都囊括进来，并使其产生联系，从而培养学生的"专家思维"。

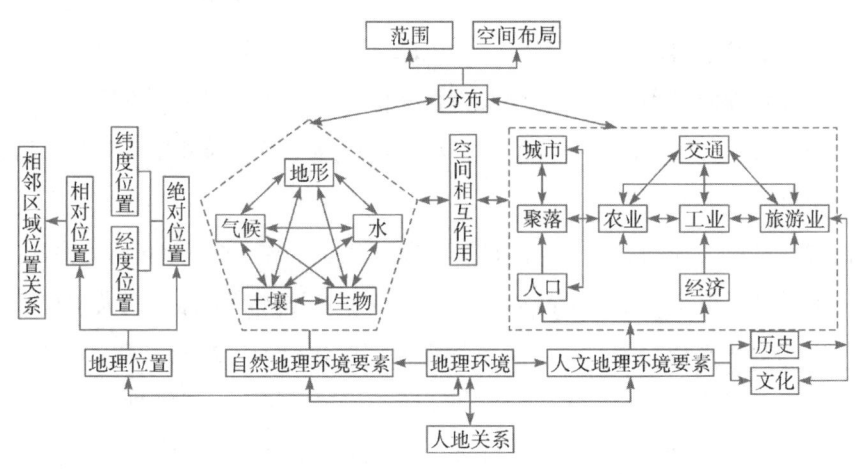

图 3.9 初中区域地理概念体系[①]

教师在进行具体分区的教学时，就可以根据课程标准的要求，以及域情、校

---

① 刘榕.基于大概念的初中区域地理教学策略研究［M］.西南大学，2023.

情和学情，有针对性地侧重某方面的培养，而不是均匀用力，面面俱到了。例如在南方学校，教师讲授"北方地区"时，应突出该区地理要素相互作用，如地形、气候、资源等自然地理特征对人口、城市、经济和社会文化的影响，及其区域内部的黄土高原的环境特征（水土流失）的成因分析和区域发展；对学校所在地的"南方地区"，学生比较熟悉，教师可以积极拓展和提高要求，如突出区域差异与联系，以粤港澳大湾区等热点为切口，引导学生讨论港澳与内地、台湾省与大陆之间的差异与联系，学以致用；"西北地区"和"青藏地区"是学生感兴趣的神秘地区，教师在教学时，可以侧重于区域的位置与分布、区域自然与人文地理特征的概括、区域内部差异，以及西部大开发的地理条件分析、生态环境问题与保护等。

（二）构建跨学科主题单元

我们的教育目标是培养全面发展的人，但是我们的科目是分科的，学生的活动也是一个一个分别进行的。通过分科的内容和分别的活动，如何实现人的全面发展呢？分科便于教师教学，便于学生有方向性地寻找和确定自己热爱和擅长的学科，为将来的学习和职业发展做准备。但一个人的生活是不分科的，将来的问题解决也是不分科的。先学再用的思想，教学与社会生活割裂的做法已经与教育的培养目标格格不入了。为此，新课程方案和新课程标准要求各科"统筹设计综合课程和跨学科主题学习""各门课程用不少于10%的课时设计跨学科主题学习"。

地理课程跨学科主题学习是基于学生的基础、体验和兴趣，围绕某一研究主题，以地理课程内容为主干，运用并整合其他课程的相关知识和方法，开展综合实践活动的过程。地理的综合性的学科特点让地理与很多课程发生关联，可以设计出不少跨学科大单元。

比如，设计"地图的阅读与运用"大单元教学。该大单元的确立背景是：地图是地理学乃至整个地球科学的第二语言，也是人类认识世界的三大文化工具之一，与生产生活密切相关。在《义务教育地理课程标准（2022年版）》里面，已经没有设置专门的"地图"和"地形图"等学习单元了，而是把地图作为地理工具贯穿在整个地理课程里面。进行大单元设计时，笔者遵循了下面的步骤：

首先要提取一个大概念，本单元重在过程与方法的培养，就提炼了"地图是客观世界信息的载体，是人类认知世界的语言与工具"的大概念。

其次，根据《义务教育地理课程标准（2022年版）》和地理教材中出现的地图内容和相关要求，整合、重组，确立"地图认知""地图与生活""地图与社会""地图与科学"四个单元，组成单元链，每个单元提炼出一个次级大概念，分别是：空间信息尤其是地图信息能更多、更好地被记忆和保存；地图可以表达过去、刻画当代和勾绘未来；基于地图的地理空间分析能提高社会管理和决策的科学性；地图是改变世界的地理思想方法之一。

再次，明确每个单元链学习的内容，制定教学目标和评价标准，根据内容寻找真实情境，以该情境为主线，设计系列问题和课堂活动，并设计一个课后的实践活动。比如，在单元链"地图认知"中用以下真实案例为主线：2022年元旦前夕，曾从云南昭通走失30多年的男子李景伟，凭着4岁时的记忆手绘了一幅家乡地图，包括梯田、竹林、水塘等（见图3.10和图3.11）。他通过在互联网发布短视频，经警方与失散家庭信息匹配，很快成功与家人团聚。

图3.10　李景伟的手绘地图　　图3.11　李景伟家乡的实地航拍照片

教学时，以新闻视频导入，"从走失的那天起，他时常拿棍子在地上画老家的样子，生怕自己忘了"，"每天至少画一次"，在头脑中将家乡的实地环境抽象为心象地图，通过符号可视化出来，同时通过执着地不断重复，加强了长时记忆中的心象，体现了人与地图之间的关系……感人的故事、动人的讲述一下子把学生拉进课堂。这是大情境的魅力，即整个单元的教学都发生在这个真实的生活大情境之中，并将学生暴露于自然的问题情境中，完全区别于用来导入新课的碎片化情境。通过创设真实的生活情境，激活学生的生活经验，激发他们学习的动机和兴趣，让他们能够围绕生活中真实的问题、真实的任务去学习和探究。

最后，如果有需要，可以进行跨学科整合，设计出跨学科主题活动。比如，与道法、数学整合，以2016年菲律宾南海仲裁案、多次多幅的海外问题中国地图等真实情境，引入问题"地图上的'一点'有多大？为什么中国地图'一点'

第三部分 中学地理靠什么展开概念教学

不能少",融合道法学科的领土完整、国家主权,数学学科的面积和周长等的测量、计量单位的换算、按比例还原房屋真实数据、估算、投影等内容。

还可以与语文、美术整合,以"知道杨万里的《小池》、王之涣的《凉州词》、文天祥的《过零丁洋》等是在哪里写的吗?翻开地图找找"把语文中的诗词歌赋、历史人物和祖国各地地标等结合;开展实践活动"选择一个你感兴趣的著名历史人物,查找资料,绘制他一生的足迹图",把美术的构图设计、装饰美化、色彩搭配等巧妙融合进来。

通过这个地图大单元的学习,引领学生将相关的知识、技能等提升为概念性理解和运用能力。

单元主题:地图的阅读与运用

单元大概念:地图是客观世界信息的载体,是人类认知世界的语言与工具。
- 大概念1:空间信息尤其是地图信息能更多更好地被记忆和保存。
- 大概念2:地图可以表达过去、刻画当下和勾绘未来。
- 大概念3:基于地图的地理空间分析能提高社会管理和决策的科学性。
- 大概念4:地图是改变世界的地理思想方法之一。
- ……

单元1:地图认知
- 情境:昭通走失30多年的男子凭心象地图寻亲成功
- 内容:影像、场景与航拍地图的匹配;
  图文的相互转换;
  地图的三要素;
  认识地图家族;
  选择适用的地图;
  辨别中国"问题"地图
- 实践:手绘一幅你所在学校、教室或者你家的平面布局图

单元2:地图与生活
- 情境:寻找生活中的具有地图元素的日用品
- 内容:如何使用电子地图导航;
  如何使用手机上的地图APP点外卖、订酒店、打车等;
  物流、快递如何精准定位、优化路线
- 实践:设计一个含有地图元素的文创产品,写推广说明;利用废物制作一个你家的立体模型

单元3:地图与社会
- 情境:地图在汶川地震应急救灾排查、灾后重建规划等方面的运用
- 内容:地图在灾害防治方面的运用;
  地图在自然资源管理方面的运用;
  地图在国土规划、城乡管理等方面的运用;
  地图在作战指挥与军事行动中的运用
- 实践:查找历史上巧妙运用地图的著名事例,举办班级分享会

单元4:地图与科学发现
- 情境:科学家成功运用谷歌地图发现金字塔遗址
- 内容:地图与魏格纳的大陆漂移学说;
  胡焕庸线及其地理意义;
  用图层叠加法发现中国四大地理区域的分界线;
  用图层叠加法尝试为中国进行各种分区;
  各种地图中的重要发现
- 实践:挑选你感兴趣的某地理要素,查找资料,绘制一幅分布图

跨学科单元:地图与道法、数学
- 情境:时政中国地图为什么一"点"都不能少
- 内容:领土主权、面积和周长的测量、单位换算、比例尺的运用、投影
- 实践:举办"爱国,从地图开始"的演讲

跨学科单元:地图与语文、美术
- 情境:藏在地图里的古诗词、地图的艺术
- 内容:诗词歌赋与地标、构图装饰与色彩
- 实践:选择一个著名历史人物,查找资料,绘制他一生的足迹图

图3.12 "地图的阅读与运用"大单元教学设计

（三）地理大单元教学设计示例

1.基于教材整合的大单元示例

上面"地图的阅读与运用"大单元教学设计是基于新课标、脱离教材的设计。如果你用的教材里面还专门设置了《地图的使用》和《等高线地形图》两节内容，我们可以基于教材整合成一个"地图"大单元。

首先，结合课标对教材进行分析，概括出本单元的大概念："地图是人类认识世界的重要工具。"

其次，辨析两节内容的内在关系，分别制定学习目标。两节内容呈现学习进阶关系，《地图的使用》是借助地图三要素知识，通过在地图上找到参照物，判读方位、量算距离，可以判断地表事物的地理位置及空间位置关系。注意，概念教学把目标放在"能在地图上判断地理事物之间的空间位置关系"，而不仅仅是"比例尺、方向、图例与注记的判读"。同样，《等高线地形图》是借助海拔和相对高度的数值大小及数值变化特点，判断不同尺度区域的地形特征。同样注意概念教学把目标放在"养成使用地图的习惯，从不同类型的地图中获取所需信息，帮助分析和解决生产、生活中的问题"。单元中所有课时的教学目标将都指向大概念"地图是人类认识世界的重要工具"的建构，所学各节的内容将从"知道知识和方法是什么"转变为"如何运用知识和方法做事情"，大大提升了学生的问题解决能力。

然后，根据目标设计评价，即可靠的评估证据（这种逆向设计在本书第四部分第二章将专门论述）。可靠的评估证据用来评估预期的学习目标是否达成，它更强调基于真实的表现性任务。比如，《地图的使用》一课中将"选择合适的地图来确认任意的两地表事物间的位置关系"作为真实性任务，制定评价指标：①能从不同类型的图形中区分出地图；②能借助图例和注记在地图上准确找到不同的地表事物；③能借助比例尺计算任意两地表事物间的实际距离；④能准确判读同一幅地图中任意两地表事物间的方位关系；⑤能利用地图三要素判读不同幅图中任意两地表事物间的位置关系；⑥能根据使用目的，选择不同种类的地图。

最后，设计教学过程。注意教学设计要与目标及评价证据高度一致。比如，《地图的使用》一课中，按照学习目标和评价证据，设计如下教学过程：①在多种图示中分辨出地图，进而理解什么是地图；②在东莞市地图中找到主要的山地、最高峰、平原、河流、水库、镇区、学校所在地等，并说明寻找的思维过程，以此来理解地图三要素及其基本功能；③以图中两个地点为例计算距离、描述方位;④用自己的语言描述以上任务完成的具体步骤和过程,在此基础上概括出在地图上描述任意两点位置关系的基本思路方法;⑤应用这种方法在东莞市地形图、东莞市气候图、东莞市农业分布图、东莞市人口分布图和东莞市交通分布图上指出不同的地表事物之间的位置关系。

2. 自主开发的大单元示例

下面以笔者的一节全市公开课"地理知识与风水学说"为案例,展示如何自主开发一个完整的单元教学案例。①

(1)确定单元主题

笔者在课题研究过程中开发了不少主题知识类的单元课程,这些课程以生成性、重要性、趣味性为主要原则,灵活地确定课时多少和授课时间以及课程组织方式。笔者对学生进行"初中生日常生活经验和地理学习兴趣点"的问卷调查与分析,确定了灾害、环保、旅游、风水、经济等常规主题单元课程。同时笔者不断捕捉与地理相关的最新社会问题设计一些时事单元,如西藏单元、航天单元、奥运单元、海洋单元等。这些单元除了以班级授课的形式出现,还可采取主题讲座、专栏宣传、项目学习、实地考察、辩论竞赛等形式。丰富、真实的单元课程为地理教学注入新鲜血液,使学生在学习过程中体会地理的学科价值,感悟社会的发展脉搏,增强学生的时代感、责任心,提高人文素养,充分体现了"以学生发展为本"的教育思想。

确定风水单元,是因为风水是古代人们在长期的社会生活和生产实践中总结而成的对居住环境进行选择和处理的一种学问,它在民间的流行始终没有终止过。从社会大环境看,中华文化源远流长,《易经》位居群经之首,是中国哲学思想的源头,是劳动人民智慧的结晶,国内学术界的研究方兴未艾。而且中国的风水理论,越来越引起国外学者的关注,韩国还企图以风水申遗。

从生活小环境看,笔者所处的广东省东莞市长安镇地处珠三角,毗邻香港,有台资港资企业千余家,融合广府、潮汕和客家等文化,风水观念深入本地的城市规划、经商置业、家居装饰等中。我们的问卷调查也表明学生对风水学耳濡目染,兴趣浓厚,但存在不少认知误区。此外,还有一个乡土原因:笔者任教的长安实验中学2001年建校,远离镇中心,居莲花山脚,凉爽幽静,北邻一片公墓,

---

① 肖金花. 初中地理生活化下的专题课程开发与设计——以风水专题为例[J]. 中学地理教学参考(下半月刊), 2009.07.

校园内外出现的一些自然现象在学生中往往讹传成风水流言。

从知识联系看，风水和传统的中国地理学有密切的关系。掌握传统的中国地理学，在传统中创新，把传统的风水观念现代化，并与中学地理教学有机地结合起来，是实施"对学生生活有用""对学生终身发展有用"的课程目标的要求，有利于学生开拓知识视野和拓展学科深度，培养地理素养。

（2）备课过程

①关注学习动机，分析知识基础

初中学生已具有不少生活经验（包括直接经验和间接经验），他们有体会、有感想，好新奇、好追问、好探索，特别喜欢接受以感性材料为主和富含情感色彩的地理内容。调查还发现，不少学生及其家长都对风水学兴趣浓厚，却只是一知半解，甚至完全误解。

本单元可以放在初中地理结业考前后开展，作为初中地理的总结和拓展（或放在刚上高一时开展，作为对初中地理学习情况的摸底和调动高中地理学习兴趣的手段），因为这时学生有了部分天文学、地理学、环境学、建筑学、美学、心理学、伦理学等知识基础和技能，特别是刚学完中国的气候、区位因素分析、地理环境差异等内容，可以科学地分析风水观点。

②确定课程目标与大概念，搜集教学素材

因为是自主开发的单元课程，无本可循，所以先确定单元目标，以统领全局。本课程的总目标是：结合所学知识，科学认识风水学，并尝试运用风水学解决身边的问题，感受地理在生活中的价值。

风水本身内容庞杂、不易理解，而且观点敏感，难以把握，处理不好，就变成宣传封建迷信了，因此，教师首先要对风水进行定调、定性，即风水是一种独特的古代中国文化。因受认识论、方法论等的局限，它集迷信与科学于一身，糟粕与精华共存，合自然与人文为一体。风水学虽掺杂了巫术文化、福荫祸应等迷信成分，但它主观上满足了人们的防御心理、吉祥心理。风水所倡导的人与自然和谐的思想，风水中体现的对理想生活环境的追求，始终是人类生存和发展的主题。风水客观上起到了调节小气候、保护和美化环境、丰富景观构成等作用。因此，教师在教学中应坚决摒弃迷信和糟粕，把重点落在地理知识上。

据此，我们确定大概念"风水作为一种文化景观，是社会、艺术和历史的产物，其本质是人们对理想生活环境的追求"。

其次，大量查阅搜集风水资料，包括风水的古籍今著，各种观点论述、新闻时事、传说轶事等。教师是课程实施成败的关键因素，地理教师应真正了解风水学，这样才能将自己的教学经验和风水学进行充分地整合，将风水知识恰如其分地运用到地理教学中。

最后，联系学生实际、教学实际、社会实际，确定课程的重点难点，对这些资料取舍整合，形成教学资源包。

③揣摩教法学法，编写学案教案

学生是学习的主体，只有学生积极主动地学习，才是有效的学习。所以笔者以"你家的风水好吗？"为驱动性问题，组织学生开展研究性学习。首先把全班分为四个小组，给每小组一个自学框题；然后，教师引导学生自主探究，实践体验，综合运用已有知识和经验解决问题，并做成演示课件；最后大家一起表达交流。

学生没有教材，笔者就利用学案导学法。学案包括本课的教学目标，各小组的自学框题（见表3.6），有关课程的关键词语、论点等和资料的来源（如书目、网址等内容，方便学生自学时"按图索骥"）。在编写教案的过程中，注重联系学生生活实际创设问题情境，鼓励学生多动手、多思考、多调研、多考察。

表3.6 "地理知识与风水学说"小组任务

组别	主题	学习内容	学习目标
第一小组	走近风水学说	风水学的起源、主要流派、主要观点、核心内容等	全面了解风水学说；感受中国传统文化的博大精深
第二小组	寻找身边的风水	历史上著名的风水实例，风水在现代生活中的运用	了解风水的流传情况；学会观察身边的事物和发现问题
第三小组	揭开风水的神秘面纱	去伪存真，运用地理知识分析风水的合理性	科学地认识风水说；养成求真求实的科学态度
第四小组	学做现代"风水师"	科学运用风水解决实际问题，如城市规划、工厂选址、挑选楼房、家居装饰等	活学活用地理知识；激发探究地理问题的兴趣

④反思教学效果，改进教法学法

这是用大概念思想设计的地理活动课，为了评价单元教学的实效性，我们还开展了同课异构、一课多上的课堂教学研讨，夯实评课环节，不断反思，不断改进。

（3）教学回放

【创设情境】一直听说我们的长安镇是个风水宝地——"左龙（蛇）右虎

（虎门）坐莲台，依山傍水中平原"（出示长安镇地形图），北有蜿蜒起伏的莲花山，南有磨蝶河与东宝河左右环抱，为了不让这个藏风得水的聚宝盆"断了龙脉""走了风水"，以前禁止穿通莲花山，所以南北向的长青路、咸西大道等到山脚而终止，东西向的三环路、四环路等到山脚而南拐。大家了解风水吗？风水真的存在吗？你家的风水好吗？

（学生自由讨论）

师：请第一小组的学生代表带我们进入风水学说，并为同学们答疑。

【小组展示】第一小组代表上台展示小组合作学习的成果并答疑。（略）

【承转】我国古代人民创造了这门博大精深的学问后一直流传至今，上到皇亲贵戚，下至平常百姓，大到建国建都，小至安葬安床，风水无处不在。同学们知道什么历史上著名的风水实例吗？能列举风水在现代生活中的运用吗？

【小组讨论】学生自主发言

师：同学们很善于观察，找出了许多生活中的实例，我们看看第二小组的同学还有什么补充，好吗？

【小组展示】第二小组代表上台展示小组合作学习的成果并答疑。（略）

【承转】同学们真是"火眼金睛"，古今中外、街头巷尾、报刊杂志、电视电影、新闻广告无一遗漏。大家有没有发现，这些例子听起来很"玄乎"、很神秘？它们有没有道理？是迷信还是科学？

师：长安镇也有"玄乎"的现象：自从虎门沙角火电厂建成以来，正面登陆长安（镇）的台风大大减少，常常预报有台风登陆，却只是一晃就拐弯到附近的珠海等地了。于是有人说，是沙角电厂的四根"高香"（大烟囱）烧得好，改变了长安（镇）的"气场"。也有人说是长安这个名字取得好——"长治久安"，这些说法合理吗？

【小组讨论】学生自主发言

师：一个神秘现象后面竟然有台风、气压、风向风速等科学知识，看来风水不是无稽之谈，请第三小组的同学来给大家出些考题，考考大家风水学说背后的科学原理。

【小组展示】第三小组代表就建筑朝向、风水宝地的模式等常见风水观点提问，如中国民居坐北朝南为什么是好风水；"环抱有情，反弓无情""入山寻水口"蕴含什么地理知识；冲煞、光煞、孤煞、孤阳煞、尖角煞、天斩煞、廉贞煞等有科学依据吗；等等问题，其他学生解答后，再小结。

师：在悉尼也最好"面南而居"吗？"相地先看水"，在古代，村落大都分布在河曲之内（河床凸岸）的吉地，但有些港口城市如伦敦、上海却最早布局在俗称"反弓水"的凶地，即河曲外侧（即凹岸），为什么？（出示世界政区图、上海古地图）

【小组讨论】学生自主发言

师：房屋的朝向要根据光线的来源、盛行的风向来因地制宜；聚落的形成要综合位置的优劣来扬长避短。如凸岸水流缓慢，少崩塌，便于取得清洁的饮用水；是沉积岸，有利于泥沙沉积，土壤形成；天然水面的围绕可作防御之用，所以是安全便利的居住之地。凹岸水流较快，侵蚀作用强烈，可以减缓泥沙淤积；并且水深，利于船舶停靠，可发展为港口城市。这些都是先民在长期观察和实践后得出的结论，包含着丰富的环境伦理观念。

【承转】其实风水并不神秘，它是地理学（气候、水文、地形等）、哲学、生态学、建筑学和心理学等多种学科的综合，但一些风水先生为了骗人钱财，故弄玄虚，把风水神秘化，让不少人误以为风水就是迷信。只要大家不盲信，本着求真求实的科学态度，一切都有理可循。

师：风水先生也常常被称为地理先生，下面就请第四小组的"风水先生"给我们讲讲如何运用风水学说解决实际问题。

【小组展示】第四小组代表结合地图讲解风水在城市规划、工厂选址、园林设计、家居装饰等方面的常见原则并分析原因，其他学生可提问。

师：这位同学真是个出色的"风水大师"！同学们有没有兴趣也来做做"现代风水师"？老师准备在东莞买一套房子作居家用，请大家帮我出出主意，买哪个楼盘的哪套房子好？它们各有什么优缺点？（出示莞城东方华府、松山湖虹溪诺雅、厚街丰泰、长安信义四个楼盘的开发图和广告）

【情景互动】各学生自选角色（比如各楼盘的销售人员或购房者），站在各自的"立场"，相互游说或辩驳。

师：（出示各楼盘各栋楼的平均售价）开发商们心里都明白着各楼盘的优缺点呢。假设你们不知道其中奥秘，会不会被巧舌如簧的销售人员忽悠呢？学好地理，让你做个精明的卖家或买家。结合刚刚所学，来分析一下"你家的风水好不好？为什么？"

【小组讨论】学生自主发言

师：以前一些中国人爱讲：一个人要想成功，一靠命，二靠运，三靠风水。

其实命运和风水都是掌握在你自己手里，你乐观、勤奋、善良、好学、上进、负责任、有担当，你家的风水就是最好的，你就能成功。

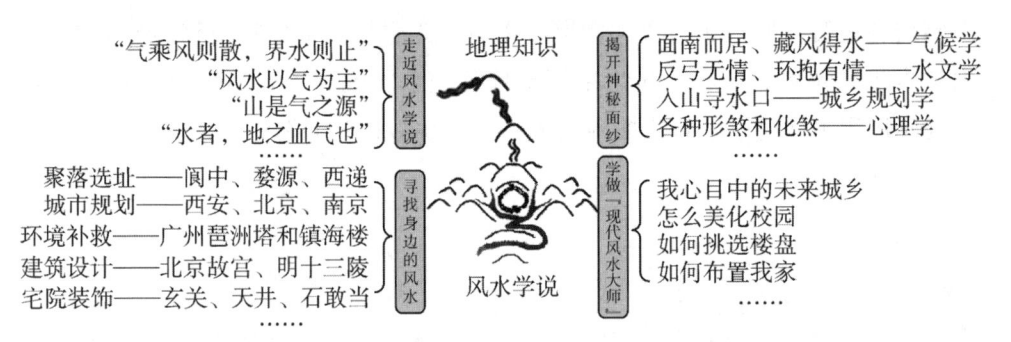

图 3.13 "地理知识和风水学说" 思维导图

【反思】师生共同总结本节课的收获。

【总结】风水是源远流长的传统文化，作为中国人，我们应该去了解它，科学地认识它，取其精华，去其糟粕，以达到择吉避凶、与环境和谐共存的目的。

（4）课后反思

①学生对本节课表现出罕有的兴趣：课前小组合作学习积极主动，准备充分；课堂上发言踊跃，高潮迭起；课后，许多学生感觉意犹未尽，要求拓展内容。一方面，这说明说教性弱、实用性和争议性强的内容，学生更能感受到挑战性，学习动机强；另一方面，说明我们大胆地开发源于学生生活实际的新课程是可行的、有用的。

②学生在课前合作学习时，对庞杂的、良莠不齐的资料无从取舍，成果汇报内容零散、没有重点、难成体系。在课堂上，不少问题易放不易收，有些讨论角度少、肤浅化。这要求教师课前做好引导和跟进工作，课堂讨论时，不时地诱导、点拨，使整个课堂处在有序、有度状态。

③活动要求学生有丰富的联想、创新思维能力和相关知识积累，部分初中生较难达到要求，因而参与度较低，以倾听为主。各小组自学内容不一，对非本组框题的活动较难深度参与。这要求教师讲解的内容和设计的问题有梯度，尽量让每个学生都融进课堂，有话可说。

④这是笔者的全市展示课，因考虑到课的完整性，所以压缩在一节课完成。教师可以根据实际情况，上二或三课时，让活动更丰富，讨论更深刻。从听这节课的师生的评价中可知，本节课的教学目标达成度高。该课为大概念、大单元教

学示例，其设计充分体现了以培养学生的学科核心素养为目标，教学内容虽脱离教材，但在笔者理解和整体把握课程内容、学科逻辑与学情的基础上，对教学内容进行大胆整合，以大问题、大任务为引导，形成较完整的风水主题，引导学生在调查、体验、讨论中深度理解风水学说与地理知识的关联，并灵活迁移运用本课所学去解决实践情境中具有挑战性的问题。

第二章　探测前概念

先分享一则日记，是儿子4岁时，我和他的对话。

天天从书里抬起头，问："妈妈，人为什么没有尾巴？"

我："因为尾巴对我们没什么用，所以在进化过程中慢慢没有了。很早以前的猿人是有尾巴的。"①

天天："你爷爷有尾巴吗？"

......

感到困惑与心生好奇相伴相生。孩子有天生的理解世界的自然倾向，好奇心是儿童理解世界的动机或源泉，从儿童的疑问中，我们可以发现他的经验，了解他的兴趣。对"很早以前"这个抽象的时间概念，儿子从没有触及，还没有可以借鉴的经验，但是一旦新问题出现在他面前，他往往可以基于过去的经验，依据他的认知能力，对新问题提出看法。按他的已有经验，早已过世且未曾谋面的曾外祖父是他知觉中的"很早以前的人"，他可能是"有尾巴的猿人"。在儿童的成长过程中，类似这种由直觉形成的前概念还有许多，它们组成一个复杂的系统。等他接受学校教育时，这些前概念就会不断受到挑战。

奥苏贝尔在《教育心理学：认知取向》中写道："如果要我只用一句话说明教育心理学的要义，我认为影响学生学习的首要因素，是他的先备知识。"②学生的先备知识（即前概念）是通过在日常生活中的活动、观察和思考而获得的，是对世界的朴素看法，也是培养对知识的理解、能力和态度的起点。所以我们在进行概念教学前，必须先探测学生的前概念，这是进行真正的学情

---

① 注：这是笔者的迷思概念。其实猴类有尾，猿类无尾，类人猿在约2000万年前出现时，就没有尾巴。另，猿猴和猿人的说法在科学界尚无定论。

② 张春兴. 教育心理学 [M]. 杭州：浙江教育出版社，1998.

> 分析的开始。
>
> 但是在教学实践中，教师分析学情往往重认知而轻情感和个体差异，主观经验判断多而客观实证分析少。因此，在学情分析的实践层面，教师应特别注意全面性和客观性，多使用调查、访谈等形式，从知、情、意、行、经验背景、个体差异等多方面综合分析。①

一、什么是前概念

建构主义者认为，学生不是空着脑袋进入教室的，他们头脑中具有从其他课程或日常生活中获得的知识。因为个体从出生就开始了探索环境、顺应环境的活动，在这些活动中，个体对事物形成了丰富的经验，并建构了特定的认知图式。这些知识包括事实、知觉、模型、概念、信念、价值观和态度等，其中有些是正确的、完整的，并且符合当前学习情境；而有些则是错误的、不充分的，不能满足当前课程的学习要求；还有些可能是仅仅不适合当前学习情境。当学生将这些知识带入我们的课堂时，它将影响他们过滤和理解新信息。

以"河流"为例，学生最初不一定知道它的准确定义，但是从图片或影视等中看到了河流的形象；后来，在某地看到了真实的河流，慢慢地，逐渐明白田间的水渠不是河流，池塘、湖泊也不是河流，再后来，又知道了长江、黄河……随着对河流的经验越来越丰富，河流的概念就逐渐清晰起来。我们把这种在日常生活中自发形成概念称为前科学概念（简称"前概念"），即建构主义认知心理学中提到的日常概念。

表述前概念的术语有很多，比如朴素概念、替代概念、错误概念、相异概念、常识概念、自发知识、儿童科学或先入为主等。其中，有三个用得比较广泛：错误概念、相异概念和前科学概念。学者的态度不同，定义各不相同。比如，错误概念是"对事物含糊的、不完善的或者是错误的理解"，这种定义就有消极意义，对学习者的认知目的不起作用，甚至起反作用；相异概念是"学习者对一系列可理解的自然现象和物体建构了基于经验的解释"②；《思维辞典》对前科学概念的

---

① 韦志榕，朱翔. 义务教育地理课程标准（2022年版）解读[M]. 北京：高等教育出版社，2022.

② 李高峰，刘恩山. 前科学概念的研究进展[J]. 内蒙古师范大学学报（哲学社会科学版），2007，36（4）.

定义为："又称日常概念，是人们在日常生活中通过辨别学习、积累经验而形成的概念。"这两个定义就比较中立，认为学习者拥有这些概念是有理由的、合理的，给拥有这些概念的学习者以智力上的尊重。

我国很多学者认为，前科学概念是学习者在接受正式的科学教育之前，在现实生活中，通过长期的经验积累与辨别式学习而获得的一些感性印象、积累的一些缺乏概括性和科学性的经验，是一些与科学知识相悖或不尽一致的观念和规则。也有学者认为，前科学概念是特定的科学，这种通过对日常生活的现象感知、经验积累与辨别式学习而形成的认识虽然难以深入事物本质，往往只能理解到事物的某些方面，不能够实现全面准确的认识。但学习者拥有的前科学概念最终会把学习者引导到科学概念上来。[1]

结合众家的观点，笔者对"地理前概念"的定义是：学生在正式学习某一地理科学概念之前，按照自己的习惯、经验、思维方式，结合自己对地理事物和地理现象的观察、体验以及对已学各学科的科学概念的理解、推断而产生的对该概念的感性认识和初步理解。它不仅包括一个个具体的日常概念、实例，也包括更一般的信念和观念，是一个复杂的系统。

因为个体从出生就开始了探索周围地理环境、顺应周围环境的活动，所以地理前概念的存在是必然的。这些前概念是学生已有知识框架的一部分，它常常是零碎的、不全面的，又是相互影响、相互依存的。它们有的科学，有的不科学，但都是学习新知识、解决新问题的基础，对于解决日常问题十分有效，这也导致学生不愿意放弃前概念。现代脑科学研究也发现，前概念不会消失，只会被抑制。

按照前概念产生方式的不同，可以把前概念分为三类：原始型、继发型和叠加型。原始型前概念是指没经过他人指导，在头脑中自觉形成的前概念。多出现在学龄前儿童和小学生的观念中，随年龄和学习经历或接受教育程度的不断增加，这类前概念会不断得到纠正而减少。继发型前概念是指在接受他人指导或学校教育的过程中，因学习者自身的理解水平、概念本身发展的阶段性特征、指导方式的恰当与否等的不同而产生的不全面或不正确的观念。继发型前概念一般随个体学习年限的增长和学习内容难度的增加而增多。叠加型前概念是指学生在学完了一个概念以后，当该概念解决不了某个难度较大的复杂问题时，学生将已有

---

[1] 李高峰，刘恩山."前科学概念"的术语和定义的综述[J].宁波大学学报（教育科学版）(A)，2006，28（6）.

的前概念（或先备知识）和现有的问题情景相叠加，臆造出的用以解决当前问题的新的前概念。[①]

按照前概念的状态，可以分为空壳概念（知名称不知内涵）、不完整概念（漏掉某些属性或外延概括不全）、异质概念（扩大内涵，强加其他属性）、条件缺失概念（忽略了概念存在的前提条件）、绝对化概念（忽略了特例和反例）等。[②]这对于我们在教学中准确甄别学生的前概念，从而有针对性地开展概念教学是有参考意义的。

了解学生的前概念，是有效进行概念教学的前提。同时，学生的前概念乃至错误概念，也是有效开展概念教学的资源。教师可以利用学生的前概念创设情境，引发认知冲突，激发学生的求知欲，进而引导学生否定先前的错误概念，建构科学概念。

二、前概念有什么特征

建构主义认为某一前概念产生的心理途径有先前的生活经验、其他学科知识的负迁移、旧概念的局限、语词表达带来的曲解、不恰当的类比以及错误的知识拓展等。孩子还常常通过"眼见为实"来认识世界，他们往往将自己对事件或现象的推理和理解建立在一些可观察到的特点上，构建自己朴素的前概念。这些前概念除了较为片面化、表面化外，还有以下特征：

1. 广泛性

孩子在接受正式的教育之前，对日常生活中的大量问题都有了自己特定的理解，这些理解包罗万象。所以各个学科的各分支中都存在着前概念，尤其以物理、化学、生物等科学学科更为普遍。此外，前概念还广泛存在于各个水平的学生中，而且与一般的科学概念并存，不易引起注意。

2. 顽固性

前概念是孩子长期经验积累的结果，在头脑中印象深刻，根深蒂固。人们经常注意到，即使在成人告知某种解释之后，孩子也没有改变他们的想法。不管我们如何竭尽全力提供相反的证据来挑战他们的观点，他们仍可能对相反的证据置之不理。哪怕经过科学、系统的学习，建立起了正确的认识，可是一旦脱离课堂，回到生活中，那些好不容易建立的正确认识转眼就被忘得干干净净。

[①] 詹忠贤.高中化学教学中前科学概念的研究［D］.西南师范大学，2004.
[②] 赵占良.概念教学刍议（三）——概念的类型与概念教学［J］.中小学教材教学，2020（8）.

看看这段话："假设一个物体处于静止状态，要改变这一物体的位置，需要给它施加力，比如推、拉或提，也许要用到马和蒸汽机。我们会本能地把运动与推、拉或提这些动作联系起来，自己亲自试过几次后，更会认为，要让物体运动得快一些就要施加更大的力。于是，我们很自然地得出以下结论：物体受的力越大，其速度就越大，用四匹马拉车肯定比两匹马快……"学了多年的物理，你是不是还认为上面这段话是对的？如果你的回答是肯定的，那就足以证明前概念的顽固性。还记得第二部分开篇的那个故事吗？还记得"种子长成参天大树所需的物质主要来源于哪里？"的准确答案吗？验证一下你的前概念是否还顽固地存在。

3. 负迁移性

学生在学习新知识的过程中，先前的知识结构往往对新的知识结构的建立起着积极的推动作用，但有时也产生一些负面的影响。对先前概念的不清晰也会影响以后对新概念的掌握。详细阐述见后一章中的"迷思概念有哪些形成因素"。

4. 个体差异性

学生在建构对事物的理解时，总是以自己的知识经验为基础，因而不同个体会看到事物的不同方面，正如一千个读者就有一千个哈姆雷特，我们自己的行为同样如此，当我们阅读一篇文章或者与别人讨论一个话题时，我们可能会，也可能不会改变我们自己的观点。我们在多大程度上改变自己的观点，一方面依赖于我们开始所持有的想法，另一方面依赖于我们所听到或读到的观点。

5. 反复性

个体经学习理解了一些科学概念，过了一段时间再遇到类似的问题时，受先入为主的影响，又会对该概念产生糊涂的认识。

这里还要再次强调：前概念并不都是错误概念，也有合理的成分或与科学概念一致之处，它们是通向科学概念的基础和先导。美国心理学家、教育学家斯坦利·霍尔认为，教师当先考察儿童已有的知识，而后再定教材与教法。学校教育就是要促使孩子把知觉到的东西概括起来，把不完整的、错误的自发概念变成有规律的、系统的科学概念。

三、如何从试题中发现师生的前概念

基础教育教学中普遍存在一种问题：上课时教师讲的内容都能听懂，但一到解题时，却看不懂题意、无从下手，或思维混乱、中断、偏离。笔者在长期的教学和研究中发现：中学地理教材不加解释地运用了许多人们耳熟能详的地理概念，它们看似简单，但学生并不清楚其内涵和外延，而不少教师不重视概念解析，更不了解学生的前概念，认为只要不断重复科学概念，课后辅以大量练习，学生就会理解科学概念，于是在教学中，重结论记忆轻过程分析，重教师讲授轻学生思考，重解题技巧轻知识结构，随意偏离、简化概念教学的程序。

地理概念是地理知识结构的基础，地理推理与判断、地理规律的建立、地理思想方法的形成都离不开地理概念。中学生（尤其是初中生）受活动范围和生活经验、视野的限制，对宏观、大尺度、慢变量的地理要素的感知往往是局部的、零碎的、表面的，学生头脑中关于空间位置和分布、空间差异和联系、各要素相互作用和影响等的认识常常是匮乏的，甚至是错误的。[1]前概念的匮乏和错乱导致教师难教，学生难学。

对于隐藏在学生头脑中的前概念，可以通过现在强大的信息技术进行调查与跟踪。现在很多学校考试后都用电脑阅卷，会产生大量的数据。如果教师善于利用这些资料，就很容易发现学生存在的问题。随着新课程改革的推进，新中考、新高考的命题思想和考试要求有了明显的变化与提升，各种问题也越来越多。

以广东省初中生地理学科学业考试为例，自2016年以来，由原来重"地"的考查逐渐转变为重"理"的分析，大大加强了考试内容与社会实际和学生生活的联系，注重考查学生知识和技能的掌握情况，特别是在具体情境下灵活运用所学地理知识分析和解决地理问题的能力，在素材选取、情境创设、设问方式等方面体现了"德育为魂，能力为重，基础为先，创新为上"的命题思想。但是受省市命题组成员的构成、初中一线教师的整体水平、地理学科特点等多种因素影响，有不少中考题改自各地高中测验题或高考模拟题，师生们戏称地理中考题为"三不考"：教材中的不考，教师讲过的不考，以前做过的不考。其实这里的"三不考"只是不原样呈现，而是把相关内容作为必备的知识技能融合进了解题的思维过程中，这种能力立意、素养立意的试题以大量的地理事实和概念为基础，要求学生进行联想对比，分析综合，判断推理，从而解决实际问题。

下面以2018年广东省初中生地理学业考试为例，展示笔者对一份地理试卷做的基于概念教学的分析，及对其中典型错例的调查。不选近年的广东省考卷，而挑选2018年省卷的原因有：首先，教师重视综合题的学情分析，而忽视选择题的学情分析。近年的广东省中考卷形式都是30道选择题（共60分），两道综合题（2019—2022年包括约9空18分的填空题和4道约22分的简答题，2023

---

[1] 张素娟.初中生地理思维过程及思维障碍的诊断[J].中学地理教学参考，2014（1-2）.

年改为约 8 道共 40 分的简答题），对于填空题和简答题，学生的文字表述就能清晰显示其思维特点。教师在讲评中，常常会直接使用学生的具有代表性的现成答卷讲解，效果也不错。但是对于选择题，教师只知道每道题的正确率，哪些学生做对或做错，至于他们是真正理解做对，还是猜对蒙对，却无法知晓。教师在讲评时，常常根据自己的认知，讲错误率高的题目，讲选正确选项的原因，却很难指出学生选错误选项的真正原因，讲评总感觉是隔靴搔痒，不得要领。学生的前概念没有被发现，思维误区仍然存在，下次换个情境，又是错误。

其次，2018 年省卷的考查形式是 50 分钟做 50 道单选题。虽然只有单选题，但是覆盖面广，重点突出，关注时事热点，关注学科思维，凸显对地理核心素养的考查。

再次，2018 年这张 4000 来字的地理试卷出现了近百个地理概念，这些概念涵盖各种类型。因为地理概念繁多，当年出现好几个不仅学生困惑，教师也困惑的题目，还有"优生"做错，"差生"做对的题目，引发了师生的广泛讨论。

（一）概念梳理[①]

笔者首先对该卷出现的地理概念进行如下梳理，并以人教版初中地理教材为参照，作了简单分类：

1. 教材解释过的概念有：经纬度、低纬度地区、北回归线、热带地区、极夜、极圈、天气、气候、人口密度、农业、工业、海拔、山地、平原、南方地区、北方地区、西北地区、青藏地区、人口出生率、死亡率、增长率。这里的解释包括简单定义，或单纯在现象特征、位置范围、分布发展等某方面的表述，或是部分的事物列举，很少有详细的解释。

以"工业"这一概念为例，教材中的解释是："工业生产包括开采自然资源（煤炭、石油、铁矿石等）以及对原材料（矿产品、农产品等）进行加工和再加工。"再如，七年级上册教材用一段话"世界人口的增长速度，通常用人口自然增长率来表示，人口自然增长率越高，人口的增长速度越快。人口自然增长率是由人口出生率和人口死亡率决定的"和一个公式："人口自然增长率 = 人口出生率 – 人口死亡率 = 年内出生人口 / 总人口 *100%– 年内死亡人口 / 总人口 *100%"来解释人口的增长，算是解释非常清楚的概念，但是对人口的机械增长则没有提及。

[①] 肖金花. 迷思概念对地理学·教·考的影响——一道中考题引发的思考[J]. 地理教育，2018（11）：38-40.

2. 教材中出现过，但没有解释的概念有：太阳直射、冷空气、东亚、农耕区、畜牧区、半干旱区、半湿润区、暖温带、亚热带、自然环境、热量、水源、水汽、地形、农产品、物产、矿产、领土、山脊、荒漠、森林、草原、植物、草场区、沼泽、林地、耕地、水域、水利工程、植被覆盖率、土地荒漠化、火山喷发、生态环境、因地制宜、退耕还湖、退耕还林、滴灌技术、灌溉、地下水、经济发展、消费市场、河谷农业、季风气候、汛期、乳畜带、贸易、经济支柱、主导地位、航运业、旅游业、雨热同期、产业、世界遗产、传统、核心城市、台风、现代化、地区生产专业化、机械化、商品化、进口、劳动力资源、水能资源、交通运输、通航能力、冰盖、航空技术、航天技术、通信技术、信息技术、航空航天工业、电子工业、石油工业。

这些概念有的出现在教材正文里，有的出现在活动题目里，有的出现在图像系统里。比如，"中国的温度带"这一概念出现在八年级上册教材的一段话中："根据气温的南北差异，并结合农业生产实际，从南到北，可以将我国划分为5个温度带：寒温带、中温带、暖温带、亚热带、热带。另外，还有一个地高天寒、面积广大的青藏高原区。"还有一幅"中国温度带的划分"地图。至于具体的划分界限和划分依据（如活动积温等）则有没呈现。

3. 教材中没有出现过，试卷也没有解释，但学生听得较多的概念有：季风区、非季风区、极光、非首都职能、沙尘暴、PM2.5、海洋资源、水力资源、电能、房地产业、自然生长、隧道、海水淡化、人口老龄化、劳动人口、全面二孩政策、单独二孩政策、快递业、理性消费、绿色屏障、自贸区、智能、电动汽车、噪声。学生主要从课堂各科老师的讲授，或平时做题、阅读、生活等听说这些概念。当然，不少概念根据字面也能猜出大概意思来。

4. 教材中没有出现过，试卷也没有解释，学生极少听说的概念有：大洋中脊、实体经营模式、零包装配送、通风廊道、光伏、全封闭屏障等。

在很多教师看来，这些概念是很简单、常用的，不需要详细地讲解，可是学生真正懂了吗？比如第9题：

如今，我们都能够用手机实时查看太空看向地球的画面，依托的技术是（　　）。
①信息技术　②航空技术　③航天技术　④通信技术
A.①②③　　　B.①②④　　　C.①③④　　　D.②③④

这里并列几个易混概念，都是教材中出现过但没有解释的，许多教师也不会专门详细对比区分，但如果没有掌握这些概念的真正含义，就会直接影响到地理思维过程和答题结果。

（二）典例分析和考生的调查访谈

下面以该卷中师生争议最大的第43题为例，展示师生的思维过程及它"诱导"出的系列前概念。题目如下：

> 光伏智能道路是电动汽车的"流动充电宝"，它还能通过路面结冰检测系统，实时感知道路结冰情况，从而自动开启电力加热系统，及时除去道路冰雪，保障出行安全。
>
> 43.光伏智能道路建设，对以下工业发展促进作用最明显的是（　　）。（单选）
>
> A. 石油工业　　　　　　　　B. 汽车工业
>
> C. 电子工业　　　　　　　　D. 航空航天工业

当年学生一出考场，就迫不及待地询问这道题的答案，为真正了解学生当时的思路，笔者没有解答，而是组织两个教学班的学生各自写出对此题的思考过程，并做了个别的访谈（见图3.14）。

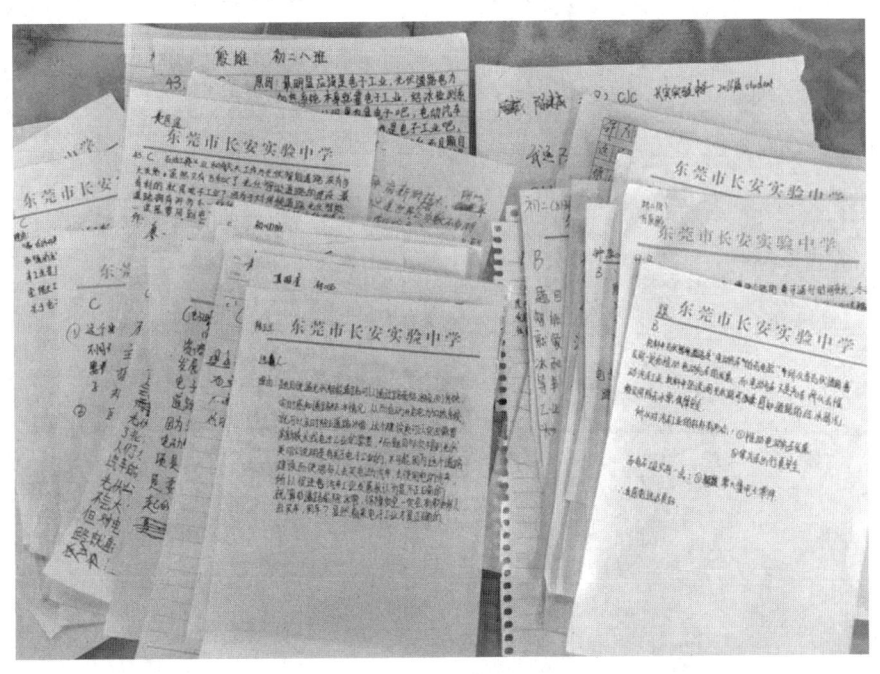

图3.14　学生的答题思路反馈

共收到113份有效回答，因为选A、D的学生很少（只有13人），所以只统计了选B项和C项学生的解释。下面按学生平时的地理综合成绩从高到低，将他们分为A、B、C三层，把他们的回答整理如表3.7。

表3.7　学生的调查反馈汇总

	选B"汽车工业"（共48人，占42.5%）			选C"电子工业"（共52人，占46%）		
	比例	选B的原因	不选C的原因	比例	选C的原因	不选B的原因
C层学生	16人 14%	1.和道路息息相关的肯定是汽车；2.在北方，道路积雪时汽车根本不能上路，现在光伏公路可以除道路冰雪，就减少了汽车打滑和车祸的事件，所以对汽车工业的促进作用最明显；3.光伏道路可以推进环保的电动汽车的生产。	虽然光伏智能道路对电子工业也有促进作用，但不是最明显的，因为汽车在中国市场广阔，更容易挣钱。	18人 16%	1.我看到"光伏"，就想到太阳能板，我看到"自动"，就想到机器人，这些都要电子操控，感知路面有没有结冰，也是利用电子信息；2.题目中的充电宝、电动车、电力加热系统都和电有关；3.题目突出了高新技术和电子工业在多方面的运用；4.电子汽车需要很多电子元件，所以那些电子厂就会赚很多钱，而且它会推动电子高新技术的发展，否则要是电子装进去漏电怎么办？	1.题目关键不在汽车的发展，汽车已经很多了；2.汽车工业没有体现与高科技有关联；3.单单一条公路不能明显促进汽车工业的发展；4.就算电动汽车多年后能普及，传统汽车那么多，来得及一辆一辆回收吗？
B层学生	14人 12.4%	1.发展光伏道路对汽车工业的好处有两点：一是推动电动汽车的发展，二是使汽车出行更安全；2.目前电动汽车刚起步，因为光伏道路能流动充电，所以能促进汽车工业发展；	1.对电子工业的好处只有一点：需要大量的电子零件，所以B项更好；2.光伏公路虽然已经被发明出来了，但是成本高，还不能大范围推广	14人 12.4%	1.电子工业相当于高新技术产业，光伏智能也是高新技术，建设光伏道路与电子工业紧密相连；2.发达的电子工业为光伏公路的修建提供了条件，没有电子工业就没有光伏公路和电子汽车，电子工业才是核心；	1.光伏和汽车的关系不大，汽车本来就有的了，（销售）很稳定了，但没电就不能通车；2.现在的大部分汽车是石油汽车，光伏公路对它们促进作用不明显；

续表

	选B"汽车工业"（共48人，占42.5%）			选C"电子工业"（共52人，占46%）		
	比例	选B的原因	不选C的原因	比例	选C的原因	不选B的原因
B层学生	14人 12.4%	3. 因为资源的过度开采会严重破坏环境，全国都在推进绿色出行，这对汽车工业也有影响，现在有了光伏道路，汽车的发展和销售量自然会提高； 4. 我在B、C之间徘徊了许久，最后我看题目中有"电动汽车""保障出行安全"等字眼儿，觉得对汽车工业的促进更直接。	3. 电子工业只是间接受影响。	14人 12.4%	3. 电动汽车是有关电子工业的汽车。以后光伏公路多了，电动汽车多了，就会更便宜，因为它不用加油，油价那么高。（师：电动汽车便宜了，大家买得多了，应该是对汽车工业发展的促进作用更大呀？）B项只说了汽车工业，没说是什么汽车，万一他说的是石油汽车呢？	3. 制造电动车和修建光伏公路首先要用到电子工业，得先发展电子工业再谈汽车工业。而且这种路没有普及，对电动汽车的促进作用有限。
A层学生	18人 16%	1. 光伏道路主要是为了电动汽车而发明的，原来的汽车是烧油的，石油快没有了，人们只好买电动汽车； 2. 光伏道路的建设使汽车出行的安全性提高，而且不用石油了，车就会更便宜，会有更多人买车； 3. 光伏公路可以除冰，对任何一种汽车都有用，对冬天结冰的北方作用更大，道路通行时间长了，公路又通畅了，消费市场就大了，就可以推动汽车的生产和创新； 4. 国家鼓励使用电动汽车等绿色能源汽车，有了光伏路就会有更多厂商去制造新能源汽车。光伏道路的太阳能板、加热器不属于电子工业的产品，传感器则是很早就有的，所以对汽车工业的促进作用更大。	1. 电子工业包括很多的工业，不只是这个光伏道路； 2. 电子工业就是造一些电子元件，汽车生产制造挺简单的，不需要那些精密的元件； 3. 电子工业运用在研制方面，但光伏公路已经研制出来了； 4. 电子工业主要指手机、电脑等设备的生产。	20人 17.7%	1. 这条道路的重点在光伏智能，属于高新技术，因刚研发出来，仍有很大提升的空间，比如丰富其功能，降低铺设成本等，因此电子工业将遇到一个很好的发展机遇，促进更明显； 2. 我一直在犹豫选哪个更好。光伏道路只能给电动汽车使用，现在电动车不是很普及，限制太多，促进作用不明显； 3. 材料指向电动汽车，到底最明显是"电子工业"还是"汽车工业"？一开始我选了B项，后来觉得电子工业的范围更广，就改选了C项。	1. 汽车工业的发展与人们对汽车的需求量有关，与光伏路无关。 2. 光伏路促进电动车产业发展，但是抑制汽油车产业和其他能源汽车产业的发展，所以对汽车工业整体促进作用不明显。

从表中可清晰看出不同水平的学生思考的方向和深度相差甚远。再与电脑改卷后的选项数据进行对比：全东莞市共有74423名考生参加考试，选"A.石油工业"的考生占2.4%，选"B.汽车工业"的考生占53.6%，选"C.电子工业的"考生占41.1%，选"D.航空航天工业"的考生占2.1%，空选及其他占0.74%。

（三）教师的网络研讨

考试结束后，答案也很快公布了，东莞市地理教师群、肖金花工作室群里迅速开始热烈讨论，特别是有老师明确质疑第43题的答案时，更引起了一场辩论。500多人的群里，热烈参加讨论的70余位初中和高中教师中，赞成选B和C的人数基本相同。笔者将网络研讨过程删繁就简，稍加整理，呈现如下（赞成B答案的简称正方，赞成C答案的简称反方）。

1. 第一轮讨论

正方：题目的关键词是道路；从阅读理解的角度，整个材料的中心就是指向汽车工业。

反方：道路建设对汽车工业的促进作用太显而易见，这不是语文题目，反而让人很快排除B；关键词是光伏，光伏道路跟普通公路的不同在于智能，要改造很多这样的路，就需要很多智能设备，如太阳能电池板，这势必促进电子工业发展。

正方：主要考虑材料里面的第一句，即道路首先是给电动汽车充电的，给电动汽车充电肯定对汽车行业最有利。

反方：光伏智能道路除了充电，还有多种功能，而所有功能的实现基本都离不开各种电子设备。

正方：路面结冰检测和除雪，只需要感应器和热敏元件即可，不需要太复杂的电子功能。

反方：虽然不需要复杂的电子功能，但它们都属于电子工业，光伏道路、电动汽车都需要这么多电子元件，那么促进作用最强的就应该是电子工业。

正方：电子工业范围太广，产量大，光伏路和电动车的发展难以让其发生明显变化，题意强调的是电动汽车，影响"最明显的"应是汽车工业。如果能在题目中多给出一些电子产品及信息的相关性内容，选C就没争议。

反方：如果B是电动汽车就没争议。电动汽车推广了，燃油汽车就减少了，促进作用就不明显了。而且电动汽车早就有了，不能推广主要是充电、蓄电等不方便，成本高等原因，光伏公路的发展会倒逼相关电子产品的迭代升级，促进电子工业的发展。

……

2. 第二轮讨论

教师们普遍觉得这题的描述和导向性较模糊，B 和 C 都有道理，这种情况不应该出现在中考题里面。接着有教师扒出该题改自"2018 届益阳市地理高考二模卷"，材料一样，题目如下，引发第二轮讨论。

---

1. 随着光伏智能道路的逐渐推广，受影响最大的是（　　）。（单选）
   A. 水泥工业　　　B. 汽车维修　　　C. 汽车工业　　　D. 石油工业
2. 光伏智能道路建设，对以下产业发展促进作用最明显的是（　　）。（单选）
   A. 园林工程绿化　B. 新材料工业　　C. 广告业　　　　D. 电力工业

反方：益阳市地理二模卷第 1 题没有电子工业，第 2 题有更加准确的新材料工业，所以答案是唯一的、明显的。

正方：电动车推广目前面临的最大问题就是充电装置的问题，若这个问题能得到有效解决，那么对电动车的推广无疑帮助最大！

反方：难道因为光伏公路就说明汽车发展快，受影响最大？那么现在每年汽车销售量那么多，汽车智能化发展，类似特斯拉、沃尔沃无人驾驶，这能说明是光伏公路推动普通汽车发展的吗？题干说的是电子汽车工业，那么应该是电子为基准，电子工业受影响最直接吧。

正方：题干说的是电动汽车，不是电子汽车！光伏公路，首先是光伏发电功能，这个过程并不需要很多电子元件，需要的电子元件也不用很高的技术。移动充电也不神秘，光伏发电最大问题在于光伏板的光能转化率问题，新材料才是关键。

反方：可是选项既没有电动汽车，也没有新材料。光伏公路毫无疑问会明显促进新材料的发展，但是，难道光伏公路会让很多人换电动汽车？汽车工业发展应该主要取决于家庭的经济收入，要是电动车价格不降，也不会有太多人购买。

正方：出题者的意图就是利用材料中的第一句话，让学生针对这一信息进行理解选择，答案就选 B。如果出题者想让学生选 C，他会在材料中着重说明光伏智能道路用什么电子、原理是什么等。毕竟这是新生事物，我们很少有人系统了解和认识，更何况初中生呢。

反方："智能"两字让人想到电子，所以我一开始粗略一看，觉得是选 B，思考后觉得是 C。成绩一般的同学可能会选 B，很多成绩好的同学选 C。

……

3. 第三轮讨论

这时有老师联系 2018 年高考理综选择题第 8 题（题目如下）引发的全国讨论，指出可以参考各省教育考试院对这次讨论的处理办法："2018 年高考理科综合试卷第 8 题本身无问题，但不同的群体从不同的角度对试题的 B 选项有不同理解。综合各方面意见，也考虑到高中教学实际，根据专家组意见，经研究决定，对该题单选 A 或单选 B 选项的作答均给 6 分。"

---

8. 下列说法错误的是（　　）。

　A. 蔗糖、果糖和麦芽糖均为双糖

　B. 酶是一类具有高选择催化性能的蛋白质

　C. 植物油含不饱和脂肪酸酯，能使 Br_2/CCL_4 褪色

　D. 淀粉和纤维素水解的最终产物均为葡萄糖

接着，又有老师扒出中国汽车产业新能源化的进程，预测 2025 年后，中国汽车新车市场将彻底淘汰传统燃油汽车，转型电动化进程成为市场进一步发展必然结果，引发第三轮讨论。

反方：国家政策已经指明，2025 年起，不再销售燃油车！就算是没有这条路，电动汽车还是要继续大力发展。电动汽车的发展主要取决于国家政策的支持、充蓄电技术的改进及带来的成本下降。

正方：材料里面并没有相关国家政策的论述。光伏技术也是十多年前的技术了，只是没用在道路充电上。电子工业早就广泛应用于各行各业，单单光伏智能道路对电子工业的促进作用有限，但是对新能源汽车的发展有巨大推动作用。

反方：这些题目既然向高考靠拢，能不能把材料给足，总是这样给概括性材料，初中生的知识基础根本不足以支撑他们理解这种类型的题。把问题简化：这段道路的修建，主要是推动汽车工业的革命，还是电子工业的升级？就没那么纠结了。

正方：①题目问的是"促进作用最明显的"是什么？关键词是"促进"二字，由于光伏道路使新能源汽车充电难问题得到很大程度的解决，因此会有效促进汽车工业的转型，也就是会"促进"汽车工业从传统燃油汽车向新能源汽车领域进一步发展，选 B 是没有问题的。

②电子技术在光伏智能道路的建设上也必不可少（大多数现代工业都会用

到电子技术），不过这只是相关电子技术的"应用"，就像是电子技术应用于电视、通讯一样，而不是由于有了光伏道路就"促进"了电子工业，只是电子技术的应用领域更广了而已，也就是说这种道路需要应用相关电子技术，而不是因为有了这种道路就"促进"了电子工业的转型，最多只是拉动了相关电子产业的需求和发展。其实命题者的本意是问：会对什么工业产生最明显的影响？

反方：题目中的"促进"或"发展"，命题组立足在技术与产品的更新换代，不是应用范围更广或销售更多，这是命题人员的固定思维。

……

经过热烈、深入的研讨辩论和对比分析，最后大部分教师赞成 B 选项更好一些。大家普遍认为这道题设计欠严谨，一些概念超出了地理学科范畴，对初中学生要求过高。后来笔者把这道题发在朋友圈里，让各方人士解答，发现更多的答案，如，有高考试题研究专家选石油工业，认为石油化工必须升级发展，否则很难进一步拓展业务；有供电系统的工程师从电力行业和电子工业的发展历程和精细分类去推翻电子工业；而很多的没有相关技术背景的家长却选电子工业，理由各异。

（四）前概念分析

这道试题其实更多地考查了各种概念的内涵与外延。从上述讨论中可以看出，无论是学生还是教师，无论地理基础如何的各层次的个体，都存在着众多的前概念，如混淆电力、电动、智能、光伏、新材料、新能源、高科技产业与电子产业的关系。这些前概念有个别性也有普遍性，具有个别性的原因是每个个体学习和建构知识的方式与历程不一样，具有普遍性的原因是大同的社会环境和类似的认识局限。

成年人的错误概念从哪里来？缺乏对科学知识的本质的深入了解当然是主要原因。比如教师辩论中，把"电动汽车"误认为"电子汽车"；认为与电有关的就属于电子工业；智能、新材料、新能源也属于电子工业；电子工业属于高新技术产业；电动汽车比燃油汽车贵，需要更多的电子元件；某工业的发展是该工业产品的应用更广，销售更多，等等。认识的局限导致形成错误概念。

还有时代的变化导致新概念不断涌现，旧概念的内涵不断变化。科学知识那么庞杂，特别是在如今这个技术飞速迭代、信息大爆炸的时代，碎片化学习成为主要的学习方式，自媒体狂轰滥炸，每个人在不知不觉中都接收了太多的或对或错的知识，谁又能解释清楚"智能是什么？电子工业包括哪些行业？"谁又能确定"光伏公路最明显促进的是汽车工业的更新换代，而不是电子工业或石油化工的转型升级呢？"社会要素在眼花缭乱地重组，如果我们用既定的思维去想当然地预测未来，结果必定是不全面的甚至是错误的。

学生的错误概念从哪里来？有个人生活经验、原有知识的影响，同伴、父母、传媒等的影响；也有不当的认知和记忆、望文生义、胡乱联系等的影响。下一章将专门阐述。在这个题目里面，笔者认为学生的错误概念主要源于教师的不当教学，如教师在教学中的错误诠释；教师对学生前概念缺乏觉察心和兴趣；教师过分强调讲述，认为讲述时只要涵盖概念，学生就能理解、学会；教师以偏概全，不完全列举；等等。

此外，还有教材的影响。在人教版地理教材七年级下册《美国》（第86页）有这几句话："位于旧金山东南的硅谷，是美国兴起最早、规模最大的高新技术产业中心，因大量生产电子工业的基本材料——硅片而得名。""目前美国经济增长中至少有27%归功于高新技术产业，而两个传统的支柱产业——建筑业和汽车制造业仅占18%。""1995—1998年，美国经济增长的1/3来自于信息产业。1993—1999年，美国信息产业在国民经济中所占份额已经由6%上升到8%。"这容易让学生推导出：高新技术产业都与电子工业有关，建筑业和汽车制造业不属于高新技术产业，信息产业是高新技术产业。而其实这些产业具体指什么，学生却不清不楚。

八年级上册《工业》（第105页）有："电子信息、生物工程、新能源和新材料等高新技术产业从无到有，蓬勃发展，成为带动我国工业实现科学发展的重要因素""我国是世界最大的电子信息设备制造国，彩电、手机、计算机、程控交换机等电子信息产品的产量居全球第一""湖北武汉东湖新技术开发区是我国第一家国家级的光电产业基地所在地，其光电产业领先国际，被形象地称为'中国光谷'"。受上述七年级迷思概念的影响，学生又推导出：电子信息、生物工程、新能源和新材料等属于电子工业，电子信息工业指彩电、手机、计算机、程控交换机等产业，光电产业是新技术产业，也属于电子工业。迷思概念越来越多。

是教材有错吗？其实我们知道，一切真理只有在限定条件下才是对的，时代在变化，教材的滞后性、局限性明显，许多观点都无法简单用对和错来判断，这就给我们很多启示。

四、前概念给师生带来什么启示[①]

中考从原来的重视地理现象的了解和记忆,到现在重视地理核心素养的培养,考查学生在真实情境与任务中,运用综合思维、区域认知观察和感悟地理环境,以及认识、分析人地关系问题的能力等,考查的方式随教育目标变了,教学方式相应也要变。单从2018年广东省中考试卷就可以得到不少启示。

(一)学生角度的启示

1.多深度阅读,拓宽视野,提高多学科综合的能力。

一份中考地理试卷4000多字的文字阅读量,内容丰富,包含各种新闻事件的阐述、新概念的定义、相互影响的各地理要素等。而且题目的设问越来越精细,陷阱重重,如"最主要的原因""最直接的影响""最明显的变化"等,要求学生能准确区分主次关系、因果关系、从属关系,这些都要求学生具备良好的语文阅读能力、数学逻辑推理能力等多学科综合的能力。

2.多读图、记图、绘图,提高图表的阅读分析能力。

一般情况下,一份地理中考试卷中至少有20幅图表,图表里的信息也越来越复杂,由简单规范的示意图、模式图、统计图变为复杂多变、令人眼花缭乱的实地图,稍不留神,稍不耐心,就会忽略细节、掉入陷阱。除了掌握规范的读图方法,还要多动手画图,在一步步的绘图中,图像中的内容逐层出现,能有效提高对图像信息快速准确的观察、记忆和抽取能力。

3.熟练掌握本阶段知识,不迷信权威,有质疑和刨根问底的精神。

同一个题目给不同的群体做,因为认知基础和角度的不同,理解不同,就会出现不同的答案,不关乎试题或答案的对错。在应试教育中,初中试题就是立足初中生的认知水平来命制的。如果初中阶段的地理知识都没掌握好,却零零碎碎地了解了一些高中或社会知识,就会造成思维混乱,无所适从。正如上文讨论的第43题,如果只是站在初中生的认识水平,不肆意联想,就很容易得出B答案。当做过太多的高中模拟题后,思想就变得复杂了,可是基础概念先错了,想得越多,即使思维正确,也是南辕北辙。

当然,如果自己有兴趣、有余力,可以去研究更高阶的知识,但要慎重用于考试。当遇见与自己已有认知有冲突的知识时,一定要多问,真正弄懂,不留疑

[①] 肖金花.迷思概念对地理学·教·考的影响——一道中考题引发的思考[J].地理教育,2018(11):38-40.

惑，这样才能获得"看山是山，看山不是山，看山还是山"的思维体验的快乐。

（二）教师角度的启示

1. 重视概念教学，关注前概念，建构地理知识体系。

不少教师抱着老观念，认为初中地理应该重在"地"，让初中学生多感受和积累各种地理现象，培养学习兴趣，增强对地理学科的情感就可以了。抽象概括的"理"是高中地理关注的，因此对地理概念教学不予重视，让学生只记住具体区域的一些"碎片化"的事实、现象。记忆性知识比重过大，"平面化"的堆积，缺乏知识结构和思维建构体系，导致学生边学边忘，学习效率低下。

概念是教师教学的重点，也是学生学习的难点。新概念的形成和掌握过程是在原有概念的基础上，通过同化与概念有关的新的知识信息逐步形成的，如果原有概念出错，就会引发更多的错误认知，而原有概念具有很强的顽固性，科学概念不会自动取代前概念。

因此，教师既要做传统的传道授业解惑者，也要做研究者，通过课堂观察、习题检测、调查访谈等手段研究学生的前概念；利用思维冲突、情境教学等，研究地理概念教学，引导学生从不同角度认识和运用概念，将散乱的碎片知识串联起来，由点到线，由线到面，形成知识体系，完善认知结构，实现概念的转变，同时帮助学生掌握地理概念的自学方法，提升地理概念自学能力，从感性认识上升到理性思维，为日后进一步学习地理原理和地理规律打下良好的基础。

2. 依纲靠本，立足学情，规范命题，科学析题。

要出一份学生适合、教师认可、社会满意的高质量考卷要考虑方方面面。特别是随着新课程改革的不断推进，各学科各阶段各种各样的考试命题也面临着新挑战，中高考卷更是"举省瞩目""举国瞩目"。受考试要求、自身认知水平、定式思维、前概念等的影响，命题者有意无意地出一些让人纠结的偏题、怪题、超纲题，导致教师要先看了答案才敢去评卷，先揣摩命题意图，再围绕答案找理由。这种不良现象原来在高中极为普遍，后来逐步蔓延到初中。

就如上文所述的第43题，出题者改编高考模拟题的本意是降低难度，却因不了解学情教情，反而把学生和其他老师都"考倒"了。又如2018年高考的热议题文综卷全国Ⅱ卷选择题第7题考查恩科斯堡岛盛行风向，有老师说"这个错误，不影响做题"。许多老师教学生："当你高考的时候，发现这道题做过或者眼熟，千万别高兴太早，材料可能相同，但考查方向一定不同。""单选题中A、B都错，到底选哪个？选错得更明显、更离谱的那个！单选题中两个选项都对，选哪个？以课本为准！"这样教行吗？我们想培养的是做题高手？还是学生的地理素养？

要想让考试真正发挥检测学生学业成就、为高一级学校选拔人才、引领课改和改进教学、体现教育公平的作用，命题时就必须依纲靠本，源于教材而高于教材；立足学情，考虑到考生的实际水平和思维方式，考虑地理学科对该年龄段学生的发展起到什么作用；规范命题，在整体构思和具体题目设计上以人为本，摒弃定式思维，真正理解学情。

如在设计选择题时应注意：题干意思完整正确，表述精炼清楚，能让考生比较容易地了解题目的要求；每个选项都有似真性，但是干扰项不存在争议；要有较高的区分度，即能保护学生思考的积极性，又能拉开档次，等等。

还要科学讲评试题，深入理解学生的思维，详细分析错误原因，而不是只围绕答案做解释，以一句"你想多了"或是"你想得太简单了"回应学生的迷惑。考题的严谨和规范能极大缓解学生们对地理的恐惧和困惑，不再认为地理是"玄学"。

当然，随着新课标的发布和教师们研究的深入，这种现象将会越来越少。事实上，广东省中考地理试卷在2020年后已经有了很大的改观，试题灵活又吻合学生发展特点和课标要求，体现素养立意。另一方面，各种各样的原创命题大赛培养了大批优秀的教师，出卷愈发科学、严谨。

3.终身学习，关注价值观的培养，回归教育本质。

教育的对象是人，人是有"灵性"更是有差别的，真正的教育应该从尊重开始：尊重人性、尊重个性、尊重自然。现在教育的很多问题不是出在学生的能力上，不是出在改革上；不是出在技术层面上，而是出在缺乏"灵魂"的东西。中国的教育在技术层面已经走得太快了，"灵魂"跟不上了。

地理教学的"灵魂"在地理核心素养的培育。其中，人地观念是基本的价值观，育人为本，德育为首，正确的人地观是教师的价值追求。但价值观的形成不是靠老师说教，而是靠人的影响，靠评价制度的影响。这也是2022年版义务教育课程标准一再强调的。所以教师要做好榜样，不以考定教，不为分数而教，否则不知不觉就把学生培养成了功利分子、投机分子。还有，若希望学生热爱学习，德能兼备，教师自己也要终身学习，灵魂丰满，回归教育本质，在知道为什么而教、教什么、怎么教的同时，别忘了为什么出发！

第三章　发现迷思概念

> 让我们先来回忆一下，童年时代的你是怎么回答这个问题的：冬天为什么要盖被子？
>
> "冬天很冷，棉被暖和"，这是不是很普遍的答案？！小时候笔者对一件事感到很奇怪：买冰棍时，会看到冰棍也盖着棉被。为什么冰棍也要盖棉被呢？当时大人告诉我：这样做可以让冰棍不融化。可是问题来了，既然棉被是暖和的，给冰棍盖上棉被，那冰棍不就融化了吗？
>
> 现在我们知道棉被的作用主要是使冰棍与外界隔绝，起到"保温"的作用。这个"保温"是指保持原来的温度，包括保暖，也包括保冷，即保持冰棍原来的低温。所以，如果我们没有理解"保温"这个概念，那么时至今日，我们第一感觉仍是把保暖当成了棉花的特性。
>
> 这就是一个迷思概念。要转变这个迷思概念，就需重新建构对"温度"这个概念的理解，否则只能是记忆"温度"的定义，而机械的记忆在某个具体情境中可能是对的，换到新情境中却行不通。概念教学的基本目标是让学生消除迷思概念，真正理解新概念，并能运用概念表达思想和解决问题。所以从前概念里面发现迷思概念，并让迷思概念为我所用，是深入了解学情，提高教学效果的重要方法。

一、什么是迷思概念

学生的前概念中有些与科学概念的理解大体一致，但有些则与科学概念的理解相悖，这些与科学概念理解相悖或学生存在疑惑的前概念即为迷思概念。国内外有不少对迷思概念的研究。

（一）迷思概念的界定与理解

我们现在所研究的"迷思概念"，最早是由德瑞弗和依斯利（Driver&Easley，1978）首先明确提出的。20世纪70年代以来，科学教育界十分重视学生迷思概念的相关研究。1983年，第一届国际迷思概念研讨会在位于美国的康奈尔大学召开，迷思概念在科学教育中的地位得到确定。自此之后，人们普遍意识到学生的概念学习的重要性，因此开始了大量针对迷思概念的研究。由于研究者所持的理论观点、研究目的和研究方法的不同，而有了不同的称呼方式，总结众多国内外相关的文献资料，有称迷思概念（misconception）、前概念（preconception）、另有架构（alternative framework）、直觉想法（intuitive ideas）、另有概念（alternative conception）、自发概念（spontaneous conception）、常识信念（common sense beliefs）、儿童科学（children's science）、朴素信念（naive beliefs）……①

学者们对迷思概念的界定与理解，主要有四种取向。一是完全否定取向。持这种取向的学者认为，迷思概念异于一般科学所公认理解的概念（观念）。二是调和取向。持这种取向的学者将迷思概念概括为学生头脑中不完整的、有待提升的想法或观念，认为它们只能适用于特定的情境，不能涵盖概念所有适用情境，有待提炼或形成概念网的概念。三是过程取向。持这种取向的学者认为迷思概念形成在科学概念学习前、中、后几个阶段。有的学者将迷思概念界定为幼童在接受学校正统科学教育之前形成的一套异常顽固且不易改变的观念。有的认为学生在学习概念的过程中，机械地使用通常的充实机制，在现有但不相容的知识结构中添加科学信息，破坏连贯性，制造内部不一致和误解。四是发展取向。持这种取向的学者认为，知识是由进阶性学习建构获得的，知识的发展源于前一阶段知识掌握的精确度与熟练程度，迷思概念是一种似是而非的理解，是用来判别学生的概念和科学概念之间的差异性的概念，这种差异概念是教学的基点与生长点。②

（二）迷思概念的特点

在本研究初期，笔者在《关于地理概念教学的教师问卷》中设置了如下问题（见第二部分第三章）：

---

① 林小华.高中学生关于"物质的量"的迷思概念及概念图对迷思概念改变的研究［D］.四川师范大学，2007.

② 陈坤，唐小为.国外迷思概念研究进展的探析及启示［J］.教育学术月刊，2019（6）.

第三部分 中学地理靠什么展开概念教学

> 在接受学校正式教育之前,学生已经有自己的想法和相关的经验,对于那些与科学概念理解相悖的认识,您认为以下哪个名称更贴切?
> A. 模糊概念　　　B. 相异概念　　　C. 迷思概念　　　D. 错误概念

教师们的选择集中在后三个选项,后来经解释,"迷思概念"是英文"misconception"一词的翻译。该概念由"mis-"的音译和"conception"的意译两部分组成。"mis-"在英语中表示前缀,有"坏""错误"之意,故单词 misconception 就是指会造成不利或错误的的概念或想法。

当时考虑到后期要制作一系列与本研究有关的微课,所以选择了"迷思概念"一词,打造了系列"迷思兔"微课[①]。兔的创意源于当年的网红漫画《那年那兔那些事儿》,"迷思"不单是英语前缀"mis-"的音译,还是"Miss"的音译。迷思兔的形象既代表对知识充满好奇,又考虑不全面、有点"二"(兔和 two 音同,意指囧、傻傻的可爱,有自嘲意味)、存在许多困惑的普通学生,还代表为学生解疑答惑的地理教师 Miss TU(见图 3.15)。

图 3.15　迷思兔微课 LOGO

本书的迷思概念特指学生在学习科学的地理概念之前就具有的不全面、不正确、令人迷惑不解的直觉知识或前概念。通过对初中主要迷思概念的研究,笔者发现迷思概念具有以下特点:

1. 普遍性。学生在正式学习地理之前已有了十几年的生活经验,而且接触

---

① 注:136 个迷思兔微课于 2019 年—2021 年发布在"肖金花教师工作室"(diligzs)微信公众号上。迷思兔微课按人教社初中地理教材章节顺序制作,每个微课以一个驱动性问题为大标题,里面包括 3—5 个学生普遍存在的小问题。微课流程为:创设情境,引进迷思概念,制造认知冲突,激发学习兴趣——讲练结合,归纳演绎,解读新概念,对已有知识改造重构,转变迷思概念——拓展探究,运用实例学以致用——思维导图,进行微课小结——巩固提升,微课小练,实现方法迁移,建立新连接。

过形形色色的地理现象、地理知识，因此头脑中的迷思概念范围相当广泛。特别是在如今这个技术飞速迭代、自媒体狂轰滥炸、信息大爆炸的时代，碎片化学习成为主要的学习方式，任何人在不知不觉中都接收了太多或对或错的知识。涉及的知识范围越来越广，涉及的主体层次越来越多，导致不管在任何领域、任何国度、任何年龄的学习者，都可能拥有或相同、或不同的迷思概念。

2. 自发性。学生在日常生活实践中，通过与环境和其他个体的接触，很早就对自然和人文现象形成了自己的观点，并逐渐内化成自己的思维方式和行为规则。所以迷思概念也是动态发展的，有时候，同一个学生对于同一个概念的理解，在不同时间、地点，可能并不相同，甚至相互矛盾；随着每个人年龄或经验的不断增长，对同一个概念的理解和认识也会发生变化。

3. 特异性。每个人生活环境不同，经验世界就有差异，学习或建构知识的方式和历程也就不一样。这会导致每个人在自己的活动和交往中形成个性化、独特化的经验和认知风格，不同学生对同一现象会有不同的理解，所以有些迷思概念是个别的、个人独有的。

4. 表象性。学生认知过程的自发性及认知事物能力有限，使得学生具有的迷思概念基于经验，而不是科学逻辑推论，所以比较肤浅、直观，一般还停留在表象概括水平，不能形成脱离表象的抽象概念，而且通常是不周全的或是零碎的。学生纠正了一个迷思概念，却不能同时纠正同类型的迷思概念。这在笔者对学生的访谈中表现明显，问题回答不完整，不是表达能力的问题，而是对问题的思考不周全，浮于表面，概念没有结构化，支离破碎。

5. 隐蔽性。迷思概念既不知何时、何以形成，又不知如何表现出来，它以潜在形式存在。当教师讲授某地理概念时，学生会马上联想到头脑中的迷思概念；当让学生解释问题时，迷思概念也会马上显现出来。

6. 顽固性。迷思概念往往是个人经过长期生活经验积累而形成的，一经形成，就成为个人认识世界的工具，并成功地解释了一些现象。所以学生会对自己的迷思概念产生信任感和依赖感，会广泛迁移，不会轻易放弃这些迷思概念。

7. 反复性。因为已有知识不是孤立存在的，而是某一概念体系的一部分，所以有些迷思概念，虽然经过教师费尽口舌的讲解和大量证明与实际运用，学生当时理解了这些概念，可是过了一段时间，再遇到类似的问题时，受到先入错误的影响，又会对该概念产生糊涂的认识。

二、如何提取迷思概念

迷思概念是一种客观存在，就算该学科领域的专家，在早期的时候也持有和今天学生相同的迷思概念。比如，地球起源上的灾变论与渐变论，地球形状上的盖天说和浑天说，天体运动上的地心说和日心说，地球科学的固定观和运动观，大陆漂移说和板块构造说，地质学史上的水成论和火成论，地学界的黄土高原成因，第四纪冰川的争论，等等，就暴露了当时环境下科学家们的迷思概念。

调查表明：在学习地理新概念时，80%的学生会联想到与之有关的自然现象或生活实际问题，这说明相当一部分学生学习新知识时会受到前概念的影响。而且这些前概念里面有相当一部分是迷思概念。如果不彻底了解和更改学生头脑中的这些迷思概念，就难以让学生真正掌握科学概念。学生的迷思概念以潜在形式存在，具有隐蔽性，怎么把它们提取出来呢？我们主要通过以下几种路径提取迷思概念：

（一）通过课堂问答、讨论、课后访谈等言谈

在平时上课时，有意识地创设问题情境，通过让学生提问题、下定义、解释等多种方式，反映出学生的思维误区，了解学生的前概念和迷思概念。比如在讲"地球的形状"时，笔者运用了如下对话：

> 师：地球是圆形的吗？
> 生：是的。（学生都没有注意圆形的含义）
> 师：像这块圆盘吗？（展示一个飞盘）
> 生：不是这种扁平的，是圆球。（开始体会平面圆形与立体球形的差别）
> 师：是像这个篮球一样圆圆的吗？
> 生：是的，但是没有圆得这么规则。（大部分学生开始留意老师的提问）
> 师：为什么是不规则的球体？
> 生：因为地球表面有高山、湖泊，所以应该是凹凹凸凸，不规则的。（学生思考和讨论后回答，开始暴露迷思概念）
> 师：你们是说这个地球仪做得不准确，要把地表的高低起伏体现出来，应该做成凹凸不平的。
> 生：是的。这个地球仪完全忽略了地表的高低起伏。
> 师：那你们看看这几张地球卫星照片，这上面有高山，有河流湖泊，为什么没有凹凸不平？而是一个非常标准的正球体呢？
> 生：……（打破认知平衡，产生认知冲突）

在上面的对话中可以发现学生有挺多的前概念和迷思概念。地球太大了，学生没法用熟悉的事物去感受地球的大小，所以他们没法理解按照比例把地球缩小后，地表的高低起伏完全是肉眼看不见的。教师对这些前概念进行归纳、排序，将其作为四段式测验试题第三段"理由"的选项。（见"（四）通过一定的研究工具"）

再比如常出现在试题里面的学生耳熟能详的"全球变暖"，经过下面的访谈，笔者发现学生存在不少迷思概念。如全球都在变暖；百年变暖超过 5°C；人类过度排放温室气体是导致全球全暖的唯一原因；全球变暖就是温室效应；臭氧层的破坏加剧了全球变暖；任何对环境不友好的行为都会加剧全球变暖；二氧化碳是唯一的温室气体；全球变暖有害无益；等等。

> 师：在日常生活、报刊杂志上我们经常听到或看到与全球变暖有关的话题和文章。你知道全球变暖指什么？
>
> 生1：全球变暖指全球各地的气温普遍升高。
>
> ……
>
> 师：你觉得近百年来，全球气候变暖了多少摄氏度？
>
> 生1：应该超过5°C吧。如果变暖不明显是不会引起大家这么多关注的。
>
> 师：你知道全球变暖是从什么时候开始的吗？
>
> 生2：我看过《冰川世纪》的电影，我觉得是从冰川世纪开始逐渐变暖。
>
> 生3：我觉得有了人类，气候就开始变暖，因为有了人类，开始有火，二氧化碳浓度的增加导致温室效应。
>
> 生4：从人类开始大量燃烧煤、石油、天然气，导致二氧化碳浓度增加开始变暖。
>
> 生5：从人类开始砍伐森林，森林减少了对二氧化碳的吸收时开始变暖。
>
> ……
>
> 师：全球变暖会带来什么影响呢？
>
> 生6：会使全球气温升高，使两极冰川融化。海平面上升，淹没沿海地区。
>
> 生7：全球升温导致蒸发加剧，降水量减少，很多地方将更加干旱。
>
> 生8：不对，全球升温导致蒸发加剧，空气中水蒸气多，降水量增多，水灾更多。

生9：全球变暖会让一些封冻在冰川或土壤里面的病毒被释放出来，可能引发瘟疫大流行。

生10：各地的气候越来越暖，热量越来越多，原来寒冷的纬度高和海拔高的地区变暖了，可以栽种农作物了。

……

师：人类可以采取哪些措施来缓解全球变暖？

生11：少燃烧煤、石油等常规能源，改用太阳能、风能等新能源。

生12：多吃素、少吃肉，特别是牛肉，可以遏制全球暖化，因为牛屁是二氧化碳的重要来源。

生13：多开展"全球熄灯一小时"的活动。

……

（二）通过填画地图、画思维导图、制作模型、操作实验等实践活动

由于地理学科具有特殊性、复杂性，对于实践性的要求更高，在地理教学中开展地理绘图、地理小制作、地理观测、地理考察、地理实验等实践活动，除了可以培养学生的实践能力和创新能力，改变学生靠记忆和机械模仿被动接受知识，浅表认知地理概念等现状，还可以有效诊断出隐蔽的前概念与各个前概念间的联系，有助于发现迷思概念和实现概念转变，为教师制定教学方案提供依据。

笔者一直来以要求学生课前按学号轮流在黑板画该课的主要地图和思维导图，上课的第一件事就是师生共评共改黑板图。在绘画和评改中，学生的读图分析能力、观察能力、空间想象力等得到很好的锻炼。

图 3.16　学生课前画黑板图

如图 3.16 是七年级第一学期期末时学生在课前画黑板图。笔者指定画四副图：第一幅图是球状经纬网图（笔者会不时变换着画方格状、扇形、同心圆形等不同形状的经纬网）。由笔者徒手画好经纬网，标出任一经度，由学生补充其他经度和纬度。从中发现学生存在以下问题：忽视老师标注的"伦敦"这一信息；没有用 360° 平分法计算出相邻经线的间隔经度；任意标经度，导致最大经度大于 180°；没考虑到相对经线的经度之和等于 180°；不标出东经和西经或东西经判断错误；回归线和极圈没用虚线段；等等。笔者有时增加难度，完全让学生自主地画各种经纬网图，并自定经纬度，会发现更多的问题。

第二幅图是七大洲示意图，要求画出五条重要纬线（赤道、南北回归线、南北极圈）和东西半球分界线（20°W、160°E）。从中发现学生平时不留意各大洲的位置和范围，不会把纬度位置和气候类型结合起来。如亚洲面积太小，没有跨四个半球；欧洲面积太大，南抵北回归线；赤道穿过南美洲南部，热带雨林气候的范围极小；等等问题。

第三幅图是画地形剖面图。学生先想象并画出一幅等高线示意图和一条直线（剖面线）；再找出等高线与剖面线的交点；作垂线，最后画出地形剖面图。一开始时学生根本不理解等高线地形图、剖面线、地形剖面图之间的关系，画图中出现很多的迷思概念；后来不断犯错改错，举一反三，终于掌握等高线的系列知识和原理，能够在形象的山体和抽象的图形之间建立正确联系。

第四幅图是画等高线图。学生自己先想象并画出一座山（要求包含山顶、鞍部、陡坡、缓坡、陡崖、山脊、山谷等部位），然后自己定等高距，在山体上画出一条条剖面线，想象剖面线沿山体表面切过的形状（等高线），最后把等高线投影到下方，画出等高线示意图。经过一段时间训练，绝大部分同学对等高线有了比较具体形象的认识，能不通过绘画，就根据山体想象出大致的等高线示意图了。

这四幅七年级上册的重要地图平时练习和讲评过多次，但学生还是不断出现各种迷思概念，说明迷思概念具有特异性、顽固性和普遍性。

在学习《世界区域地理》部分时，笔者要求学生画每个区域的思维导图和位置示意图。如图 3.17，左图反映学生能够初步归类部分表象知识，但不理解知识间的内在联系；右图反映学生观察和绘画地图丢三落四，地理思维力欠缺，如同在画美术作品。比如，不理解"三洲五海之地"是体现中东的战略地位重要；不理解书中四框题"三洲五海之地""世界石油宝库""匮乏的水资源""多元的文化"都是围绕着"中东为什么战争不断"这个问题展开;图中没有板书水资源匮乏的原因;将"多元的文化"理解为宗教多样,忽视民族、经济等。右图较为准确地画出了主要的经纬线、海陆分布等,但先画轮廓最后才画经纬线,不知道用经纬线定位,导致经度间隔不一,所有经纬度只有数值没有加注 E、W、N、S 等。

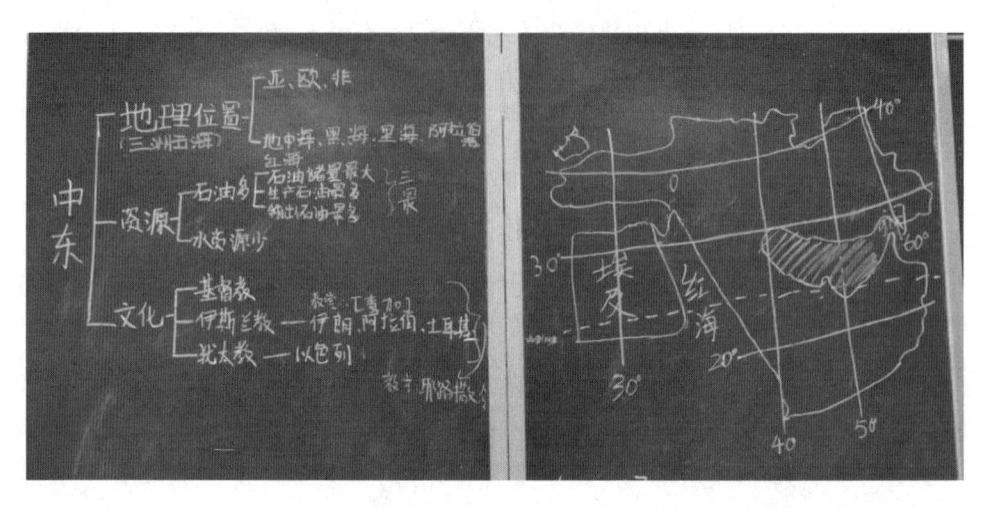

图 3.17 学生绘画"中东"课思维导图和位置图

笔者不单在学生画图中发现迷思概念,也在地理制作和实验等中发现学生思维误区。不少学生在平面转为立体,所学转为运用的过程里会出现新的迷思概念。比如等高线地形图,历届学生对这种抽象、专业的地图,特别是等高线的由来总是有些迷糊,我们除了在课堂教学中用大自然的等高线(梯田)的图片、等高线图的3D多媒体模型、等高线模型教具、自制教具等多方面来突破这个难点,还让学生课前画等高线地形图和剖面图(见图3.18),即使这些都没有问题了,仍不能代表学生完全掌握了。为了测试学生是否真正理解并能运用等高线、等高距、山峰、山脊、山谷、鞍部等概念,笔者布置学生制作一个等高线模型,就又发现学生错误百出。

图 3.19 是某学生在初一时根据海南岛地形图制作的等高线模型,从中我们发现该学生存在以下迷思概念:①海南岛中间高,有五指山,四周低。所以中间凸起五座山。其实根据地形图,海南的地势是从四周向中间逐渐增高,中部的山地是连绵起伏的,由三条山脉组成,有山脊、山谷、鞍部、陡坡、缓坡等部位的区分,而不是平地突起五个圆圆的小山包。②等高距各不同。图3.19 中三条相邻等深线分别为 –50 米、–20 米、0 米,等高线则从100 米到200 米,再到500

米、600 米，又跳到 1000 米、1500 米。学生不知道一幅地图里面等高距是一定的。
③同一个海拔高度出现不同的等高线。图 3.19 中三座山的 1000 米出现在不同的高度。

这说明该学生没有真正理解等高线、等高距等地理概念，不能正确运用地形图，缺乏概念的空间结构。

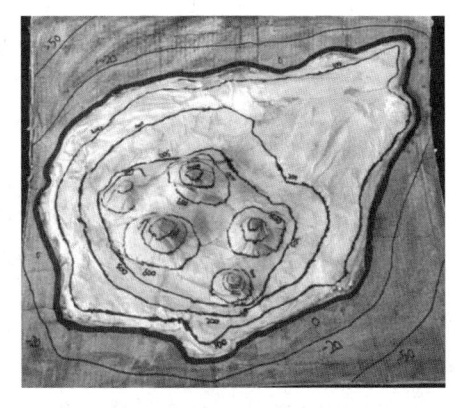

图 3.18　学生课前画图和自制教具　　图 3.19　海南岛等高线模型作品

到初二时，该学生又制作了一个台湾岛等高线模型（见图 3.20），没有出现错误，说明随着学科知识的丰富，以前的迷思概念已经转化为科学概念了。

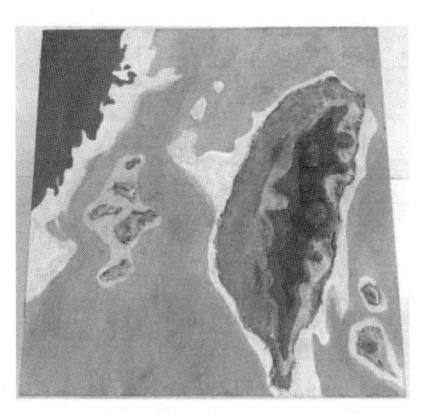

图 3.20　学生作品——台湾岛等高线模型

（三）通过平时的习题、试卷等出现的错题

现在都用电脑阅卷，有系统的分析数据，很容易就能发现学生的普遍错误或特殊错误，填空题和论述题从学生的文字表述就很容易发现其思维误区，我们就能归类整理。但是选择题，学生的思维没法可视化，就需要进行单独访谈，深入

了解他们的答题思路，发现其思维误区，"对症下药"才能消除误解。比如：

> 甲地位于北纬20°、东经160°，乙地位于南纬20°、西经160°，则甲地位于乙地的（　　）。
> A. 东北方　　　B. 西北方　　　C. 东南方　　　D. 西南方

相当多的学生错选A。经调查发现很多学生直接通过东经或西经中的"东""西"来判断，认为东经在东边，西经在西边，对球体、相对位置等概念理解不清。

再如2020年广东省中考题：

> 材料一：中欧班列是中国开往"丝绸之路"沿线国家的快速货物集装箱列车，目的地主要是欧洲，已成为丝绸之路经济带上重要的铁路运输方式。
>
> 材料二：2004年国内电子生产公司TCL在波兰投资建设工厂，专门从事欧洲地区液晶电视的生产和销售。2016年波兰工厂摒弃了传统的海运方式，开始使用中欧班列运输原材料，所用时间比海运缩减了22天。生产线由1条增加到5条，产品由单一的电视机增加了手机和白色家电等。
>
> 材料三：TCL波兰工厂"原料供应与产品销售示意图"（图3.21）。
>
> 图3.21
>
> （3）说出使用中欧班列运输原料后，TCL波兰工厂的生产和销售发生的变化。（6分）

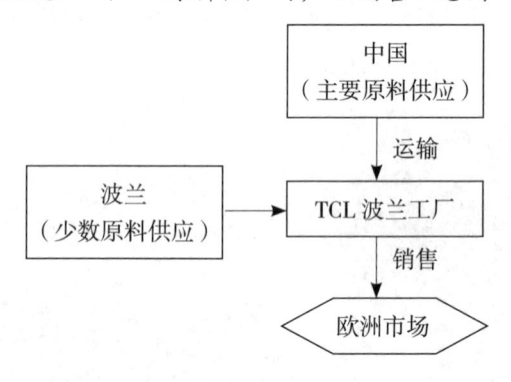

这是个考查学生基本技能的题目，从材料就可以得出答案：原料运输时间缩短；生产规模扩大；产品类型多样化；市场规模扩大。但2020年东莞市考生的平均得分为4.35分，得分率72%，满分率50%，从答卷里面可以看出学生存在

着生活经验不足，地理认知欠缺，乱用地理概念；有效解读地理信息和审题能力不足，乱套用答题模板；抛开原理，死记硬背知识碎片或直接抄材料；答题角度少，重复啰嗦，表述不清，缺少提炼等问题（见图3.22）。

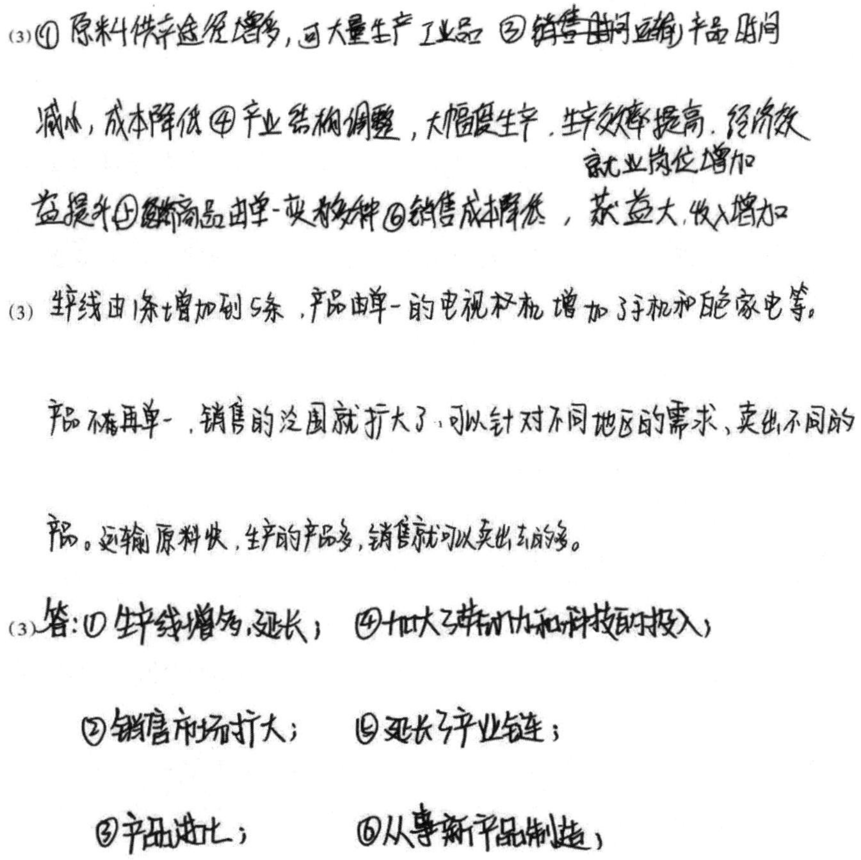

图 3.22　学生典型错误

（四）通过一定的研究工具

教师既可以自己设计诊断测试、调查量表，也可以通过网络、问卷星等挖掘和诊断学生的迷思概念。可以运用四段式诊断工具，即第一段检验学生对概念理解正确与否；第二段了解学生对概念理解的确定性；第三段探究学生持该理解的理由，用来考量学生思维的广度及深度；第四段了解学生对所持理由的确定性。研究表明，当学生对概念理解错误，却又很确定时，说明学生的认知与概念的本质出现了明显偏差，即该学生存在该迷思概念。四段式测试可避免传统检测手段只重视答案而忽视学生思维过程的不足，真实再现学生对某一知识点的认知水平

和思维轨迹。比如为了让学生理解"地球自转",笔者设置了如下的四段式测验题:

1. 如果没有地球的自转,是不是就没有昼夜更替?

    A. 是　　　　　　B. 不是

2. 你对自己的判断(　　　　)。

    A. 确定　　　　　B. 不确定

3. 你的判断理由是(　　　　)。(多选题)

    A. 如果地球不自转,面对太阳的半球一直是昼,背对太阳的半球一直是夜,不存在昼夜更替

    B. 太阳有升有落,地球就有白天和黑夜的变化,所以地球永远有昼夜更替

    C. 地球即使不自转,公转也会产生昼夜更替,只是昼夜更替的周期变为一年

    D. 如果地球没有自转也没有公转,就不存在昼夜更替

    E. 其他:＿＿＿＿＿＿＿＿＿＿＿＿＿＿＿＿＿＿＿＿

4. 你对自己理由的解释(　　　　)。

    A. 确定　　　　　B. 不确定

从中发现学生总是把自转和公转分开,缺少空间想象力,对昼夜更替的成因还停留在前概念中,不理解自转周期,没有把太阳的运动和地球的自转关联起来,等等。

笔者通过四段式测验提取了学生普遍存在的各种迷思概念,如"撒哈拉以南非洲"就有如下迷思概念(见表3.8),这些迷思概念不单在学生中普遍存在,有些也存在于部分地理教师头脑中。

表3.8　"撒哈拉以南非洲"专题中学生的迷思概念与科学概念对比

迷思概念	科学概念
撒哈拉以南非洲就是撒哈拉沙漠以南的非洲	撒哈拉以南非洲是北非国家的国界线以南的非洲地区,包括了撒哈拉沙漠的南部
撒哈拉以南非洲可以简称为"南非"	为了避免与国家"南非"重名,撒哈拉以南非洲不能简称为"南非"
非洲是"黑种人的故乡"	北非是白种人,撒哈拉以南非洲才被称为"黑种人的故乡"

续表

迷思概念	科学概念
非洲资源缺乏，导致非洲很贫穷	非洲的自然资源丰富，被称为"富饶大陆"，但是经济落后，又被称为"贫穷大陆"或"饥饿大陆"
非洲生态环境好，野生动物多	非洲热带雨林和热带草原曾因受人类破坏少等原因，生物种类丰富。但如今人口增长过快，使生态环境逐步恶化
非洲热带草原夏季高温多雨，冬季炎热少雨	热带草原气候全年炎热，没有冬季之说，降水分明显的湿季和干季
黑人素质低，受教育水平低，导致非洲经济很落后	所有种族都是平等的，非洲经济落后的原因有很多，如历史上长期被殖民统治和掠夺、不平等的贸易等
中国总是在付出，不断无偿帮助非洲	中非合作是互惠互利、合作共赢的，非洲需要中国，中国也需要非洲

通过网络收集其他老师的教学经验，也可以发现许多的迷思概念。要注意的是因为不同人对迷思概念的称呼不一样，所以在输入关键词搜索时，还要检索近义词，如模糊概念、相异概念、错误概念等，以扩大搜索结果。

三、迷思概念有哪些形成因素[①]

通过几年来的收集和记录，我们一共发现了近400条的迷思概念，这些迷思概念遍布初高中地理教材的各章节，遍布学生的作业、考试中。这么多的迷思概念是怎么形成的呢？

（一）学生自身因素

1. 文字和字意的联想

概念是用一些词语符号来承载的，学生对一个新概念的理解往往是先接触到承载该概念的词语符号，当他对这个新概念比较陌生时，他会试图根据字面的意思来诠释，以求把它纳入自己原有的知识结构，维持认知的平衡。那么这就产生了一个问题：学生对一些词义的臆想容易形成迷思概念。

如认为"恒星"就是恒定不动的星星，"星云"就是行星周围的气体，"光年"是时间单位，太阳黑子的颜色就是黑的，"地中海气候"是指地中海周围地区的气候，"酸雨"就是pH值小于7的酸性雨水。

[①] 肖金花.初中生地理迷思概念的研究[J].地理教学，2016（3）：10-15.

表 3.9　文字和字意联想造成的迷思概念举例

知识点	学生迷思概念
经线和经度	1. 东经在东边，西经在西边。所有东经在西经的东边； 2. 东经都在东半球，西经都在西半球； 3. 0°和180°经线既不属于东半球，也不属于西半球
印度	1. 印度的"母亲河"是印度河； 2. 印度的"绿色革命"是针对绿化环保的改革； 3. 印度水旱灾害频繁，每年雨季时水灾，旱季时旱灾
中国的气候	1. "季风区"就是季风影响到的地区，"非季风区"就是季风不能影响到的地区； 2. 火烧寮是中国最热的地方； 3. 湿润区是降水很丰富的地区

文字和字意的联想在认知心理学上属于语义关联产生的错误表象，匹兹堡大学的海特教授（S.C.Hirtle）等人曾做实验，研究语义关联如何影响人们对距离的估计。他们绘制了一副假设的城镇地图，其中包括一些与城镇政府相关的地名符号，如法院、警察局、会议礼堂等，也包括了一些与娱乐有关的地名符号，如公园、高尔夫球场、海滩等。在这项研究中，被试者是首次接触到该地图，经过一定时间的观察拿掉该地图，让被试者估计地图上每对地名符号之间的距离。结果表明，被试者倾向于把每个地名符号按照相近关联的语义进行配对，并认为它们的距离较近，比如，多数被试者认为法院距离警察局更近，高尔夫球场距离海滩更近，等等。

在教学中，教师也常常因语义关联产生错误表象。比如，判断南京到合肥的距离和南京到苏州的距离，多数人包括一些地理老师都认为南京到合肥的距离更远，因为南京和苏州的语义关联大，同属江苏省，合肥则是安徽的省会。再如，由于朝鲜半岛与东北地区接壤，很多人就产生朝鲜半岛纬度较高的错觉，其实朝鲜半岛的纬度有很大部分比山东半岛还低。

2. 记忆和知识的混淆

（1）地理学科知识的混淆

中学地理中有相当多识记的内容，由于记忆痕迹的逐步消退，以及或先或后学习内容的干扰，常造成遗忘和混淆。如学习了宜昌是长江上游和中游的分界，又学习了宜宾以下的长江河段航运价值高，很多同学就混淆了两个地名及其位置。不过生活在这两个城市附近，或者到过这两个城市的同学则不容易发生这种干扰抑制。

许多学生对地理概念的学习是"知其然而不知其所以然"，而且在学习过程中死记硬背，不善于灵活运用和有效迁移，所以对地理概念的认知模棱两可、似是而非。久而久之，对内涵、外延相近的地理概念产生混淆。

比如，在分析成因时，把昼夜的形成、昼夜更替的形成、昼夜长短的形成混为一谈；把"北京时间"等同于北京的地方时；对表达形式相似的概念分不清，如山脊与山谷，大洲与大陆，海与洋，天气、气候与气象，雨季与湿季，旱季与干季，地势、地形与地貌，山脉、山地与山区，水资源与水能资源；等等。

（2）其他学科概念的干扰

地理兼具文科和理科性质，具有强烈的开放性，与多个学科有着千丝万缕的联系。但是，目前的中学教育学科壁垒深厚，各自为政，鲜有往来，导致了学生地理认知冲突一再发生，且隐藏更深，迷惑性更强。具体表现为学生的地理认知结构中缺乏其他学科的知识铺垫，以及学科间对事物的定义不相一致。

就地理与物理、数学、化学学科而言，存在知识不同步，地理知识相对超前的问题。例如，理解"夏季，陆地升温快海洋升温慢；冬季，陆地降温快海洋降温慢""气温高则气压低，风从气压高处吹向气压低处"需要物理的比热容、压力的概念；理解经纬线、经纬度的划分与规律，地球运动现象等时，需要立体几何模型的知识；土壤的酸碱性、石灰岩地貌的形成等需要初三的化学知识。这些铺垫性的知识获取较晚，单纯凭学生的生活经验、空间想象和听讲背诵，是无法真正理解相关地理概念的，这就妨碍了学生正常的学习进程和综合知识体系的构建。

（3）不同情境知识的混淆

在某些情形下，学生所运用的已有知识，并不适宜于当前学习情境。尽管这种知识不一定不准确，但它会导致学生对新的学习材料产生曲解（见表3.10）。比如，在物理、化学、生物等学科中学习过的一些知识也会在地理学科中进一步学习到，但因研究的角度发生了变化含义发生变化，学生却仍然用其他学科的知识来解释地理新问题，这便产生了迷思概念。例如，混淆作物生长期与气候生长期。

表 3.10　不同情境下学科概念混淆的迷思概念举例

	其他学科知识	学生迷思概念
物理	气压与温度成反比（因为温度高，密度小，所以气压也小）	青藏高原气压高（因为海拔越高的地方气温越低，因此气压越高）
生物	作物从播种到成熟的时期，即作物的生长期	北方水热条件不如南方，作物成熟需要更长的时间，所以北方的生长期肯定长于南方
语文	春雨绵绵；小楼一夜听春雨；春潮带雨晚来急；清明时节雨纷纷；好雨知时节，当春乃发生等	中国春季多雨，没有春旱；冬季少雨，冬旱严重

3. 学科知识的缺乏

中学地理涉及的地理事实、地点、地区等内容都是以一定的空间分布为基础的。在教学中，学生需要借助地图去熟悉地理位置、事物的分布，去建立自己的空间结构，从而形成自己的立体思维。但是在对学生的访谈中，笔者发现，很多学生的地图运用能力弱，知识碎片化，缺乏空间结构和立体思维，导致以偏概全，形成迷思概念。

还有学习内容的具体程度、复杂性、难度会影响学生科学概念的建构。一般来说，具体直观的材料容易唤起学生的生活经验，形成丰富的联系。而综合性很强的地理学科具有不少高度抽象、概括的概念，脱离了学生触手可及的生活世界，学生无法直接看到或触到，头脑中缺少新材料的固着点，如果学习者没有投入更多的意识去缩短新材料与原有经验之间的距离，就难以形成科学概念。

比如，因缺乏地理专业知识，错以为低纬度就是热带，中纬度就是温带，高纬度都是寒带；沿海地区降雨一定多；平原地区都人口稠密；琼州海峡是我国内海，台湾海峡也是我国内海；降水少易导致旱灾，因此干旱地区、沙漠地区旱灾最严重；中南半岛为中国南部半岛，中东就是中国的东部；等等。

4. 个人生活经验的影响

地理学研究的对象是我们生存的地理环境，很多自然现象、人文现象与人们的生活、生产密切相关，学生在日常生活中就能直接观察和感知，不可避免地会获得不少地理方面的感性知识，但是学生的观察和感知有限，根据有限的、先入为主的生活经验去推知无限的可能，导致许多迷思概念（见表3.11）。

表 3.11 个人生活经验造成的迷思概念举例

生活经验	学生迷思概念
山上郁郁葱葱，草木繁多	植物的生长越向高山，树种越复杂
南方比北方热，因为南方纬度较低，太阳辐射强，获得太阳光热多	1. 太阳辐射强，温度就一定高，拉萨号称"日光城"，太阳能丰富，气温高； 2. 夏季，中国最热的地方是海南岛，最凉爽的地方是漠河
远者小而近者大	日初出大如车盖，及日中则如盘盂，所以日始出时去人近，而日中时远
近者热而远者凉	1. 日初出沧沧凉凉，日中如探汤，所以日始出时去人远，而日中时近； 2. 青藏高原太阳能丰富，是因为海拔高，离太阳近，获得太阳光热多
发达国家经济发达，人民富裕；发展中国家经济落后，人民收入低	1. 富裕的国家都是发达国家（比如沙特阿拉伯）； 2. 发达国家样样都发达，发展中国贫穷，样样都落后
非洲主要是黑种人	1. 北非主要也是黑种人； 2. 北非主要是热带沙漠，所以主要是黑种人

（二）社会文化因素

1. 日常生活经验和用语的影响

学生接受正规科学教育之前，在日常生活中累积了大量对客观世界的看法，以及与概念名称联系在一起的印象和经验，我们经常借助这些概念印象而不是科学概念来认识世界，而有时候这些不科学的认识恰好是以前科学界所主张的观点，这就更容易加深学生的误解。例如学生每天都看到太阳东升西落，就认为"太阳围绕地球转"。

也有由于日常生活中表述的随意性导致迷思概念的产生。比如，工业分布与工业布局、草场与草地、土地与土壤、荒漠与荒漠化、降水与降雨、乡村与农村、华人与华侨、山地和丘陵、国土和领土等。

还有一些常用语让学生望文生义，肆意迁移。比如，沪宁杭中的"宁"指的是宁波；白种人就是白皮肤的人，黑种人就是黑皮肤的人。

2. 同伴文化的影响

同伴文化指的是相对稳定的同伴群体在面临相同或是类似的情境时较为一致的价值观念和行为方式。同伴文化对孩子的发展具有深远意义，孩子大量地从同伴那里学习知识与游戏规则，所以迷思概念能在同伴中相互传播，相互影响。

比如，同伴认为宗教信仰是一种迷信，你无法去反驳他的时候，你潜意识中就接受了这个迷思概念。又比如，同伴认为阿拉伯人戴头巾、穿长袍会让人很热，根本不适应热带沙漠环境，为什么不穿短衣裤呢？是因为宗教习惯、民族服饰不可更改。如果他不知道长袍的作用，就受同伴影响了，根本不会想到沙特阿拉伯人选择长袍作为主要服饰，正是为了适应终年炎热少雨的沙漠环境。

3. 大众传播的影响

大众传媒包括报刊、电视电影以及强大的互联网等。他们传播的一些知识并不科学，有不少个人理解更是有失偏颇，甚至错误百出。有些学生断章取义地理解一些原本正确的报道。

比如，有旅游达人在描写非洲热带草原时，多次错误用到"雨季"一词；经常有新闻报道某地区有暴雨而形成洪涝灾害，使部分学生认为暴雨必定会带来洪涝灾害；经常有报道说汛期来临，要注意防洪，致使很多学生认为"汛期"就是"洪水期"的另外一种叫法。

4. 文化背景的影响

地域之间、民族之间独特的文化背景会体现在每个人身上，文化背景相似的人更容易相互理解，如父母、其他长辈、兄弟姐妹等，在与他们的交往中易形成类似的认知，可以说我们是以自己的文化观点为出发点来认识和解决问题的。所以迷思概念或许在儿童时期甚至更早之前就已经存在。

例如，虽然学生能了解恒星的相对位置几乎不变，但从小在中国古典神话"牛郎织女七夕相会"的熏陶下，很多学生认为牛郎星与织女星在七夕当晚会靠近、甚至相遇，不自觉就抛弃了对恒星的正确理解。再如，当我们得知"印度人是用右手进食"时，心里猜想的原因是"右手灵活"而不是"印度人认为左手是不干净的象征"。

（三）教师因素

研究显示，课本和教师在不经意间成了提供学生迷思概念的途径。例如，学生认为，"环境与我们是分离的""没有人类的管理，自然将崩溃"等。教师强调的环境总是离中学生活很远；我们的课堂描述的是巴西的雨林、非洲正在消失的湖泊，我们常常强调人们拯救地球的必要。盖尔·巴克（Gayle Buck）、帕特里夏·梅杜纳（Patricia Meduna）认为，课本和教师应该强调，"我们所有的人都是环境的一部分""环境在自我监控，人类必须监控自己的行为"。[1]

在教学过程中，由于教师的主导地位，教师在教学中的一举一动都会对学生

---

[1] 李高峰. 初中生生物前科学概念的研究［D］. 北京师范大学，2007：10.

产生影响。不严谨的表述、口音、提供的实例不恰当都会使学生在学习新概念时产生歧义，形成迷思概念。

比如，教师原本是想用比喻把知识形象地传达给学生，或者将一种学生熟悉的情境和另一情境作类比，却没有认识到用简单类比描述复杂现象的局限性，结果适得其反。再如，用其他概念来类比，推理另一个复杂、抽象或不熟悉的概念时，容易把学生引导到与科学概念相悖的方向上，这是因为学生并不总能按照教师所预期的方向去理解，很多时候他们有可能只领略了其中的一个侧面或一个片段，就会产生迷思概念。如果学生将它应用于学习中，又会产生新的迷思概念。比如，初中教师在讲述台风发源于热带洋面，带来狂风和暴雨时，常与中国的夏季风类比，它们都是从低纬度的海洋来，都带来大量降水，都多发生在夏季，但其实内在成因不同，学生容易误认为台风是一种强大的涡旋状的夏季风。

迷思概念还可能源于教师过分强调问题的某一侧面，这会暗示学生忽略对其他方面的思考。比如，教师为了树立学生的知识体系，常联系旧知识讲解新知识，在讲解外流区、外流河和内流区、内流河时，对比季风区和非季风区讲解，学生就认为季风区内的河流都是外流河，非季风区内的河流都是内流河，等等。再如，教师教学生读气温曲线和降水量柱状图，讲解热带季风气候的特点时，学生得出"全年高温，夏季多雨，冬季少雨"的结论，教师没有及时指出其问题，导致系列迷思概念，如"热带草原气候的特点也是全年高温，夏季多雨，冬季少雨""印度水灾主要发生在夏季，因为夏季多雨；印度旱灾主要发生在冬季，因为冬季少雨"。还有部分教师在上课的时候不加区分地用"降水"和"降雨"、"夏季风"和"暖空气"、"寒潮"和"寒流"等易混概念，使很多学生概念不清，等等。

笔者曾听过一名教师上《中国的水资源》，在讲到知识点"时空分布不均"时，授课教师采用问题链层层追问，课堂记录如下：

> 师问1：中国水资源在空间分布上有什么特点？（显示中国主要河流径流量分布图）
>
> 生答1：南丰北缺。
>
> 师问2：很好，为什么南方多，北方少呢？（显示中国年降水量分布图）
>
> 生答2：因为南方降水多，是湿润区；北方降水较少，是半湿润区。
>
> 师问3：很好，那么中国最缺水的地区是哪里呢？
>
> 生答3：华北和西北。

> 师问 4：你还记得中国旱灾最严重的地区是哪里吗？（显示中国主要气象灾害分布图）
>
> 生 4：华北地区。
>
> 师问 5：西北的降水量比华北更少，为什么华北的旱灾反而更严重呢？
> ……

该教师注重学生读图能力的培养，联系已学知识建构新知识，但是有几处处理不到位，易给学生造成迷思概念：①生答 1 "南丰北缺"是书上的原话，此处的南北并非以秦岭—淮河为界，教师没有解释，让学生误认为就是四大地理区域的南方地区和北方地区。②师问 2 时直接显示中国年降水量分布图，跳过了河流径流量的分布，易让学生误认为水资源多少的衡量指标是年降水量。③生答 2 里面包含了学生的一个迷思概念，即降水多是湿润区，降水少是半湿润区（或是半干旱区、干旱区），忽视了蒸发量，教师没有指出来。

教师的语言表达水平也常常影响到学生对地理表象信息的接收和生成。教师充满感情的生动讲解，鲜明、准确、具体的地理表象描述，不仅强化那些陌生的地理术语，还帮助学生形成关注细节、准确清晰、印象深刻的地理表象。丰富的表象能够使人产生愉悦感，容易让学生喜欢地理。而逻辑混乱和错误的表达，必定使学生建立粗略、残缺、错误的表象，从而产生学习障碍。

地理表象的准确度和清晰度又直接影响到其语言表达。有一些教师本身就具有与学生相似的迷思概念。例如，笔者在听课中，曾听教师解释季节变化是地球与太阳的远近距离造成的。以己之昏昏绝无可能使人昭昭。

（四）教科书因素

早就有研究认为，教材内容的顺序、概念关系的介绍、术语的选用、案例的引入、课本的插图和数据等都有可能使学生形成错误的理解。而初中地理主要是让学生了解生活中的地理，考虑到初中学生的思维特点、知识基础等，教材内容比较粗浅，只是一般规律，或基于某种前提下的特殊现象。但是学生不能领会到这点，容易断章取义，绝对化。

比如，八年级上册《自然灾害》一节列举了我国常见的自然灾害有气象灾害、地质灾害等。生物入侵、病虫害等在教材中没有提及，学生就认为不属于自然灾害。笔者在上"我国农业的地区分布"时，考虑到学生已有中国的自然环境和自然资源等知识作基础，就要求学生采用小组自学，完成下列导学案题目：

一、填空题

1. 我国西部地区天然草场广布，农业中的_____业地位重要，因为降水稀少，种植业只分布在有_____的平原、河谷和绿洲。

2. 我国东部地区是_____业、_____业、_____业主要分布区。半湿润和湿润的平原地区以_____业为主，以秦岭—淮河一线为界，该线以北耕地多为_____，主要种植_____、_____等，该线以南耕地多为_____，主要种植_____、_____等。

……

二、单选题

1. 以下四位学生对家乡因地制宜发展农业的叙述，错误的是（　　）。

 A. 我家住在长江中下游地区，这里河湖众多，适宜发展渔业

 B. 我的家乡在内蒙古高原，这里降水少，是重要的小麦产区

 C. 我家在东北平原，这里地势平坦，土壤肥沃，盛产优质小麦、玉米、大豆

 D. 我的家乡在新疆，这里的绿洲农业发达，瓜果特别甜

2. 图3.23中，甲乙丙三地，甲为城市中心、乙为城市郊区、丙为远离城市的地区。乙地农民面临以下几种选择，请你帮他们出出主意，他们应选择哪一项农业生产类型？（　　）

 A. 种植水稻、小麦、玉米

 B. 种植蔬菜、花卉，发展肉、乳、蛋、禽生产

 C. 全面发展畜牧业

 D. 全部退耕还林

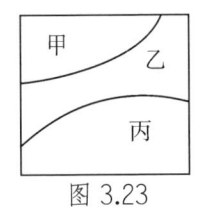

……

图3.23

笔者发现填空题学生完成得非常好，选择题则错误较多，还有不少学生质疑题目有问题。经访谈了解到，填空题来自教材，是普遍规律的阐述，学生很容易接受，可选择题是具体问题具体分析的灵活运用，受普遍规律的影响，不少学生形成了"西部没有森林，东部不能发展畜牧业，北方不能种水稻"等系列迷思概念，所以认为长江中下游地区是平原，适宜发展种植业；甘肃以种植业为主，内蒙古也可以以种植业为主；新疆是畜牧业发达，没有林业，而水果属于林业；水稻、小麦不能种在同一个地方；等等。

总之，迷思概念的成因多种多样，教师充分了解和利用好迷思概念，将有效促进学生的概念理解。

第四部分

中学地理
怎么进行
概念教学

还是先来看一个故事。

他和同伴们刚登上火车准备远行，这时候，他的凉鞋带子突然断了，鞋掉到地上。火车已经鸣笛开动，他没办法捡回落下的凉鞋，他立刻脱下了另一只凉鞋，毫不犹豫地把它扔到车外。

看到这一幕，同伴们目瞪口呆，问道："你为什么要这样做呢？"他从容自若地答道："也许会有穷人捡到我掉的第一只凉鞋，但对他没什么用；我把另一只鞋也扔出去，或许就能凑成一双，捡到的穷人就能穿了。"[1]

图 4.1 甘地和他穿过的拖鞋

从这个故事里，你看出"他"的什么素养？设想自己在相同的情况下会怎么做。

---

[1] 戴维·珀金斯. 为未知而教，为未来而学[M]. 杨彦捷，译. 杭州：浙江人民出版社，2015.

第一章　编制教学目标

您是不是觉得"他"知识渊博，充满智慧？因为这一系列举动反映出"他"对各种情景的理解：在开动的火车上不可能捡回掉落的鞋子；穷人的生活依赖于各种宝贵的契机；一双凉鞋比一只凉鞋更有用；等等。

您是不是觉得"他"品格高尚，充满慈悲？因为他没有像常人那般首先想到自己："哎呀，我的凉鞋掉下去了！还能再捡回来吗？不行了，火车已经开动了！我上哪儿再找一只凉鞋来穿啊？"而是想到了其他人：在铁路边游荡的穷人可能需要另一只凉鞋。[①]这是将心比心、设身处地的思虑，这是日积月累、自然而然的修养。

您是不是觉得"他"思维发散，富有创造力？因为他的关注点没有在"自己剩下的那只凉鞋"上，他的思路没有被固有的条条框框限制，他把一件坏事变成了一件好事。

……

这里的"他"是"圣雄"甘地——印度国父，也是印度最伟大的政治领袖。他带领印度迈向独立，他的"非暴力"哲学思想影响了全世界的民族主义者和那些争取和平变革的国际运动。上述故事中有甘地关于世界运转方式的广泛而实际的理解，它们不具有独特的学术性或技术性，但这是种全局性理解，满足深刻见解、行动、伦理道德、机会等四方面标准（详见第一部分第四

[①] 戴维·珀金斯. 为未知而教，为未来而学[M]. 杨彦捷，译. 杭州：浙江人民出版社，2015.

> 章），在生活中真正有用。短短几秒钟内，能够不假思索地做到这一切，除了有全局性理解，还综合了他的各种素养。
>
> 　　现在，让我们再回想第一部分的"什么知识最有价值""素养是怎么提出的""我们要培养什么样的人"等问题，想想怎么编制我们的教学目标。

一、教师应该怎么认识教学目标

依次对课程标准——教学目标设计的源点，教学内容——教学目标设计的切入点，学情——教学目标设计的落脚点都进行深入分析后，就应该确定教学目标了。

笔者长期在地理教学一线，常常作为评委或旁观者，观摩各种课堂教学比赛、公开课，参与案例评选、论文评比等，从中发现一个有趣的现象：老师们对课堂教学的过程非常重视，教学环节命名新颖夺目，呈现内容丰富精彩，师生活动多种多样，字斟句酌，再三打磨，精心设计；相对比之下，教学目标就简单随便多了，有些甚至存在明显问题。在许多地理教师眼里，教学目标是"鸡肋"，食之无味，弃之可惜，写在教学设计和导学案里，只是为了形式和结构的完整。他们认为，课堂教学重在方法好，设计好的情境，选择好的内容，激发学生兴趣才最重要，目标的达成是隐性的、生成的。在比赛中，评委老师不会去死抠目标写得合理、科学与否，也不会拿着设定的目标去审视教学过程，再给出评分；在公开课上，听课老师更关注教的过程，很少有去深思或调查学生学得怎么样、目标是什么、达成度如何等问题；在常规课上，不少老师抱着这种心态——我认真讲清楚了，讲完了，就心安理得，完成教学目标了。可是，这样的认识和做法真的正确吗？

教育目标是经过一个教育过程后，教育者期望学生能达到的基本要求，是教育的目的所在。教育目标有大有小，"中国学生发展核心素养"是关于人的培养目标，属于教育的大目标（见第一部分第一章"核心素养的提出与含义"）。在此目标下有学生发展的阶段性目标，如小学生发展核心素养目标、初中生发展核心素养目标等。学生发展核心素养总目标下又分学科教育目标，如人地协调观、区域认知、综合思维和地理实践力就是地理学科的教育目标。下面有各年级的阶段目标，各单元、各课时甚至各内容片段的教学目标，这大大小小的目标组成地理教育的目标体系。

（一）认识教学目标的重要性

我们不用去引经据典地证明教学目标是多么多么的重要，说什么教学目标是教学设计的灵魂，是评价设计的依据，是教学的出发点，是教学的归宿，等等，就看看新修订的2022年版的义务教育课程方案和课程标准，修订的第一原则都是目标导向。《义务教育课程方案（2022年版）》的最主要的变化是：完善了培养目标，从有理想、有本领、有担当三方面，明确了义务教育阶段新人培养的具体要求。课程方案的另外两个主要变化是：优化了课程设置和细化了实施要求，两变化都是为实现目标而服务的。《义务教育课程标准（2022年版）》主要变化有五点，排在首位的是：强化了课程育人导向。明确指出各课程标准基于义务教育培养目标，将党的教育方针具体化、细化为本课程应着力培养的核心素养，体现正确价值观、必备品格和关键能力的培养要求。另外四点变化是：优化了课程内容结构、研制了学业质量标准、增强了课标的指导性、加强了学段衔接。而这四点变化，不就是为了达到育人的目标吗？不就是为了让学科核心素养落地吗？

所以，教学目标非常重要，值得教师们特别关注。青年教师在备课、听课和评课时，不应把目光老放在"课堂教学妙招"上，比如导入怎么有趣，重点怎么教，难点怎么突破，用了什么出奇制胜的法宝，而是应该多去想：我们为什么要去上这节课，要获得什么样的结果，学生达到了没有。教学的目的不是为了展示教师自己的风格、特色，而是考虑这堂课上学生到底要学到什么，成长什么，有什么成就。基于此，不少专家建议不写"教学目标"而写"学习目标"。[①] 尤其是现在，要让我们的课堂转型为素养导向，最关键的就是要重视教学目标的制定，让目标统领着教学内容的整合重组、教学方式的变革重构、教学设计的守正鼎新、教学策略的改造创新、教学评价的弃旧塑新，等等。

（二）认识教学目标的整体性

我们再来看看《义务教育地理课程标准（2022年版）》中关于教学目标的论述，在"课程实施"部分的"教学建议"中有这么一段话："教学目标是地理课程目标的具体体现，是教师所预期的学生阶段性学习结果，既用于统领教学设计的内容、方法、活动、评价等部分，也用于学生把握自己的学习方向。"

"教学目标要与地理课程目标保持一致，落实核心素养的培育要求。教学目

---

① 鉴于教与学协同依存、交互反馈的共生关系，以及概念教学以学为本的特点，笔者认为不必刻意去把"教学目标"改为"学习目标"，故本书沿用"教学目标"。

标的设计要考虑地理课程的整体性和学生发展的连续性，体现学生不同学习阶段的发展特点，相互照应，循序渐进；还要充分考虑学生差异，关注不同学生的学习程度、学习需求、个性特点等，以利于教师因材施教。教学目标的表述，要充分体现地理课程不同阶段核心素养培育的侧重点，避免机械套用核心素养的名称；各项目标之间既有层次，又有联系，做到具体、可测。"①

　　这条建议除隐含了教学目标的意义，还突出强调了教学目标的整体性。也就是说，教师在编制教学目标时，要遵循由整体到部分再到整体的逻辑思路，使目标体系由课程目标到阶段性教学目标再到具体的课时目标，层层分解，构成一个有序的、联系的目标体系（见图4.2）。这里需要注意几点，具体参见韦志榕、朱翔主编的《义务教育地理课程标准（2022年版）》解读。②

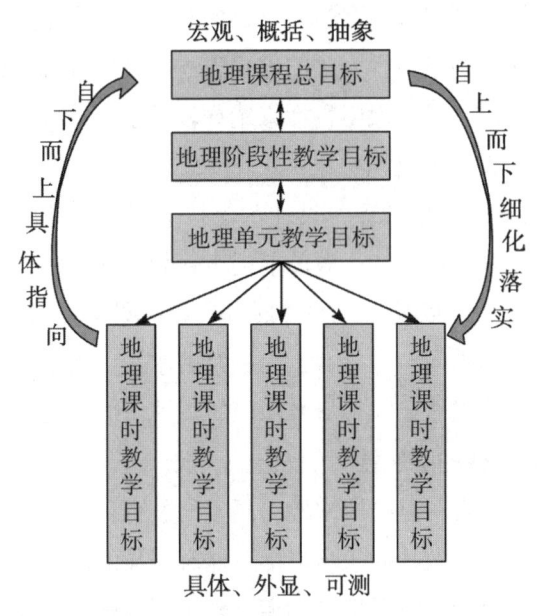

图 4.2　地理教学的目标体系

　　1.教学目标是一个层次分明、上下贯通、有机联系的结构化整体。这要求教师：第一，要以核心素养统领较具体的单元目标和更具体的课时目标。在编制教学目标时，先要把握课程的总目标，然后厘清各年级、各学期、各学习单元的

---

① 中华人民共和国教育部.义务教育地理课程标准（2022年版）[M].北京：北京师范大学出版社，2022.
② 韦志榕，朱翔.义务教育地理课程标准（2022年版）解读[M].北京：高等教育出版社，2022.

教学目标，最后考虑如何编制具体可测的课时教学目标；第二，不同单元或课时教学目标的设计，要体现不同阶段学生特定的学习要求，形成循序渐进的教学目标，突出学生核心素养的提升过程；第三，要充分考虑学生的实际认知水平和个体差异性，关注不同学生的学习程度、学习需求、个性特点和最近发展区等，做到因材施教；第四，教学目标不能脱离学校的文化特色，要彰显学校的办学特色和育人目标。

2. 地理课程总目标要围绕核心素养，体现课程性质，反映课程理念。要培育的人地协调观、综合思维、区域认知和地理实践力这四个核心素养集中在一个具体的学习过程中，相互影响、相互渗透，很难彼此分清，也不可能面面俱到，要结合课程内容确定侧重哪几个核心素养，切不可机械套用。

3. 教学目标要统领教学过程设计，教学过程与教学目标保持一致才能实现好的教学效果。教学目标采用行为化的方式表述，突出其综合性和可操作性。教学目标确定后，教师需要根据教学目标来选择教学素材、确定重点难点、教学策略和教学方法，设计教学过程。

4. 教学目标还要统领教学评价设计，使教学评价的过程与教学目标保持一致。在教学过程与教学目标保持一致的前提下，教学评价的着眼点要放在学生应用知识解决问题的能力，以及学生的发展过程和结果上。教师的教、学生的学，以及教学评价，都共同指向学生核心素养的发展水平，使地理教学成为一个统一的整体，教学目标的达成才会取得事半功倍的效果。这个将在下一章详细讲述。

（三）认识教学目标的层次性

我们知道教育目的有明显的层次性：国家的教育目的、各级各类学校的培养目标、教师的教学目标。教师的教学目标一样有明显的层次性。教学目标的层次性原本包含在整体性里面，笔者把它剥离出来是因为核心素养导向下的概念教学（特别是大概念教学）尤其强调概念进阶，大概念有一大特征也正是层次性（见第一部分第五章）。

中学地理概念教学围绕重要的地理概念来组织教学内容，学生在逐步深入理解概念的同时完善前概念、转变迷思概念，最终达到能运用概念表达思想和解决问题。这里理解是基础（见第一部分第四章），不过概念理解有不同的水平层次，如首先初步了解，指会用概念判断某一事物是否为概念的具体例证，将概念作为甄别的工具；再到深入理解，指不仅能用概念做判断，而且清楚与之相关的其他概念，能将此概念纳入到概念系统中，与相关概念建立联系；最后到深度内化，指在地理概念和地理思想之间建立起联系，构建起概念体系和地理思想体系，并能迁移到不同情境中解决问题。

比如学生在生活中看到地面高低起伏，有洼地有平地，有矮山有高山，这是形象感知后形成的前概念；初一上学期学习"地形图的判读"，接触到海拔（包括相对高度、平均海平面）、基本地形（包括平原、高原、山地、丘陵、盆地）、地势的起伏和倾斜（包括陡坡、缓坡、陡崖）、山体的不同部位（包括山峰、山脊、山谷、鞍部等），初步认识这些一般概念；随着世界区域地理和中国全貌的学习，学生又认识到山脉、山区、山系、山地、山峰等的区别，地形和地形区的区别，懂得了怎么去描述地形特征、地形分布，逐步建立了"地形是自然环境的重要组成要素"这个重要概念；继续经过中国分区地理和乡土地理的学习，气候、水文、土壤、生物和人口、聚落、交通、工业、农业等重要概念也建立起来了，而且理解了这些重要概念间的相互影响；在这一系列具体概念和事实支撑下，"自然地理环境""人文地理环境""地理环境""人地关系"这几个核心概念也就建立起来了。

所以，概念教学要求教师遵循学生的学习规律和思维层次，让概念从"小"到"大"、由易到难、由浅入深，引导学生逐步进阶。学习在有序进阶，教学目标自然要体现出层次性。从正式学习前的形象感知（前概念），到接触到该概念的科学解释，通过对比联系，形成初步理解（小概念）；然后在归纳演绎和抽象概括中深化理解；再辨析说明，建立起科学地理概念；最后通过综合分析，迁移运用到各种生活情境中（大概念），充分体现概念的进阶。图4.3以大概念"区域认知"的学习进阶为例，说明教学目标的层次性。

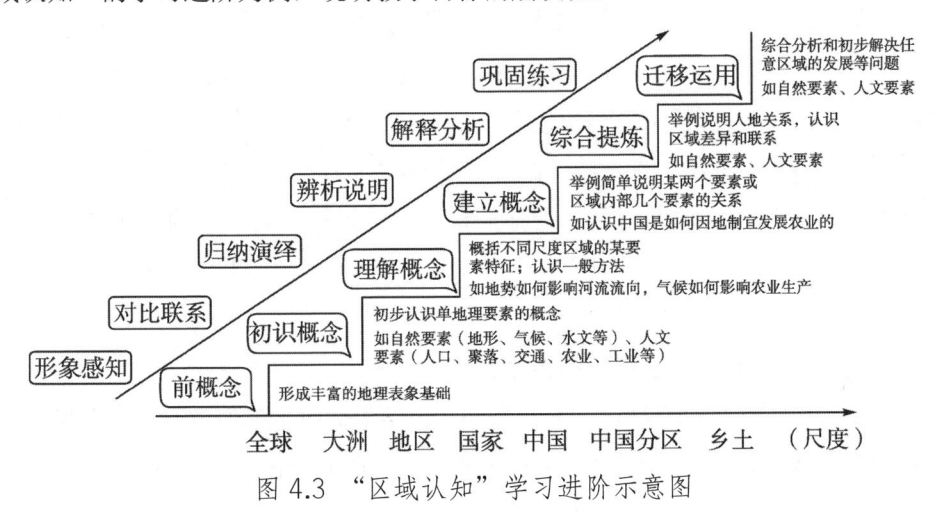

图 4.3 "区域认知"学习进阶示意图

地理学说到底是关系学，是现象之间错综复杂的相互联系。可是对象牙塔里的中学生（尤其是刚学习地理的初中生）来说，要一股脑地弄清楚各地理要素的特征和相互联系，认识区域的差异性和依赖性等内容是不太可能的，所以我们进行层层分解，从观察识别地理表象，建立单要素概念，到归纳概括要素特征，辨析说明和综合分析多要素间的关系，最后迁移运用，能解释生活中的相关问题。整个学习呈现一个一以贯之，持续上升的层级状态。

二、教学目标有哪些写法

对于教学目标的叙写，虽说不同教师有不同的叙写手法，但都紧随着课程标准等国家文件的表述，呈现出一定的规律性。

（一）不同时代教学目标的常见写法

让我们先来回顾一下教学目标的变化历程。从2000年之前的"双基目标"，到2000—2022年的"三维目标"，再到现在的"核心素养目标"，各位教师在制定五花八门的教学目标时，也有不少共性。

例如，在"双基目标"时期，教学目标大都这样写：让学生了解……；让学生理解……；使学生掌握……其中的"让"和"使"体现的是教师的主体地位，而诸如"了解""理解""掌握"等行为动词，也很难检测学生学习后达到的能力水平。由此可见，"双基目标"时代的教学是从知识和技能出发，以知识的记忆和掌握、技能的操演和熟练为目标。

在"三维目标"时期，教学目标的叙写大致经历了一个从机械套用、三维分立到逐渐成熟、有机融合的过程。起初，将"三维目标"人为地分割开来，并贴上标签，而且延续了"双基目标"中的教师主体地位和难以检测的一些行为动词。如①知识与技能：让学生了解……，归纳……；②过程与方法：运用……，培养学生……；③情感态度与价值观：培养学生……。后来经专家解释和呼吁："三维目标"不是分裂开的三类目标，而是教学目标的"一体三面"，是一个目标同时存在的三个方面。于是，老师们把"三维目标"有机结合，把主语从教师换成了学生，教学目标表述为：通过观察、分析……过程（方法），能够识别……，并进行……操作，形成……态度。

（二）核心素养下教学目标的叙写

那么，在"核心素养目标"的新时期，教学目标应该如何叙写呢？首先必须理解什么是地理核心素养目标。在第一部分第一章的"核心素养的提出与含义"

里面，我们已经阐述过素养目标，它并不是横空出世，而是"三维目标"的综合和提升。下面就从素养角度，来梳理四大核心素养常常涉及的认知地理知识（核心知识）、学习和运用的地理方法和技能（学习方法）、提升的思想观念和态度精神（观念态度）[①]（见表4.1）。

表4.1　基于地理素养的核心知识、方法和态度

地理素养	核心知识	学习方法	观念态度
人地协调观	地理环境对人类活动的影响；人类活动对地理环境的影响；协调人类活动与地理环境的关系	案例学习法，形成发现问题的意识和解决问题的能力	家国情怀（建设美丽中国、家乡的环境与发展）；国际理解（全球意识、开放心态、多元价值、人类命运共同体）；人与自然和谐共生
综合思维	要素的知识（自然和人文）；时空的知识（在空间属性上增加时间属性，关注动态演变）；地方的知识（地方内要素的综合及其与外界的联系）	能说明归纳法和演绎法；调动学生的前概念；接触和比较大量例证	客观、严谨和尊重的观念；求实、求真和协作的态度；批判、探索和创新的精神
区域认知	区域及其类型的知识；区域位置的知识；地理分布的知识；区域特征的知识；区域差异、联系与发展的知识	自主地在地图上"划区"；运用地理工具获取区域信息	热爱祖国、热爱家乡的情感，人类命运共同体的意识
地理实践力	收集和处理地理信息的知识；设计地理实践活动的知识；实施地理实践活动的知识	做中学，调研访谈、实地考察、合理规划、实验操作、工具使用	信息意识（能够发现信息的价值并觉察到可以用信息来解决问题）；问题意识（能觉察出问题的存在，并能提出问题）；合作精神（在实践活动中善于与他人分工、协调、相互关照）

教学目标的叙写一般都包含着四个方面，即：行为主体、行为动词、行为条件、目标达成程度，它们又被称为叙写教学目标的四要素。那么，核心素养导向的教学目标中，这四个要素如何落实呢？

1. 行为主体

核心素养导向的教学目标所表述的应该是教学活动结束时，学生身心发生的变化或者达到的状态，因此，教学目标表述中的主体应该是学生，如"学生能

[①] 韦志榕，朱翔. 义务教育地理课程标准（2022年版）解读［M］. 北京：高等教育出版社，2022.

够……"。而"让学生……培养学生……发展学生……帮助学生……"诸如此类的表述是不规范的，它意味着教师是行为主体。

2."行为动词"

《义务教育地理课程标准（2022年版）》的"内容要求"中的行为动词共32种，使用共123次。参考布卢姆教学目标分类体系，可将"内容要求"中的行为动词分为较容易、中等、较难三类，其中较容易的包括说出、观察、认识、描述、演示、模拟、区别、指出、识别、记住、辨别、交流和感悟；中等难度的包括收集、说明、解释、简要归纳、绘制、判断、比较、简要分析、推测、制作、判读、量算和选择；较难的包括评价、掌握、设计、树立、增强和养成。其中，较容易的行为动词出现68次，占总数的55.3%；中等程度的行为动词出现47次，占38.2%；较难的行为动词出现8次，占6.5%（详见图4.4）①

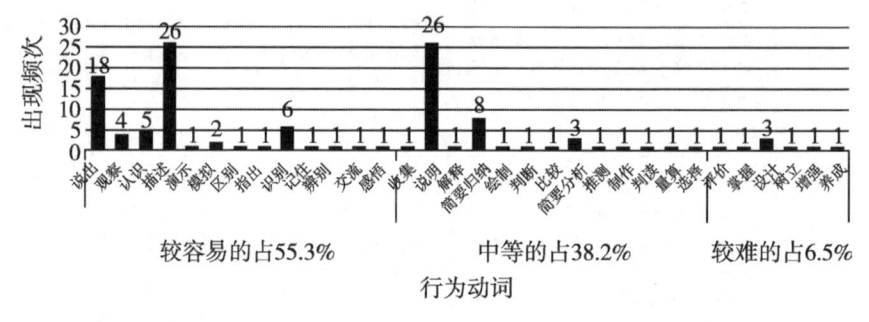

图4.4 "内容要求"中的行为动词出现频次

核心素养导向的教学目标，应准确描述教学活动结束时学生所形成的可观察、可检测的具体行为。如"说出、归纳、说明"等表述特定动作的外显行为动词。有些教学参考资料和教案中经常用诸如"理解、领会、了解、体会"等动词表述教学目标，对于这些心理状态的达成度，我们很难检测学生是否真正具有了或掌握了，这就导致了教学目标的空泛。在叙写时，我们应尽量选用那些描述学生所形成的可观察、可测量的具体行为的词语，如写出、描画、辨认、比较等。而且要注意，学习水平不同，表述也会不同（见表4.2），选行为动词时要把握好不同学习水平的不同表述。

---

① 韦志榕，朱翔，义务教育地理课程标准（2022年版）解读[M].北京：高等教育出版社，2022.

表 4.2　不同层级教学目标的行为动词

教学目标层级	知识技能目标的行为动词	过程方法目标的行为动词	情感态度价值观目标的行为动词
1	说出、找出、复述、识别、画出、记住、描述、列举、标明等	模仿、模拟、再现、复制、制作、使用等	感受、感知、体验、体会、尝试、交流、参观、意识、关注、支持、准备、参加、接触、遵守等
2	分析、比较、说明、解释、阐明、推断、概括、归纳、预测、区分、选择等	绘制、测量、查阅、演示、操作、量算等	关注、认同、反对、喜欢、欣赏、关心、尊重、珍惜、拥护、帮助等
3	分析、综合、证明、论述、解决、运用、应用、总结等	收集、展示、联系、整理、设计、评价、筹划、总结、撰写等	形成、养成、梳理、坚持、增强、追求、领悟等

3.行为条件

行为条件是指影响学生产生学习结果的特定的限制或范围等。对条件的表述有不同的类型：一是关于是否使用工具与辅助手段，如"在中国行政区图中，找出……"或"通过查阅资料，能……"；二是提供信息或提示，如"从地形角度分析……""联系地球的运动，说出……"；三是时间的限制，如"在10分钟内，能……"；四是完成行为的情景，如"在小组讨论时，结合图文资料，概括……"；五是人为因素，包括独立完成、小组合作、在教师的指导下进行等，如"通过自主学习和小组讨论，制定……"等。只有规定了这些限制性的条件，目标的检测才更有针对性，更具操作性。

4.目标达成程度

目标达成程度指学生对目标所达到的表现水准，用以测量学生学习的结果所达到的程度。如"能准确地描述……""能详细地写出……""能客观地评价……"这些表述中的状语部分，便是限定了目标水平的表现程度，以便于检测。

下面以地理学科核心素养的重要组成要素——区域认知为例，说说初中地理区域认知目标是如何设计的。

首先，把握区域认知的内涵、意义以及目前初中区域地理教学存在的问题和学生的前概念与迷思概念。《义务教育地理课程标准（2022年版）》对初中地理区域认知的表述是："指人们从空间—区域的视角认识地理环境及人地关系的思维方式和能力。人类生存的地理环境复杂多样，人们将其划分成不同空间尺度、不同类型的区域加以认识。区域认知的培育，有助于学生建立地理空间观念，认识不同的区域既各有特色，又相互联系，增强热爱家乡的情感和国家认同感，增进对世界的理解，逐步形成人类命运共同体意识。"[①]

目前，初中区域地理教学中存在着重视知识记忆，忽视过程和方法，知识碎片化，教学过程低水平重复等现象。学生因见识不广，经验欠缺等原因，存在不少思维误区：存在对位置的描述及其影响，区域各地理要素的内涵和相互关联，区域的发展和存在问题等认识不清；认知了一个区域，却不会迁移到其他区域等问题。笔者首先通过确定初中地理区域认知的构成维度和对区域认知水平进行划分，来促进区域认知素养的落地。

然后，分析初中地理课程中关于区域认知的内容要求和学业要求，分析教材相关内容，构建初中地理区域认知模型框架。在课标中，认识世界部分包括"认识大洲""认识地区""认识国家"三个主题，认识中国部分包括"认识中国全貌""认识分区""认识家乡"三个主题，强调区域认知的空间尺度；同时内容要求里还蕴含了要素性质归类的方式，从"区域位置与范围"（包括特点与意义）、"区域特征"（包括自然地理特征和人文地理特征）、"区域差异与联系"（包括资源的开采与输出，河流的跨流域开发和治理等）、"区域发展与评价"（包括环境保护的经验与教训、经济社会和相关产业发展优势等）几方面构建区域认知。以不同的区域为案例，采用观察与实验、归纳与概括、综合与分析、比较与关联、评价与决策等方法，有助于培育区域认知。

笔者构建了初中地理区域认知的"三维四面一核心"模型框架，分别从内容要素、空间尺度、认知方法三维度，区域位置与范围、区域特征、区域差异与联系、区域发展与评价四方面能力组成区域认知这个核心素养（见图4.5）。

最后，结合区域认知的课程目标，设计区域地理的教学目标。基于区域认知的课程目标是：学生能够初

图4.5 初中地理区域认知"三维四面一核心"模型

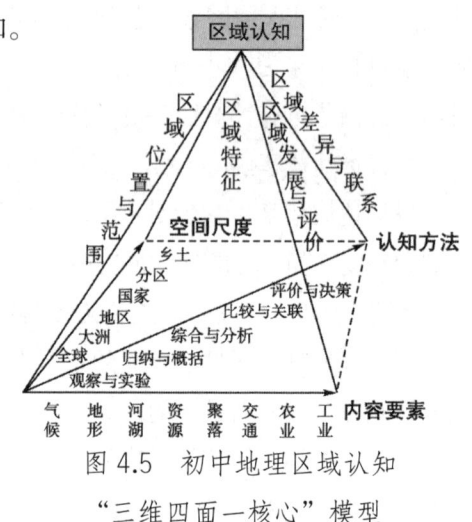

[①] 中华人民共和国教育部. 义务教育地理课程标准（2022年版）[M]. 北京：北京师范大学出版社，2022.

步理解地球上有不同空间尺度、不同类型的区域,每一个区域都有各自的特征,不同区域之间会产生联系;能够运用多种地理工具获取区域信息,认识区域特征、区域差异和区域联系,初步形成从空间—区域的视角看待和分析问题的意识和能力;能够增进热爱家乡、热爱祖国的情感,形成人类命运共同体意识。[1] 综合不同空间尺度的内容要素,根据"三维四面一核心"模型框架制定初中地理区域认知的教学目标如下(见表4.3)。

表4.3 初中地理区域认知能力解读及目标设计

组成	内涵	目标	认知方法
区域位置与范围	能够通过对经纬度、海陆轮廓、分界线等的判断,提取有用的地理信息,确定出区域的空间位置和范围	运用地图和资料描述某区域的位置和范围;概括其地理位置特点;简要评价其地理位置的优劣	观察与实验、归纳与概括
区域特征	对区域内的自然地理特征和人文地理特征进行认知时,能够正确描述特征、分析成因并揭示区域特征的内在联系	归纳某区域自然地理的特征及其影响;举例说明区域内自然地理要素的相互作用和相互影响	归纳与概括、综合与分析
区域差异与联系	能够正确选择比较对象和角度,比较区域内部及区域之间的差异,能够识别区域联系的形式,分析区域联系发生的原因或条件,评价区域联系的影响	运用地图和资料比较我国四大地理区域的差异;比较区域内和区域间的主要差异;举例说出某区域与其他区域在社会、经济、生态等方面的联系;举例说出区域联系对区域经济发展的意义	综合与分析、比较与关联
区域发展与评价	能够根据区域发展的条件和现状,认识区域发展中存在的问题,对区域发展进行评价并提出建议	根据资料分析某区域内存在的自然灾害与环境问题,说明区域环境保护与资源开发利用的成功经验;以某区域为例,说明我国西部开发的地理条件及生态环境保护的重要性以及区域发展对生活方式和生活质量的影响	综合与分析、评价与决策

这里特别需要说明的是:因为帮助学生认识区域、掌握区域地理内容是初中地理教育的一大核心,课程篇幅占到一半有余,从不同尺度的区域、不同角度的分析去提高区域认知能力,所以表中的目标设计是课程目标的能力维度的整体叙写,较笼统。具体到特定的区域进行教学时,需要教师根据教学和教材内容、认知角度和认知方法进行修改和细化。

---

[1] 中华人民共和国教育部.义务教育地理课程标准(2022年版)[M].北京:北京师范大学出版社,2022.

例如，在讲珠江三角洲这个具体的区域时，区域认知的教学目标就可以改为：

> 1. 运用中国行政区图、广东行政区图和珠江三角洲行政区图（包括港澳），准确描述珠江三角洲的地理位置和范围，简要分析其位置对珠江三角洲经济发展的影响。
>
> 2. 运用中国地形图和气候图、珠江三角洲地形图归纳珠江三角洲的地形、气候和水系等自然特征，并阐释它们之间的相互关系，初步掌握分析一个区域基本地理特征的方法。
>
> 3. 运用广东省工农业分布图、交通运输分布图和相关资料，结合生活经验，举例说明珠江三角洲的自然地理特征对当地人们生产生活的影响；举例说明外向型经济对珠江三角洲发展的影响。
>
> 4. 开展交流和讨论，分析珠江三角洲与其他区域在经济发展中是如何优势互补、相互促进的，初步掌握分析一个区域自然地理特征与当地人民生产生活关系的方法。

核心素养的培养是一个漫长的过程，教师不可能在每一节课上都将四大地理素养一一落实。这就需要根据不同的教学内容、学生的学习情况，确定一个核心的目标，然后围绕这个核心目标来设计具体、可测可评的目标。即便是有些教学内容与几大核心素养都能联系起来，但由于教学时间的限制，教师还是需要有所取舍，确定这节课重点完成某个核心目标，下节课重点完成另一个核心目标。只有整体统筹才能突出教学重点，更好地培育和发展学生的核心素养。

（三）核心素养导向下的概念教学目标

常规的目标设计常常聚焦学生知道什么，即学习的内容。但核心素养导向下的概念教学聚焦观念（大概念），内容不再是教学的最终目的，而是一个发展学生观念的工具，或者说事实性支撑，这些观念将成为学生跨时间、跨情境理解其他类似事例的框架。埃里克森在《以概念为本的课程与教学：培养核心素养的绝佳实践》一书中提出："概念为本的课程设计需要教师们清晰地表述他们希望学生们在事实性层面能知道什么、在概念性层面能理解什么、在技能和过程层面能够做什么。"

下面以人教版八年级上册的"中国的自然环境"第四节"自然灾害"为例，对比两种教学目标写法的异同。

常规目标模式

单元题目：中国的自然灾害

学生将：

1. 识别自然灾害及常见种类。
2. 运用地图和相关资料，描述我国主要自然灾害的分布，简要分析其成因。
3. 绘制自然灾害的概念图，描述各灾害之间的关系。
4. 查阅资料，说出家乡的自然灾害。
5. 通过情境讨论，能选择正确的防灾避灾方法，掌握一定的气象灾害和地质灾害的安全防护技能。
6. 分享发生在身边的抗灾救灾故事，培养尊重自然、保护自然、与自然和谐相处的观念。

在上面的常规目标模式中，使用了识别、描述、说出简要分析、绘制、选择、培养等动词来表征不同的目标水平，隐含了人地协调观、区域认知、综合思维和地理实践力等地理核心素养，属于核心素养下的教学目标。但是我们无法从中仔细区分事实性和概念性层次。埃里克森建议把事实性知识目标和概念性知识目标区分表述，设计概念为本的课程三维要求，即知道、理解和能做（KUD）[①]。见下例。

带有 KUD 的概念为本的目标模式

单元题目：中国的自然灾害

学生将知道（Know）：

1. 自然灾害与自然现象、自然灾害与人为灾害的区别。
2. 常见的自然灾害种类。
3. 主要自然灾害的危害、分布和成因。
4. 正确的防灾避灾方法。

学生将理解（Understand）：

1. 自然灾害是自然环境发生异常变化，并造成资源破坏、财产损失、人员伤亡等危害。一种自然灾害可能引发其他的自然灾害。

---

① KUD 是知道 Know、理解 Understand 和能做 Do 三个英文单词的首字母组合。

2. 中国自然环境复杂多样，导致自然灾害种类多、分布广、造成的损失大。同一时间，往往有很多地区发生自然灾害；同一地区，不仅会出现多种自然灾害，而且不同的自然灾害有时还会连续发生。影响中国最主要的自然灾害是干旱和洪涝。

3. 自然灾害的分布、成因和危害既与当地的气候、地形、河湖等自然要素相关联，也与当地的人口、经济、科技等人文要素相关联。

4. 当自然灾害来临时，个人或政府采取适当的方法，可以有效防灾、减灾和避灾。人类应该尊重自然，保护自然。

学生将能做（Do）：

1. 查找和使用图文资料，如媒体、新闻和采访等，来获取信息。

2. 情境讨论、分类、比较、识别因果关系、概括和预测、推理和结论，通过这些方式分析信息。

3. 识别和纠正日常概念的偏差。

在上面带有 KUD 的概念为本的目标模式中，KUD 就是目标，其核心是"U"，只有"理解"了，才能"知道"和"做"。KUD 目标比传统目标更清晰明确，区分了知识、理解和技能，给教师提供深入思考教学设计的信息。

按照笔者长期在一线教学的经验，如果每个课时都采用 KUD 目标，就显得繁琐和呆板，没有必要，因为教材已经有了明确的教学内容和章节划分，任课教师对自己的学生了解深刻，对要教到什么程度心里有杆秤，加上课堂是生成的，不必拘泥于刻板的目标书写形式。但是如果进行大概念统领下的单元教学，需要整合课程内容或设计新课程，就需要走向以事实和技能为支撑的跨时间、跨情境的可迁移、可应用的概念理解，则建议采取带有 KUD 的目标模式。

三、如何叙写大单元教学目标

教师在备课时要将学科核心素养进行整体分析与解构，找到学科核心素养与教学目标表述的结合点，整体的素养目标通过分层次、分阶段的形式具化到每个单元中，再细化到每节课的教学目标中。

初中地理教学中常常出现一个单元（专题）要分几个课时讲授，比如"东南亚"单元分两课时，我们先拟定单元目标为：以东南亚地区为例，运用地图和相关资料，描述一个地区的地理位置，简要归纳其自然地理特征，说明这些特征对该地区人们生产生活的影响；初步掌握认识地区地理特征以及人地关系的方法。再分课时目标。第 1 课时目标为：运用世界地图以及东南亚地形地图、气候地图等，描述东南亚的位置和范围，简要归纳东南亚的地形、气候等自然地理特征，初步掌握分析一个地区基本地理特征的方法。第 2 课时目标为：运用东南亚工农业分布图、交通运输分布图等，结合现实生活实例，说明东南亚的自然地理特征对当地人们生产生活的影响；通过小组合作学习，初步掌握分析一个地区自然地理特征与当地人们生产生活关系的方法；初步认识尊重自然、保护自然的重要性。

制定聚焦学科核心素养的大单元教学目标时，还需注意，一定要走出知识讲授的窠臼，以反映学科特质、学科结构、学科情境的知识为教学载体，以真实情境下的知识迁移、创新运用为策略途径，以思维方法与思维品质的实践与提升为目标导向，以关键能力、必备品格、正确价值观的提炼与升华为价值追求。

下面以大概念"地理位置"的单元学习为例，示范大单元教学目标的叙写流程。

（一）理解大概念

制定单元目标前，需要先理解大概念。地理学者常从"它在哪里？"入手研究地理问题。《地理教育国际宪章 2016》也指出："位置是生活中的一个关键因素，在全球化和互联网时代尤其如此。关注空间分异的地理为日常生活提供了一个非常实际且有用的视角。"[①] "位置"不单在地理学中具有特殊的地位，它还深刻影响着我们的日常生活。比如：去新疆旅游，先得知道新疆在中国哪个方位，才好确定带些什么衣物去；去超市买东西，知道了百货区在哪里、生鲜区在哪里，才能快速找到想购买的东西；去公园游玩，我们会打听餐厅在哪儿、厕所在哪儿。中考和高考地理试题中也经常考查某个国家或地区地理位置特征及其意义，比如"说明某地的地理位置特点""描述地理位置状况""从……方面归纳地理位置主要特征""对比……简述该区域地理位置的优越性"等。所以，位置知识是迁移性极高的知识，应当成为地理教学的一项重要内容，尤其在区域地理的学习中。

（二）梳理课标中相关内容要求及教材对应的内容

梳理 2022 年版义务教育地理课程标准中有关"地理位置"的内容要求，并依据学业要求和教学提示，初步确定在不同主题下"地理位置"的要求有什么差

[①] 杨洁，丁尧清.地理教育国际宪章 2016 [J].中学地理教学参考，2016(15):22-24.

异，要教到什么程度，有没有体现关联或进阶等关系，并结合教材内容进行综合分析，统筹规划。这时可以采用埃里克森的课程三维要求 KUD 来认真思考单元目标。

（三）调查前概念和迷思概念

经调查，发现学生存在以下问题：不能准确识别地理位置的空间方位；不能准确和全面地描述某区域的地理位置；缺少对不同尺度下的地理位置的认识方法和学习策略；没有建立地理位置与其他地理环境要素的相互关系；不能正确评价地理位置对区域环境和发展的影响；等等。

（四）拟定不同主题下的教学目标

根据以上分析和梳理，我们就可以拟定不同主题下"地理位置"的教学目标，见表 4.4 最后一列。

表 4.4 初中地理不同主题下"地理位置"的课程内容要求和教学目标

主题	课程内容要求	行为动词	教学目标
一、地球的宇宙环境	运用图片、影视资料，以及数字技术等手段，描述地球的宇宙环境、地球在太阳系中的位置，认识地球是人类唯一的家园	描述 认识	1. 能够说出地球在宇宙环境中的位置； 2. 初步建立空间感和宇宙观
二、地球的表层	阅读世界地图，描述世界海陆分布状况，说出七大洲、四大洋的分布；在世界地形图上指出陆地主要地形和海底主要地形的分布，观察地形分布大势；阅读世界气候类型分布图，描述世界主要气候类型的分布特征；结合实例，说明纬度位置、海陆分布、地形等对气候的影响	描述 说明	1. 能够从全球尺度上概括地表海陆分布、海陆主要地形、板块及火山地震带、气温、降水及气候类型等的分布规律； 2. 能够分析纬度位置和海陆位置对气候的影响； 3. 初步建立从位置开始区域划分和区域研究的意识，落实区域认知核心素养
三、认识世界	运用地图和相关资料，描述某大洲的地理位置，并依据大洲地理位置特点，判断大洲所处热量带和降水的空间分布概况	描述 判断	1. 能够辨识和描述不同尺度区域地理位置的特点； 2. 能够归纳出描述区域地理位置的一般方法； 3. 能够从不同视角比较两个区域地理位置的差异； 4. 理解位置决定区域自然特征差异，初步确立"位置首要"的学科思维
	运用地图和相关资料，描述某地区的地理位置，简要归纳自然地理特征，说明该特征对当地人们生产生活的影响	描述 归纳 说明	
	运用地图和相关资料，说出某国家的地理位置、范围、领土构成和首都；选择与该国地理位置差异明显的国家，比较它们纬度位置和海陆位置的差异	说出 比较	

续表

主题	课程内容要求	行为动词	教学目标
四、认识中国	运用地图,描述中国的地理位置与疆域特征,说明南海诸岛是中国领土的组成部分,钓鱼岛及其附属岛屿是中国固有领土,增强国家版图意识与海洋权益意识	描述 说明	1. 能够准确辨识和描述中国不同区域的地理位置特征; 2. 初步学会分析某区域地理位置对其他自然要素及社会经济活动的影响; 3. 初步形成因地制宜发展的观念
	运用地图和相关资料,说出某区域的地理位置和自然地理特征,说明自然条件对该区域经济社会发展的影响,认识因地制宜的重要性	说出 说明	

四、制定大单元目标有什么实践意义

在日常新课教学时,我们并不会把"地理位置"单独拎出来上一节课或几节课,制定"地理位置"大单元目标的实践意义主要在于:

一是教师站在地理课程的高位,总体认识和把握"地理位置"在整个初中地理知识体系中所处的地位,对培育学生的地理核心素养有什么贡献,不同学段、不同主题中的"地理位置"的教学要求有什么差异,这样对这个大概念了然于心了,构建起宏观框架,才能制定更详细、更连续的课时目标、知识点目标,才好进一步设计更为科学合理的教学过程。

二是在复习课中,比如一学期末的复习或者是中考总复习,都可以把"地理位置"作为一个单元整体复习,把有关"地理位置"的内容摘取出来,重新进行统整设计,这会大大加强学生对"地理位置"的理解,有利于学生建立空间观念,区域认知、综合思维等地理素养。

比如在中考复习时,可以设计三个课时,分别从"地理位置的描述""地理位置的分析""地理位置的评价"三个维度展开,对初中教材中出现的各个尺度的区域位置或者是某个地理要素的位置分布等从不同视角进行归类、对比,归纳出认识问题、解决问题的思路、方法,形成思维模型。这样既避免了常规复习时"炒冷饭"、背知识提纲和答题模板等无趣低效的复习方式,又能让学生在知识结构和思路方法的建构中,全面认识和理解了位置问题,认识"地理位置"知识的价值,"地理位置"就成了学生头脑中少而精的大概念了。

三是为高中的地理学习奠定基础。课程设计是一个系统工程,初高中是衔接的,是递进上升的。在高中的"地理位置"学习中,学生需要从某区域的人类活动的需要出发,在区域联系的背景下,重新审视地理位置的意义,能够在区域联系中综合地、动态地认识和评价地理位置，能够将已有的地理位置的思路方法迁移运用到区域发展、预测等问题的分析中。

多年的教学经验告诉我们：初中很难在上新课时进行"地理位置"等大概念的大单元教学，但是高中就可以，不单可以，还必须在新授课时就开始大单元教学。这是因为：初中生的相关知识、认知水平和理解能力等有限，只能从简单的、孤立的、静态的地理位置的事实性知识开始学习，等有一定知识积累和空间识别能力时才能融会贯通、统整综合；初中地理是一个学段，地理课程结构清晰，课程内容间的交叉、重复较少，新课整合的效果有限且操作难度大。

但是高中阶段就大不一样，首先是高中生的认知水平提高了一大台阶，具备了新授课时就可以综合学习的可能；其次是高中课程分为必修和选修，由于全修全考和选修选考的要求不一，而中学地理的核心内容就那么多，导致有不少相同知识点按难易程度作了硬拆分，简单粗浅的放在高一必修，复杂深奥的放在高二或高三，这也就导致高中课程内容割裂与重复现象较严重，课程结构较混乱；再加上现在的高中新教材多按活动式课文编排，不追求严谨的学科内在逻辑，如果教师按部就班教教材，知识又乱又碎，很难培养学生的地理素养，对于选考地理学科的学生就极为不利。所以，提倡高中上新课时就整合必修和选修，用大单元教学来避免课时教学目标由于关注细节内容、短视具体、缺乏中观和宏观统整而带来内容细碎、视角低下、重复低效等问题。

五、叙写课时目标常有哪些误区[①]

课时目标是目标体系的最小单位，是一节课的出发点和终点，建构在单元目标之下，通常要参照教材内容和学业要求，通过对单元目标的分解进一步确定。课时目标科学合理，是一节好课的前提条件。教师在备课时心中必须有目标，时常叩问自己"这节课学生将学会什么""要达成这样的结果需要什么样的过程与方法""我怎么叙写目标便于设计评价任务"。但事实上许多教师在常规教学中往往重过程设计而轻目标制定。

下面以2015年11月在广西桂林一中举行的全国湘版地理教材第二届课堂教学大赛为例，根据大赛课例中的教学目标出现的种种现象，说说课时教学目标制定中的注意事项。虽然这场比赛过去多年，但这是一场有全国各地40多位教

---

① 肖金花. 对有效课堂教学目标的再思考——以全国湘教版地理教材第二届课堂教学大赛为例[J]. 地理教学，2016（09）：60-62.

师参与的高规格的课堂论剑，教师自主选题，提前打磨，现场有学生参与，展示40分钟完整的课堂教学。这与后来流行的临时抽题，限时准备，没有学生参与，只有十几分钟，教师自编自导自演、唱独角戏的微格课和说课等感觉完全不同。当年笔者拿着各选手派发的教学设计，认真观摩了初中组的十余节地理课，课堂实际教学效果和教学目标两相对比，感触良多。虽说竞赛课与常规课在教学设计与实践上存在不少差异，但依然是参赛选手甚至是其所在单位与地区的教学理念及教学实践水平的浓缩体现，是其常态教学在舞台上的投射。竞赛课上出现的问题，常态课肯定更普遍。下面所列举的课时目标书写的四大误区虽说是多年前笔者的归纳总结，却在不少教师身上延续至今，值得教师们重视。

（一）对学生需求与相关知识水平缺乏了解

在常规课中，教师比较了解自己学生的知识基础、生活经验、能力基础以及兴趣动机等，制定的教学目标容易指向学生的最近发展区，有利于主动建构。但是，大赛教学很难满足这一要求，因为选手与赛场学生先前几乎无任何接触，这就导致选手只能根据经验和大赛的要求操作，教学目标对教学过程、教学活动缺乏直接的指导作用，形同虚设。

这次大赛的所有教学设计都撰写了教学目标，但"拿来主义"现象较明显，有照搬《义务教育地理课程标准（2011年版）》的，也有直接运用教参或网络中优秀教案的教学目标。如宁夏选手的《世界的海陆分布》的教学目标只有以下三点：1.运用地图和数据说出全球海陆面积的比例，以及海洋和陆地分布的特点。2.通过读图知道世界七大洲、四大洋名称及空间分布。3.初步学会用简单的几何图形绘制七大洲、四大洋的轮廓及相互位置关系。[1]

另外，在课堂教学大赛中，不少选手课堂导入后，在课件上呈现了学习目标，但只是一念而过；个别选手连提都未提一句，就一闪而过，似乎只是给听课的评委和老师一个交代。这说明这些选手对教学目标的重视度不够，可能嫌浪费时间，认为突出亮点，给听课师生留下深刻印象才是最重要的。其实这是个误区，抛开教学目标的重要意义不说，作为一个完整的大赛课例，评委老师除评价课堂教学过程，对教学目标的评价也是重要一环。

---

[1] 此例和后面相关案例均来源于2015年的湖南教育出版社网页文章《全国地理教材教学大赛初中教学设计汇总》。

（二）教学目标的适切性与可操作性弱

有了对学情的分析，目标中的概念、技能等子目标还需具备与教学主题、学生需求及其相关知识水平的适切性，从而使子目标具备可操作性。然而，大赛中有些选手的教学目标存在宽泛、抽象或啰嗦等问题。

例如，广西选手在《中国的主要产业——农业》的部分教学目标如下：1. 了解农业的概念、农业的五部门，能辨别主要农产品；……3. 了解经济作物的特点，能将经济作物进行分类，并找到相应的产区；4. 了解新中国成立以来我国农业发展的主要成就，我国农业存在的难题；5. 能联系学习内容，了解并介绍广西本土地区的主要农产品……整个目标用了七个"了解"，词语模糊，缺乏可测性，细化不够，导致课堂活动设计缺乏主线和层次，学生对授课内容着眼点模糊，无法调用合适的已有知识与新知识进行有效关联。

我们可以尝试用"说出""描述""读图""比较""绘图""归纳"等外显的、可观察的行为方式，清晰地描述出教师的教学意图和希望学生达到的水平。可考虑修改为：1. 能说出农业的概念、农业的五部门及主要的农产品；……3. 能结合生活经验，描述经济作物的特点，并为其分类和寻找产区；4. 能通过图片和资料阐述我国农业发展的主要成就和存在问题；5. 能联系已学知识，列举广西本土的主要农产品，并为其分类。

（三）教学目标的完整性和层次性有待提高

教学目标的完整性主要包括：一是内容完整，无核心知识的遗漏；二是形式完整，可从"知识和技能""过程与方法""情感、态度与价值观"三个维度来设计，或从四大核心素养来设计；三是表述完整，一般有学习行为的主体、合适的行为动词或动宾结构短语、达到该目标的条件。层次性主要包括：纵向上，对不同的教学内容有了解、理解、掌握三级水平；横向上，针对不同的学校、不同的学生应提出不同的层次要求。

因为目标要综合考虑学段目标、课程资源特点以及学生具体情况，所以不能模式化地撰写。三维目标或核心素养都集中体现了当时课程的基本理念，都着眼于"人"的整体发展，是融为一体、相互渗透的，同时它的实现还是一个比较漫长的过程。作为地理教师，首先应将这一理念领会透彻，力求每节课能有所体现，但不必面面俱到，每节课都各有侧重。

例如河北选手的《埃及》，三维目标有机整合，内容完整，表述清晰。摘录如下：1. 通过读图分析并进行展示，了解埃及的地理位置、领土组成和首都开罗，说明埃及在交通方面的重要性；2. 运用地图和资料，联系埃及自然环境特点说出埃及因地制宜发展经济的实例，进一步培养和提高学生整合信息、综合分析的能力，通过对埃及因地制宜发展的分析，初步树立正确的人地观、可持续发展观，认识因地制宜发展的重要性；3. 收集并整理资料，说明埃及在种族、民族、宗教、语言等方面的基本情况。这种表达贴切地表明三维目标作为一个整体的内在联系和递进关系。这堂课教学理念先进，教与学的过程精彩高效，被评为全国一等奖，为大家所推崇，遗憾之处在于教学目标上略显中规中矩，目标虽多，但没有体现精心设计的主题活动，也没有凸显选手在设计意图中所写的："本节课想要强调的学会利用地理各要素之间的相互影响与相互关系来解决问题，注意研究方法的归纳总结"。

与《埃及》这类"形散神聚"的整合性教学目标形成对比的是：有不少选手虽然形式上严格按照"三维"陈述，但维度混杂不清、内容模糊空洞，特别是"过程和方法"目标和"情感、态度与价值观"目标，没能与"知识与技能"目标融会贯通。这里要注意的是"过程与方法"，它是第八次课程改革的课程目标之一。这一目标要求，教学强调与重视学生学习的获得过程，重视知识发生的过程。但它并不是教学目标，而是实现目标的教与学的行为的总和，是达到目标的"中介"和"桥梁"。所以老师们叙写目标的大致格式是：学生经过某学习过程和方法后，预期所获得的品格或能力。

笔者还发现不少选手突出认知或技能目标，忽视情感、态度和价值观的培养。如甘肃选手的《新疆维吾尔自治区的地理概况与区域发展》，教学目标为：1. 根据"新疆在中国的位置"图，说出新疆的海陆位置；2. 根据"新疆的位置和范围"图，分别说明新疆的范围、经纬度位置、相对位置；3. 描述新疆的地形、气候、河流等自然特征。选手不理解八下教材的编排深意（第八章的所有区域是要突出环境与发展），导致教学目标和教学过程像八股文一样，缺乏地理味儿。

这里也要注意，"情感、态度与价值观"要求教师关注学生的学习动机与兴趣、学习态度与习惯，关注学生对事物的认知、判断与价值选择能力的培养，这些目标总体来说是属于课程范围的目标，不是某节特有课堂的教学目标。例如，有些老师在教学中一旦有结合家乡的发展和变化的内容，教学目标就写"培养学生热爱家乡、服务家乡的情感"；一旦有做实验、调查等活动，教学目标就写"培养学生热爱科学的情感和认真严谨的科学态度"，好像一个强行粘贴的标签，完全没有必要。

再如湖南选手的《澳大利亚》的教学目标只有两点：1. 读澳大利亚政区图，获取海陆分布、经纬度等信息，让学生阅读出澳大利亚的地理位置、领土组成、首都、主要城市；2. 引导学生了解澳大利亚"世界活化石博物馆""骑在羊背上的国家""坐在矿车里的国家"等美称的由来。完全是"为了知识的教育"，与"通过知识的教育"的要求相差甚远。此教学目标还存在行为主体混乱的问题，第一点的前半句隐含学生为主体，后半句则隐含教师为主体。教学目标的行为主体混乱的问题存在于不少选手当中。

（四）教学目标未能兼顾预设性和生成性

上述教学目标都是教师课前根据教学经验及对学生的把握预设的、理想化的目标。而我们知道，地理课堂教学是动态生成的，无论教师预设得多充分，也难以预料课堂中出现的各种情况，何况初中生活泼好动、思维活跃，在教学过程中常会产生出人意料的事件。教师需要应学生而动，应情境而变，敏锐捕捉生成点，并促进学生达成新的目标。生成性目标在地理课堂中普遍存在，只是教师没有注意到它的潜在价值。

比如湖南选手在上《澳大利亚》时，突然遭遇链接的视频播放不了，她一下懵了，忘了学生无事可干，就只想着要打开视频，足足浪费了四五分钟时间，视频终究没打开，导致基本的教学过程没有完成。其实，遇见这种突发事件，教师应当机立断，或承上，抛出一两个讨论题，或承下，口述视频主要内容，引导学生思考，让学生有事做后，自己再从容处理课件问题。即使预设目标没有完成，也还有生成目标，不至于让听课者觉得执教者被课件拴死，缺乏教学机智。

为了体现教改理念，90%以上选手采取了小组讨论，可是授课现场的座位是一排排固定着的，连转身都困难，加上桂林一中的学生似乎不太习惯讨论和合作，执教者没有应情境而变，导致一些活动空有形式，没有达成预设目标，也没有生成新目标。笔者观课发现，每个班级都有一两个学生思维特别活跃，如果教师能放开一些，引导他（她）大胆多说，无论正确或错误，都可以成为新的教学资料，生成新目标。

生成性与预设性看似矛盾，实质是对立统一的。如果没有预设性目标，生成性目标就是无序的；反过来，如果呆板地执行预设性目标，那么课堂就是僵化的，没有应变，教学效果也是不理想的。这要求地理教师在教学中，要判断生成性目标与预设性目标的关联性，如果关联性不高，考虑到课堂时间有限，应巧妙引导，避开继续探讨；如果二者密切相关，教师不应忽视，宜进行延伸和探究，这种以学定教，更能充分体现教学机智和课改理念，也许将成为课堂亮点。

总之，课时教学目标是是学生每节课学习发展的起点和落脚点，它不应该被忽视。有效的课时目标不但立足教材和学情，可操作，可观察，可评价三维融合，而且站在学科育人角度高瞻远瞩，既有对学科的感悟，又有对地理知识的融通与地理思想方法的渗透。

第二章 设计教学评价

在真实世界中，评价和被评价似乎是生活常态。每个人都需要学会评价，不仅要会评价他人，更要会正确地评价自我。在教学中，评价尤为重要，它为师生提供改进教学方法和学习策略的依据，让学生明确现在所处的水平，促使学生向更高阶水平方向努力。可在日常教学中，教师们大多关注"教什么""怎么教"，而对"教得怎样"较少考虑，仅仅停留在学业考试成绩上。

以往我们习惯教学程序是目标—过程—评价，评价放在最后。现在把评价设计紧接着目标设计，即目标—评价—过程，就是现在常说的"评价设计前置"，是威金斯的"逆向教学设计"的一个关键点。有老师就质疑了：都还没有教，怎么就要先评价了呢？这其实是混淆了"评价"和"评价设计"。评价设计并不是具体的评价行为，而是思考如何设计与目标配套的评价，确定哪些证据能够证明学生的理解和掌握程度。评价设计前置鼓励教师在设计教学过程或课程前，先要"像评估员一样思考"[1]，思考如何确定学生是否已经达到了教学目标。教学评价和教学目标一起统领整个教学过程，这也是现在倡导的教学评一体。

一、教学评价有哪些类型和变化

评价是教与学过程中的基本步骤，教学目标不同，评价的做法就会大相径庭。在教学中，最常见的有三种评价：诊断性评价、形成性评价（或说表现性评价）和终结性评价（或说总结性评价）。大概念教学也有三种评价方式，即学

---

[1] 格兰特·威金斯，杰伊·麦克泰格.追求理解的教学设计[M].闫寒冰，宋雪莲，赖平，译.上海：华东师范大学出版社，2017.

习性评价、学习的评价和学习式评价。这些评价并非彼此排斥，它们是相互联系和相互渗透的。

（一）诊断性评价、形成性评价和终结性评价

诊断性评价是为了了解学生的知识基础和准备状况，在课前、学期或学年开始时的预测评价，以判断他们是否具备实现当前教学目标所要求的条件，为实现因材施教提供依据；形成性评价是在教学过程中为了了解学生的学习情况，及时发现教和学中的问题而进行的过程性评价，一般在课中、学期或学年中间时期开始评价，常采用非正式考试或单元测验的形式来进行；终结性评价是为了以后提升教学效果，在结尾时的评价，一般在课尾、学期末、学年结束时期开始评价，常采用测验和学业考试的形式进行，而且试题编制必须考虑该学段教学中所有重要目标。这三种评价最大的差异在于评价目的的不同，诊断性评价和形成性评价旨在提供反馈，终结性评价则是为了评定水平。三种评价的对比详见表4.5。

表4.5 三种常见评价的对比 [①]

类型	诊断性评价	形成性评价	终结性评价
目的	合理安置学生，考虑区别对待，采取补救措施	改进学习过程，调整教学方案，促进学生进步与发展	判定最终学习结果，为甄别和选拔服务
作用	查明学习准备情况，确定不利因素，以便"对症下药"	诊断、分析教学过程，确定教学效果，提出改进措施	评定学业成绩
评价重点	素质、过程	学习过程	学习结果
评价主体	教师	教师、本人、同学	教师
评价内容	必要的预备性知识与技能，以及学生生理、心理、环境等因素	知识建构、能力发展、情感态度、学习策略、文化意识等多元化过程因素	知识、技能
手段	特殊编制的测验、学籍档案和观察记录分析	日常观察、作业评定、问卷调查、自评与互评、访谈、平时测验、活动记录、档案袋等	考试（如期终或学年考试、结业考试等）
实施时间与频率	课程或学期、学年开始时，教学进程中需要时	课题或单元教学结束后，经常进行	课程或一段教程结束后，一般每学期1—2次

[①] 参见"教学评价"百度百科[DB/OL]https://baike.baidu.com/item/%E6%95%99%E5%AD%6%E8%AF%84%E4%BB%B7/7811330.

续表

类型	诊断性评价	形成性评价	终结性评价
评价结果	为教学活动的开展提供前提和基础	记述是否达到目标的要求，指出缺点，提出建议	记分
主要特点	前瞻式	前瞻式	回顾式

这三种评价并非非此即彼，而是彼此关联。首先，形成性评价和终结性评价都带有诊断的性质，没有诊断性的评价不是真正的科学评价，只是一种主观臆测；其次，任何评价都带有形成性的性质，没有形成性的评价就没有评价的意义，因为评价的根本目的是为了促进教学，促进学生的不断发展；再次，形成性评价不是"只关注过程，不关注结果"，而是采取目标和过程并重的方式。现在特别倡导形成性评价，是针对以前过分重视静态的、量化的、单一的学习成果，而忽略动态的、难量化的、复杂的智力与非智力因素。教师需要深刻理解地理课程所要培养的核心素养，结合实际，分析核心素养在不同教学内容、不同认知过程中是如何体现的，才能制定出适切的评价形式。而且每当教师采取其中一种评价形式时，都应让学生明确评价的目的、如何进行评价以及评价的标准是什么。为了区分形成性评价和终结性评价，常常会采用不同的行为动词（见表4.6）。

表4.6　不同评价类型对应的学习水平和行为动词

类型		学习水平	所用的行为动词
终结性评价	知识	了解	说出、找出、观察、背诵、辨认、回忆、举例、复述、选择、获得、提取等
		理解	解释、说明、阐明、比较、分类、归纳、概述、概括、判断、区别、提供、转换、猜测、预测、估计、推断、检索、收集、整理等
		应用	应用、使用、质疑、辩护、设计、解决、拟定、检验、计划、总结、推广、证明、评价等
	技能	模仿	模拟、复制、再现、使用、临摹、例证、扩展、改写等
		操作	完成、表现、制定、演示、解决、拟定、安装、绘制、测量、试验等
		迁移	联系、设计、转换、筹划、撰写、总结、灵活运用、举一反三、触类旁通等

续表

类型	学习水平	所用的行为动词
形成性评价	经历	感受、体验、体会、意识、参加、参观、尝试、寻找、讨论、交流、合作、分享、访问、考察、接触等
	反应	遵守、拒绝、认可、认同、接受、同意、反对、欣赏、喜欢、讨厌、感兴趣、关注、重视、采用、采纳、支持、尊重、爱护、珍惜、蔑视、怀疑、摒弃、抵制、克服、拥护、帮助等
	内化	领悟、形成、养成、具有、热爱、树立、建立、坚持、保持、确立、追求、增强等

（二）学习性评价、学习的评价和学习式评价

大概念教学最终指向的是学生能自主地解决真实世界的问题，与此相对应，厄尔（Earl，2013）提出三种评价方式，一是学习性评价，目的是为学习的推进收集证据；二是学习的评价，目的是对阶段性的学习成果进行总结；三是学习式评价，目的是为了让学生在学习中学会评价。前两种是"对学习进行评价"，而后一种则是"对评价进行学习"。后来斯特恩（Stern）等将这三种类型引入以概念为本的教学中。①

这里的"学习性评价"类似于诊断性评价和形成性评价的综合，"学习的评价"类似于总结性评价。与一般的评价不一样，这里多了重要的一项——"学习式评价"。大概念教学格外强调"对评价进行学习"，要求不仅要学会评价他人，更关键的是要学会自我评价。自我评价的核心是对认知的认知，即元认知，也是威金斯和麦克泰格在《追求理解的教学设计》一书中提出的理解的最高层次，即"能自知"。能自知最关键的特征是知道自己无知。

我们常说认知有四重境界：第一重，不知道自己不知道。这时自以为是，无知、自信而快乐。第二重，知道自己不知道。这时见识到认知外的世界，开始心存敬畏，努力向上，也有人内心失望，怀疑世界，怀疑自己。第三重，知道自己知道。这时通过学习改变很多自己不足的地方，抓住了事情的规律，开始走上开悟之坡。第四重，不知道自己知道。这个阶段的知识结构，已经超出了自己意识认知的范围。不论在学识、见识、思维、人际关系等方面都得到外界的认可，丰富的积累和良好的习惯也一直推动他用空杯心态继续学习。在外人看来难度很高

---

① 刘徽. 大概念教学：素养导向的单元整体设计[M]. 北京：教育科学出版社，2022.

的事情，他看起来毫不费力就能做好。在真实工作和生活中，如果一个人不能达到"自知"，他就很难再学习。

在学习过程中，教师必须关注学习式评价，评价目标指向大概念掌握情况的大概念教学尤其要求师生不断质疑，超越自我。斯特恩还提出了大概念迁移的自我评价四步法，即按照问题情境调用合适的大概念→激活对大概念的先验理解→考量大概念对于情境的适用程度→根据新情境修改和完善自己的理解。[1] 在这个过程中不断对自己大概念的迁移情况进行评价和调整。

这三种评价的标准有不同的侧重点。"学习性评价"的标准侧重于"具体"，因其目的在于为学习的推进提供依据，设计的学习性评价越具体，越能促进学习，教师在学习前、学习中和学习后及时收集学习证据，同时提供反馈，帮助学生更好地改进学习；"学习的评价"的标准侧重于"公平"，因这一评价旨在根据阶段性的学习成果对学生的学习水平进行评定、分类和筛选。教师根据所收集到的信息和证据总结学生在特定阶段的学习情况，公平、公正地作出评定，并向学生、家长、教师和社会等传达结果；"学习式评价"的标准侧重"自省"，这一评价重点关注学生评价能力的培养，指在教师的支持、示范及指导下，学生学会收集相应的证据，不仅为教师和同伴提供评价的信息，更重要的是在这个过程中进行自我评价，从而反思学习过程、调整学习方法，同时设立更为精准合理的学习目标。[2]

下面以初中地理教学难点"地球的运动"为例，对比核心素养导向下的概念教学的三种评价类型（见表4.7）。

表4.7 概念教学三种评价示例

评价类型	评价目的	评价标准	"地球的运动"样例
学习性评价	为学习的推进收集证据	具体	寻找现实生活中能证明地球自转和公转的自然现象，并尝试加以解释

---

[1] 许玮，陈航，刘晓. 融入设计思维的科学大概念单元教学模式构建及应用研究[J]. 全球教育展望，2023,52(08):13-29.

[2] 徐玲玲，刘徽，曹琦. 评价连续体：大概念教学的评价设计[J]. 上海教育科研，2022(01):19-24.

续表

评价类型	评价目的	评价标准	"地球的运动"样例
学习的评价	对阶段性的学习成果进行总结和评定	公平	<u>真实情境</u>：地球的运动深刻影响着人类的生产生活。例如地球的自转产生昼夜更替，人们在夜晚采用路灯照明。地球的公转产生四季昼夜长短变化，路灯根据黑夜长短和亮度调节开关时间 <u>情境任务</u>：结合地球运动的知识，从节能减排角度，给市长写一封信，建议在家乡的交通要道安装"智能化路灯"，利用太阳光照亮度调节照明开关
学习式评价	让学生在学习中学会评价	自省	每位同学作为评委对他人的和自己的学习成果进行综合评价： 1. 能调查家乡路灯的开关时间，能从网上获取家乡四季的日出日落时间； 2. 能结合所查资料和地球运动知识从节能环保、人地和谐等角度阐释为家乡安装智能化路灯的合理性； 3. 信件格式规范；信件内容科学，主题突出，富含地理味道；表达形式生动，图文并茂，可读性强

概念教学关注学情分析，要求诊断学生的前概念和迷思概念，以实现概念进阶和概念转变，进而掌握大概念。因此在学习性评价设计时，通常会进行四段式诊断。还是以"地球的运动"为例，可以设计如下问题。

根据你的已有认知，回答：你认为地球在运动吗？为什么？你确定吗？

如果你认为地球是静止的，请回答：太阳是运动的吗？怎样运动的（包括运动方向、运动周期等属性）？你确定吗？

如果你认为地球是运动的，请回答：地球是怎样运动的？有何证据？

经过访谈发现学生的典型迷思概念后，可以把这些迷思概念设计成选择题，以便调查更多的学生。四段式诊断可以了解不同学生的已有经验和思维误区，有利于因材施教，"对症下药"，也利于在学习的评价中关注不同学生的变化和进步。

（三）评价方式的变化

以前在应试教育背景下，"分分分，学生的命根"广为流传，这种以终结性评价为主的评价存在不少问题。比如，评价内容偏重学科知识，特别是学生对教材知识的掌握程度，而忽视评价学生的实践能力、思想品质、学科核心素养等；作为评价主体的学生处于消极的被动地位，没有形成学校、教师、学生、家长、管理者共同参与、相互作用的评价方式；评价方法单调，以纸笔考试为主，对其他评价方法和评价方式不够重视，没有发挥出评价的提高、改进和激励作用；评价重心过于关注学业成绩，忽视学生在各个时期的进步和努力，忽略课程评价要与学科素养保持一致性，评价结果与实施策略和措施的一致性。终结性评价极易剥夺学生学习的乐趣，削弱学生独立思考、自主探究的能力，难以发挥评价促进学生进步的作用。

终结性评价最大的问题还在于它只能反映学生是否掌握了零碎的知识和技能，并不能有效反映他们是否能利用这些知识和技能去解决实际的问题，它没法反映学生的素养水平，这导致人们无法准确地评价别人和自我评价，导致了"高分低能"现象的存在。

新课改下实施素质教育，学业成绩不再是唯一评价标准，学生的综合能力，以及他们的健康状况、思想状态、品德修养等也广受关注。《义务教育地理课程标准（2022年版）》在评价建议中强调："要以落实立德树人根本任务为目标，以核心素养的培育为宗旨，坚持德育为魂、能力为重、基础为先、创新为上，树立科学的质量观。"[1]

以考查学生核心素养的发展成就为目标，体现"教—学—评"一致性，综合运用过程性评价、终结性评价等。注重评价主体多元化，让学生在自评、互评的过程中学会反思和自我改进，使评价真正成为教育过程的组成部分。

比如在学习"地球的运动"时，就可以设计如下教学活动：结合地球仪演示地球的自转，对比不同地区地球自转的地理意义的表现，寻找生活中的地球自转的证据（区域认知）；结合地球仪演示地球的自转，分析地球自转的三要素——方向、速度和周期以及地理意义，形成空间想象能力（综合思维）；参观当地天文馆，理解地球的运动规律（地理实践力）；掌握地球自转的特点及规律，养成求真、求实的科学态度（人地协调观）。

《义务教育地理课程标准（2022年版）》还对学业水平考试，即终结性评价做出了明确规定："学业水平考试命题以考查学生地理课程目标的达成度为目标，依据学业质量标准，充分体现基于核心素养的命题导向与立意，正确处理核心素养和学科内容、情境、任务之间的关系，准确测评学生地理课程的学业成就，落实素养导向的课程改革要求。"[2]并从考试目的、命题原则、命题规划和题目命制

---

[1] 中华人民共和国教育部.义务教育地理课程标准（2022年版）[M].北京：北京师范大学出版社，2022.

[2] 同上。

四方面给出了详细的建议。并以一份样题及其详细说明凸显以测评学生核心素养为目标的问题情境和具体任务指向。

以测评学生核心素养为目标的样题①

阅读图文资料,回答下列问题。

很多地段的铁路采用如图4.6所示的"灯泡"形迂回线路,当火车头拖着长长的"尾巴"行驶在崇山峻岭中时,火车运行俨然成为一道风景。随着铁路工程技术的发展,有些"灯泡"形线路被"裁弯取直",逐渐被隧道和桥梁取代。

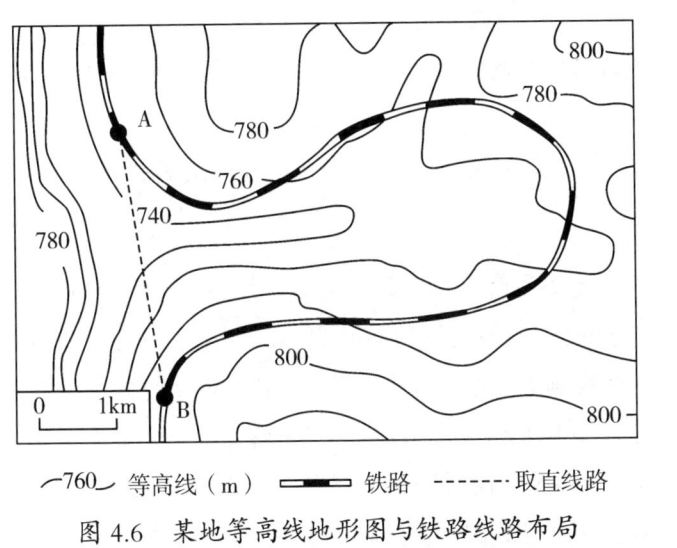

图 4.6 某地等高线地形图与铁路线路布局

看到这个材料,你会拟些什么测试题来评价学生呢?笔者做过调查,被调查教师拟出了以下试题:

1. 图4.6所示地区的地形以_____为主。
2. 地势最高处出现在_____方向,海拔大约_____。(或A的海拔是_____米)
3. 最陡峭的山坡在_____(填方位)坡。
4. 取直线路AB的实际距离是_____。
5. 火车行驶在_____处视野最开阔。

---

① 中华人民共和国教育部.义务教育地理课程标准(2022年版)[M].北京:北京师范大学出版社,2022.

第四部分 中学地理怎么进行概念教学

6. 图中采取"灯泡"形路线的主要原因是什么？
7. AB 线路建成后给当地带来什么影响？
8. 分析该地发展经济（或修建道路）可能遭遇的困难。
9. 请为当地的经济发展出谋划策。
……

这些是我们常见的试题，这样的评价存在什么问题？我们再对比一下《义务教育地理课程标准（2022年版）》中课程专家们拟出的试题：

1. 图中采用"灯泡"形线路的主要原因是什么？
2. 若规划建设的高速铁路经过 A 和 B，你选择采用取直线路还是"灯泡"形线路？说明理由。
3. 你认为"裁弯取直"后那些以前的老线路，还有再开发利用的价值吗？说说你的看法。

我们会发现，专家围绕一个主题（地形对人们生产生活的影响），依据地理学家研究的六大问题中的最能反映核心素养的四个——它是什么样子的（地理特征）、它为什么在哪里（地理因果关系）、它是什么时候发生的（地理过程）、怎么使它有利于环境和人类（人地关系）进行整体性设计，呈现有逻辑序列的问题链。"本题情境"涉及不同时期、不同发展阶段山区交通运输方式、交通线路布局的变化。设置了普通铁路与高速铁路选线、取直线路和"灯泡"形线路的对比、老线路的再利用三个问题，反映不同时期、不同发展阶段人们尊重自然、利用自然，在山区修建普通铁路和高速铁路的变化过程……"试题情境与人们的生产生活密切相关，有较强的探究性和开放性。"[①]再回来对比普通教师拟的试题，我们明显发现：普通老师拟的测试题考查的多是专家结论，即各种碎片化知识和能力，所设问题缺乏聚焦，问题之间缺少层层递进的逻辑关系，试题结构松散。

《义务教育地理课程标准（2022年版）》以多种方式给我们提醒——教学评价方式要改变了。

[①] 中华人民共和国教育部. 义务教育地理课程标准（2022年版）[M]. 北京：北京师范大学出版社，2022.

二、如何运用 SOLO 分类理论① 设计概念教学评价

核心素养要真正落实，必须由评价予以保证。概念教学的评价设计最终指向核心素养，但素养目标构成的复杂多元性和高度融合性，让学生的核心素养难以直接观察测量。SOLO 分类理论解决了"一个人的整体认知结构"难以测量的缺陷，它将评价的关注点放在学生的思考方式和学习策略上，注重评价学习知识、技能与过程、方法的紧密融合；将评价目标放在学生的行为结果上，具有很强的操作性，能较清晰地测量概念进阶、核心素养的形成发展水平。因此，SOLO 分类理论除用于试题的编制和评价外，对概念教学评价体系的建构也提供了一个切实可行的思路。事实上，在《普通高中地理课程标准（2017 年版 2020 年修订）》中，学业质量水平分级就是一种基于 SOLO 分类理论的评价，评价学生整合不同的地理核心素养，及在不同复杂程度的情境中运用各种重要概念、思维、方法和观念解决问题的能力。

（一）SOLO 分类评价

20 世纪 80 年代初，教育心理学家比格斯（Biggs, J.B.）和卡利斯（Collis, K.F.）在皮亚杰的认知发展阶段理论的基础上，提出了 SOLO 分类理论。该理论以等级划分为基础，描述学生的思维操作过程，从而评价其学习的质量。比格斯根据能力（指不同 SOLO 层次所需的工作记忆容量或记忆广度）、思维操作（指把线索和回答联系起来的方式）、一致性（指结论与素材之间，结论之间不存在矛盾）与收敛（指对问题进行解答）、应答结构（指学生利用不相关的素材、已经向学生展示过的素材和没有向学生提供过的素材或原理对问题进行解答的情况）四个维度的差异，将学生的思维水平由低到高分为五个水平：前结构水平（Pre-structural level）、单点结构水平（Uni-structural level）、多点结构水平（Multi-structural level）、关联结构水平（Relational level）和拓展抽象结构水平（Extended abstract level）。SOLO 分类评价的五种思维水平和四个维度的关系如表 4.8 所示。

---

① 全称是"Structure of the Observed Learning Outcome"，意指"可观察的学习结果的结构"。

表 4.8 SOLO 分类评价的五种思维水平和四个维度的关系[①]

思维水平	能力	思维操作	一致性与收敛	应答结构
前结构水平（P）	问题线索和回答不相关	拒绝、同义反复、转换	随意收敛答案或无结论	用不相关的素材回答
单点结构水平（U）	找到单个相关素材	归纳单个素材	不一致，依据单一素材迅速收敛答案	用单个相关素材回答
多点结构水平（M）	找到多个孤立的相关素材	归纳多个素材但没有联系起来	不一致，依据不关联的多个素材收敛到不同答案	用多个相关素材回答
关联结构水平（R）	找到多个相互联系的相关素材	在给定的情景内归纳和组织多个素材	在设定的情境中整合多个素材，得到一致答案，但不能迁移	将相关素材组织为一个整体
拓展抽象结构水平（E）	围绕抽象原理组织并找到多个素材和假设素材	超越给定的情景并进行合乎逻辑的演绎	一致性强，能够迁移，得出多个不同的假设和回答	将展示过的相关素材和假设素材综合成高度抽象的结论

SOLO 思维分层结构是一个由易到难的层次类型，具体来说就是点—线—面—立体—系统的发展过程，思维结构越复杂，思维能力的层次也就越高。它也是一种形成性和终结性评价融合，"质"和"量"并重的评价方法。从前结构到多点结构主要反映学生思维水平的量变，从多点结构到关联结构主要反映学生思维水平的质变，从关联结构到拓展抽象结构则代表着学生的思维水平进入了更高的层次。大概念的形成、核心素养的培养也是一个从积累到突破的过程。学生通过一个个概念学习，开始"量"的积累，逐步掌握位置和分布、地理环境、人地关系、区域、空间差异与联系等大概念及其学习方法。最终学生能够利用大概念和学习方法去认识和解释其他真实问题，实现"质"的突破。

（二）SOLO 分类评价诊断课堂问答

课堂问答的主体可以是教师，也可以是学生，它作为一种有意识、有目的、有计划的预设性活动，是推动学生思维发展的主线，基本上贯穿教学整个过程。

在实际的教学评价中，一线教师常常着重在评价教师所提问题的水平和理答方式。对教师所提问题要求：问题的目的明确，符合课标要求，关注重点（与教学目标直接关联的内容）、难点（学生存在认知、理解困难的内容）、关键点（让学生从思维困顿转向思维清晰的关节点），贴合学生认知水平和认知规律；问题

[①] 李思艺. 基于SOLO分类理论的初中生区域认知水平的评价研究［D］. 西南大学，2022.

的情境丰富有趣，情境与所学知识匹配度高，突出地理视角，贯穿思维逻辑主线，设问既隐含地理学科的内在逻辑，又能以通俗易懂接地气的方式贴近学生的生活；问题的层次分明，对应地理核心素养的不同水平；问题的表述清晰，指向明确，问题链凸显层次性和逻辑性；问题的形式多样，有简单的选择型问题，有探索的、综合的事实型问题，也有开放的、发散的思考型问题，层层递进，环环相扣。教师们常从上述五个角度（目的、情境、层次、表述和形式）去评价教师提问效果，而对学生的回答表现就关注极少。说到底还是重教轻学。

现在我们换一种思维来评价课堂问答，从评价教师的提问和理答，转为评价学生的回答和提问，并利用SOLO的水平分级来诊断学生原有的地理知识储备和地理思维发展情况。运用地理问题及相应的SOLO思维表征将地理问题情境与预设学生应达到的思维水平关联起来（见图4.7）。

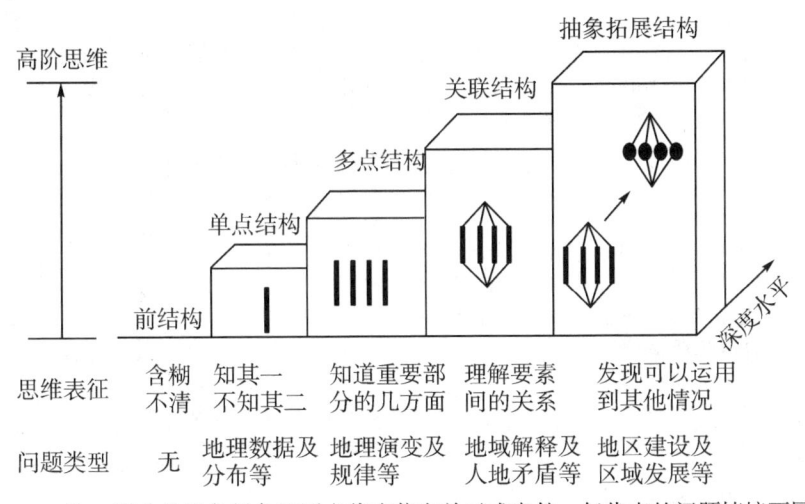

注：图中的黑色竖条和圆点代表信息单元或事件，但代表的问题情境不同。

图4.7 地理问题及相应的SOLO思维表征[①]

对于核心素养导向下的概念教学，问题的设计一定要指向概念，要有中心问题。中心问题往往指向学科核心内容，反映学科本质，能引导学生不断思考、理解，它与学科大概念具有相同的属性。通过对中心问题的持续思考和自我反思，会使教师逐步接近大概念。具体操作时，笔者注意充分调动学生的已有经验，启发学生思考，常鼓励学生提问、学生解答，教师则点评、补充和提升。笔者一般

[①] 李家清，梁秀华，朱丹.核心素养背景下以SOLO分类为基础的学习质量评价——以地理综合思维的单元测试为例［J］.教育测量与评价，2018（08）.

采用两种形式：一种是课前学生预习课本，进行两类提问——针对课本内容，你能提出哪些问题？自学课本后，你有什么疑惑？另一种是学习完内容后，学习小组或同学之间互相提问，以检测本节课的学习效果。下面以大概念"地理位置"、中心问题"中国地理位置的优越性体现在哪些方面"为例进行 SOLO 分类评价，根据学生的提问和回答来分析他们的思维水平。

表 4.9 基于中心问题的 SOLO 分类评价示例

SOLO 层次	学生提问		学生答问	
	问题示例	划分标准	回答示例	划分标准
单点结构（U）	①有哪条重要纬线穿过中国？②中国属于哪个大洲，在大洲的什么方向？③中国有哪些临海？	学生熟悉的问题情境，答问需要用到的知识点单一，读图或在课本直接可找到答案。思维能力要求低	①北回归线穿过中国南部。②中国属于亚洲，位于亚洲东部。③中国东部有渤海、黄海、东海和南海	得出一个正确答案就停止思考，思维收敛；或者在回答 M 或 R 类问题时只关注问题情境中的某一素材
多点结构（M）	①如何描述中国的地理位置？②我国的纬度位置有什么优越性？	问题涉及多个知识点，但知识点间互不关联	①从纬度位置看，北回归线穿过中国南部，中国大部分位于北温带、中纬度，南部部分地区位于热带、低纬度；从海陆位置看，中国位于亚洲东部，太平洋西岸，海陆兼备	能关注到问题情境中的若干素材，从多个角度回答，但答案间缺少关联，只是较简单的罗列
关联结构（R）	①与日本相比，中国海陆位置的优越性体现在哪里？②你认为中国和美国，谁的地理位置更优越？为什么？	解答此类问题需要掌握多个知识点，并分析出知识点之间的内在逻辑，从整体上把握答题思路	①日本四周环海，缺少陆上邻国；中国海陆兼备，东有海港可直接出海，西有多个陆上邻国，可以贸易往来	能将问题情境中的各种信息、素材横向和纵向对比，连贯成一个整体，得出符合逻辑的答案
拓展抽象结构（E）	如何利用中国地理位置的优势来发展经济？	此类问题已经超越本课内容，需要将知识点进行归纳总结，并迁移到新的问题情境下才能解答	利用跨纬度广，光热充足的优势发展多种农业经营；东部利用临海优势，开发海洋资源，发展海运业等；西部地区与邻国进行合作交流，贸易往来	能够将问题线索和已有经验等相关素材主动结合，理清内在关系，所得结论或答问方法可以迁移到其他情境中

为了激活学生的思维，提出尽可能多的问题，以建构起"地理位置"这个大概念，笔者采用小组竞赛法，有擂台赛、淘汰赛、循环赛等，竞赛规则参照体育赛事、歌唱比赛等学生喜爱的热播文体节目来设置，大大提高学生的自学热情和参与度。在互动交流和热烈的竞赛氛围中，学生自然生成更多新问题、新观点，学会了不断追问、不断深化理解。从学生的提问中，笔者发现许多学生想到哪问到哪，提的大多是单点或多点结构的问题，呈平铺式，缺少思维的深度和进阶，没有形成问题链，越往高层次，提出的有效问题越少；口语化严重，不能准确使用地理专业术语，重"量"轻"质"的现象明显。这也说明学生的思维水平集中在单点结构和多点结构。从学生的答问中，笔者发现不少答案停留在浅层次；少数学生思维活跃，把控着答问权，常让其他学生的思考时间不足。

比如在上"中东"一课时，有个学生提出一个问题："美国为什么老打伊拉克？"这是学生看了阅读材料"战争不断的中东"里面列举的战争中，美国出现了四次，伊拉克出现了六次，再结合生活经验提出来的问题。这是一个很好的问题，问题的背景复杂，需要综合多个知识才能解答，一旦正确解答，其思路和答案都可以迁移到别的情境，属于典型的拓展抽象结构的问题。但这一问题没有引起同学们的重视，一个学生回答"美国是超级发达的工业国家，工业需要大量的石油，伊拉克石油多，占领伊拉克可以一劳永逸地解决石油不足的问题"，被所有学生认为答案正确，就想进入下一提问环节。这个回答虽然没有错误，但是把一个拓展抽象结构的问题降级成了多点结构或关联结构的问题。这时笔者临时终止了竞赛，提醒他们美国攻打伊拉克是"一箭多雕"的做法，让学生再认真阅读中东地形图和课本，紧扣伊拉克去寻找更多的答案，激起学生探讨的兴趣。最后，同学们在七嘴八舌讨论后得出了美国攻打伊拉克的众多好处：伊拉克石油丰富，夺取石油；伊拉克位于中东心脏位置，控制伊拉克可进而控制整个中东；伊拉克有底格里斯河和幼发拉底河，水资源较丰富，中东其他地区缺水严重；伊拉克是平原，中东其他地区是高原和沙漠，方便驻军；伊拉克是以前的古巴比伦，文明古国的财宝丰富，可乘机获取这些宝藏；伊拉克地势低洼，形如中东的"聚宝盆"，石油从四周往伊拉克流，取之不尽；伊拉克人不听美国的话，杀鸡儆猴；等等。虽然里面有许多答案是不准确的，但都是学生充分思考的结果，学生思考这个问题的方法完全可以迁移出去解决许多的问题。

上面的例子告诉我们，教师永远是课堂的把控者和推进者，不要做"撒手掌柜"，要提前做好预测，紧密观察课堂，及时引导、调控、修正、提升，不要让课堂热闹在表面。

对于以教为主的课堂，教师除了要注意以上事项，还要注意两点：一是不同层次的问题在不同教学中发挥不同的作用，不同问题巧妙用在合适环节，能起到最佳效果。如单点结构问题多出现于新课导入与讲授环节中问题间的衔接，多点结构问题主要帮助掌握知识点，关联和抽象拓展结构问题主要促进学生思维的发展，较多出现于课程结尾处的巩固提升环节。二是不同的理答方式会得到完全不同的效果。如学生对问题的回答能够达到问题所要求的 SOLO 层次时，注意采用表扬、总结、解释、重复的理答方式。当学生对问题的回答没有达到问题所要求的 SOLO 层次时，一些教师总是"请其他学生补充"，这样做虽然能提高课堂效率，但容易打消学生回答问题的积极性，部分学生答题后容易产生"老师不会再叫我了"的心理，将思维收敛。在不考虑课时的情况下，教师宜先对学生的思维快速诊断，以"语言引导"方式帮助学生抓取问题中的关键信息或帮助学生回忆原有知识进行回答。

总之，运用好 SOLO 分类评价，可以较准确地诊断提问者和答问者的思维水平，也有利于优化课堂问答，真正让核心素养的培养落地。

（三）SOLO 分类评价理论在地理核心素养测评中的应用

SOLO 这种螺旋式、层级化的立体结构能够清晰地对应核心素养由量变到质变、思维水平由浅层到深层的复杂过程，从而为学生的学习"应达到什么目标""目前处于哪种水平"及"该如何发展"提供评价理论支撑。下面，笔者按照 SOLO 分类评价理论，尝试对初中学生四大地理核心素养进行水平分级评价。

1. 人地协调观的 SOLO 评价

人地协调观是现代地理学和地理教育的核心观念，作为一种正确的价值观，它具有重要的育人价值，因此在多个学科的核心素养中皆有涉及。比如《义务教育科学课程标准（2022 年版）》在科学核心素养"科学观念"中指出："科学观念是在理解科学概念、规律、原理的基础上形成的对客观事物的总体认识。"其中包括"对人与自然关系的认识，以及对科学、技术、社会、环境之间关系的认识；还包括科学观念在解释自然现象、解决实际问题中的应用。"在科学核心素养"态度责任"中指出："态度责任是在认识科学本质及规律，理解科学、技术、社会、环境之间关系的基础上，逐渐形成的科学态度与社会责任。"其中社会责任体现在"珍爱生命，践行科学、健康的生活方式；热爱自然，具有节约资源、保护环境、推动生态文明建设和可持续发展的责任感"；等等。

《义务教育道德与法治课程标准（2022年版）》在核心素养"责任意识"中指出："责任意识是指具备承担责任的认知、态度和情感，并能转化为实际行动。"责任意识主要表现之———担当精神里面就明确指出"热爱自然，践行绿色生活方式"。《义务教育历史课程标准（2022年版）》在核心素养"家国情怀"中写道："学习和探究历史应充满人文情怀并关注现实问题，热爱家乡，热爱祖国，放眼世界，以服务于国家富强、中华民族伟大复兴和人类命运共同体的构建。"

《义务教育地理课程标准（2022年版）》对人地协调观的定义是："指人们对人类活动与地理环境之间的关系秉持的正确价值观。人地关系是地理学研究的核心内容，协调人类活动与地理环境的关系，是建立人与自然生命共同体的需要。人地协调观的培育，有助于学生形成尊重和保护自然、绿色发展等观念，滋养人文情怀，增强社会责任感。"

基于人地协调观确定的课程目标是："学生能够初步认识地理环境是人类生存的基础，人类活动深刻影响着地理环境，协调人地关系是人类社会可持续发展的必然选择；能够运用所学的知识、方法和工具，面对世界、中国、家乡出现的人口、资源、环境和发展问题，作出初步的分析和评价，并具有遵守相关法律法规的意识；能够立足家乡、胸怀祖国、放眼世界，初步树立人与自然和谐共生的观念。"其核心观念包括人口观、资源观、环境观（包括自然观）和发展观，每个观念又都包含地对人、人对地和人地和谐三维度。

下面笔者就从三维四观来设计评价（见表4.10），其中单点结构和多点结构是相关认知的"量"的多寡区分，关联结构为理解统摄性强的地理大观念，拓展抽象结构除了理解并形成了人口观、资源观、环境观和发展观等地理大观念，而且各观念、各维度已经融会贯通，难以细分，还能在实际生活中主动践行，做到知行合一。

表4.10 初中学生人地协调观核心素养的SOLO评价

维度	地理观	单点结构（水平一）	多点结构（水平二）	关联结构（水平三）	拓展抽象结构（水平四）
地对人	人口观	能指出自然环境为人类提供生存场所	能列举自然环境为人类提供生存场所，是影响人口分布和数量发展的基础	能解释区域自然环境具有一定的人口承载力	

续表

维度	地理观	单点结构（水平一）	多点结构（水平二）	关联结构（水平三）	拓展抽象结构（水平四）
地对人	资源观	能指出自然资源是人类发展必须的条件	能描述自然资源的空间组合影响人类生产生活；说明任何资源都不是用之不尽的，要珍惜和合理利用	能归纳自然环境为人类提供赖以生产生活的自然资源	不单能解释人口观、资源观、环境观和发展观的含义，还养成了在日常生活中发现真实案例的习惯，并能付诸行动，追求知行合一
地对人	环境观	能指出自然条件影响工农业生产，聚落和交通线影响人们的衣食住行	能概括自然环境为人类生产生活提供物质基础，但也成为人类活动的限制条件；描述随着社会的发展，自然条件影响人类的程度在发生变化	能解释自然环境是人类生存、发展的基础和限制条件	
地对人	发展观	能指出自然环境提供人类赖以发展的基础条件	能说明自然环境提供人类赖以发展的基础条件；自然环境满足人类社会、经济发展的需求	能解释自然环境是人类发展的基础条件	
人对地	人口观	能举例说明人类消费的食物和资源等来源于自然环境	能体会人类占据着自然环境空间，人口数量超过区域合理容量就会带来食物紧张、资源短缺等；能列举过度城市化带来人口问题、社会问题	能解释人口过多和增长过快会对地理环境造成破坏，人口过少和增长过慢也会对地理环境带来影响和环境问题	
人对地	资源观	能指出人类不断在开发、利用和破坏自然资源	能列举人类利用资源创造财富，改善生活；归纳出不同历史阶段自然资源的数量、质量不一样；说明不合理的开发利用会造成资源短缺和生态问题	能解释人类利用资源创造财富以满足自身需要，不合理地利用资源会产生资源短缺	

续表

维度	地理观	单点结构（水平一）	多点结构（水平二）	关联结构（水平三）	拓展抽象结构（水平四）
人对地	环境观	能说出人类利用自然条件因地制宜发展工农业生产和各类活动	能列举人类开荒垦地、引水灌溉、施肥育种等改变自然面貌；认识到人类排放"三废"、乱砍滥伐、过度放牧、采矿修路等造成环境污染和生态破坏	能解释人是大自然的一部分，人类活动必须基于环境特征，顺应环境变化，能做到因地制宜、因时制宜，趋利避害，过度改造自然环境，将遭受自然的惩罚	
	发展观	能体会人类需要发展，人类在不断地发展	能列举人类在发展中与自然发生的矛盾；总结随着科学技术的进步，旧矛盾被解决，新矛盾又出现	能解释人类要发展是首要的，发展具有阶段性，不同阶段人地关系不同	
人地和谐	人口观	能体会人口的发展受到政策、经济的影响	能归纳人口的发展受到政策、经济、文化等多方面的影响；人口的发展对社会的发展起重要作用	能解释人口发展要与自然环境的容量和资源承载力相适应	
	资源观	能体会资源是人类赖以生存和发展的基础	资源是人类赖以生存和发展的基础；人类应当限制非可再生资源的过度消费；每个人都有阻止浪费自然资源的责任	能解释人口的消费总量应该与自然资源的可更新量相适应	
	环境观	能认同任何有意或无意、直接或间接的破坏环境的行为都是可耻的	能讲述破坏环境既危害自己、他人，也危害社会、子孙后代；保护环境是人类生存和可持续发展的保障；人类可以通过科学技术监测自然变化，防御自然灾害	能解释人类必须遵从自然规律，尽量做到天人合一，理解人类对自然环境的干预必须在自然环境的承载力和容纳人类排放废弃物的能力范围之内	
	发展观	能认同生产生活中采用节能节水技术、资源重复利用等绿色低碳方式	能感悟要积极健康地发展、文明低碳地消费；说明一个地方的经济结构大体与自然环境和资源结构吻合；感受社会的发展应以保护自然为基础	能解释人类只有一个家园。人类的发展必须保持与地理环境动态、持续、协调发展，走可持续发展道路	

247

2. 综合思维的 SOLO 评价

综合思维指"人们综合地认识地理环境及人地关系的思维方式和能力。人地系统是一个综合体，需要从多种地理要素相互联系、时空变化等角度加以认识。综合思维的培育，有助于学生形成系统、动态、辩证地看待问题的思维方式，树立求真务实、开拓创新的科学精神"。[①]综合思维的课程目标是：学生能够初步理解地理事物和现象是由地理要素在不同时空条件下相互作用形成的；能够通过观察、比较、分析等方法，认识地理事物和现象的自然、人文特征及其时空变化特点，初步形成从地理综合的视角看待和分析问题的意识和能力；能够初步具备崇尚真知、独立思考、大胆尝试等科学品质。[②]笔者从要素综合、时空综合和地方综合三维度进行 SOLO 评价（见表 4.11）。

表 4.11 初中学生综合思维核心素养的 SOLO 评价

综合思维	单点结构（水平一）	多点结构（水平二）	关联结构（水平三）	拓展抽象结构（水平四）
要素综合	能辨识简单、熟悉的地理事象中的单一地理要素	初步判断给定的简单地理事象中的地理要素构成和要素间的简单联系	说明给定的较复杂的地理事象中的多个地理要素，多角度解释要素间的复杂联系	综合分析复杂、未知的地理事象中的地理要素，提出可靠的参考意见，解释要素之间的联系
时空综合	简单描述熟悉的地理事象在不同的空间和时间内的地理特征	描述给定的不同尺度下简单的地理事物的发展演化	合理总结不同尺度下给定的、较复杂的地理事象的发展演化	系统总结跨尺度下复杂的、未知的地理事象的发展演化
地方综合	简单描述熟悉的区域内和区域间的地理特征和人地关系	描述给定的区域内和区域间的地理特征和人地关系	归纳给定的较复杂区域的地理特征，并合理描述人地关系	结合现实，归纳复杂区域的地理特征，并系统描述人地关系

3. 区域认知的 SOLO 评价

区域认知的含义和课程目标等在第四部分第一章中"核心素养下教学目标的叙写"中已经详细阐述，根据目标与评价的一致性，设计如下的 SOLO 评价（见表 4.12）。

---

① 中华人民共和国教育部. 义务教育地理课程标准（2022 年版）[M]. 北京：北京师范大学出版社，2022.

② 同上。

表 4.12　初中学生区域认知核心素养的 SOLO 评价

区域认知	单点结构（水平一）	多点结构（水平二）	关联结构（水平三）	拓展抽象结构（水平四）
区域位置与范围	所给区域的内容简单明确，涉及因素较为单一（自然或人文），能根据提示指出区域位置（范围）	所给区域的内容较丰富、事实明确，涉及自然、人文多个要素，能根据材料分析区域位置（范围）	所给区域的内容丰富，涉及区域随时间的发展演化过程，包含自然和人文多个要素，能根据材料评价区域位置的优劣	所给区域的内容复杂，涉及区域的发展演化历史，包含多个自然、人文要素且彼此交叉，能根据材料评价该区域位置的特征及优劣，分析位置对区域内其他要素带来的影响
区域特征	简单指出某地理事象的空间分布和简单描述区域内相关地理要素的特征	归纳某地理事象的空间分布特征，能辨识和解释区域内自然和人文要素的特征	归纳地理事象的空间分布规律，能归纳区域内各要素的特征和各要素间的相互影响	归纳地理事象的空间分布格局及影响因素，能归纳区域内各要素的特征及其相互影响，综合分析出区域的主导因素
区域差异与联系	给定两个区域的内容简单、事实明确，涉及的因素较少，能根据材料简单比较两个区域在自然地理环境相关因素上的差异	给定两个区域的内容丰富、事实明确，涉及自然、人文多个因素，能根据材料综合比较两个区域在自然和人文环境上的差异	给定的区域内容复杂，涉及自然、人文多个因素，能根据材料关联分析、归纳两个区域在自然和人文环境上的差异及主要影响因素，总结分析方法，并尝试分析区域间可能存在的关联	给定多个区域，内容复杂，能熟练运用正确的方法，综合分析区域间的差异及主要的影响因素，能够分析出区域间的联系，并评价这种联系的必然性和优越性
区域发展与评价	给定区域的内容直观、明确，能够指出该区域开发的条件和措施	给定区域的内容丰富、事实明确，能够说出区域开发的条件、措施，并分析两者之间的因果关系，简要评价决策的合理性	给定区域的内容较复杂，能够结合区域发展的条件、现状，评价区域发展决策的合理性，指出区域发展在某方面存在的问题及原因，尝试提出个人建议	给定区域的内容复杂，能对区域的发展决策进行全面评价，综合分析区域发展的得失，总结发展经验；能够针对区域发展存在的问题，分析其产生的原因，并通过借鉴其他区域的发展经验，提出较可行的改进建议

4. 地理实践力的 SOLO 评价

地理实践力"指人们在地理实验、社会调查、野外考察等地理实践活动中所具备的行动力和意志品质。地理实验、社会调查、野外考察是地理学常用的研究方法，也是地理课程重要的学习方式。地理实践力的培育，有助于学生在真实环境中运用适当的地理实践活动方式，观察和认识地理环境，体验和感悟人地关系，并在活动中做到知行合一、乐学善学、不畏困难。"[1] 基于地理实践力的课程目标是："学生能够初步掌握地理实验、社会调查、野外考察等地理实践活动的基本方法；能够在校内、校外的真实环境下，运用所学知识和地理工具，通过地理实践活动，观察和感悟地理环境及人们生产生活的状态，尝试解决实际地理问题，增强信息运用、实践操作等行动力；能够养成在实践活动中乐于合作、勇于克服困难等品质。"[2]

地理实践力一般包括地理操作力（体现在地理实验、地理制作与图表绘制等活动中）、地理观测力（体现在天文观测、气象观测、地震观测、水文观测等活动中）、地理调查与考察力（体现在社会调查、乡土研究、野外考察等活动中）、地理工具使用力（体现在运用地球仪、地图、GIS、GPS、Google earth 等地理工具中）等。无论哪种实践活动都蕴含着行动力和意志品质两维度的内容。大部分的实践活动都包括了活动前期的准备、活动方案的设计、活动过程的表现和活动成果的展示几部分，所以初中学生地理实践力核心素养的 SOLO 评价就从这四方面两维度展开（详见表 4.13）。

表 4.13　初中学生地理实践力核心素养的 SOLO 评价

地理实践力	单点结构（水平一）	多点结构（水平二）	关联结构（水平三）	拓展抽象结构（水平四）
活动前期的准备	1. 提出的问题与生活没有联系； 2. 缺少资料搜集； 3. 小组缺少分工，组员之间缺少交流和合作； 4. 不能或缺少准备活动工具、材料等	1. 能基于真实生活提出问题； 2. 能够搜集资料，但内容缺少有效处理； 3. 小组分工较随意，交流和合作较少； 4. 积极准备活动工具、材料等	1. 能提出现实生活中的真实问题，该问题对学生发展有意义； 2. 资料搜集途径和方法较多样，内容丰富，对资料能有效处理； 3. 小组分工有序，有交流和合作； 4. 活动工具、材料等准备合适	1. 能提出现实生活中需要解决的真实问题，该问题对核心素养的全面提升有重大价值； 2. 资料搜集途径和方法多样，内容全面、角度丰富、整理规范； 3. 小组分工能充分发挥个人特长，任务明确，交流充分，合作紧密； 4. 活动工具、材料等准备齐全，富有创意

---

[1] 中华人民共和国教育部. 义务教育地理课程标准（2022 年版）[M]. 北京：北京师范大学出版社，2022.

[2] 同上。

续表

地理实践力	单点结构（水平一）	多点结构（水平二）	关联结构（水平三）	拓展抽象结构（水平四）
活动方案的设计	1.提出的设想不太符合常理，没有可操作性；2.设计的方案存在一些科学性的错误，思路混乱，内容欠缺；3.在设计过程中存在无故缺席、敷衍了事等态度	1.提出的设想符合常理，但难操作；2.设计的方案没有科学性的错误，能分步骤表述活动内容；3.能参与设计过程，但合作意识和集体荣誉感不强	1.提出的设想具有一定的可操作性和创新性；2.设计的方案遵循一定思路，步骤清晰，主要内容科学、齐全；3.设计过程有热情，态度端正，有一定的合作意识和集体荣誉感	1.提出的设想可操作性强、创新性强；2.设计的方案思路清晰，步骤详细，内容科学、周全（包括目的、意义、方法、工具使用、创新之处、可能遇到的困难及解决对策、预期成果、经费和注意事项等）；3.设计过程兴趣浓厚、态度认真，富有合作意识和集体荣誉感
活动过程的表现	1.活动过程难以体现知识和技能的掌握情况；2.活动工具使用不合理，缺少活动记录，活动过程较随意，不规范；3.遇到问题不能想办法解决；4.态度敷衍，有嫌烦和畏难情绪	1.活动过程能运用核心知识和技能；2.会使用活动工具，有简单的活动记录，形式较单一，活动的基本过程不够清晰；3.根据预设方案活动，很少调整，遇到问题能想办法解决；4.态度端正，能按要求基本完成活动，集体意识和克服困难的意志品质较薄弱	1.活动过程清楚，体现核心知识和技能掌握的一般情况；2.合理使用活动工具，活动记录表内容全面，记录的现象和数据真实、形式不单一，能反映活动的基本过程；3.活动中能根据需要做出适当的调整，遇到问题能想办法解决；4.态度较积极，有热情，有实事求是的科学态度、一定的集体意识和克服困难的意志品质	1.活动过程详细完整，体现核心知识和技能掌握的广度和深度；2.活动工具使用熟练，活动记录表设计科学、内容全面，记录的现象和数据可靠、形式多样，能反映活动的全过程；3.活动中能根据需要及时、恰当地调整，遇到问题能以恰当的方法解决；4.态度积极，兴趣浓厚，有严谨的科学态度、强烈的集体意识和克服困难的意志品质
活动成果的展示	1.结论缺乏来由或没有结论；2.不能按时完成成果，成果与项目主题、要求相差较远；3.展示活动成果时缺乏逻辑，词不达意；4.不知道从哪些方面评价活动成果	1.能根据信息，得出明确的结论；2.按时完成成果，成果难以体现项目主题与要求，缺少专业性和推广价值；3.展示自己的活动成果时，遵循一定结构，能表达自己的意思；4.评价自己的成果和别人的成果时有自己的看法	1.能根据信息，得出合适的结论；2.成果体现项目主题与要求，作品美观，有一定的专业性、可信度和推广价值；3.能用地理知识进行论证和展示活动成果，遵循一定结构，体现重点，能表达清楚意思，有自己的想法；4.能客观、多角度评价自己的成果和别人的成果	1.能综合分析信息，得出的结论完整、可靠，有创新性；2.成果充分体现项目主题与要求，作品美观、出色，形式多样，专业性强、可信度强，有推广价值；3.能用多种方式和途径展示或充分论证自己的活动成果，结构完整，重点突出，表达清晰，有独立思想，能深入反思；4.能准确、全面评价自己的成果和别人的成果

地理实践活动多种多样，上面的基于初中学生地理实践力核心素养的SOLO评价表只是一个总体框架，在实际活动中还要根据具体的活动进行修改，比如，给评价的各维度赋分，把水平等级折算成分值等，增加区分度和可操作性，等等。详见第四部分第四章。

三、如何设计基于真实性任务的核心素养评价

常规的评价方法包括课堂问答、知识和技能测验、真实性任务、结构化思维工具、自我反思等。笔者在本书第一部分的第五章"大概念教学"中论述了：教育不仅是获得知识，更重要的是能在新的情境里使用知识，迁移最大化是有效教学的突出表现。大概念具有重要的生活价值，经常运用在日常生活的具体情境中，而每一次的具体运用都在提升它的可迁移性。不断从具体情境来，又返回到具体情境中被应用，这就使大概念具备了高通路迁移性。大概念教学离不开真实性学习任务，真实性学习任务同时反映素养和大概念，是目标达成度的重要体现。所以，设计概念教学评价必须引入真实性学习任务。

（一）真实性学习任务的含义和特征

一般来说，学习任务是在教学过程中设计的，具有目的性、单元性、完整性、实践性的学习活动和项目等。但真实性的学习任务与常规的教师主导下以知识授受为主的学习任务有较大区别，真实性的学习任务能够体现生活世界的复杂以及个体与社会的有意义联系。它关注学生在任务解决中实现对已有知识的概括、联系和运用，实现新知的建构、生成和进阶，并推动素养的发生。[1]它不是碎片化的、单课的教学活动，而是围绕一个核心、多课时关联的产品或结果，是将学科大概念进行课时统整，将单元整合为一个贯穿相关专题的整体性的项目式学习。

美国课程促进学会杰伊·麦克泰格曾指出："真实性的学习任务是发展核心素养最理想的方式"。[2]这里的真实性不是简单地指真实生活、真实问题，还指任务里包含解决问题的大概念。教师在设计真实性任务时，应以实现、完成、做出来某个产品、物化结果为目标导问，能够将情境、问题、议题、要求等统整到任务之中，进而真实地驱动学科知识、大概念等的灵活运用，为学生能够亲历如学

---

[1] 张良.素养教学论——化知识为素养[M].上海：华东师范大学出版社，2023.
[2] 格兰特·威金斯，杰伊·麦克泰格.追求理解的教学设计[M].闫寒冰，宋雪莲，赖平，译.上海：华东师范大学出版社，2017.

科专家一样的真实的高阶思维、意义反思性的学科实践活动、项目式学习等提供载体。[①]

在具体设计时，麦克泰格认为，真实性学习任务应该满足两个"符合"：一是符合世界的复杂性，二是符合学生的兴趣和经验。从迁移的价值来看，学生之所以很难将学校中的所学知识迁移至真实世界中去解决问题，其中很大一部分原因在于学校的问题情境常常是良构、单一、静态的，而真实世界的问题常常是劣构、多元、动态的。

我们知道，结构良好问题的解决方案或答案具有明确性、标准性，学生能够根据所学知识，从明确的问题中获得已知的、正确的答案。这一问题为学生带来的主要是关于记忆、习惯化的学习结果，对启发思维、高阶思维等发展效果具有局限性。

而结构不良问题的各个要素、已知条件、目标要求、问题困难、解决方案等都可能是不明确的、不完整的、不连贯的，甚至是逻辑混乱、有意义分歧的，并且答案不具有唯一性。当学生置身于结构不良问题中时，就会产生更多的问题，这将迫使他开展更有针对性的调查，充分调动平时积累，运用批判性思维，概念化与结构化地分析与探究，并不断反思过程与结论，以促使问题得到圆满解决。

同时，复杂的真实性学习任务需要学生付出高强度的脑力甚至体力，如果学生不感兴趣，或毫无经验，就很难真正投入其中。

真实性学习任务需要学生通过承担一定的角色，基于某一目的，完成一项"产品"。产品集中体现了知识运用、问题解决的过程与结果。所以真实性学习任务有明确的产品、作品等结果要求。学生完成作品的过程就是一个结构完整的从发现问题（接受任务）、分析问题（合作探究）到解决问题（完成作品）的过程。在这个过程中，学生像专家一样思考，让所知、所学、所悟体现在产品之中。

最后再强调一遍，真实性学习任务的本质特征是真实性，但真实性不等于完全真实，不一定是现实生活中实实在在发生的，而是指学生解决这个问题的思路在现实生活中是可以迁移的。真实性的本质是开放性、复杂性、多元性。老师们别望文生义，狭隘理解，否则就成迷思概念了。

---

① 张良.素养教学论——化知识为素养［M］.上海：华东师范大学出版社，2023.

（二）真实性学习任务的设计模式

真实性学习任务设计的核心在于为运用知识的过程与实践提供情境、条件、要求等。麦克泰格构建出的"GRASPS"模式，为设计真实性学习任务提供了一种实用工具，它包含以下元素[①]：

> G 现实的目标（a realistic goal）
> R 对学生有意义的角色（a meaningful role for students）
> A 目标观众（target audience）
> S1 涉及实际应用的情境（a contextualized situation that involves real-world application）
> P 学生完成的最终作品和表现（final products and performance from students）
> S2 判断成功的标准（criteria for success）

这一模式中，目标即学生将要面临的挑战或障碍、解决的问题、达成的要求；角色即学生在任务情境中的工作或需要承担的角色和使命；目标观众即产品的受益者、客户、受众、对象等；情境即该任务的背景、条件等信息；产品即任务中达成预期的意图、结果和表现；判断成功的标准即该任务中的注意事项，产品应达到或符合的标准，任务完成中所体现的知识、能力、探究的程度等标准。

针对"GRASPS"这一真实性学习任务的模式，以"小康路上的移民镇——闽宁"为例，进行如下设计：

1990年10月，宁夏南部山区西吉、海原两县1 000多户村民，搬迁到贺兰山东麓永宁县玉泉营，他们是闽宁镇的第一代移民。在福建省对口扶持协作下，玉泉营从昔日"天上无飞鸟，地上不长草，十里无人烟，风吹沙粒跑"的"干沙滩"变成了今日绿树成荫、果园遍地、良田沃野的"金沙滩"，后改名为闽宁镇。闽宁镇因扶贫而建，因脱贫而兴，这里的感人故事激励着每一个人（S1）。假设你现在竞聘某村庄的"村官"（R），请根据闽宁镇的脱贫致富之路，归纳总结解决贫困问题的经验和方法，向上级部门和该村庄居民（A）写一份为当地脱贫致富的施政方案（P），解释你为什么要这么做，这样做后村庄会发生哪些发展和

[①] 格兰特·威金斯，杰伊·麦克泰格.追求理解的教学设计[M].闫寒冰，宋雪莲，赖平，译.上海：华东师范大学出版社，2017.

变化（S2），以说服他们聘用你（G）。

从这个真实性任务中我们可以看出，真实的情境能让学生看到所学内容深层的关联，有助于学生将碎片化的知识和技能综合为一个更为连贯的整体，学生在完成任务中的表现，为教师评价他们理解和运用知识的能力提供了很好的评估证据。

真实性学习任务设计不单运用在课堂教学中，也可以运用在试题编制中。下面以"地球的表层"学业质量描述为例，说明真实性学习任务设计应该关注的重点与主要对策。

阅读图文资料，回答下列问题。

材料1：我国对世界最高峰珠穆朗玛峰（简称珠峰）进行了多次测量（见图4.8）。2020年5月27日11时，我国珠峰高程测量登山队克服重重困难成功登顶。2020年12月8日揭晓珠峰新"身高"。珠峰高程测量的成果可用于板块运动、地震预报与防灾等领域研究。测量珠峰不仅测量高度，还观测峰顶雪深、气象和风速等，这些为冰川监测、生态环境保护等方面的研究提供数据。

图 4.8　珠峰的测量

材料2：珠峰附近的板块构造示意图（图略）

（1）说出登山队员在登顶过程中克服的困难。

（2）根据珠峰测量数据，判断珠峰的变化，并结合板块构造的观点，说明判断的理由。

（3）分析天气对攀登珠峰的不利影响。

（4）列举测量珠峰的重要价值。

虽然只是学业质量的测评，但这个命题通过四个设问，充分体现素养立意以及情境与任务的相互契合。学生作答需要深入理解情境，全面获取情境中的信息，多角度分析问题。从涉及实际应用的情境（S1）和现实目标（G）的角度看，该情境兼顾联系日常生活的情境和学术研究情境，目标很好地对应了"地球的表层"学业质量描述："学生在不同的情境中，对于从各种媒体中获取的地球表层环境的信息，能够初步从系统、动态的角度，简要分析、概括地球表层自然环境与人文环境的主要特征，以及环境要素的时空分布和变化特点（综合思维、区域认知）；能够秉持人与自然生命共同体的理念，选择恰当的实例简要说明地理环境各要素与人类活动的相互影响，协调人地关系的重要性（人地协调观）。"[1]

从其他元素看，命题虽然没有明确指出对学生有意义的角色（R）——"如果你是登山队员"和目标观众（A）——"阅卷员或广大民众"，但隐含学生作为登山队员去预测高程测量结果和可能遭遇的困难等真实性任务。情境与任务高度契合，很好地体现了"因问设境"和"主题统领"。例如，材料1中的"多次测量"、"揭晓珠峰新'身高'"、图中的三个年份的珠峰高度测量数据，是服务于具体任务"根据珠峰测量数据，判断珠峰的变化"的。情境中的板块构造示意图所呈现的信息（珠峰所在的喜马拉雅山脉位于亚欧板块和印度洋板块之间），则是与"结合板块构造的观点，说明判断的理由"这一具体任务相契合的。"登山队克服重重困难登顶成功"和图片中的"珠峰峰顶常年气温为-40 ℃～-30 ℃""风季时风速高达50 m/s"，与任务1和3相契合，"珠峰高程测量的成果可用于板块运动、地震预报与防灾等领域研究。测量珠峰不仅是测量高度，还观测峰顶雪深、气象和风速等，这些为冰川监测、生态环境保护等方面的研究提供数据"则与任务4相契合。为了完成相应的具体任务，学生需要全面获取、深入理解情境中的这些信息。这种情境创设方式凸显、贯彻了学业质量描述中的从各种媒体中获取"地球的表层"环境的信息的要求。[2]

（三）初中地理中的真实性任务和实践活动示例

《义务教育地理课程标准（2022年版）》在教学提示和教学建议中多次强调要利用丰富的图文资料和学生已有的常识、经验，精心创设多样的教学情境。在教学情境创设上要突出直观性，要结合学生的生活感受，从情境中引发问题，再转化为解决问题的任务，促使学生在完成任务的过程中领会和建构知识；要重视直观教具和实践教学资源的利用，如天文馆、天文台、高校

---

[1] 中华人民共和国教育部. 义务教育地理课程标准（2022年版）[M]. 北京：北京师范大学出版社, 2022.

[2] 韦志榕, 朱翔. 义务教育地理课程标准（2022年版）解读[M]. 北京：高等教育出版社, 2022.

及科研院所等科普基地或科研机构，组织学生参观、考察、听报告等，拓展学生的认知渠道；要突出学生的自主、合作、探究式学习，设计具有整体性的教学活动过程，设计有驱动性的地理问题和具体任务，引导学生学会自主学习、合作探究，同时将评价嵌入学生学习的全过程。

笔者长期在初中地理教学一线开展实践活动研究，开发了初中地理活动课程，主要包括课堂活动类、地理绘画类、地理制作类、综合实践类四大模块（见图4.9）。四大模块聚焦概念的构建，根据不同阶段学生特点与课标要求，从平面思维到立体思维，从简单描摹到创新制作，从单一技能到综合技能，动手能力和思维能力不断进阶。尝试解决国家课程改革与教学现状的矛盾、地理核心素养和考评体系的差距、校本课程与国家课程的脱节、学校办学成效与各方期待的落差，实践研究的成效显著，影响广泛。[①]

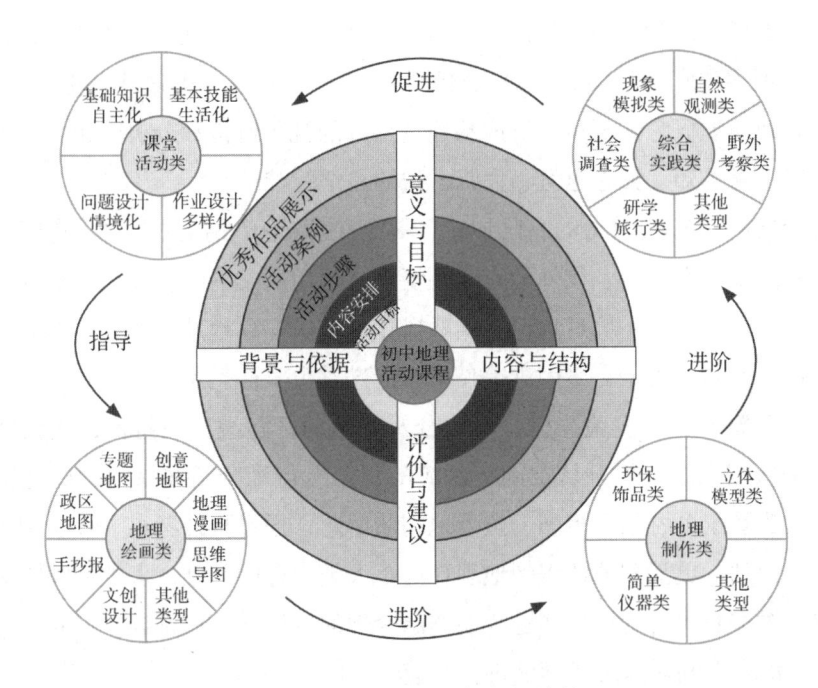

图4.9 初中地理活动课程结构图

活动课程设计以学生为本，强调体验式、项目式和多学科融合学习，突出概念，利用概念，将课程活动化，将活动课程化，让学生通过地理活动课程的学习理解概念，逐步形成人地协调观、综合思维、区域认知和地理实践力，促进学生

[①] 肖金花.小活动　大智慧——初中地理活动课程[M].广州：世界图书出版有限公司，2019.

德智体美劳全面发展，引导学生成长为有理想、有本领、有担当的少年。

四大模块体现出 SOLO 评价中的单点结构向拓展抽象结构的进阶。课堂活动主要是基于课程标准和地理教材的各种教与学的活动，随着教学内容走，隐含学习进阶，包含四种结构。需要特别强调的是：这里的课堂不局限于课内或教室，只要有教师、学生、教学目标、知识信息、教学工具与设施、教学场所等要素就可称为课堂，比如云课堂、户外课堂等。课堂活动包括：基础知识自主化、基本技能生活化、问题设计情境化、作业设计多样化。

从平面的、简单描摹的地理绘图到立体的、多项技能综合的地理制作，是思维的又一进阶，属于多点和关联结构。体现出事物间多角度、更复杂的关系，要求学生既关注整体性，又关注层次性，培养学生的空间思维和整体美感，开拓思维活动的宽度和深度。

经过地理绘画和地理制作活动，学生深刻感知身边的地理事物和现象，积累丰富的地理表象和生活体验，深化对地图三要素、海拔、等高线、地形、位置、空间等系列地理概念的理解，形成从地理综合的视角看待和分析问题的意识和能力，培养崇尚真知、独立思考、大胆尝试的科学精神。

综合实践是实践活动的高阶形式，属于关联或拓展抽象结构。它聚焦真实问题，引导学生在校内、校外的真实环境下，运用所学各学科知识、地理工具和团队合作等，增强学生信息运用、实践操作、解决实际地理问题等的能力，培养乐于合作与创新、勇于克服困难等品质，促进学生全面发展及师生共同发展。例如，通过观察测量、实验操作、对比分析等活动，归纳区域特征，比较区域差异，理解区域联系，提升从空间—区域的视角看待和分析区域问题的意识和能力，激发热爱家乡、热爱祖国、热爱地理的情感；通过野外考察、社会调查、研学旅行等活动，更深刻地认识到地理环境是人类生存的基础，人类活动影响着地理环境，对家乡出现的地理问题，能作出合理的分析和价值判断，培养人与自然和谐共生的观念和对地理环境的审美情趣。

这四大模块贯穿整个初中阶段，与教学进度、课标要求紧密结合，既有横向进阶，又有纵向进阶，还可根据社区、学校、师生的区域实际和发展需要，实时调整活动主题。这种活动式教学促使陈述知识性教学转变为发展智慧技能教学。表 4.14—4.17 是根据《义务教育地理课程标准（2022 年版）》的主题内容、学业要求和教学提示，分四个学期以大单元教学形式设计并开展的系列活动。表中的真实性任务是一个大单元的项目学习内容，以项目任务统领单元内的各专题。各个专题里面，依据知识序列和层级学习目标设计衔接合理进阶性的三类活动，分别对应三大模块。

表4.14 七年级第一学期初中地理真实性任务和教学活动示例

主题内容	真实性任务	初阶活动（地理绘画类）	中阶活动（地理制作类）	高阶活动（综合实践类）	课标要求与活动目标
地球在宇宙中	主题辩论赛：查找资料，撰写辩论稿，辩论"宇宙中还有其他地外生命吗？"	绘制"人类对地球形状的认识过程"手抄报	制作地球内部结构模型或太阳系模型	模拟实验：模拟海边看船驶近和驶远说明地球的形状（或分享会：人类认识地球的科学故事和史实记载）	说出人类认识地球形状的过程；初步了解地球的宇宙环境，初步建立科学的宇宙观；认识地球是人类唯一的家园，树立求真务实的科学精神
太空探索		绘制"人类太空探索"手抄报	利用简易材料制作航天模型或空间站模型	星空观察与描述：用肉眼、简易天文望远镜或借助星空软件观察星空，并描述观测到的宇宙环境	说出太空探索的进展与意义；学会使用星空观察工具，并描述观测到的星体和宇宙，培养对宇宙和对未知世界的好奇心
地球的运动	建议书：结合地球运动的知识，给市长写封信，建议在家乡的交通要道安装智能化路灯，改变目前路灯统一开关的现状	在球形物体上精准绘画经纬网	制作地球仪或经纬网仪	研究报告：探究时差的存在及时差对国际交往的影响，提出解决时差影响的方案	说明经纬网的特点和意义；学会利用地理工具对地理事象进行定位，初步建立地理空间概念；结合具体事例表达时差的存在及影响，提高解释地理现象的能力；提出解决方案，培养逻辑推理能力和解决问题的能力
		精准绘画地球公转示意图（或两分两至日的光照图）	制作日晷仪（或三球仪）	演示汇报：运用模型或软件模拟地球的运动，结合身边实例，证明地球是运动的（或太阳照射角度与地面所获光热实验探究）	解释地球的运动、地球五带、太阳高度角等重要概念；培养学生的空间感、科学探究精神；观察自然现象，拓展认知渠道；树立尊重自然、顺应自然的观念

续表

主题内容	真实性任务	初阶活动（地理绘画类）	中阶活动（地理制作类）	高阶活动（综合实践类）	课标要求与活动目标
地理工具的使用	校园美化方案：调查校园环境，对校园规划进行优化完善，绘制校园美化平面图和美化方案	精准绘制教室（或家庭，或校园）的简易平面图	制作教室（或家庭，或校园）微型景观模型	运用地图开展"校园寻宝"活动	在地图上辨识方位，量算距离、面积等；培养在日常生活中使用地图的习惯
		画某地等高线地形图和地形剖面图	制作山体等高线立体模型	利用莲花山等高线图，使用六只脚、地质云、花伴侣或行色等手机APP开展实地考察	学习阅读和使用等高线地形图；学会使用野外考察的常用手机APP；简答描述海拔、气温、植被、人流等之间的关联
地球的表层——自然环境	设计实验：运用自制的六大板块模型，演示板块的运动，解释火山、地震的产生和山脉、裂谷等的形成	画世界海陆分布图（或六大板块分布图）	制作六大板块拼图或海陆主要地形模型	设计并模拟大陆漂移和板块运动的实验(或寻找证据，证明海洋和陆地处于不断的运动变化中)	描述全球海陆分布状况，树立科学的世界观；解释地球处于不断的运动变化之中；说出火山、地震带的分布与板块运动的关系；提升海洋意识和科学探究意识
	备忘录：为你家乡的学校选择适合举办体育节的时间段，并结合该时段的气象条件拟定户外活动注意事项的备忘录	绘制天气符号、气温曲线图和降水量柱状图	制作活动式世界气候类型演示教具	参观东莞市气象局，能操作一些气象仪器（或模拟各国代表在"联合国世界气候变化大会"上发言，拟定并发布联合声明）	学会看天气图、气候直方图；学会使用一些地理工具；加深对全球气候分布和气候变化对人类影响的认识；增强国际理解能力和人类命运共同体意识
地球的表层——人文环境	科幻画：结合对未来城市的理解和愿景进行规划设计，绘制出"我心中的未来城市"图，并撰写设计思路说明	绘制家乡的城乡规划图	设计并制作世界某民族或中国某民族的民居模型	调查家乡居住地的选址、民居特色、居住环境或生活方式的变化	说出我国古人在适应自然、利用自然、改造自然方面的成就，培养热爱家乡情感；描述丰富多彩的世界文化，树立尊重和保护世界文化多样性的意识
		绘制"喜迎春节"主题手抄报	制作一个春节主题的地理文创作品	调查各个同学家乡的春节习俗，尝试分析其成因	列举传统文化，说明文化与自然环境的关联，尊重和热爱中华优秀传统文化，培养家国情怀

备注：教师和学生可以根据实际情况选择开展初阶、中阶或高阶活动，对第一个活动没有条件完成或不感兴趣的学生可以选择完成括号内的备选活动。还可以对本学期某个真实性任务进行修改，变成跨学科主题学习活动。表中的课标要求与活动目标是指同时完成初阶、中阶和高阶活动后预期达到的标准，如果只是完成某一项活动，就只需达到里面的一部分即可。下同。

表4.15　七年级第二学期初中地理真实性任务和教学活动示例

主题内容	真实性任务	初阶活动（地理绘画类）	中阶活动（地理制作类）	高阶活动（综合实践类）	课标要求与活动目标
认识大洲	设计亚洲联盟合约：模仿欧盟合约，以密切协调成员国的经济政策，实现亚洲内部共同繁荣	绘制亚洲（或挑选一个你感兴趣的大洲）的思维导图	制作介绍某大洲的地理名片	"我做小老师"：制作讲课课件，并用20—30分钟介绍某大洲	分析知识间的逻辑关系，学会认识区域的基本方法
认识地区	模拟国际贸易博览会：展示各地区优势资源、产业和物产，模拟投资项目推介、合作交流等贸易活动	绘制东南亚的河流和城市分布图	制作中南半岛的地形和河流模型	设计东南亚旅游的线路，制作一份研学旅游方案（或调查你家乡华侨的乔迁原因、经历事件、发展历程等）	1. 说明世界不同区域（地区和国家）自然环境的差异性、文化的多样性；2. 简要分析区域因地制宜发展经济的途径，理解人与自然、人与社会的关系；3. 多学科综合，活用各种知识，知行合一，解决实际问题，提升地理实践力；
		绘制波斯湾石油外运航线图	设计一件阿拉伯传统服装	探究与实验：获取沙漠中的水	
		绘制欧洲西部旅游景点分布图	制作一份西餐	探究与实验：光、热、水对牧草生长的影响	
		绘制非洲气候分布图	制作一个非洲特色工艺品（或学一段非洲舞蹈）	情景剧：选非洲的某个地区，写剧本《一方水土一方人》，分角色表演并分享感受	
		绘制一张极地环境保护的手抄报	设计南极科考站的建筑并制作模型	探究：为中国新的南极考察站选址	

续表

主题内容	真实性任务	初阶活动（地理绘画类）	中阶活动（地理制作类）	高阶活动（综合实践类）	课标要求与活动目标
认识国家	创意扑克牌：挑选世界上的主要国家，查找相关资料，找出代表该国的符号，制作各国推介卡片，并运用卡片进行展示交流	绘制日本的地形图	制作日本地形模型	调查身边的日本工业品，对比其他国产品，分析各自的特点及原因	4.培养对地方、区域和全球问题的好奇心，初步具备一定的全球视野和社会责任感；5.简要分析某国家在资源开发、环境保护、经济发展等方面的经验和教训；6.说出本区域与其他区域在经济或社会等方面的联系及其意义；7.说出开展极地科学考察和保护极地环境的重要性
		绘制俄罗斯的铁路、管道分布图	设计一套中国风的套娃	设计一份俄罗斯投资企划案，阐述理由	
		绘制印度的气候直方图和盛行风向图	制作一件印度服饰	模拟实验：季风的形成或海陆热力差异，完成实验报告	
		绘制澳大利亚地形图	制作澳大利亚地形模型	探究：我去澳大利亚做农场主（如何处理澳大利亚的野兔入侵或山火频发事件）	
		绘制美国农业带的分布图	制作美国地形模型	探究：美国的种族问题（或枪支问题、社会福利等）	
		绘制巴西在拉丁美洲的位置图	制作巴西地形模型	探究与实验：热带雨林的环境效益	

表4.16 八年级第一学期初中地理真实性任务和教学活动示例

主题内容	真实性任务	初阶活动（地理绘画类）	中阶活动（地理制作类）	高阶活动（综合实践类）	课标要求与活动目标
认识中国概况	制作名片：制作中国省级行政区地理名片，并运用卡片进行展示交流	绘制中国的疆域图及邻国地图（或绘制某省区的创意地图或创意地名）	制作中国省级行政区拼图，举办拼图比赛	探究：各省区名称和简称的由来；中国地图的常见易错点，规范使用中国标准地图	说出中国省级行政区域概况及典型地理事物；提升国家版图意识和海洋权益意识，增强爱国情感

续表

主题内容	真实性任务	初阶活动（地理绘画类）	中阶活动（地理制作类）	高阶活动（综合实践类）	课标要求与活动目标
人口民族	调查报告：调查本家族的人口组成及变化特点（包括性别、年龄、教育等），写分析报告	制作一幅有关中国人口或民族的手抄报	制作一件民族乐器或饰品等（或学一段民族歌舞）	探究：从民族的歌舞风格、饮食文化、建筑特点、服饰礼仪、传统节日等中挑选一个议题，探究它与自然环境的关联	说出中国人口和民族的基本特征和变化情况；说明中国的人口国策和民族政策；树立中华民族多元一体的观念
地形地势	讲故事：太行传奇——郭亮村的故事	绘制中国地形图（包括主要地形区和山脉）	制作中国地形模型	探究：家乡的民俗与地形的关联	说明中国的地形特点；说出地形对民俗形成的影响；了解家乡，热爱家乡
气候气象	讲故事：人工天河——红旗渠	绘制中国气候（或气温、降水量、温度带、干湿区等）分布图	制作葡萄干并拍照记录其变化	探究：中国各地葡萄干甜度对比与分析	说明中国气候的特征及其影响因素；分析气候对人们生产生活的影响；感受中国在改造自然中体现的民族精神
河流湖泊	探究实验：设计实验，探究坡度对河流流速、含沙量、宽度和弯度等的影响（或探究土质、植被、降水强度对水土流失的影响）	绘制长江和黄河流域水系图	制作黄河下游"地上河"的模型	调查：我家乡河流的水文特征及对家乡的影响	说出河流对流域社会经济发展和人们生活的影响；说明在开发利用河流中存在的问题，提出保护措施和合理建议
自然灾害	规划建议：制作一张中国救灾物资库分布图，并撰写规划思路说明	绘制中国主要灾害分布图（或制作防灾减灾手抄报）	设计一个"防灾减灾日"标志或制作一个逃生包	开展一次防灾减灾宣传活动或开展一次安全演练	描述我国主要自然灾害分类、分布和危害；掌握一定的气象或地质灾害安全防护技能，增强防灾减灾意识

续表

主题内容	真实性任务	初阶活动（地理绘画类）	中阶活动（地理制作类）	高阶活动（综合实践类）	课标要求与活动目标
自然资源	规划设计：为今年的"中国土地日"设计主题和宣传口号，并绘制一幅宣传画	选择一种自然资源，绘制地理环保漫画（或设计节水标志等）	用废弃物品制作地理环保小饰品	调查：家庭垃圾的构成、处理等，学习垃圾分类（或调查校园中的自然资源）	说出我国自然资源的特征及其与生产生活的关系，说明自然资源的重要意义，树立科学的资源观
海洋环境	科普活动策划：在社区或学校策划海洋环境保护的科普行动，包括各种海洋知识、宣传资料等	绘制保护海洋环境宣传海报或手册	制作微景海洋生态模型	实地考察：参观长安镇滨海湾新区，考察海洋资源及其合理开发	说出海洋在自然环境中的重要作用及其对人类生产生活的影响，切实感受海洋环境保护的重要性，提升社会责任感和社会参与意识
中国经济	为家乡设计贸易网站：选择各省区的特色农产品和工业产品，制作简介；规划将各地特产运输到家乡的合理方案	中国农产品主要产区分布图	制作一个与农业生产有关的短视频	到田间或畜牧场等劳动一周，写一篇体验报告（或探讨21世纪谁来养活中国，并形成报告）	说出传统和现代的耕作技术、饲养技术等，领悟道法自然、天人合一思想，感受人地和谐之美
		选一件家中的工业产品，绘制详细的"追根溯源"图	设计一件含有地理元素的工业文创产品	参观长安镇旧照片展和改革开放工业产品展，了解长安镇的发展历程（调查家乡某企业或作坊的发展状况）	应用不同学科的知识和方法，从时间变化与社会发展的角度感受家乡的变迁，探寻家乡发展的方法
		绘制中国主要铁路和枢纽分布图	制作一个可变化的中国主要铁路和枢纽模型	模拟学者论证会：为家乡（或感兴趣的区域）规划其交通线路并进行论证	说明区域发展与交通的关系；树立因地制宜的思想，促进家国情怀和社会责任感的提升

表4.17 八年级第二学期初中地理真实性任务和教学活动示例

主题内容	真实性任务	初阶活动（地理绘画类）	中阶活动（地理制作类）	高阶活动（综合实践类）	课标要求与活动目标
认识四大区域	辩论赛：结合本专题所学和查询相关资料，辩论中国集中供暖分界线的位置	绘制中国的四大地理区域分布图	制作图层：用玻璃或透明薄膜制作中国地形、气候、省级行政区等分布图的图层	探究：通过多图层叠加，发现各种区域界线重合情况，找出四大区域的分界线	掌握图层叠加的方法；说出我国地理区域的不同划分依据；说明四大区域及其分界线
不同尺度的区域	制作短视频：选取家乡具有特殊意义的人物、地点或故事，录制一个反映家乡变化的短视频	查找资料，绘制家乡地形图（或行政区划图、景点分布图等）	制作家乡的地形（或民居等）模型	探究：家乡地名中的奥秘（或家乡的民居、服饰、饮食、风俗等与自然环境的关联）	说出家乡的自然地理概况，培养对家乡的情感，增强建设家乡的责任感
		选取家乡某一典型地理事物，自定主题，绘制一张手抄报	制作家乡主要农产品标本（或制作一道家乡特色美食）	调查：参观家乡的某工厂或历史馆、博物馆等（或到一家企业观摩实践一周），写一篇体验报告	加深对工农业生产、家乡经济的了解和热爱，把书本知识应用于认识家乡的实践活动中
走进京港澳台	迎新交流营：为京港澳台四地制作地域文化名片，在开营仪式上展示	绘制北京名胜古迹分布图	制作北京四合院（或兰屿地下屋、台湾等高线）模型	探究：北京四合院与自然环境的关系（或辩论古城风貌拆还是留）	说明建筑格局与当地地理环境的关系；科学对待古建筑，增强社会责任感
		绘制小居室家装布置图	制作一个一物多用的家具模型	采访：在莞香港人的两地生活	说明香港的地域特征、与内地经济发展的相互促进作用；提高解决实际问题的能力
		以"中国神圣领土——台湾"为主题绘制一张手抄报	制作台湾等高线模型	情景剧：乡愁（或为台湾与祖国大陆的经贸合作出谋划策）	说明台湾自古以来就是中国不可分割的领土以及海峡两岸融合发展的意义

我们知道，知识只存在于具体的、情境性的、可感知的活动中。它不是一套独立于情境的知识符号，不可能脱离活动情境而抽象地存在。通过这些活动，地理概念才真正被学生理解。而且这些活动都可以形成可视化的成果，成果里面蕴含着学生所学的知识、技能和解决真实问题的能力，相当于把抽象的核心素养变得可直接观察测量，这大大利于教师进行综合教学评价。

这里要注意的是：这些任务和活动有些可放在课堂教学中，有些可放在课外活动中或者课后作业中，现在把它们作为教学评价设计前置于教学过程，是为了让教师思考如何设计与目标配套的评价，确定哪些活动可以作为证明学生的理解和掌握程度的证据，这是素养导向下的、追求理解的概念教学流程。现在是设计教学评价，在教学过程全部完成以后，我们还需要开展教学评价（详见第四章）。

第三章 设计教学过程

> 有教师认为，教学过程就是从上课铃声响起开始，到下课铃声响起终止这一时段内的教学活动。这种理解太狭隘了。40或45分钟一节课的课堂教学只是教学过程的一部分。其实，从教师确定教学主题的那一刻开始，就进入广义的教学过程了。设计教学过程是一项系统工程，包括了课前的准备，如对教学理论依据和课标的解读和把握，对学情、教情、域情等各要素的全面分析（见本书第三部分第一、二、三章），教学目标的编制、教学评价的设计（见本书第四部分第一、二章）；师生共同活动的课堂教学，课后师生的反思、作业和测评等。任何教学设计都应该清晰课前、课中和课后三环节的基本流程。这章我们主要讲"课中"这个最重要的环节，即课堂教学过程。

一、核心素养导向下的地理概念教学的操作流程是什么

在第一部分，笔者已经论述了概念是人类的一种思维形式，它既是思维的产物，是人们对客观事物一般特征、本质属性的认识；又是思维的工具，是进行判断和推理的基础。概念的学习始终遵循具体问题—抽象原理—具体问题的循环，教师通过设计丰富多样的真实生活情境，通过不同活动的嵌入与主题案例的应用，完成协作探究，实现学生对概念的深度理解和高度迁移。概念教学与传统教学的一个重要区别在于，前者更注重思维教学，重在概念理解和意义建构，而不是直接传递、让学生记忆。概念教学只有充分调动学生的思维，并根据不同概念的特点，引导学生进行意义的建构，才能使概念内化于头脑，成为学生分析和解决问题的工具。笔者从教师和学生两个角度梳理了中学地理概念教学的操作流程（见图4.10）。

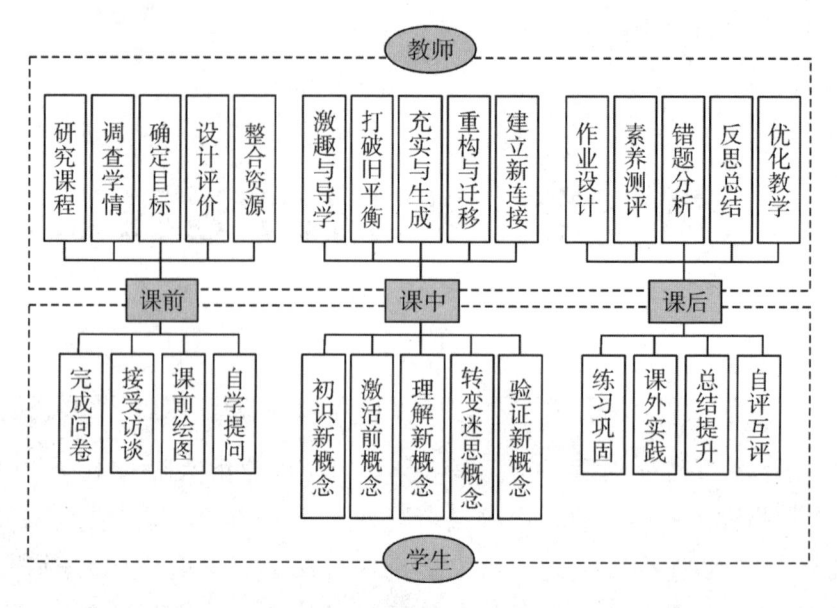

图 4.10 中学地理概念教学的常见操作流程

（一）课前

课前为教学做准备。教师课前准备的主要流程是：研究课标，整体把握教学内容，制定调查问卷→问卷调查，了解学生前概念→问卷分析，确定访谈纲要→个人访谈，诊断学生迷思概念→确定单元目标和课时目标，设计教学评价→整合教材，选择材料，提炼大概念，突出概念教学。学生要做的是配合教师完成问卷、接受访谈，并完成课前绘图、预习教材及对教材提问，写出自己的疑惑。

制定调查问卷，需要对课标要求、教材内容进行充分理解和整体把握，还需要对学生认知情况有一定的了解，这样才能编制出效度高的问卷。进行个人访谈是诊断、探查学生前概念的最好方法。根据问卷调查结果，设计难易适中，针对性强的访谈题目，采用开放式问题，以充分暴露出学生的前概念。由于访谈耗时耗力，所以在研究初期笔者采取了个人访谈，经过对第一届学生的实践研究后，笔者收集到了不少学生的迷思概念及其成因，于是把流程进一步优化，将问卷调查和个人访谈合并为"四段式诊断性调查"，只对核心概念或学生思维比较混乱的概念继续进行个人访谈，其他都用四段式调查，大大扩大了调查面，提高了调查效率。学生的课前绘图、预习教材后提问都是发现前概念和迷思概念的好办法。这些准备工作的具体操作在第三部分的第一、二、三章已有详细阐述，这里不再重复。

在概念教学前，教师可以进行类似如下的自我提问：这节课，我应该把焦点放在哪些概念上面？我为什么要把课堂重点放在这些概念上？我能从中提炼出什么大概念？什么材料可以指导本节课的设计？我如何确定本节课包含哪些事实、概念和原理？它们之间有什么关系？它们各自需要多少课堂时间？这些是否有助于学生发展对大概念的理解？为什么？本节课中作为目标的地理事实和地理概念间有什么关系？等等。教师在思考这些问题的过程中，慢慢确定教学目标、设计教学评价，详见第四部分第一、二章。

（二）课中

课中是有师生共同活动的课堂教学，也就是许多教师认为的狭义的教学过程。它是整个教学设计中的重点难点。过程设计要与目标设计和评价设计一致，才能保证素养目标在课堂上得以落实。概念教学的课堂经历五个环节：1. 激趣和导学——情境创设，初识新概念 → 2. 打破旧平衡——认知冲突，激活前概念 → 3. 充实与生成——归纳演绎，理解新概念 → 4. 重构与迁移——学以致用，转变迷思概念 → 5. 建立新连接——针对练习，验证新概念。这是一个连续、进阶的过程，对此我们将专门在"如何让迷思概念转变为科学概念"和"如何设计一节核心素养导向下的地理概念教学课"里面详细阐述，这里不赘述。

课堂教学中，教师的关注点在随着活动走、随着学生走的同时，别忘了进行类似如下的追问：学生的兴趣被调动起来了吗？学生们的回答反映了他的什么前概念或迷思概念？他们的已有概念激活了吗？学生的认知冲突在哪里？我这样讲授有助于概念转变吗？从哪里证明学生是真正掌握了新概念而不是蒙的？学生的思维得到了哪些发展？他们的知识结构增加了本节课的连接吗？注意：这些追问的主语大多是学生，也就是说课堂观察的对象应该是学生，即追问应当围绕"学生学得怎么样、怎么学更好"来进行。

（三）课后

不少教师认为上完课，课程教学就结束了。这不单是狭隘地认识教学过程，还是"以教为本"。教学不等于上课，教学是引起学习、维持学习与促进学习的所有行为，是"育人"。课上完了，学生懂了没有？学生想学这节课吗？上完这节课学生会更想学地理吗？会更加关注生活吗？上完这节课的真正意义是什么？这节课学生们是否获得了对关键概念的理解？我有什么证据？课堂中我使用了哪些工具来帮助学生实现概念理解？效果如何？以后我还可以怎么优化？诸如此类的问题值得教师去课后反思。

课后，学生可以通过变式练习，巩固知识和深化理解，完成课外实践，对学习成果进行自我评价和小组互评等；教师通过素养测评、收集错题，分析原因，发现新的迷思概念，并反思教学成效，优化教学策略，评价学生地理素养。具体操作将在第四部分第四章阐述。

二、如何让迷思概念转变为科学概念

概念教学的课堂要实现概念转变，即让学生的迷思概念转变为科学概念。还记得给哈佛大学毕业生们做的那个题目吗？"一粒种子长成参天大树所需的物质主要来源于哪里？"大部分的学生都答成了迷思概念"种子长成参天大树最需要的是阳光、土壤或水等"。这说明世人眼中优秀的哈佛学生也没有成功转变概念。这是为什么呢？

（一）概念转变的条件

概念转变是指认知冲突的引发和解决的过程，是个体原有的某种知识经验由于受到与此不一致的新经验影响而发生的重大改变。[1]在什么条件下，学生才会转变已有概念呢？1982年，康奈尔大学的波斯纳等人首先提出了概念转变的理论，这一经典理论提出了概念转变的四个条件，并认为概念转变过程起始于认知冲突。[2]四个条件如下：

1. 学习者对旧概念产生不满

只有感到自己的某个概念失去了作用，学习者才可能改变旧概念，甚至即使他看到了旧概念的不足，也只会尽力作小的调整。个体面对旧概念所无法解释的事实（反例），从而引发认知冲突，这可以导致对旧概念的不满。

例如，学习了气温的分布特点之一"气温大致由低纬向高纬递减"。为了简单明了，不少师生把这个概念说成"纬度低气温高，纬度高气温低""纬度越高，气温越低""赤道地区气温高，两极地区气温低"等，这些说法似乎都没有问题。可是当学习或遭遇一些具体的区域（特别是小尺度区域）时，这些说法的问题就暴露出来了。比如欧洲西部的纬度与中国东北地区的纬度相当，但是中国东北地区冬季漫长、寒冷，平均气温在-15℃，位于约52°N的漠河乡一月均温接近-30℃；而欧洲西部冬季温和，位于约52°N的伯明翰一月均温接近4℃。这就引发了学生的认知冲突。在分析中，学生又排除了地形因素，且两地距离海洋都比较近，似乎又可排除海陆位置因素，这就把教材中提到的三个因素：纬度、

---

[1] 陈琦，刘儒德.当代教育心理学[M].北京：北京师范大学出版社，2007.
[2] 袁维新.西方科学教学中概念转变学习理论的形成与发展[J].比较教育研究，2004（3）.

地形、海陆位置都排除掉了。那到底是什么原因导致两地气温相差巨大呢？这进一步加剧了学生对已有概念的不满。产生了这种"愤""悱"的矛盾心理状态就是实现概念转变的好时机了。这时学生回到教材，仔细阅读，发现教材上的"大致"两字，发现是"低纬向高纬"不是"赤道向两极"，慢慢体会教材的严谨表述，理解纬度、地形、海陆位置是影响气温的主要因素但不是全部因素，还有大气环流、洋流、人类活动等多种因素。

2. 新概念的可理解性

学习者需懂得新概念的真正含义，而不仅仅是字面的意思，他需要把各片段联系起来，建立整体一致的表征。

比如"因地制宜"，学生容易片面地认为"地"就是当地的自然条件，甚至更狭隘地认为是地形、地势、土地，而忽视市场、交通、技术、政策等人文条件。其实这里的"地"泛指地理环境，包括各种地理要素。再比如"一方水土养一方人"，相当多的师生不理解每个地方的"水土"都是一个区域内各种地理要素相互影响、相互组合形成的该地独特的地理特征。没有理解新概念的真正含义，就难以转变旧概念。

3. 新概念的合理性

个体需要看到新概念是合理的，而这需要新概念与个体所接受的其他概念、信念相互一致，而不是相互冲突，它们可以一起被重新整合。这种"一致"包括：与自己的认识论的一致；与自己其他理论或知识的一致；与自己的经验一致；与自己的直觉一致等。个体看到了新概念的合理性，意味着他相信新概念是真实的。

比如"东耕西牧""南稻北麦"等与学生的直觉经验吻合，学生容易接受；当看到新疆和东北的稻米、听到我们餐桌上的肉、奶绝大部分来自东部时，他有强烈疑惑；可一旦和西北的灌溉农业、东北的季风气候、东部的饲养业等联系起来，这些新概念与旧概念就统一起来，概念就开始转变了。

4. 新概念的有效性

个体应看到新概念对自己的价值，它能解决其他途径所难以解决的问题，并且能向个体展示出新的可能和方向，具有启发意义。有效性意味着个体把它看作是解释某个问题的更好的途径。

例如，学生理解到"地理思维就是要看到整体的宏图，将不同部分适当地组合在一起，而不是杂乱无章的琐碎内容"①，就能更理解"地球表层是一个开放的、大尺度的、慢变量的巨系统，由自然地理要素和人文地理要素构成，各要素之间是一个相互影响、相互制约的整体"，并能用它有效解决生活中的许多问题，这个新概念就将持久地保持在学生的认知结构中了。

概念的可理解性、合理性、有效性之间密切相关，且逐级上升，分别对应着概念的三层状态：可理解状态、可相信状态和可广泛使用状态。人对概念有一定的理解是看到概念的合理性的前提，而看到概念的合理性又是意识到其有效性的前提。学习者对于概念所处的状态愈高，其发生概念转变的可能性也就愈高；也就是说，概念转变是发生在学习者能够充分理解与应用新概念时。

不仅新概念的状态，旧概念的状态也会对概念转变产生影响，两者之间存在交互作用。这里应注意，概念的上述三种状态不是概念实际上如何，而只是个体所看到、所意识到的可理解性、合理性和有效性，是个体对新、旧信息整合过程的元认知监控。②根据波斯纳的观点，如果满足了上述概念转变的四个条件，学生所持有的旧概念就会被新概念所替代或改变。

波斯纳以后，研究角度逐渐多元化，学者们认为学习者的动机水平、情感因素、自信心、对教学内容的参与程度，情境等因素都将影响概念转变。也有学者认为要实现对学生前概念的消除极其困难，在概念转变中，学习者的前概念并没有完全被剔除，而是与科学概念形成一种共存状态。科学概念并非对前概念实现了"取代"，而是实现了"有效抑制"和"超越"。概念转变的起点不是学生对原有概念的不满，而是科学概念的可用性。③教育神经科学研究支持了这一理论。现在，抑制理论被大众认可并广泛使用。它能很好地解释优秀的哈佛学生为什么没有成功转变迷思概念。种子长成参天大树确实需要阳光、土壤或水等，这是可用的科学概念，虽然在学习中理解了科学概念"种子长成参天大树所需的物质主要来源于植物的光合作用所固定的二氧化碳和水"，但迷思概念还在头脑里，只是被"有效抑制"，大脑活动区仍非常活跃，所以一不小心，它又冒了出来。

---

① 苏珊·汉森.改变世界的十大地理思想[M].肖平，王方雄，李平，译.北京：商务印书馆，2009.
② 袁维新.西方科学教学中概念转变学习理论的形成与发展[J].比较教育研究，2004（3）.
③ 姜春明，阚惠泽，王晶莹.概念转变研究图景：发展阶段、视角创新与教学应用[J].世界教育信息，2022（8）.

（二）概念转变的方式及途径

满足了概念转变的条件后，概念又是怎么转变的呢？不同的研究者从本体论、认识论、社会与情感等不同维度对概念转变进行了深入而持久的研究。随着研究的深入，人们越来越意识到概念转变的影响因素和转变方式是多元的。本书以泰森和杜伊特的概念转变理论为基础，简述如下：

1. 方式：充实和重建

这是由泰森（Tyson L.M，1997）等学者在考察同时代人研究成果的基础上，按已有认知结构的改变方式提出来的。充实指现存概念结构中概念的增加或删除。这是最一般的概念转变形式。人们在生活中获得的大量知识丰富着他们原有的知识。充实的另一种形式包括对现存概念结构的区分、合并以及增加层级组织。总之，这一途径涉及原有概念结构的量的扩展。

重建意味着创造新结构，这种新结构的建构是为了解释旧信息，或者为了说明新信息。心理学家对不同的重建类型作了区分。一类是区分弱势与强势重建，弱势重建就是在某一概念或一整套概念的内部结构中进行重组。强势重建就是考虑理论中的变化，类似于科学史中理论的改变。强势重建发生在个人获得一种新理论之时，这种新理论不同于其原有结构中的旧理论。弱与强的重建形式均涉及某一种特殊领域理论的重建，亦可称之为"特殊领域的重建。"①

另一类的重建是全局性的重建。最典型的是皮亚杰描述的儿童认知发展过程中知识结构的变化。皮亚杰认为，儿童认知发展最显著的特征就是被称作"阶段"的全局性重建。这种重建要求的是结构中的变化，而这种结构则决定着儿童可以利用的表征方式的性质。根据这个观点，儿童的认知发展经历了四个主要阶段，即感觉运算阶段、前运算阶段、具体运算阶段和形式运算阶段。这种类型的重构影响着儿童在所有领域中获取知识的能力，因此这是一种全局性的重建。②

2. 途径：连续途径和不连续途径

这是杜伊特（Duit R，2001）根据建构主义思想提出的概念转变的两条途径。连续途径试图避开基本的重建需要，其概念转变开始于同科学概念一致的学生原有概念结构，或是对已有概念的重新解释。

例如，在本研究中发现，基本任何学段的学生，甚至地理教师都认为"麦

---

① 蔡铁权，姜旭英，胡玫. 概念转变的科学教学[M]. 北京：教育科学出版社，2009.
② 高文. 教学模式论[M]. 上海：上海教育出版社，2002.

哲伦环球航行证明地球是个球体"，地理教材也是这么写的。其实从数学角度考虑，这是不准确的。麦哲伦的舰队一直在海上且向一个方向（西方向）航行，最后回到出发点，只是说他们在一个闭合平面上移动，而且是一个每一部分都均匀弯曲的平面，这种平面的空间形状，除了球体，还可以是圆柱体或圆锥体的侧面。也就是说，单凭麦哲伦环球航行证明不了地球是个球体。人们结束关于"地平""地方"和"地圆"的争论，不只是因为环球航行，还有之前欧洲人的有关北冰洋的探险，还有我们日常看到的太阳、月亮等星球的推断，让"地球是一个球体"的假说更容易被人接受，地球是个球体的最好证明是地球的卫星照片。

那我们要去转变"麦哲伦环球航行证明地球是个球体"这个说法吗？按照连续途径，避开重建需要，也就是不用去重建概念结构，而是在原有概念基础上的扩展或重新解释。所以人教版地理七年级上册教材在"麦哲伦首次实现了人类环地球一周的航行，证实了地球是一个球体"这段话前用图文阐释了盖天说和天圆地方、浑天说、太阳和月亮，后又补充了地球卫星照片，形成较完整的"人类对地球形状的认识过程"。其他版本教材都以这种方法处理。

不连续途径的显著特点是：学生已有的概念与科学概念是完全不同的。在不连续途径中，认知冲突起关键作用，即认知冲突引起认知结构上的不平衡，不平衡激起学生的求知欲和探索欲，促使学生进行认知结构的同化与顺应。认知冲突构成了儿童心理成长的核心机制，认知结构中的每一种失衡都会引发补偿反应，从而促成更高层次的平衡。所以，引发认知冲突是激励学生概念转变学习的契机与条件。[1]

（三）概念转变对教学的启示

1. 要结合多种概念教学方法消除对概念的误解，抑制迷思概念。

由于概念转变的本质是抑制迷思概念，而迷思概念的顽固性、反复性等特征，不可能通过一种概念教学方法让学生理解科学概念，而必须嵌入不同的概念转变方法。比如注重概念引入的情境创设，进行概念与实际生活、与学生已有经验的联系，概念之间多对比与关联，教师演示实验、学生动手操作、播放视频等，使概念形成过程尽量形象化、程序化、细致化，等等。

例如，对于语义关联和主观经验这类迷思概念，一方面需要及时纠正，并对地理事物间的关联意义着重解释，加深对相关事物的表象记忆；另一方面有目的

---

[1] 蔡铁权，姜旭英，胡玫. 概念转变的科学教学[M]. 北京：教育科学出版社，2009.

地强化视觉引导，可以让学生板图、板书，在教室（或家里）挂上地图，有机会就有目的地阅读地图，一些地理事物之间的空间关系就会不断得到校正，趋于精确和稳固。

还是以"地理位置"这个大概念为例，要让"位置"教学变得有趣、有教学价值，有助于转变学生头脑中隐藏的迷思概念。本书前面也论述过一些方法，这里采用的是变换地图、变换角度回答同一个问题的方法。

问1：读图，告诉我，印度在哪里？

出示"七大洲四大洋分布图"

答：印度在亚洲南部伸进印度洋的半岛上。

出示"六大板块分布示意图"

答：印度在印度洋板块北部，东部和北部紧邻亚欧板块。

出示"印度经纬网图"

答：印度大部分位于 $70°E-90°E$，$10°N-30°N$，北回归线穿过印度北部。

出示"印度地形图"

答：印度东北接喜马拉雅山脉，西北邻印度大沙漠，南部伸入印度洋，东临孟加拉湾，西临阿拉伯海。

出示"印度政区图"

答：印度北与中国、尼泊尔和不丹接壤，东北与孟加拉国和缅甸接壤，西北与巴基斯坦接壤，南与马尔代夫和斯里兰卡隔海相望。

问2：针对同一个问题"印度在哪里"，为什么我们会得出不同的答案？

答：因为不同的地图提供的地理信息不一样，答案的角度就不同。此外，比例尺不同，地理信息量也不同，表述也不同。

问3：如何描述一个区域的地理位置呢？

答：可以从不同角度描述一个区域的地理位置。结合图文资料，第一步：整体审视地图全貌。大致确定地图所传递的地理信息和描述的角度。

第二步：精准筛选地图信息。看是否有经纬线、区域周边的海洋或陆地名称。

第三步：准确描述区域位置。如果有经纬线信息，那么首先确定并判断该区域最东、最西的经线，最南、最北的纬线，或者找出区域内部的特殊纬线；然后用"在哪两条经线与哪两条纬线之间""大致位于什么热量带、哪个纬度带"等描述区域经纬度位置。

如果该区域周边有海洋或陆地（大洲、国家、山脉）信息，则用"陆地（或海洋）名称+方位"的方法描述该区域的地理位置，如"区域位于某洲南部，东临某海，西邻某政区（或某地形区）"等，描述区域的相对位置。

这种针对性的指导与训练要不断地做，让"位置"的判读过程和方法内化于心。已有研究表明，在学习过程中加入适当的抑制训练能显著改善学生基于前概念的直觉化推理，甚至能有效改变学生学习过程中的脑功能激活方式。[①]

2. 积累丰富准确的表象，尽早接触科学概念，并不断重复刺激。

新概念和旧概念在学习者的大脑中共存，学习者成功解决问题（实现概念转变）的本质是旧概念被抑制，新概念实现"超越"。即便学生顺利解决问题，旧概念依然隐藏于学生头脑中并可能随时"复活"，因此，保持"超越"的持久性十分重要。教师可以通过重复刺激的方式保持这种持久性。注意，这种重复刺激不是简单的重复，而是将新概念置于不同情境中，以不同形态出现，举一反三刻意训练。当学生能够牢固掌握、深刻理解、灵活运用这些基本概念，并达到一定"存量"后，核心素养的培育才有了坚实的基础。

比如经纬网的判读、等值线的判读、地形雨的形成等地理特色鲜明的抽象知识点，绘制表象过程图、制作简单的教具学具、野外考察等是很好的方法。通过动手操作，仔细观察，不断校正已经形成的地理表象，形成概括性的理解。教师边讲解、边绘制、边训练、边反思地板图板书，并让学生跟着绘制，在关键点停顿，能够及时反思和回忆，使学生的思维能够较轻松地跟上讲课思路，并且一节课后留在黑板或笔记本上的板书板图，重现整课脉络和重难点，由此生成的地理表象和概念就更为稳定和精确。在做和评中不断重复理解要点，使科学概念一直处于优胜地位，并逐渐形成稳定、科学的地理认知结构。

还有尽早让孩子接受科学教育，建立丰富、准确的表象。因为孩子常常通过表象来进行形象思维，一个具体的地理表象联结着众多的地理知识（包括概念、原理等）。丰富、准确的表象可以适当减少迷思概念，减轻对以后学习的干扰。对教师而言，一要大量积累鲜明准确的地理表象，二要尽量用更接近学生经验和认知结构的语言生动形象地讲解，引导学生产生准确表象和理解。

3. 耐心对待学生的错误，鼓励学生大胆表述，多用互动参与式教学

教师需明白，告诉学生科学概念是无效的，传授并不能改变学生原有的迷思概念。学生头脑中存在两个世界，即"生活世界"和"科学世界"，这两个时

---

① 朱艳梅，陈沙沙.基于脑科学的概念转变抑制理论及其对科学教育的启示[J].东南大学学报（哲学社会科学版），2020，22(S2):126-130.

常矛盾的知识体系并不需要打败另一方，而是模棱两可地共同存在着，就像迷思概念和科学概念的共存状态。科学概念的"优胜"地位不是永久的，优秀如哈佛学生，其迷思概念也会在未来生活中"复活"。因此在教学中，教师应当对未能顺利完成概念转变的学生给予足够理解，避免对学生产生个人偏见，耐心引入更有效、更丰富的生活知识或问题情境，不断唤醒引入，引发认知冲突，经过迷思概念与科学概念的多次激烈碰撞和认知冲突的解决，破坏学生对其迷思概念的信心，从认知上抑制迷思。

还要鼓励学生用有声语言将大脑中的表象过程描述出来。当运用语言对地理知识进行表述时，自然会伴随着地理表象的产生，使地理表象思维更清晰，清晰的思维又使大声叙述更清晰明确，清晰明确的语言表述又会加强地理表象思维，使地理表象思维的记忆持久且鲜明。这样形成一个互相促进的良性循环，同时，语言也会使教师发现再造表象中的缺陷，以便于纠正。所以，要给学生更多的机会提问、答问、出错、纠错，在口头交流等互动中抑制迷思概念。

三、如何设计一节核心素养导向下的地理概念教学课

核心素养导向下的中学地理概念教学的课堂模式见图 4.11。以真实性任务为主线，串起整个教学：通过问题情境，引入新概念，来激趣与导学——通过创设认知冲突，激活前概念，来打破旧平衡——通过归纳法和演绎法，解读新概念，来充实与生成新概念——通过应用迁移，转变迷思概念，来重构前概念——通过练习巩固，验证新概念，来建立认知结构中的新连接。最后以产出可视化成果为终结性评价。

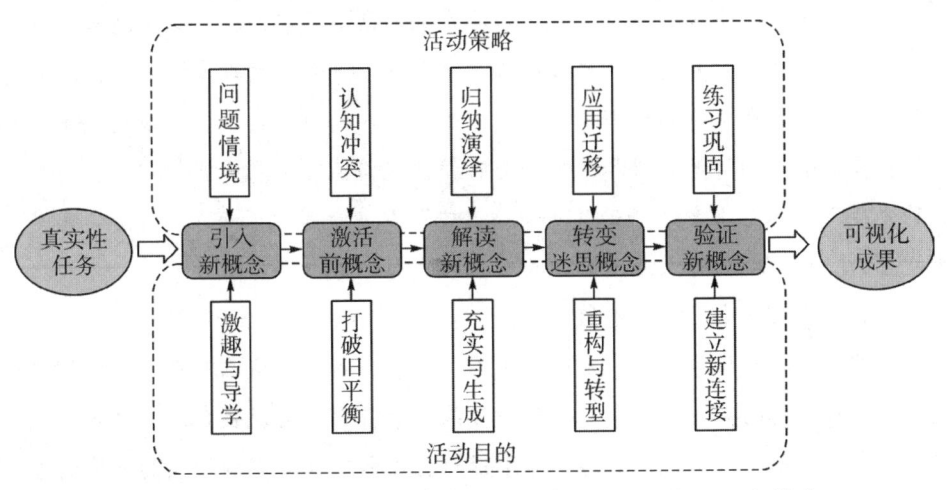

图 4.11 核心素养导向下的中学地理概念教学的课堂模式

第四部分 中学地理怎么进行概念教学

下面以"中国的自然灾害"单元教学为例，详细阐述核心素养导向下的概念教学的设计过程及解读设计意图。

（一）课标要求与内容分析

《义务教育地理课程标准（2022年版）》中相关的内容要求是："运用地图和相关资料，描述中国主要的自然灾害；针对某一自然灾害提出合理的防治建议；掌握一定的气象灾害和地质灾害的安全防护技能。"

内容分析：

1. 其他课程内容与自然灾害的关系

自然灾害在"认识中国全貌"的后部分，处在承上启下的位置。它的产生与地形、气候、河流等自然地理内容密切相关；自然灾害造成的损失与工农业生产、交通运输等人文地理密切相关。在世界地理里面有不少分散的自然灾害的内容，如天气与气候对人类生产生活的影响、日本的火山地震、印度的水旱灾害、撒哈拉以南非洲和中东的旱灾等；还未学习的中国分区中也有不少自然灾害的相关内容；小学科学、语文、道法等课程中和新闻报道中也有不少自然灾害及其防护等知识。所以，这节课学得好，既是对已学知识的巩固提升，也为以后的知识学习打下坚实基础，起着承上启下的作用。

初中生对自然灾害的前概念非常丰富。教师可以纵横联系，大胆整合，但是需要注意本单元的课程立意是"认识中国全貌"，对初中生来说不必过深，也无须面面俱到。

2. 自然灾害与地理核心素养的关系

自然灾害是一个合取概念，既包括丰富的事实和一般概念，又有地理原理和规律，内容繁杂。自然灾害的发生综合各种自然要素和人文要素，所以包括丰富的综合思维；各个区域的地理环境不同，形成不同的自然灾害，所以也蕴含区域认知；提出合理的防治建议和掌握安全防护技能与地理实践力密切相关；自然灾害的发生更脱不开人类的活动，所谓"天灾"其实也是"人祸"，自然灾害是人地关系的一种体现，是人地不协调的反映。

3. 自然灾害在生活中的价值

自然灾害随时随地都可能发生，中国、家乡、各个区域都有自己典型的自然灾害，掌握一定的灾害知识和安全防护技能是尊重自然与敬畏自然，尊重生命与热爱生命。对初中生来说，教师只需选择对全国和对家乡影响较大的气象灾害和地质灾害，了解它们主要的致灾因素和灾情，来培养学生的责任和担当意识。

中国在自然灾害的预防上有不少成功经验，是培养学生爱国情怀的好材料，教师只需恰到好处地提示一下，不用过多煽情；重点放在引导学生运用已学知识表达自己对自然灾害的思考和认识，帮助学生提出合理的"防""治"建议和培育学生防护的意识和方法上。

（二）学情分析和教情分析

1. 学生的认知特点

初中生好奇多问，形象思维好，对各种现象具有浓厚兴趣和探究意愿，乐于合作，敢于展示，但是空间想象力和抽象思维能力较弱，认知碎片化，没有形成知识网络，主动建构知识的能力较弱。

2. 学生的前概念

在世界地理的学习中，我们已经知道自然环境包括地形地势、天气气候、河流湖泊、自然资源等地理要素；知道五大基本地形及其利弊；知道天气与气候的差异及成因；知道河流的水文特征；知道自然环境对生产、生活产生的各种影响；掌握了读图分析、观察对比、绘制概念图等方法和技能，这为本节课的学习奠定了良好基础。还有其他学科的相关知识、生活经验等，组成丰富的前概念系统。

3. 学生的迷思概念

经过调查，发现学生存在不少迷思概念，如把台风和台风灾害等同起来，把气候干燥和旱灾等同起来；混淆天灾与人祸，天气、气候与气象，地形、地势与地质，寒潮与寒流，冬季风与冷空气，台风、飓风与龙卷风，等等；认为降水量多的湿润区不会发生旱灾，降水最少的西北地区旱灾最严重，旱灾多发生在降水少的冬季，寒潮影响不了广东，等等；把水污染、大气污染等人为灾害和水土流失、土地荒漠化等环境问题也视为自然灾害，等等；认为自然灾害也是有好处的或认为自然灾害有百害无一利，分不清楚自然现象和自然灾害，等等，这些迷思概念需要在教学中加以转变。

教情方面，教师们都比较重视自然灾害的教学，认为本单元内容较重要，与考试、与生活都密切相关，学生感兴趣，适合开展丰富的情境活动等。但不少教师并未深入分析学情，把备课重点放在寻找精美的图画、震撼的视频上，在教学过程中照本宣科，教学表象化、碎片化，甚至自己还存在一些迷思概念，等等。本单元课时为1—2课时，不足以做过多的扩展和开展过于深入的活动。

（三）教学目标与评价设计

在本书第四部分第一章第二节的"核心素养导向下的概念教学目标"框里，

笔者以"自然灾害"为例叙写了两种教学目标：一种是核心素养下的常规教学目标，一种是带有 KUD 的促进概念理解的教学目标。这里不再重复。

预期学习结果：学生能从人地关系的角度认识自然灾害。注意这个结果不是诸如"认识我国常见的自然灾害种类、分布和成因"等碎片知识的掌握，而是指向核心素养，指向大概念"人地关系"。

真实情境：受台风"杜苏芮"残余环流北上影响，2023 年 7 月 29 日—31 日，北京房山、门头沟大部，石景山、海淀、丰台西部等地连续遭遇强降雨，导致多人死亡，大桥坍塌，多辆车被冲走，气象部门发出暴雨、崩塌、滑坡、泥石流等灾害预警。

情境任务："拍摄（或剪辑）一个防灾减灾宣传短视频"。

成果评价见下一章。

（四）教学过程

单元概述：你是否曾遭遇过自然灾害？常见的自然灾害有哪些？它们是怎么发生的？给人类带来什么影响？我们如何去防灾减灾？我们常说"天灾人祸"，"天灾"全是自然的产物吗？没有人类会有"天灾"吗？在本单元里，我们将分小组，从人地关系的角度来认识自然灾害。单元结束前，你需要拍摄（或剪辑）一个防灾减灾宣传短视频，你可以参照世界气象日宣传片和中国防灾减灾日宣传片，要求描述中国主要的自然灾害，并针对某一自然灾害提出合理的防治建议，还要与大家分享安全防护技能。

【说明】这是一个核心素养导向下的概念教学的单元概述。与传统概述重视事实性知识和具体知识点不同，这里使用大概念视角"人地关系"来理解一般概念"自然灾害"，更强调对概念的深层次的理解以及迁移能力。真实性任务"拍摄（或剪辑）一个防灾减灾宣传短视频"综合了课标要求和四大核心素养，可以通过灾难现场实景拍摄、网络查找资料、访谈受灾人、自己做科普讲师等方法完成视频。教师们也可以把情境任务设计为制作一份自然灾害手抄报、举行分享会——分享你所亲历的灾害故事和所了解的自然灾害防御办法、设计一份防灾减灾的方案等真实性任务。

1. 导入新概念

情境创设：播放台风"杜苏芮"登陆和门头沟洪灾视频。

【说明】震撼的画面和记者现场的报道，既引起学生的兴趣，又巧妙引入概念——自然灾害和气象灾害。

概念本身来源于情境，同时情境具有激发兴趣、好奇心的作用，有利于深化理解，尤其是发生在身边、当下的热点。这个情境不只是导入，而是始终贯穿，直到最后学生自己完成一个防灾减灾视频，形成完整闭环，并能够将所学迁移和应用到实际生活中。

导入新概念有多种方法，如①直观形象式引入，即用学生熟悉的图片、视频、事件或实验等直观形象引入，让学生获得大量与所学概念有关的感知和表象，为后面的学习提供基础。

②情境问题式引入，即给出一些具体现实问题情境让学生来观察，接着教师提出一个又一个由浅入深、由易到难的递进式的问题链，帮助学生深入思考。这里需要注意情境和问题的适切性，如感性类的问题多为与生活、生产关联的情境，呈现图片、影视等可视化的情境形式；理性类的问题可以增设学术化的情境，如统计图表、过程示意图、文献资料等。心理研究表明：意外的、印象深刻的、神秘或神奇的事情最容易引发人类的好奇心。因此，情境最好具有这些特征，最好"一镜到底"，成为贯穿学习过程的主线。问题最好是驱动性问题，围绕真实性任务设计的、契合课程标准的、具有凝练意义的关键性问题，如"有人说，一切天灾的本质是人祸，你是怎么看的？"

③类比联系式引入，即教师基于学生已有知识（前概念），把与新概念（科学概念）有类似之处的事物和新概念相比较，以旧概念引出新概念，使学生的前概念向新概念发展。可以先创设问题靶子，暴露前概念和迷思概念；再举出学生较熟悉的正例、反例或特例；最后让学生对比锚例和新概念，建立类比关系。

④认知冲突式引入，即教师向学生呈现与前概念冲突的现象和问题，使学生产生认知失衡，造成"愤""悱"的心理状态，过去已有知识解决不了，促使学生主动寻找新概念以解决认知冲突。运用认知冲突教学法源自苏格拉底式对话。苏格拉底常在雅典街头与人做严肃的哲学交谈。他先接受对方的陈述，并不直接论断其是非，而是顺其意引导出一个显然的矛盾，从而使他对自己的信念产生冲突。面对认知冲突，他需要对新信息或原有图式做出调整，以解决认知冲突，这是认知发展和概念转化的重要基础。概念教学的各个环节里面都会运用认知冲突教学法。

这些导入新概念的方法并非只能用于新课导入环节，它们还可以用于课中任何一个新概念的导入，也可以用于课堂小结或小测等环节；还可以用于复习课、练习讲评课等各种课型中。

2. 激活前概念

教师：自然灾害无处不在，说说你亲身经历过的灾害。

【说明】让学生在诉说中暴露出迷思概念。有不少学生说到火灾、安全事故、交通事故等人为灾害。教师把学生说的关键词写在黑板上，让学生讨论"这个属于自然灾害吗？"，引发对新概念的思考。

除了通过"课堂说一说"来探测学生的认知结构，诱导迷思概念，还可以通过课外的访谈、实践等活动；通过平时的习题、试卷等错题；通过一定的研究工具等。详见第三部分第三章。

3. 解读新概念

学生自学教材，完成下列学案后，进行展示。

一、自然灾害的三要素

　　1. 是否为_____事件

　　2. 是否发生_____

　　3. 是否对人类造成_____

二、自然灾害的分类

　　⎧ _____ 灾害：干旱、洪涝、寒潮、台风
　　⎨ _____ 灾害：地震、滑坡、泥石流
　　⎩ 其他自然灾害：海洋灾害、生物灾害等

三、判断下列现象或事件是不是自然灾害

　　1. 火车出轨造成多人伤亡。　　　　　　　　　　　　（　　）

　　2. 川藏铁路上出现山体滑坡。　　　　　　　　　　　（　　）

　　3. 一场突如其来的冰雹，把田地里很多西瓜砸烂了。　（　　）

　　4. 2015年7月，内蒙古草场被蝗虫大量啃食，受灾严重。（　　）

　　5. 因年久失修，山西某煤矿矿井发生塌顶事故。　　　（　　）

　　6. 台风经过太平洋中心洋面。　　　　　　　　　　　（　　）

【说明】解读新概念首先是概念的明确与表达。因为学生有丰富的前概念，并且这些知识简单明了，所以学生自学教材和运用前概念就可完成。笔者没有停留于知识本身的教学，而是充分调动学生思维，让学生自己去发现、去解读。

第三大题加入了前测中发现的学生的迷思概念，有一定的迷惑性，让学生理解自然现象与自然灾害的差异、自然灾害与人为灾害的差异。课堂教学中还补充

了学生接触过的生物灾害和海洋灾害等其他自然灾害，利于学生深入了解"自然灾害"相关概念。这些问题层层递进、环环相扣，其设计都指向概念的理解。这里用的是从定义到实例的演绎法，也可以用从实例不断抽象出概念定义的归纳法，那样就耗时较多。

4. 转变迷思概念

结合教材与图文资料，分组讨论，填写表格，回答问题。

旱涝组 填写表 4.18：

表 4.18 旱涝灾害

名称	含义	危害	主要分布	原因
干旱	长时间降水异常偏少甚至无降水	造成农作物减产，人畜饮水困难		
洪涝	连续性的暴雨或短时间的大暴雨	淹没农田、房屋、道路等，影响生产生活	_____地区（特别是_____）	受_____气候影响，降水_____。（地势_____，_____密布）

1. 为什么干旱最严重的不是降水量最少的西北地区，而是华北地区？

（提醒：参照教材中的"中国年降水量分布图""中国人口分布图""中国农产品主要产区规划图""中国主要工业中心和工业基地图"去分析）

2. 读图 4.12 "北京多年平均气温曲线与降水量柱状图"，说说华北地区哪个季节干旱最严重？为什么？

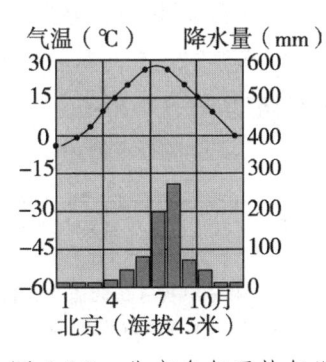

图 4.12　北京多年平均气温曲线与降水量柱状图

▶ 读图 4.13 "五城市气温曲线和降水量柱状图"，判断下列说法是真是假，并说明理由。

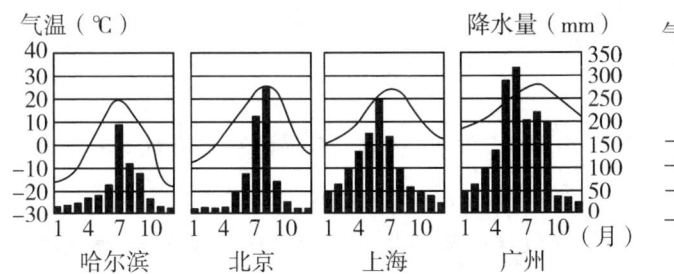

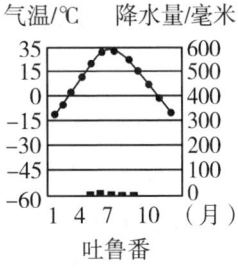

图 4.13　五城市气温曲线和降水量柱状图

3. 我国东部地区，受季风气候影响，洪涝都发生在夏季。（　　）
4. 西北地区降水稀少，不会出现洪涝。（　　）

风暴组 填写表4.19：

表4.19　台风与寒潮

名称	含义	危害	主要分布	原因
台风	一种发源于热带洋面的大气漩涡	常带来狂风和特大暴雨，形成_____灾害	_____地区（特别是_____）	台风从_____纬度海洋侵入，登陆后威力逐减，以至消失
寒潮	高纬度地区的强冷空气迅速向中低纬度地区侵入	剧烈降温伴有大风、雨雪、冰冻等	_____地区 _____地区	寒潮从_____纬度地区进入，大规模向_____侵袭

➤ 读"中国台风和寒潮分布图"，判断下列说法是真是假，并说明理由。

5. 台风有百害无一利。（　　）
6. 北方沿海地区台风比东南沿海的台风规模小、次数少。（　　）
7. 广东受寒潮影响小。（　　）
8. 在春秋季节，东北地区由于经常受寒潮影响，容易发生低温冻害。（　　）

地质组 填写表4.20：

表4.20　地质灾害

名称	含义	危害	主要分布	原因
地震	地壳快速释放能量过程中造成剧烈振动的现象	导致房屋倒塌、交通和通信中断、人员伤亡等	_____省_____部_____部	位于_____交界处，地壳不稳定
滑坡	坡地上不稳定的岩体与土体，在重力作用下整体下滑的现象	毁坏农田、房舍、森林、道路等，造成人畜伤亡	第_____阶梯的山区，_____部最集中	多山，坡陡；_____集中，_____植被破坏严重
泥石流	在坡度较陡的沟谷中形成的饱含石块和泥土的特殊洪流			

阅读材料：2015年12月20日11时42分，广东深圳市光明新区凤凰社区恒泰裕工业园发生山体滑坡。调查表明，该地为余泥渣土受纳场，主要堆放渣土和建筑垃圾，由于堆积量大、堆积坡度过陡，导致失稳垮塌，造成33栋建筑物被掩埋或不同程度损坏。

9. 根据材料分析恒泰裕工业园发生山体滑坡的原因。如何避免类似灾害的发生？

10. 讨论：这起事件属于自然灾害吗？为什么？

【说明】转变迷思概念是整节课的重难点，笔者采用异质分组、合作学习、小组竞赛的形式，充分调动各人长处和学习积极性。把全班分三大组，用与灾害有关的旱涝、风暴、地质为组名，引导学生完成与组名相关的任务。各组题目的题量和难度相当，有利于公平竞赛。题9、10是关于深圳山体滑坡的开放题，呼应单元概述里面的"我们常说'天灾人祸'，'天灾'全是自然的产物吗？没有人类会有'天灾'吗？"，把自然灾害上升为对人地关系的讨论。

其中填表是考查基本知识掌握情况，要求学生通过图文资料阅读和分析，了解各种灾害的含义、危害、主要分布和原因。笔者并不需要学生去识记这些琐碎的知识，所以写出了大部分答案。简答题和判断题分析才是笔者想突出的，这些题目紧扣生活实际和学生广泛存在的迷思概念，每一个题目就是一个认知冲突，每个题目都与"人地关系"联系。利用认知冲突实现概念转变是概念教学与其他教学的最大区别所在。

在2022年版义务教育课程标准发布后，不少老师为了突出核心素养的培养，其教学设计全是各种的活动，把课堂都交给学生去探究了，其实这是很不现实的。灌输式教学固然不合理，但探究、讨论也未必有效，我们不能从一个极端到另一个极端，教学还得抓好知识和技能的落实，关键是看哪种方法更合适。

前文阐释了学生从低阶水平到高阶水平的发展动机是认知冲突。引发认知冲突的方法有很多，如直接呈现反例法（见题4.西北地区降水稀少，不会出现洪涝。可直接用2021年7月19日新疆轮台县的洪灾来反驳）、实物演示法、合作学习法、实验探究法等。要注意的是，这些方法要激发学生的好奇心，要设置让学生感到有意义的学习任务，将新概念和他们的前概念相联系，都指向大概念。教师一定要做好引导、概念转变和总结提升。否则打破了旧的认知平衡又没有建立新的平衡，学生就会更茫然无措。有些迷惑性大的设问，需要配上图片和提醒文字等，搭设"脚手架"，帮助学生解构迷思概念。

5. 验证新概念

教师：暑假去台湾自助游，你觉得可能会遭遇什么自然灾害？需要了解哪些防灾避灾知识？

【说明】迁移到新的情境，让学生运用刚刚掌握的知识解决实际问题。防灾避灾知识由学生自主发言，比教师讲授更有效。教师要注意学生有没有从时间、地点、事件等关键词去审题，发言中有无迷思概念，能否准确运用新学概念等，做到"及时发现，即时转变"。

教师：播放世界气象日宣传片（或中国防灾减灾日宣传片）。

布置课后作业：完成后测练习，利用周末等时间拍摄（或剪辑）一个防灾减灾宣传短视频，你可以参照刚刚看过的宣传片。要求：描述中国主要的自然灾害；针对某一自然灾害提出合理的防治建议；分享安全防护技能。

【说明】播放有防灾减灾解说的宣传片，与视频导入形成闭环，也为真实性任务的完成提供帮助；后测练习比较现有概念和原有想法的差距，检验知识掌握和概念转变情况。心理学告诉我们，当文本与直觉不一致时，选择正确的答案需要克服迷思概念的干扰；完成视频创作有助于整合新旧知识，建立新连接，完善知识网络，提升体验和感悟。学生在情境、任务、问题、活动中形成对自然灾害的深度理解。

（五）教学评价

为保证教学设计的完整性，选几个课后的素养测评放在这里。具体论述见最后一章。

1. 后测练习

---

1. （单选）下列有关自然灾害的说法，错误的是（   ）

　　A. 不同自然灾害有时会连续发生

　　B. 山区是我国地质灾害的多发区

　　C. 我国旱涝灾害频繁的主要原因是夏季风的不稳定

　　D. 受干燥寒冷的冬季风的影响，华北地区冬季旱灾和低温冻害严重。

2. （单选）下列关于防灾减灾的说法，正确的是（   ）

　　A. 通过灾害预报，可以阻止自然灾害的发生

　　B. 地震发生时，应该躲在家里不要出门

　　C. 自然灾害发生时，采取适当方法可以有效避灾

　　D. 减灾防灾是大人们的事情，与我们无关

3. 用"天气""气候""气象"填空

　　著名的地理学家竺可桢每天观察并记录_____，研究出中国_____的形成、特点和区划，并全力创建高空观测、预报等_____业

务，推动全国_____台站建设，培养_____人才，著有《我国五千年_____变迁的初步研究》等。

4. 用"地形""地势""地质"填空

长安镇位于珠三角地区，_____北高南低，靠山面海，_____种类丰富。在漫长的_____年代，曾经历多次_____构造运动，但现在_____稳定。

【说明】这些基于概念理解的后测练习与一般的随堂练习不一样，它没有再现教学内容，目的不在于考察教材知识，而是立足学生的生活实际和迷思概念，对知识进行横向与纵向联系，在考察学生理解和运用概念解决问题的同时，也对本课内容进行查缺补漏和拓展提升，促使学生建立概念体系。

2. 成果评价

这里不阐述过程性评价，只对活动成果即学生提交上来的视频进行终结性评价。有自我评价、小组互评和教师评价，分五个等级，如果该项标准被评为三等，就在评价表中给三颗星涂色（见表4.21）。合计评价表中的单维度及全维度所得"☆"数量，给予前五名的视频"最佳创作奖""最具文采奖""最佳拍摄奖""最强技术奖"四个单项奖和一个"最优全能奖"。

表 4.21　视频评价量表

评价维度	评价标准	评价等级		
		自评	互评	师评
视频内容	中国主要的灾害	☆☆☆☆☆	☆☆☆☆☆	☆☆☆☆☆
	合理的防治建议	☆☆☆☆☆	☆☆☆☆☆	☆☆☆☆☆
	安全防护技能	☆☆☆☆☆	☆☆☆☆☆	☆☆☆☆☆
文字讲解	紧扣主题，体现地理特色	☆☆☆☆☆	☆☆☆☆☆	☆☆☆☆☆
	素材丰富，真实可信	☆☆☆☆☆	☆☆☆☆☆	☆☆☆☆☆
	讲解清晰，逻辑合理	☆☆☆☆☆	☆☆☆☆☆	☆☆☆☆☆
	富有创造力和感染力	☆☆☆☆☆	☆☆☆☆☆	☆☆☆☆☆

续表

评价维度	评价标准	评价等级		
		自评	互评	师评
拍摄技术	画面清晰，镜头稳定	☆☆☆☆☆	☆☆☆☆☆	☆☆☆☆☆
	色彩、光线等视觉效果符合大众审美	☆☆☆☆☆	☆☆☆☆☆	☆☆☆☆☆
	拍摄手法新颖	☆☆☆☆☆	☆☆☆☆☆	☆☆☆☆☆
	观察细致，充分捕捉动人瞬间	☆☆☆☆☆	☆☆☆☆☆	☆☆☆☆☆
信息技术	合理运用视频编辑软件，剪辑合理	☆☆☆☆☆	☆☆☆☆☆	☆☆☆☆☆
	效果自然，播放流畅	☆☆☆☆☆	☆☆☆☆☆	☆☆☆☆☆
	原音和配音清晰，字幕停留时间合理	☆☆☆☆☆	☆☆☆☆☆	☆☆☆☆☆
	片头片尾制作精美	☆☆☆☆☆	☆☆☆☆☆	☆☆☆☆☆

（六）教学反思

这节核心素养导向下的概念教学设计真正立足学情分析，利用学生的前概念和迷思概念来设计活动，创设问题情境，制造认知冲突，诱发学生学习动机。其中步骤4"转变迷思概念"是整节课的重难点，在落实基本知识和技能的同时培养核心素养。为防止学生只完成本组任务，而没掌握其他组的内容，主要采用两种形式：一是本组展示后，其他组提问，本组答辩；二是个别题目采用随机抽问，展示组评判和改正，两种形式穿插进行，让学生关注和思考所有任务。

核心素养导向下的概念教学引导学生重新审视自己的前概念，用教材而不是教教材，突出以生为本，打破章节限制，以大概念"人地关系"统领了自然灾害的相关内容，整合了季风气候的弊端、华北地区的春旱、东北地区春秋季的冻害、黄土高原的旱灾和水土流失等重难点知识因教学紧扣自然灾害的三要素，所以内容虽多却不杂乱。根据学生课堂反应和后测结果的反馈，笔者发现这种概念教学课堂气氛活跃，效果明显，学生对"自然灾害"的理解深度、广度远胜于其他教学法，值得广大教师去实践和研究。

第四章　开展教学评价

> 课上完了，可教学过程还没结束，我们需要知道学生学到了什么，目标达成到什么程度，我们的教学取得了多大的效果。所以我们需要教学评价。在第四部分第二章笔者用大量的篇幅阐述了如何设计教学评价。注意：那是思考如何设计与目标配套的评价，本章是具体的评价方法。两者的指向是一致的，为了不重复，下面笔者换两个角度写：对学生的评价和对教师的评价。学科核心素养的评价包含对知识学习的评价、关键能力的评价、品格与价值观的评价。其中，对知识学习和关键能力的评价是很难完全分离的，知识学习是能力形成的基础，能力的形成就是学科知识的深度理解和运用。根据布卢姆的认知层次分类，除最低水平的识记不涉及能力外，其余层次（如理解、运用、分析、评价、创造）都需要知识和能力相结合才能达到。所以，为了行文简洁，笔者着重于知识（包括能力）的评价和品格与价值观的评价。

一、如何开展学生的素养测评

这是个很庞大的课题，笔者只能找个小切口。学科核心素养的评价离不开对知识学习的评价。我们一直很重视知识评价，那么今天核心素养下的知识评价和以前有没有什么不一样呢？我们先来看同一概念的两种考查方式。

（一）不同的考查方式

考查方式1：

1. 下列有关经纬线的说法正确的是（　　）

①经线和纬线垂直相交　　　　②纬线的形状是半圆，长度相等
③经线的形状是圆圈，长度不相等　　④经线指示南北方向
A.①③　　　　B.①④　　　　C.②③　　　　D.②④

2. 下列现象中，与地球自转有关的是（　　）。
A. 正午时，天安门前国旗杆的影子总是指向北方，而且不同季节长短不同
B. 人们的作息时间会因冬夏而有所变化，因为夏季天亮的比冬季早
C. 世界杯足球赛在德国举办时，中国的球迷凌晨起床看直播
D. 我国大部分领土处于北温带，春暖、夏热、秋凉、冬冷

读地球公转示意图（图4.14），完成3-4题。

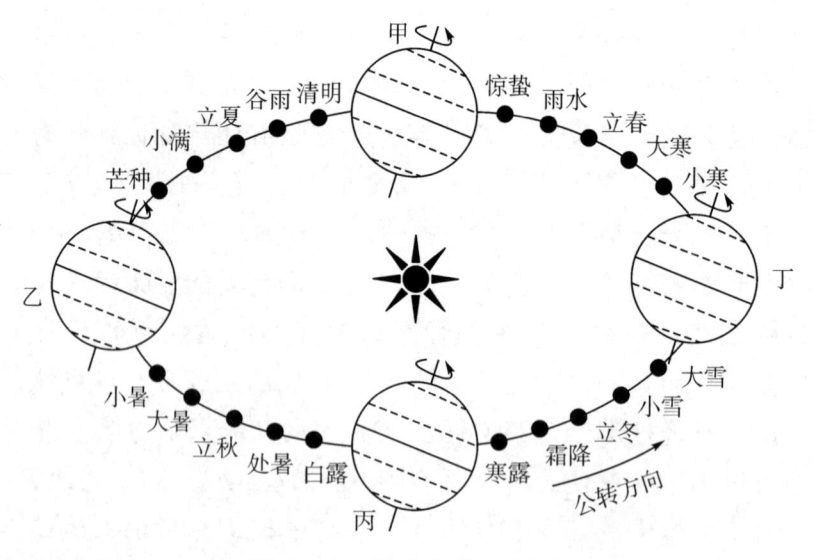

图4.14　地球公转示意图

3. 下列我国法定节日中属于"二十四节气"的是（　　）
A. 清明节　　　B. 端午节　　　C. 中秋节　　　D. 春节

4.2023年国庆节这天，地球在公转轨道上的大致位置是（　　）
A. 甲乙之间　　B. 乙丙之间　　C. 丙丁之间　　D. 丁甲之间

考查方式2：

小明学了地球运动的知识后，回家自制了地球仪给父母做关于地球运动的演示。如图4.15所示，椭圆形纸板代表地球公转轨道平面，铅笔尖代表太阳直射点，铅笔头代表太阳。据此完成下面的小题。

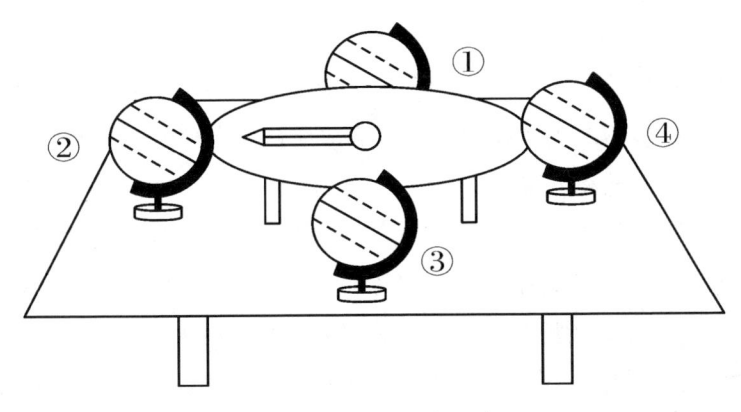

图 4.15 地球运动的演示

1. 制作地球仪时（　　）

①画圆圈表示经线；②用铁丝穿过球心，表示地轴；③铁丝与水平面成 23.5° 倾角；④画的纬线都要平行；⑤赤道到南北极点距离相等

A.②③⑤　　　　B.①②④　　　　C.①③④　　　　D.②④⑤

2. 小明演示地球自转的正确做法是（　　）

A. 面对地球仪，自右向左匀速拨动球体

B. 面对地球仪，自左向右匀速拨动球体

C. 从北极俯视，顺时针方向匀速拨动球体

D. 从南极俯视，逆时针方向匀速拨动球体

3. 小明演示地球运动的做法，错误的是（　　）

A. 边自西向东匀速拨动地球仪，边沿椭圆纸板移动一周

B. 沿椭圆纸板沿①→②→③→④移动

C. 地轴的空间指向始终不变

D. 地轴的空间指向始终向着太阳

4. 小明通过观察发现，早上上学的时候，夏季 6 点天就已经亮了，而冬季的时候 6 点天还没亮。产生这种差异的主要原因是（　　）

A. 地球是球体　　　　　　　　B. 地球不透明

C. 地球的自转　　　　　　　　D. 地球的公转

"考查方式 1"是我们最常见的命题，虽然已经朝着从实际生活出发创设情境、探究问题、提升核心素养的方向转变，但总体上是基于单点结构或多点结构的陈述性知识的考查，试题间的联系弱，是碎片知识点的"拼盘"，学生只要从自己的记忆积累储存库中提取知识点即可。

第四部分 中学地理怎么进行概念教学

"考查方式2"则把这个知识点作为程序性知识来考查，它围绕着"做中学"来设计试题，不单要求学生掌握相关知识，还要求在头脑中形成一个能明确分析思考进而做出按步骤准确操作的路径：地球仪是什么样的，我该怎么自制地球仪；地球是怎样自转和公转的，我该怎么演示等。"考查方式2"还是基于关联结构和拓展抽象结构的考查，涵盖了对综合思维、空间认知和地理实践力等地理核心素养的考查。更体现新课标下的学考教一体和概念教学重视思维的培养。

笔者用知识的冰山模型（图4.16）来解释：1/10的水上冰山是显性知识，是我们可以用语言传播、共享的知识，简单来说就是我们课堂教学的知识；9/10的水下冰山是隐性知识，是价值难以衡量、不易被人理解和掌握的知识，是学生的课外知识、经验积累、思维方式、品质意识等，也是我们难以教导的。这个知识的冰山模型也可以用来解释素养的构成。

图4.16 知识的冰山模型

我们呈现的测试题（试卷）虽只是个体知识体系的冰山一角，但考察的内容除了教材知识，还包括水下那部分隐性知识。其实这可以扩展到现在的任何一个学科的测评，中考（或高考）不单要把初中三年（或高中三年）所学的考出来，还要把学生的基础和9年（或12年）的积累考出来，即要把学生从社会大课堂所学的前概念和学校课堂所学的科学概念都考出来。除了考那些显性的关于是什么、为什么的事实和原理的知识，还要把学生的课堂表现、解决生活问题的能力考出来，最后还得把社会主义核心价值观和优秀传统文化等这些隐性的有关怎么想、怎么做的东西考出来。

这就是为什么每次大考完学生总会哀叹"平时的练习题完全没考，课本知识基本没考，老师讲的没考""地理不是科学是玄学"的主要原因。考试要求已经到"3.0版本"了，教师的教、学生的学却还停留在"1.0版本"，谈什么素养培养呢？

（二）PISA 科学素养评价的启示

PISA 作为目前国际上认可度最高、覆盖面最广、关注度最高的大数据测评项目，有着扎实的理论基础、丰富的实践积累及测评经验。我们可以从 PISA 科学素养评价模型[①]里面得到很多的启示。下面以 PISA2015 中的"温室效应"为例，看看它是怎么评估科学素养的。

样题："温室效应：事实还是虚构？"

生物需要能量才能生存，而维持地球生命的能量来自太阳。太阳非常炽热，将能量辐射到太空中，但只有一小部分的能量会到达地球。

地球表面的大气层，就像包裹着我们的星球表面的毯子一样，保护着地球，使它不会像真空的世界那样，有极端的温差变化。

大部分来自太阳的辐射能量，会穿过大气层进入地球。地球吸收了部分能量，其他则由地球表面反射回去。部分反射回去的能量，会被大气层吸收。

由于这个效应，地球表面的平均温度比没有大气层吸收能量时的温度高。大气层的作用就像温室一样，因此有了"温室效应"一词。

温室效应在 20 世纪越来越显著。事实表明，地球大气层的平均温度不断上升。报纸杂志上常说，二氧化碳排放量增加，是 20 世纪全球气温上升的主要原因。

安德烈有兴趣研究地球大气层的平均温度和地球上二氧化碳排放量之间的关系。他在图书馆找到下面两幅曲线图（见图 4.17）。

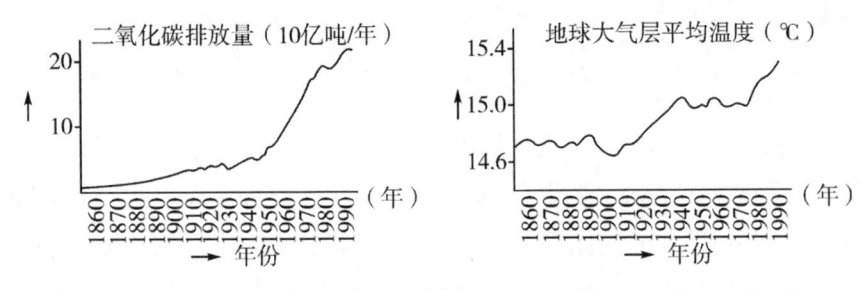

图 4.17 地球二氧化碳量与大气层的平均温度

---

① PISA，即 Programme for International Student Assessment，指国际学生测评项目，由经济合作与发展组织（OECD）发起，其根本目标是通过测评来促进教育事业的发展，以面向未来生活和社会发展的必备素养为测评内容，以 15 岁左右的学生为测评对象，结合配套的背景问卷调查，探查影响学生素养水平的因素，从而为参与国/（地区）教育政策和教育系统改革提供对策建议。

安德烈从曲线图中得出结论，认为地球大气层平均温度的上升，显然是由二氧化碳排放量增加而引起的。

问题1：图表中可以支持安德烈的结论是什么？

问题2：安德烈的同学珍妮却不同意他的结论。她比较两幅曲线图，指出其中有些信息并不符合安德烈的结论。请从曲线图中举出一项不符合安德烈结论之处，并说明理由。

问题3：安德烈坚持自己的结论，即地球平均温度的升高，是由二氧化碳排放的增加而引起的，但珍妮则认为他的结论太草率。她说："在接受这个结论之前，你必须确定在大气层内其他会影响温室效应的因素维持不变。"请写出珍妮所指的其中一个因素。

结合科学素养的评价框架，对此题进行分析。以问题1为例分析（如表4.22所示）。

表4.22　PISA2015试题分析

试题类型		1.是非选择题；2.选择题；3.封闭式简答题；4.开放型问答题
试题背景		1.个体的；2.地区/国家的；3.全球的
试题情境		1.健康与疾病；2.自然资源；3.环境质量；4.危害；5科学和技术前沿
科学知识	知识类型	1.内容性知识；2.程序性知识；3.认知性知识
	知识深度	1.低级；2.中级；3.高级
科学能力		1.科学地解释现象；2.评估并设计科学探究活动；3.科学地解读数据和证据
科学态度		1.如何应对科学问题；2.对科学的兴趣；3.对科学探究的重视；4.环境意识

乍一看，这是一道很典型的读图分析题。以大家耳熟能详的"温室效应"为切入点，考查从图像中获取信息、对数据进行分析从而得出结论的能力。但这和我们平时见到的读图题又不一样，它有机整合知识、能力、情境三大要素，凸显试题背景与学生生活的密切相关性和科学知识的应用，在评估过程中，着重关注学生的思维过程及思维品质，这也是测评学生环境素养的测试题。作为当今社会和未来发展应当具备的素质，环境素养除了得到OECD的重点关注，国际上还有不少相关协会专门研究环境教育，比如，北美环境教育协会（North American Association for Environmental Education，NAAEE）在2011年就发布了《开发一个评估环境素养的框架》（Developing a Framework for Assessing Environmental Literacy），该框架重点提取了四个相互关联的组成部分：知识、态度、能力和环境责任行为，这些部分都需要在特定的背景下表达出来（见图4.18）。① 这个框架也成为PISA环境素养评估的重要参考。

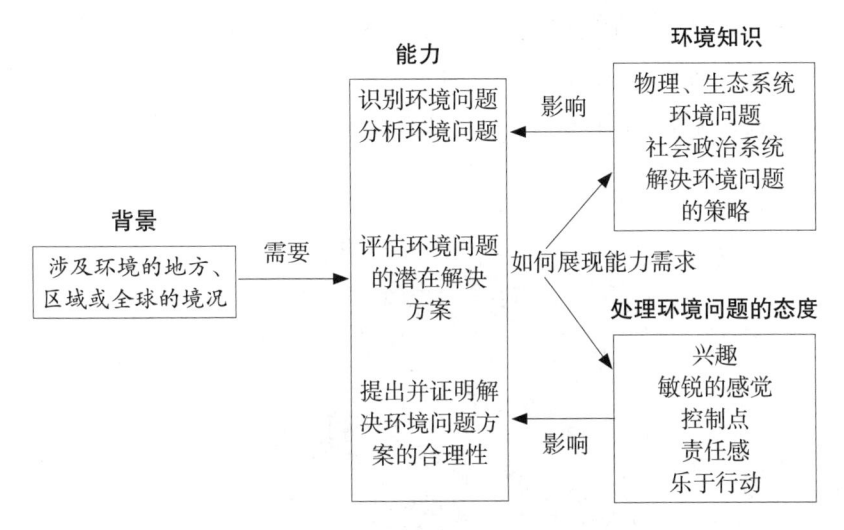

图 4.18　NAAEE 环境素养评估框架

总之，PISA从素养定义到测评框架再到具体试题，这一体系具有很强的内部一致性，并且能够很好地服务于测评目标。内部一致性是测评效度的重要指标，是测评结果可靠性和有效性的保障，PISA对测评体系的论证范式为各类测评项目提供了参考。

（三）中国高考评价体系

有老师说，快乐学习就好了，搞什么考试？其实大大小小、各种显性隐性的考试伴随每个人的一生，贯穿学习、工作、生活的方方面面，可谓无处不在。为什么需要考试？说到底，它是一个"称手"的工具：它简单好用——考一考、比一比，就把想要的人才选拔出来了；它相对标准——考什么、怎么考、怎么评，有一整套的评价标准和体系；它相对公平——统一的考试内容、同样的考试要求、客观的评分标准，最大限度减少"人情世故""主观干扰"。所有考试中，"为国选才"的高考最牵动人心，成为基础教育的"指挥棒"。今天，我们讲课程要培育学生的核心素养，试想如果教育不能首先让学生上一个理想的高中或大学，为未来奠定好基础，家长认可吗？社会认可吗？所以教学评要一体，考评是

---

① 王佳馨.PISA2025 关注环境素养［J］.上海教育，2021(14)：48-49.

绕不开的话题。

教育部考试中心于2019年11月发布《中国高考评价体系》与《中国高考评价体系说明》，明确了"一核""四层四翼"高考评价体系（见图4.19）的功能及其在素质教育发展中的内涵，回答了"为什么考""考什么"与"怎么考"，给出了"培养什么人、怎样培养人、为谁培养人"这一教育根本问题在高考领域的答案。该评价体系开创性地提出了"基于情境和情境活动的命题要求"。

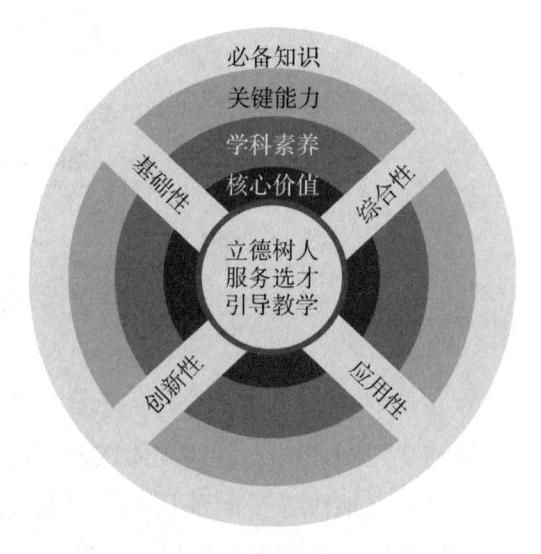

图 4.19 "一核四层四翼"高考评价体系

其中，"四翼"为考查要求，即"基础性、综合性、应用性、创新性"，回答"怎么考"，运用了SOLO分类评价理论。如基础性题（单点结构），要求学生调动单一的知识或技能解决问题，这将引导学生筑牢知识基础；综合性题（多点结构），要求学生在正确思想观念引导下，综合运用多种知识或技能解决问题；应用性题（关联结构）要求解决生活实践中的应用性问题；创新性题（拓展抽象结构）要求在开放性的综合情境中创造性地解决问题，形成创造性的结果或结论。在评分标准方面也采用SOLO分类评价，例如单点结构的答案只能给予最低档赋分，多点结构及关联结构的答案可以酌情加分，等等。

试题之间、考试内容之间、学科之间应相互关联，交织成网状的知识测试框架，实现对学生素质的综合考查；采用贴近时代、贴近社会、贴近生活的素材，鼓励学生理论联系实际，关心日常生活、生产活动中蕴含的实际问题，思考课堂所学内容的应用价值；合理创设情境，设置新颖的试题呈现方式和设问方式，促使学生主动思考，发现新问题、找到新规律、得出新结论。

可是在一线教学中，我们发现不少学生只会简单模仿，根本没有思维能力，不知道如何动脑，也不喜欢动手，学习习惯、学习能力都较差。除了应试教育下大量的刷题，造成了思维固化和思维懒惰外，还有一个重要的原因——从小到大的灌输式教学。

二、如何开展活动成果的评价

在《义务教育地理课程标准（2022年版）》里，"活动"一词出现了195次，除去"人类活动""生活生产活动""自然改造活动"等与教学活动关系不大的"活动"，与学生活动有关的如学习活动、实践活动、公益活动等占了接近一半。"成果"一词出现了19次，其中"活动成果"10次。课标多次提到"教师应鼓励和指导学生组建地理兴趣小组，开展地理实验、社会调查、野外考察等活动；指导学生编辑地理小报、墙报，布置地理橱窗；引导学生利用学校广播站或有线电视网、校园网传播自编的地理节目；等等。教师应尽量在课堂教学中充分运用学生的这些学习和实践成果""以物化的学习产品（如各种文本、模型、设计图等）为基本学习成果"。可见国家期望地理教学与时俱进，培养出具有综合素养的时代新人的希望。核心素养导向下的概念教学离不开真实性任务，真实性任务与活动密切相关，所以活动成果评价是概念教学的一项重要工作。

（一）活动成果的呈现形式

教学中的活动成果内容丰富，形式多样，有什么样的活动就能产出对应的活动成果。根据学生活动成果的不同呈现形式可大致分为知识类成果和产品类成果。知识类成果以文字为主，包括各种报告（如研究报告、实验报告、调查报告、考察报告）、方案设计（如调查方案、研究方案、旅行方案、文创设计方案、分布规划、实施建议等），还有地理小论文、辩论稿、剧本、活动感受等；学生将自己的创意、方案付诸现实，转化为物品或作品就成了产品类成果，比如各种绘画、绘本、手抄报、模型、仪器、饰品、标本、卡片、标志、视频等。参见第四部分第二章第三节中的"初中地理中的真实性任务和实践活动示例"。

（二）活动成果的评价

对活动成果的评价按主体来分，有教师评价、学生评价（包括自我评价、伙伴评价、小组评价等）；按评价的方式来分，有分数评价、等级评价、展示评价、口语评价等。对于要参加中考的地理学科，尤其反对为了活动而活动，一定要注意活动的意义，思考对解决地理问题、提高地理素养有什么作用。

先来看一个活动方案，想想：按照这个方案，你能做出一个好作品来吗？

活动：制作简易的地球仪

按以下步骤制作地球仪（材料：乒乓球、铁丝、胶布、橡皮泥等）。

1. 如图 4.20 中①所示，在乒乓球的中部用红笔画上一个圆圈，作为赤道；在 a、b 两点各钻一个小孔，使小孔到赤道上各点的距离相等。

2. 把铁丝弯成图中②所示的形状，注意倾斜的铁丝要与水平面成 66.5°角，同时所弯的半圆要比乒乓球略大一些。

3. 把乒乓球用倾斜的铁丝穿起来。

4. 在图③中的倾斜铁丝两头，即 a 和 b 处，用胶布裹几圈，这样可把乒乓球固定在倾斜铁丝的中间，同时又可以自由转动。

5. 在图③中 c 的部位，包上一些橡皮泥，使做好的小地球仪不会翻倒。

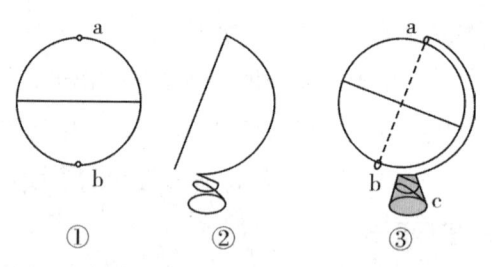

图 4.20　制作简易地球仪

这是人教版七年级上册地理教材中的一个活动。很多老师在布置这个活动时，仅仅只是匆匆一看图文材料，觉得步骤很清楚，挺容易做的，就布置给学生去完成了。既没告诉学生该注意什么、评价标准是什么，也没深入思考方案的可操作性，更没有亲自动手做一个。这导致学生做出来的作品不如人意，有的作品随意定倾斜角度；有的随便定 a、b 点；有的努力模仿老师上课用的地球仪，还稚嫩地画上了七大洲轮廓，制作成了个"依葫芦画瓢"的美术作品。

这样的活动流于表象，学生不懂步骤中蕴含的地理知识，活动成果毫无价值。学习活动不能为了活动而活动，应该使学生带着真实的问题，接触真实的探究对象，提升真实的感知。如果是笔者指导这个活动，一定首先思考"制作一个简易地球仪"的意义是什么；其次仔细思考怎么去落实教材中的步骤。教材因版面等限制不可能指导过于精细。比如在乒乓球上怎么定南北两极？怎么定赤道？怎么在球面上画出流畅平直的赤道？等等，实操起来是很有难度的，不单需要教师认真指导，还要教师自己预先操作、不断优化；还要想想怎么让这个活动发挥最大的教学价值。笔者除了要求学生注意地轴 66.5° 倾斜角（这关乎回归线和极圈的纬度）、赤道与南北极的位置关系，还要求学生把经纬网画在乒乓球上（在画的过程中学生才能真正领悟经纬网的特征），但一定不要画七大洲（因为很难画好，也没有意义，七大洲以后画黑板简图，见图 3.16）；最后设计好评价量表，并发给学生，让学生对照量表去做，并对照量表学会评价。

图 4.21 学生完成简易地球仪的过程

图 4.21 是笔者指导学生完成简易地球仪的过程，这里师生共同想到了在球上划线的简易办法。学生完成作品以后，进行展示和互评。

不同的活动成果有不一样的评价量表，一般分过程性评价（包括情感态度、合作意识、探究意识、创新意识等角度）和终结性评价（包括作品的思想性、科学性、实用性、结构性、艺术性、创新性等角度）[1]，也可运用 SOLO 分类评价，见本书第四部分第二章"SOLO 分类评价理论在地理核心素养测评中的应用"。表 4.23 是以初中学生最常开展的地理制作为例设计的评价表。在最后的质性评语部分，写出最突出的亮点或需要改进之处。制作简易地球仪的评价量表可以根据教师要求从中增补或删减。

---

[1] 肖金花. 小活动　大智慧——初中地理活动课程 [M]. 广州：世界图书出版公司，2019.

表4.23 初中学生地理制作评价表

作品名称：						
主创：		汇报者：	小组成员：			
评价环节	评价项目	具体要求	分值	自我评价 20%	小组互评 30%	教师评价 50%
前期准备	提出设想和方案	设想可行，具有可操作性； 具有一定的创新性； 制作方案科学、详细、全面；	9			
	资料搜集	资料搜集全面； 资料搜集的途径和方法多样化； 对搜集的资料能有效处理；	9			
	材料准备	能有效收集所需要的材料； 利用身边废旧材料，实现废物利用； 材料易获得，造价便宜；	9			
制作过程	制作能力	制作过程合理、有序； 按照计划认真制作，能根据需要及时调整； 充分运用地理知识和技能； 遇到问题多思多问，设法解决；	20			
	制作态度	制作态度认真； 制作热情高，兴趣浓厚； 遇到困难不气馁、不放弃；	15			
作品展示	作品效果	作品科学、地理味浓； 作品大小适中、色彩搭配合理、美观度高； 作品牢固性好、简单实用； 作品性能可靠，易于推广；	20			
	交流展示	表达流畅，条理清晰，逻辑性强； 应答能力强，时间掌握合理；	6			
	作品评价	汇报表述准确，条理清晰； 能客观、全面地进行自我评价； 能客观、准确地评价他人作品。	12			
		合计	100			
			总分：			
自我评语						
小组互评						
教师评语						

三、如何开展教师的教学评价

从知识的冰山模型中，我们知道显性知识（水上冰山）只占1/10，还有9/10是隐性知识（水下冰山），所以我们的地理教学不能只关注教材内容那点"水上冰山"，还应该关注学生的生活经验、思维特点、迷思概念等"水下冰山"。课堂教学评价也要重点关注这方面。

（一）课改下的教学新问题

上级呼吁课堂要改革，教师们都动起来了。

我们来看看下面这一节课。

【内容】"印度"

【标题】印度

【导入新课】教师先播放印度歌舞视频，然后展示代表印度特色的民族服装纱丽。问："大家想不想去印度旅游啊？印度在哪里呢？好，我们先去认识印度的位置。"

【新课讲授】探索位置（包括邻国）—讨论三大地形区—回忆热带季风气候的分布与特点—水旱灾害—农业生产。最后小结和课堂练习。

这是很常见的教学流程，以视频创设情境，中间也穿插了不少的学生活动。授课教师觉得有情境、有探究。可你能发现什么问题吗？印度歌舞视频和纱丽的意义在哪？位置需要探索吗？世界气候的分布和各气候的特征要记忆吗？等等。这位教师缺少对课标、教材和学情的分析，导入与主课缺少有效衔接，按部就班讲教材，各知识点间缺少内在联系，活动徒有其表。这种课堂造成四个突出问题：一是"浅表化"。教师将教学重心放在知识的表层，使学生缺乏对知识所蕴含的深层内涵的理解与把握。二是"碎片化"。教给了学生很多孤立、散乱的知识，使学生难以建立类型完整、层次分明的知识结构。三是"狭隘化"。教师只是教给了学生知识的结果和结论，使学生只知其一而不知其二。四是"空泛化"。无论是知识的讲授还是运用都缺乏方法、思想和价值等更有价值的知识的挖掘与引导，使学生学得枯燥和厌烦。正是这四个问题，造成了学生不会、不愿动脑，认知死板，思维欠缺，只会"解题"不会"解决问题"。

本课应重在让学生明白，印度在其地形、气候、人口等条件下，是如何因地制宜、扬长避短发展经济的。比如，小麦和水稻的分布充分考虑气候和地形；气候导致旱涝灾害频繁，"绿色革命"和修建水利工程；人口多，人均资源不足，所以大力发展能充分发挥人力资源优势的服务外包产业，等等。这位老师完全可以用纱丽来串起整个课堂，如提问"纱丽色彩鲜艳、质地轻薄，请大家想想这是为什么？"学生或许会说因为这里炎热，或说因为宗教信仰。对错不重要，重要的是要引导学生关注人与自然环境的关系。由此过渡到炎热的气候：印度为什么炎热呢？再来观察位置，位置决定了气候，气候又能影响什么或造成什么现象？接着追问"决定农业分布的只是气候吗？""怎么去缓解水旱灾害的影响"等等，一路追问，把知识都关联起来。

《义务教育地理课程标准（2022版）》对"情境"一词"情有独钟"，共出现45次。其实，自新课改以来，教师普遍注重通过创设情境来吸引学生、串联知识点、化解教学难点等，似乎不创设情境，便显得自己的教学"落伍"。但在情境教学的实践过程中出现了不少问题：情境不能贯穿全过程，只在开头做"包装"，如在区域地理的教学中爱用旅游导入，后面则绝口不提旅游；创设的情境和问题不真实，显得生硬甚至虚假，难以帮助学生从现实世界中各种角色的行为里"取样"，如用"狮子王辛巴和伙伴逃回故乡——撒哈拉以南非洲，但他们不知道故乡的位置，我们来帮助它们定位故乡位置……""外星人来到地球旅行，发现不同地方的人穿着不同……"等故事来串起各个疑惑；为情境而情境，形式化、伪情境普遍，情境不能与知识、目标有效关联，知识的连贯性差；情境喧宾夺主，一节课下来，学生只记得有趣的情境，不记得知识和思维；情境创设大众化，不能与时俱进，如"梁子博客看非洲""微信朋友圈说美国"等老套路；抛弃传统教具，滥用各种信息技术炫技耍酷，忽视思维的培养，如区域地理中常用谷歌地球等展示区域的地理位置，虽然直观炫酷、信息丰富，但是学生的注意点没聚焦；情境问题太多、太碎，连续性和层次性不强，没有统摄在一个大问题下，很多问题只是另一种形式的基础知识灌输，缺少深层次思维；等等。

此外，基于新课改的探究式、启发式、讨论式教学也出现各种问题。笔者认为根源在于教师没有站在培养学生素养的高度去理解这些教学法，平时"满堂灌"，上公开课时才"秀一秀"。学习的最终目的是学以致用、学以成人、学以成才，我们强调真实性任务、强调情境、强调探究等，都是希望学生在真实问题解决中实现对已有知识的概括、联系和运用，实现新知的建构、生成和进阶，培养动脑动手的能力和习惯。所以教学应该始终立足学科特点，凸显学科本质，在教学中以地理问题为载体、以思维发展为主线，在知识掌握和能力培养的过程中，促进学生地理核心素养的提升。教师如果被各种课改理念裹挟，不考虑这些做法的地理认知价值以及与教学目标的关联性，简单地用它们来给课堂教学"贴金"，就会给人造成"换汤不换药""穿新鞋走老路"的感觉。

（二）一节概念教学好课的标准

什么样的课才算得一节好课，这是老师们最关注的教学问题之一，答案见仁见智。概念教学的课堂评价标准，可以从四个维度加以判断：学习方式上——自主的程度、合作的效度和探究的深度；价值追求上——以学生发展为中心，聚焦大概念，体现人文性、综合性、开放性和实践性；学习情境上——联系生活，真实情境，真实问题，贯穿始终；教师作用上——深度挖掘知识的价值，导引提升。

让我们一起来看下面这节课。

【内容】"撒哈拉以南非洲"第一课时

【标题】两代援建人口中的撒哈拉以南非洲

【课前准备】学生在黑板上手绘本区域地图和思维导图

【大单元任务】调查中非合作的领域、方式、可能遭遇的困难和给中非带来的影响，掌握区域联系和发展的方法。

【课前情境】播放音乐视频《坦赞铁路之歌》

【导入】介绍中非合作概况、坦赞铁路的修建历史和意义

（师）刚刚大家听的是《坦赞铁路之歌》。坦桑尼亚和赞比亚是非洲最早独立的国家。两国独立后都希望发展本国经济，想修建一条铁路。它们向发达国家求助，但发达国家认为投资太大，且无利可图，拒绝了，于是它们转而求助于刚建交的中国。为了建设这条铁路，中国提供无息贷款9.88亿元人民币，花完了当时中国的外汇储备，发运各种设备材料近100万吨，先后派遣工程技术人员近5.6万人次。李坦的爷爷就是其中之一。坦赞铁路建成以后，被称为"自由之路"，也奠定了中非深厚的友谊。后来，中国相继帮非洲建设港口、水电站、学校、医院等基础设施。四十年后，李坦的爸爸参与了援建蒙内铁路。今天，我们就跟随两代援建人的脚步去了解非洲。哪位同学先来说说你对撒哈拉以南非洲的印象？

（生）自由起立发言

【讲授新课】本课的主人公是李坦的爷爷和爸爸，这两位情境人物从中国援建之路讲到当地生存之道再到发展之路，以所见所闻串联起整节课。他们的讲述综合了本课要落实的知识和技能、过程和方法，以及情感态度和价值观。

（师）刚刚大家踊跃发言，说明你们对撒哈拉以南非洲已经有了一些了解，

下面我们来听听李坦的爷爷和爸爸是怎么谈论这片土地的，注意里面蕴含的地理知识哦。

（爷爷）这是一块古老的大陆，是人类起源地，有丰富的文化遗迹。

（爸爸）我的黑人朋友们都能歌善舞，具有音乐、绘画、雕刻、运动等天赋。

（师）这块古老的大陆在哪里？这里的人们创造了什么特色文化？读图，先完成学案任务一，再进行小组展示。温馨提示：位置带来的影响参照欧洲西部的学习去写。

任务一：探究"地理位置及其影响"

1. 读图，独立完成下表

位置	方法	描述	影响
纬度位置	从"特殊纬线"看	主要位于＿＿＿和＿＿＿之间，中部有＿＿＿穿过，地跨＿＿＿（东西/南北）两半球	
	从"热量带"看	主要位于地球五带中的＿＿＿带	
海陆位置	从"海"看	东北濒＿＿＿，东临＿＿＿，西临＿＿＿	
	从"陆"看	绝大部分位于＿＿＿以南，南至＿＿＿	

2. 小组讨论后，填空

撒哈拉以南非洲以＿＿＿人种为主，被称为"＿＿＿＿＿＿＿＿"其体貌特征是为了适应当地＿＿＿＿＿环境。黑皮肤便于＿＿＿＿＿＿＿＿；鼻子低宽、体毛少，便于＿＿＿＿＿＿＿＿＿＿＿＿＿。

黑种人有艺术和体育等天赋，擅长＿＿＿、＿＿＿、＿＿＿等，除了基因外，还与当地的＿＿＿＿＿＿＿＿＿＿＿＿＿＿＿＿＿环境有关。

【课堂情况】此环节简短，教师主要在调动学生已有经验和发现迷思概念，如在学生展示中，有同学贪图方便把"撒哈拉以南非洲"简写成非洲、南非，教师询问学生撒哈拉以南非洲能简称"南非"吗？撒哈拉以南非洲的地理特征和北非一样吗？为什么？ 简单复习了北非的气候、资源、人种、民族和宗教。有学生写黑种人擅长"击鼓"，教师让全班学生尝试以桌为鼓进行情景互动。位置带来的影响联系欧洲西部，直接呈现了答案。围绕人种与环境的关系的讨论较热烈，学生给出了不同答案，能主动联系生活经验和生物知识。

（爷爷）援建坦赞铁路时，我们遭遇了重重困难，不少工友为此献出了宝贵的生命……

（师）观看纪录片《国家记忆》之"援建坦赞铁路——友谊筑丰碑"的剪辑视频，说说李坦爷爷及工友们遭遇了什么自然困难？

（生）观看、思考、自由回答

（师）大家会从视频里找信息了，会不会从图片里面找信息呢？小组合作，完成学案任务二。温馨提示：主要从"给坦赞铁路的修建带来什么困难"去分析影响和解决办法。

任务二：探究"自然特征及其影响"

1. 读图，独立完成描述，小组讨论影响和解决方法

自然特征	方法	描述	影响	解决方法
地形地势特征	从"起伏大小"看	地势起伏_____（和缓/很大）		
	从"高低分布"看	_____、_____高，_____、_____低		
	从"主要地形"看	（先"圈出"主要地形区名称）以_____地形为主		
气候特征	从"类型数量"看	气候类型_____（单一/多样）		
	从"分布广度"看	_____气候分布最广		
	从"分布规律"看	以_____为中心，呈_____分布		

2. 读图，描述热带草原气候的特征，并分析当地植物、动物和人类是如何适应草原气候的

类型	判读方法	气候特征及其影响
热带草原气候	从"气温"看	各月气温几乎都在_____以上，为全年_____（高温/温暖/寒冷）
	从"降水"看	6月~9月在_____以上，10月~次年5月在_____以下，分_____季和_____季
	"综合"描述	_____，_____
	对植物的影响	以_____为主，有典型树种_____
	对动物的影响	典型野生动物有_____、_____、_____等，典型的生存之道_____
	对人类活动的影响	以_____生活为主，典型民居是_____，常见自然灾害有_____

（生）李坦爷爷及工友们遭遇了"高原反应带来的不适""地质复杂带来的施工难""炎热带来的不适和不便""湿季带来的沼泽泥泞""虫蚁猛兽的攻击"等困难。

【课堂情况】此环节是整课重点，耗时二十多分钟，教师依次出示了"撒哈拉以南非洲在世界的位置图"、标注有坦赞铁路的"非洲地形图"和东非大裂谷景观图、标注有坦赞铁路的"非洲气候类型分布图"、肯尼亚马赛马拉和坦桑尼亚塞伦盖蒂的位置与热带草原气候直方图；学生的思维很发散，但基本能自圆其说；教师着重引导学生思考地形和气候给铁路建设带来的影响，以及干湿季对植物、动物和人类的影响；简单解释了肯尼亚"盛产"世界长跑冠军的原因，回应《坦赞铁路之歌》中的跑步背景片段。

（师）大家对修建坦赞铁路的各种困难分析得很到位。人类在开发自然的时候常会遇到一些困难，我们可以参照今天所学，从我们熟悉的自然要素"土（壤）、地（形）、生（物）、气（候）、水（源）"来分析。天气气候，包括气温的过热过冷，降水的过多过少，温差的过大过小，光照的过强过弱都会引发各种问题；地形地貌隐藏的自然灾害，包括高山峡谷、构造断裂带、特殊地形区，如易漏水、坍塌的喀斯特地貌等；特殊土壤带来的施工困难，如疏松的黄土、季节或永久性冻土；生物生态，如野生动物保护、天敌或虫害等对施工的影响；还有大川大湖导致的施工困难、设备难以运输等。

不过人类总是能想到办法应对。早在20世纪70年代，李坦的爷爷和他的工友们就凭借着执着、坚韧、自信，在艰苦的条件下，建成了举世瞩目的坦赞铁路。接下来让我们继续听李坦爷爷的讲述。

（爸爸）这是一块富饶的大陆，盛产黄金、钻石，物产丰富。

（爷爷）这是一块贫穷的大陆，全世界48个最穷国中有33个在非洲，这里的一半人口生活在贫困线以下。

（师）听了爷爷和爸爸的话，你们有什么疑惑吗？完成学案任务三。

任务三：探究"经济状况和发展之路"

1. 阅读教材，独立填写下表

称呼	"富饶大陆"	"贫穷大陆""饥饿大陆"
原因		
为当地的发展出谋划策		

（生）历史：被殖民；现在：不平等贸易；将来：发展民族工业，积极与中国等国家（地区）贸易往来。

【课堂情况】此环节简单，教师呈现了撒哈拉以南非洲的矿产分布与产量，关于非洲钻石与黄金、"饥饿的苏丹"的照片及背后故事，学生出现认知冲突，小组讨论热烈，答案丰富。教师对未来的发展之路持开放态度，没有展示答案。

（爸爸）完全采用中国标准、中国技术、中国制造的蒙内铁路是肯尼亚实现2030年国家发展愿景的"旗舰工程"，更是"一带一路"倡议下互联互通的结晶。

（爷爷）"一带一路"为非洲开展基建项目，改善民生，带动技术升级，提升港口所在国家的进出口水平。非洲需要中国，中国也需要非洲。

（师）任何区域的经济发展都要受自然、历史、政策等条件影响，也离不开其他区域的影响，开放、合作、共同发展是世界潮流。课后，请大家思考两个问题：1.援建非洲，中国获得了什么？ 2.今天的非洲还存在什么突出的问题？

图 4.22　笔者上此课中

这是笔者在2021年5月26上的一节展示课（见图4.22），受到学生和听课老师的高度评价。下面笔者简单自评这节课的教学设计。

1.从整体设计上看，这节课教学理念先进，大胆整合教材，以真实情境贯穿始终，活动紧密围绕大概念——人地关系，逐步实现概念理解和进阶，以故事提升地理的趣味性、生活性，很好地体现了核心素养导向下地理概念教学的特点。

首先以一曲富有非洲风情的《坦赞铁路之歌》把学生带入神奇非洲和中非的深厚友谊中，接着老师充满感情地介绍坦赞铁路的历史，唤起学生对当时领导人的高远格局和国际视野的由衷敬佩和向往之情，体现出概念教学的人文性、综合性。

接着画风一转，以李坦爷爷讲述这块古老大陆的人类起源，李坦爸爸介绍他的黑人朋友引出非洲人的天赋，引入地理位置及其影响的读图分析。在简洁明了地落实基础知识技能的同时，把学生逐步引入真实的问题情境。这里，学生是"舞台"主角，真实情境充分调动起他们的好奇心，让他们产生强烈的参与感，他们的主动思考、积极探讨，推进着故事的自然发展。教师是"舞台"的主持人，大部分时间是"隐身"的，只是引出李坦爷爷和爸爸对话，以及在关键时刻点拨、导引。

承接"黑人朋友"的话题，李坦爷爷谈起当年援建坦赞铁路时遭遇了重重困难，不少工友为此献出了宝贵的生命，把课堂引向地对人、人对地、人地和谐的关系的探讨。此处实时加入一段视频"友谊铸丰碑"，"国家记忆"的优良制作让学生一下子沉浸到坦赞铁路修建的重重困难中。观看视频后，学生纷纷发言，情感和思维都充分调动起来。

这里还巧妙地进行了尺度转化，把视角放在坦、赞两地，先在小尺度中详细分析真实问题，再扩展到大尺度区域，实现区域大小尺度整合，锻炼学生思维灵活性的同时让学生领悟地理事物之间的共性和差异。笔者平时也经常根据学生对某区域的熟悉情况，进行尺度转换，如讲"东南亚"时，以真实性任务"跟着莱佛士到东南亚寻找新贸易港，分析新贸易港给英国带来的意义"贯穿始终，先把重点落在学生熟悉的新加坡，再逐步迁移扩展。充分体现了概念教学以学生发展为中心，大胆整合教学内容，创设开放性、实践性课堂的特点。

笔者再次转变画风，以疑问"如果你去某地旅游，不一定有视频告诉你要注意什么，你能不能只根据图片分析当地面临的困难呢？我们来试试"切入本课重点。从视频中获取信息进阶为从图片中获取信息，大大提高学生的读图能力和生存能力，一下子把学生从情境的"局外人"变成了"剧中人"。接下来，学生自主的程度、合作的效度和探究的深度都顺理成章地提升了。以独特视角"修建坦赞铁路时工友们遭遇的自然困难，以及当地动植物与人类的生存之道"统整了琐碎、杂乱的知识点，跳出了"八股式"区域地理教学的藩篱（即依次介绍区域的位置、地形、气候、河流、资源、工农业、城市和交通、环境问题八要素），突出了关键概念和各概念间的关联性，把抽象的大概念"人地关系"具体化，打通生活世界和科学世界，体现出知识的内在价值，为区域地理的教学提供了很好的范式。

最后以蒙内铁路、"一带一路"把中非友谊传承下去，以李坦爷爷的肺腑之语："非洲需要中国，中国也需要非洲"，润物无声地巧妙提升了学生的国际视野、家国情怀，并与课初的情境导入形成前后呼应，突出人文性、综合性。课后两个思考题充满开放性、实践性，为第二课时埋下伏笔。

2. 从细节处理上看，这节课真实生动，处处关注细节又不露痕迹，充分调动了学生已有经验，聚焦学生思维发展，地理韵味无穷。

真实生动的故事最容易调动学生的已有经验，笔者从学生的学案和发言中发现学生的迷思概念。如撒哈拉以南非洲是撒哈拉沙漠以南的非洲吗？能简称南非吗？能把"多雨的湿季"说成"雨季"吗？旱灾多发生在干季吗？现场发现的这些迷思概念是最好的教学资源，它让课堂开放、灵动。

以生为本，关注学生概念理解和思维发展。几个表格的设计清晰明了，让思维过程可视化，强化了对位置、气候、地形等关键概念的理解，注重方法的指导；布置任务时的温馨提示，让问题指向清晰，聚焦情境；每个任务明确标明什么时候需个人独立完成，什么时候该小组讨论，让思维张弛有度，课堂气氛高低起伏；完成任务后的总结提炼，让一个问题的答案迁移为一类问题的答案，从具体案例走向概括化的理解。

传统板图板书与现代多媒体有机结合。精美的图片、生动的视频，充分考虑了初中生的特点；课前学生在黑板上手绘区域地图和思维导图，上课时笔者一边讲解一边在地图上补画南非、坦赞铁路、气候类型等地理事物，在思维导图上补画结构关系和关键知识点，既方便了笔者授课，又留下本课知识结构的完整板书，加深学生的印象和理解。

善用即兴表演提升课堂气氛，善用伏笔为教学留白。比如黑人朋友有能歌善舞、节奏感强的天赋，让学生以课桌为鼓，欢迎听课的老师们；在称赞学生也有音乐天赋时，话语一转：有些天赋只有黑人朋友才有，比如运动，为后面讲"自然特征对人类的影响"埋下伏笔。

善用提问创建认知冲突。如以爷爷说这是一块贫穷的大陆，爸爸却说这是一块富饶的大陆，在"不愤不启，不悱不发"中取得和谐高效的教学效果。

本课还体现了基于地理课程的跨学科主题学习，融入了生物、历史、语文、道法等学科的知识，不断拓宽学生视野，提高综合解决问题的能力，培养学生科学的环境观、发展观、区域观。

3. 从个人风格上看，这节课凸显笔者严谨朴实，生动真实、开合有度的教学风格。

教学风格是教师的教育思想、个性特点、教育技巧在教育过程中独特的、和谐的结合和经常性的表现，它体现着一个教师在教学理念、教学艺术上是否成熟，所以这里也做简单评价。笔者大胆重组教材，以李坦爷爷和爸爸支援非洲建设的亲身经历，把撒哈拉以南非洲的自然和人文环境，讲故事般娓娓道来，引领学生感受地理的生命与美好；语言清晰简明，循循善诱，唤起学生对生活体验的记忆和对人地关系的关注。

通过创设真实情境，以 70 年代首批援建坦赞铁路的工程师李坦爷爷和援建蒙内铁路的工程师李坦爸爸，两人谈论这块神奇的大陆，引出"黑种人的故乡""热带大陆""高原大陆""富饶大陆""贫穷大陆"等称呼，引导学生观察生活，培养善于在生活中发现地理事物和现象，主动思考、刨根问底的学习习惯。

基于学生体验，层层设疑，层层剖析，以两个主人公谈论建设坦赞铁路的所见、所闻、所感为课堂主线串起主要的知识点，并且"一镜到底"，让学生随着故事的展开，始终充满好奇，大胆想象、深入思考、积极探究，在动脑、动口、动手中建构知识体系和价值观念。本课已经超越具体的知识技能，涵盖更有深度的、高通路迁移的概念性理解和价值体认。

这些年来，笔者一直坚持灵活使用教材，以学定教，在上区域地理时，每单元选定一个主题，围绕它设置真实性任务，逐步分析，深入探究。比如，笔者以"先天不足的日本是如何成功逆袭成为经济发达国家的"作为真实性任务贯穿《日本》整课；以"中东为什么战争不断""国际'倒爷'的俄罗斯之旅""去澳大利亚做农场主"等主题分别串起《中东》《俄罗斯》《澳大利亚》的各个知识点。

这三点评价不单是对课堂的评价，也是对笔者的评价，因为这已经成为了笔者的教学理念，凝练成了笔者的教学风格，融入笔者的每一节课里。对本课的教学效果的评价需较多的证据支撑，限于版面，这里略去。

（三）作业评价

作业评价包括对学生作业完成情况的评价和对教师所设计作业的评价。"双减"背景下，大家对作业的关注度大大提高，发现以往作业的不少弊端，如功能单一，只是巩固课堂知识与技能；缺乏目标意识，低难度与中等难度的作业过多，而难度高的作业又超出学生身心特点和课标要求；类型单一无趣，以书面作业、短程作业为主，机械重复性作业过多；作业设计缺乏整体性、序列性，分课时作业设计零碎不成体系；没有针对不同层次学生的差异性作业设计；等等。

概念教学重视思维培养，倡导基于单元的作业设计，既要整体把握又要微观落实，所以核心素养导向下概念教学的作业设计与单元作业设计殊途同归，都要研究课标要求、教学内容和具体学情，都要满足以下要求：

1.立足学科本质，针对不同内容要求。

概念教学的作业除了帮助学生巩固知识，提升素养，还具有诊断学生前概念和迷思概念，反馈概念转化成效，引领大概念的构建等作用。因此，与之相匹配的作业一要指向学科本质的理解及在具体情境中的应用，二要体现课标中提出的核心素养。

2.作业内容与课程内容一致，教学目标与作业目标一致。

作业设计要体现针对性和有效性，就必须充分考虑两个"一致性"，把教学评价设计嵌入作业设计中，充分发挥评价激励学生学习和改进教师教学的功能。把真实性任务分解成一个个进阶的作业。详见本书第四部分第二章的"如何设计基于真实性任务的核心素养评价"。

3.作业形式多样，满足不同学生需求。

作业的内容要适合各个层次学生的需求，分层设计和布置作业，让各个层次的学生都有适合自己的作业，让大家都"吃得饱"，有获得感，成就感。要注重作业的趣味性，形式灵活多样，体现拓展性、开放性。作业最好是贴近生活，包裹在和学生生活相关的情境中，使学生感受到"生活处处是地理"，用地理的眼光观察世界。

4.作业量和作业难度适当，书面作业与实践作业结合。

书面作业的量要符合各年级书面作业的时间要求，难度要适中，针对不同学生要分层分类设计。适当布置实践类作业，加强学生实践能力和创新意识的培育。可以采取"自助餐"式，分必做、选做、拓展等，不同类型题赋分不同，按赋分权重和对错来给分、给等级或给评语等。

以笔者所在的概念教学课题组自编的随堂练习册《地理新课堂》为例，该练习册在每章（单元）首设置一个真实性任务，在章末呈现本章思维导图，每课时分三案："预学案"通过自学填空（C层①）、基础填图（B和C层）、预习提问（必做）、巧思妙记（阅读）引导学生认真自学教材；"训练案"精选典型习题，夯实基础，培养地理素养，包括选择题（必做）、综合题（B和C层）、考试真题（A和B层）、实践题（A层）；"巩固案"解读了学生常见的易错概念，并链接微课学习，线上线下融合，拓展学生知识面和地理思维。

下面节选《地理新课堂》中"地形图的判读"训练案中的一组作业加以评价。

图 4.23 长安森林公园等高线图

我校学生准备周末到莲花山与茶山顶开展研学游。读图4.23"长安森林公园

---

① 按学生的地理前测综合得分从高到低，分为A层、B层、C层。学生必须完成本层作业，选做其他层作业。

等高线图",完成下面的挑战任务:

挑战任务一:选路上山(C层)

1. 图中哪一面小旗代表长安实验中学?哪个山顶图标代表茶山顶?你是怎么判断的?

2. 莲花山顶的海拔约_____米,与茶山顶的相对高度约为_____米。

3. 该公园以_____地形为主,莲花山顶与茶山顶大约相距_____千米。

4. 登莲花山顶有三条路径a、b、c,东径是_____。

5. 三条路径中视野最开阔是_____,因为它修建在山体的_____部位。

6. 三条路径中,攀登难度较大的是_____,因为_____。

挑战任务二:选露营地(B层)

7. 我们准备露宿一晚,第二天沿d线登茶山顶,在①②③处中,最佳露营点是_____,因为_____。

挑战任务三:逃生自救

8. 在d线徒步时,你认为最可能在_____处遭遇泥石流(填①②③④⑤),因为_____。

9. 最佳逃生路线是_____,因为_____。

10. 沿f路径下山时,小明脱离了大部队,迷路了,他应该怎么找到集合点?

挑战任务四:定点打卡(A层)

11. 下载"六只脚"手机APP,记录下你周末登顶莲花山的线路。

12. 在图4.23上四个黑点处打卡拍照,并在课堂展示。

13. 在你喜欢的地方拍照,然后把照片添加到"六只脚"登山线路上,并在图4.23中的对应位置标记出来,在课堂展示。

挑战任务五:出谋划策(A层)

14. 请根据你登顶莲花山路上所见,为莲花山的保护性开发出谋划策,写出至少三条建议。

本组试题的亮点有:1."长安森林公园等高线图"为教师利用软件绘制的紧邻学校的等高线地形图,可以激发学生兴趣,给学生以亲近感;2.以地理研学为情境,设置逐步进阶的挑战任务,引导学生深入探究,实现对山峰、山脊、山谷、陡坡、缓坡等地理概念的理解,最终学会判读等高线图,并理解概念"学会判断等高线图是户外基本生存技能"；3.图中路径为登山的真实道路，所设问题真实度高，既考察知识和能力，也让学生在做题中了解乡土地理；4.实践题"定点打卡"富有创意，属于跨学科主题实践活动，它既要求学生能在平面地图和实地景观之间自由切换，又考察了运用手机APP、GPS等信息技术的能力，把生活世界和学科世界紧密结合起来，为以后在生活中准确定位和寻找目标等奠定了基础，提高学生的生存能力，凸显了知识的价值；5.探究题"为莲花山的保护性开发出谋划策"，不仅让学生在"做中学"中培养地理实践力，更把地理课堂延伸到课外，让学生体会到"地理让生活更美好"。

不足之处在于：根据电子地图加以绘制的"长安森林公园等高线图"线条复杂，不够清晰；因实地的山体部位不够典型，限制了一些设问，也给一些题目增加了难度。

后　记

先来看一张图片：

问题：图中的横线是平直的还是倾斜的？

看完本书，您可能觉得内容博杂抓不住重点，您可能还是不知道中学地理概念教学该怎么去做，或者还有其他的困惑。这很正常，就像您初看上图，觉得歪歪扭扭、乱七八糟，可是您仔细分辨、思考，抓住"左右两边都是八等分，中间横线无弯曲"这个关键时，您就能判断横线是平直的。或者换个思路，当您排除白色干扰，把白色方格都换成黑色时，您得到了另一幅图，答案是不是太简单了。

有趣的是，我把上图给我的老妈妈看，让她判断横线是平直的还是倾斜的，她立刻回答正确。我很奇怪，问她是怎么看出来的，她说："这不就像是织花毛衣吗？"

看来世界没那么复杂，日常概念也是挺有用的，关键是抓住核心。

其实，有些教师已经无意识地用上了概念教学的思维和模式，就像我妈妈——从现象到本质，变零散为结构化，透过具体知识抓学科价值，这与概念教学的本质是异曲同工的。期待本书能促使教师把无意识的思维和行动转化为有意识的重视概念，期待本书能给学生的"学会、会学、乐学"，教师的"会教、乐教、教好"提供借鉴。如果我没做到,没关系,输入和输出之间总是有些差距,只要我们不断思考,有效沟通,积极实践,总会有所收获。地理让生活更美好!

感谢您的阅读。

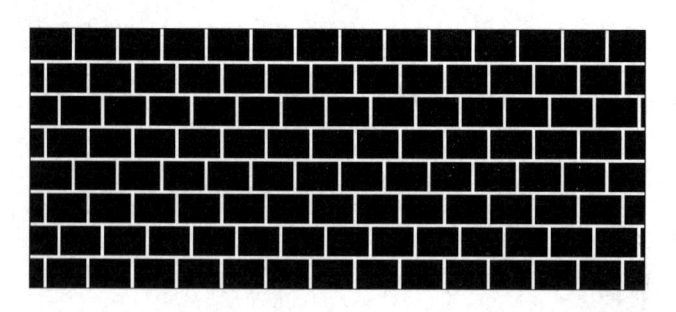